U0548964

大连大学资助项目

RESEARCH ON INTERNAL CONTROL STANDARDS AND OPERATIONS IN LOCAL UNIVERSITIES

地方高校内部控制规范与操作研究

周守亮 王延 浦艳 ◎ 主编

中国财经出版传媒集团

·北 京·

图书在版编目（CIP）数据

地方高校内部控制规范与操作研究 / 周守亮，王延，浦艳主编. -- 北京 : 经济科学出版社，2025. 5.
ISBN 978 - 7 - 5218 - 7035 - 0

Ⅰ. G647. 5

中国国家版本馆 CIP 数据核字第 2025A2K348 号

责任编辑：杜　鹏　胡真子
责任校对：李　建
责任印制：邱　天

地方高校内部控制规范与操作研究

DIFANG GAOXIAO NEIBU KONGZHI GUIFAN YU CAOZUO YANJIU

周守亮　王延　浦艳◎主编

经济科学出版社出版、发行　新华书店经销

社址：北京市海淀区阜成路甲 28 号　邮编：100142

编辑部电话：010 - 88191458　发行部电话：010 - 88191522

网址：www. esp. com. cn

电子邮箱：esp@ esp. com. cn

天猫网店：经济科学出版社旗舰店

网址：http：//jjkxcbs. tmall. com

固安华明印业有限公司印装

787 × 1092　16 开　23. 5 印张　490000 字

2025 年 5 月第 1 版　2025 年 5 月第 1 次印刷

ISBN 978 - 7 - 5218 - 7035 - 0　定价：118. 00 元

（图书出现印装问题，本社负责调换。电话：010 - 88191545）

前　言

在当今日益复杂的高等教育环境中，地方高校面临着日益严峻的管理挑战和内部控制的需求。为此，我们编写了本书，旨在为地方高校的内部控制体系建设提供全面且系统的指导。通过对内部控制体系的深入解读和规范化操作规程的详细描述，我们希望能为高校管理者、行政人员和相关从业者提供切实可行的参考依据。

本书的内容结合了多所高校的实际情况，对普遍使用的、相对规范的内部控制规范与操作进行了研究。研究过程中进行了充分的调研和分析，旨在为不同地方高校提供一个可供参考的标准化指南，而非依赖于某一特定高校的制度。这种普遍适用性使得本书不是仅仅局限于特定的学校环境，而是能够为广泛的教育机构提供指导，帮助它们在管理实践中实现有效的内部控制。

本书主要内容围绕地方高校内部控制的必要性、构建目标、基本原则及其实施的方法展开，系统整理了各类业务的内部控制规范和操作规程。我们认为，完善的内部控制不仅是保障学校资源有效利用和风险管理的基础，更是提升高校办学质量和管理水平的重要手段。因此，针对预算、收支、采购、合同、基本建设、资产管理、学科建设、科研管理等地方高校各项业务的控制规范，我们进行了深入的研究与整理。

在写作过程中，我们的初衷是希望本书能够填补地方高校在内部控制领域指导性文献的空白。市面上涉及内部控制体系建设的著作大部分是围绕理论展开的，而在实践中仅依靠理论无法建成一套行之有效的内部控制体系。我们通过对规章制度的梳理，力求为读者提供理论与实践相结合的指导，使他们在建设内部控制体系的具体操作中能够更加得心应手。

本书的框架结构分为十二章，具体介绍如下。

第一章介绍内部控制的基本概念、特点和目标，明确建设的原则和框架，奠定后续各章的理论基础。

第二章详细阐述内部控制的组织架构及各部门职责，确保每个环节的清晰与高效。

第三至第十一章分别针对预算、收支、采购、合同、基本建设、资产管理、学科建设、科研管理和内部审计等业务，逐章深入讨论内部控制的规范和操作规程。这些章节将规范与流程图相结合，帮助读者理解复杂的业务流程。

第十二章介绍风险评估的原则、步骤和方法，为有效识别和管理潜在风险提供指导，为组织内部控制体系建设后进行内部控制风险评估提供理论依据。

第一章确立理论基础，第二章明确组织架构，后续章节围绕具体业务进行深入探讨，形成了一个系统化的内部控制体系。通过这样的结构安排，读者可以在了解整体框架的基础上，有针对性地查阅各项具体业务内部控制建设的相关内容。

本书的编写团队由三位在高校管理、财务和审计领域具有丰富经验的老师组成。各位老师在各自负责的章节中深入调研，精心编写，力求将理论与实践相结合，为地方高校的内部控制体系建设提供科学、系统的指导。其中，大连大学财务处处长周守亮教授负责总体策划以及全书写作大纲的拟定和编写的组织工作。具体编写分工如下：第一、第四、第九、第十一章由周守亮编写；第三、第七、第十、第十二章由王延编写；第二、第五、第六、第八章由浦艳编写。

希望本书能够为地方高校的管理工作提供有价值的参考和帮助，促进高校的可持续发展。感谢每位读者的支持与关注，期待您在今后的管理实践中获得成功！

编　者

2025 年 5 月

目　录

第一章　地方高校内部控制体系概述 ………………………………………… 1

第一节　地方高校内部控制的特点 ………………………………………… 1

第二节　地方高校内部控制体系建设的目标 ………………………………… 2

第三节　地方高校内部控制体系建设的基本原则 ………………………… 4

第四节　地方高校内部控制体系建设的要素框架 ………………………… 5

第二章　地方高校内部控制组织架构与职责分工 ………………………… 11

第一节　概述 ……………………………………………………………… 11

第二节　组织架构及职责分工 …………………………………………… 12

第三节　内部控制方法 …………………………………………………… 14

第三章　预算业务控制 ……………………………………………………… 16

第一节　预算业务控制概述 ……………………………………………… 16

第二节　预算业务内部控制规范 ………………………………………… 19

第三节　预算业务内部控制操作规程 …………………………………… 35

第四章　收支业务控制 ……………………………………………………… 67

第一节　收支业务控制概述 ……………………………………………… 67

第二节　收支业务内部控制规范 ………………………………………… 69

第三节　收支业务内部控制操作规程 …………………………………… 85

第五章　采购业务控制 …………………………………………………… 120

第一节　采购业务控制概述 …………………………………………… 120

第二节　采购业务内部控制规范 …… 122
第三节　采购业务内部控制操作规程 …… 129

第六章　合同业务控制 …… 164

第一节　合同业务控制概述 …… 164
第二节　合同业务内部控制规范 …… 165
第三节　合同业务内部控制操作规程 …… 172

第七章　基本建设控制 …… 179

第一节　基本建设控制概述 …… 179
第二节　基本建设内部控制规范 …… 181
第三节　基本建设内部控制操作规程 …… 198

第八章　资产管理控制 …… 227

第一节　资产管理控制概述 …… 227
第二节　资产管理内部控制规范 …… 230
第三节　资产管理内部控制操作规程 …… 245

第九章　学科建设控制 …… 278

第一节　学科建设控制概述 …… 278
第二节　学科建设内部控制规范 …… 280
第三节　学科建设内部控制操作规程 …… 284

第十章　科研管理控制 …… 295

第一节　科研管理控制概述 …… 295
第二节　科研管理内部控制规范 …… 300
第三节　科研管理内部控制操作规程 …… 309

第十一章　内部审计业务控制 …… 325

第一节　内部审计业务控制概述 …… 325
第二节　内部审计业务内部控制规范 …… 327

第三节　内部审计业务内部控制操作规程 …… 341

第十二章　内部控制风险评估 …… 358

第一节　内部控制风险评估原则及目标 …… 358
第二节　内部控制风险评估步骤及范围 …… 360
第三节　内部控制风险评估程序与方法 …… 361

主要参考文献 …… 366

第一章

地方高校内部控制体系概述

第一节　地方高校内部控制的特点

一、地方高校内部控制的定义

高校是以培养人才为目的的非营利组织，在各项教学、科研及社会服务活动中，确保教育教学和科研质量，使其达到国家规定的标准。根据管辖权划分，我国高校分为部属高校和地方高校。地方高校是隶属于全国各省、自治区、直辖市、地级市以及港澳特别行政区，大部分经济上依靠地方政府划拨经费的普通高等学校。地方高校是我国教育体系中的重要组成部分，其目标以服务区域经济社会为主，重点为地方培养高素质优秀人才，是地方政府的发展战略中不可或缺的部分。①

本书借鉴我国《行政事业单位内部控制规范（试行）》和 COSO 报告内部控制的界定，将地方高校内部控制定义为："地方高校管理层及全体员工要严格遵循国家的法律法规，保障高校业务活动正常有序进行、保证财务会计信息真实可靠、财产资金安全完整、提高资金使用效益、降低财务风险和经营风险。在地方高校内部管理体系中建立一套自我协调、自我约束的控制系统。"②

二、地方高校内部控制的特点

（一）高校是非营利单位

高校具有"传授知识、开展科研、服务社会"三大特征。根据自身发展需求，随着

① 邵积荣．高校经济活动内部控制研究［M］．广州：羊城晚报出版社，2017.

② 乔春华．高校内部控制研究［M］．苏州：苏州大学出版社，2014.

规模不断扩大，高校自主开办校办产业，并提供一定管理和有偿服务。但目前高校工作重心是在政府引导下制定办学方针和发展政策，资金主要来源于学生缴纳的学费、国家财政拨款及其他资金。内部控制是控制组织业务活动的程序和方法，高等学校独特的业务活动必然导致其内部控制的独特性，如何将科研经费落到实处，并发挥其最大效益；在学费等费用的收取中如何规范流程、合法合规等都需要设置相应的控制流程。

（二）高校是学术和行政双向并行管理

党委领导下的校长负责制是我国高校的管理模式。学校的发展方向等宏观问题是由学校党委决定，高校日常的经营活动由校长负责管理。高校的核心和重点是教学和科研。学术管理和行政管理一样，在高校管理中非常重要，所以，应对学术管理和行政管理的发展进行统筹规划，以实现二者的平衡发展。高校应采取一定控制措施来巩固提高学术委员会组织地位，将学术与行政权力分离开来，构建的考核评价机制应该以学术为中心。

（三）高校资金来源多元化

随着教育体制的深化改革，高校拥有自主办学权，高校的资金来源除了国家财政拨款、学费收入外，逐渐多样化，这也给资金监管带来更大的挑战，其他资金来源还包括银行贷款、校办企业收入以及接受的各种培训费、捐款等。高校内部控制针对每项资金活动都要设置相应的控制流程，高校资金来源的多元化以及支出的多用途化必然导致其内部控制的复杂化。

（四）高校业务活动多元化

高校经营活动的中心是教学和科研，除了为教学科研活动提供经济支持外，也产生了许多相关经济活动，如基础建设、后勤采购、创办企业等经济活动都涉及资金的筹集和使用。高校内部控制在保证其业务活动合法合规的前提下，最大限度确保资产安全，除确保财务信息真实外，还需要保证教学科研质量，高校业务活动的多元化必然导致其控制目标的多元化。

第二节　地方高校内部控制体系建设的目标

高校承担的责任具有特殊性，导致其在目标制定上表现出一定的层次性，为了提升高校经营管理的效率、保障高校国有资产的安全、实现高校可持续发展战略等，需要我国高校构建完善的内部控制制度，并在内部控制的实施过程中，在高校管理层和广大教职员工中，形成制衡有力、权责分明的管理体系。

因此，从内部控制角度，我国高校宏观目标主要是完成高校的历史使命，培养人才，发展科学技术文化，更好地参与社会主义建设。我国高校微观目标就是内部控制目标，其主要包括以下四个方面的内容。①

一、贯彻执行国家相关方针政策与法律法规

依法办学、依法治校是高校的办校之本。国家为了规范各单位经济行为，制定了一系列与内部控制相关的法律法规。而只有认真贯彻执行国家相关政策方针与法律法规，保障在合法合规的范围内开展内部控制活动，并结合高校自身的内部控制相关规章制度，明确业务活动的行为规范和操作程序，保证学校教育工作健康、有序、可持续地发展，才是高校依法办学和依法治校的根本。

二、维护保障高校资产的安全和完整

资产是高校占有或控制的经济资源。一些高校对资产管理严重性认识不足，所以高校在日常工作中管理者缺乏警惕性、疏忽大意、上级下达管理各项政策都很难贯彻实施。例如，一些刚刚采购回来的设备没有得到充分利用，并长期没有投入到教学环节中使用，诸多破损的设备都没有进行维修、报废等，没有被管理层重视，造成高校大量资产荒废、损失。建立完善内部控制体系，是当务之急，应减少各个管理层的问题，从中寻求问题根源，将烦琐问题都进行处理，以减少高校资产的流失。

三、确保会计资料的真实、完整与及时性

为了有效地提高会计信息的质量，需要保障各项财务会计资料和相关信息记录的真实、完整与有效性，而这正需要高校财务规章制度规范严格落实到每个实践操作环节中，处理环节所反映的数据，并对其进行财务会计行为处理，进而方便高校管理层依据真实、完整和及时的会计信息作出正确决策。

四、优化资源配置模式，提高资金利用率

当前，高校普遍存在着资金短缺的问题，要让有限的资金发挥出最大的效益，科学

① 陆文斌，颜端阳，吴杰．高校内部控制评价体系构建问题探讨［J］．会计之友，2014（9）：82－85.

完善的内部控制体系不可或缺。它可以最大限度提升高校各项指标运营以及盈利能力等，帮助合理配置与优化高校的各项资源，特别是可以大幅提高资金使用效率，因此具有非常重要的意义。

第三节　地方高校内部控制体系建设的基本原则

为保障高校内部控制体系的合法性、有效性，在构建高校内部控制体系过程中需要依照相关的设计原则，包括如下五个方面的内容。

一、合法性原则

高校内部控制体系的建立是高校在国家为规范经济秩序统一制定并颁布一系列法律法规等制度中，重要的组成部分之一，是对当前制度控制十分有益的补充，因此，为了有效实现内部控制的目的，应实施科学与规范的管理，约束高校管理层及广大教职员工的行为，务必遵循国家法律法规及各项方针。

二、整体结构性原则

控制环境、风险评估、控制活动、信息与沟通和监控是高校内部控制体系中五个基本的构成要素，而这五个构成要素进行层次划分，贯穿各类经济业务及各级部门管理中，全面落实到高校各项业务，部门活动中。框架要素要严格细分，并细分到各个控制要素、业务循环构成高校内部控制的整体框架，在完成高校微观目标基础上，使其构成要素相辅相成，相互制约，实现高校宏观目标。

三、动态性原则

面对瞬息万变的外部市场环境，需要高校长期、持久地进行教育改革，不断完善自身管理体系，因而更加需要高校内部控制体系不断调整与优化。高校内部控制体系的构建必须有效结合内外环境特征，实时根据高校内、外部环境的不断变化而不断调整和优化，确保高校内部控制体系进一步稳定和其相关动态性的统一结合。

四、成本效益原则

管理都要遵循成本效益原则，控制好投入和产出的关系，实现效益最大化，从而获取较高的经济利益是高校实施内部控制需要考虑的重点，从单纯的控制出发，想要保证较高的控制效果就需要较多的控制环节与人员参与，因而也会造成控制活动成本增高，所以，在构建高校内部控制体系时，需要严格遵循成本效益原则，将理论与管理实践紧密结合。

五、相互牵制性原则

要想在后期有效运行内部控制体系，需要从横向与纵向两个层次来保障。一方面，在横向关系中，至少需要有两个相互独立的业务部门或是员工来进行协同处理；另一方面，在纵向关系中，至少需要两个相互独立的岗位环境来确保上下级之间的相互牵制与相互监督。

第四节　地方高校内部控制体系建设的要素框架

本书借鉴内部控制国内外研究最新成果，结合近年来我国高校内部控制特点，尝试性构建内控体系，从高校内部控制的目标出发，构建以控制环境为基础、风险评估为前提、控制活动为核心、信息与沟通为辅助、监控为保障五个要素框架。这五个方面相辅相成，紧密结合，最终保证内部控制的有效实施与运转。①

一、控制环境要素

每所高校所处的环境都不同，受控制环境的影响和制约。控制环境是对建立、加强或削弱特定政策、程序及其效率产生影响的各种因素的集合。控制环境的好与坏，对高校的发展及各项组织内部控制制度开展都有直接或间接的影响，所以它是高校内部控制的基础保障。②

（一）高校文化

高校文化是由若干元素组成，自成体系的动态系统，并且都有一定的结构，包罗万

---

① 赵涓，周阳．美国公立高校内部控制的主要特点及其借鉴意义［J］．北京交通大学学报（社会科学版），2014（3）：40－45.

② 廖青，黄明．高校内部控制体系建设研究——基于厦门大学内部控制建设实际经验［J］．教育财会研究，2019（2）：49－55.

象。良好的高校文化对高校内部控制目标的实现具有重要作用，并且在高校教师、学生等队伍发展中，具有一定的导向性和规范性，在很大程度上是不可忽视的关键因素和内在激发核心动力源泉。

第一，高校精神文化是高校生存的重要价值体系，内隐在高校自身发展中，外显在高校各组织成员共有的价值取向、情感气质与道德准则里。它具有高度的价值观，可加强高校内部组织成员团结凝聚力，为高校内部控制建设提供基础，助力实现高校目标。

第二，高校制度文化也是高校文化的重要构成部分，是高校发展的基础高校制度文化既是高校文化最重要的组成部分，也是高校建设的基础，包括相关法律法规的制定和实施。高校安定有序的校园环境需要科学完善的制度保障，而人员的行为规范也是以制度为基准来进行相应的调节，因此，高校制度文化建设对深化与建立健全高校内部控制、严格按照规章制度发展，在管理上起到了至关重要的作用。

（二）人力资源控制

高校的人力资源（human resources，HR）控制并不单纯是人事行政部门的职责，更是高校管理层的责任，其所从事的各种管理职能都与 HR 密切相关。因此，高校的 HR 控制决定着高校能否持续健康发展，高校 HR 控制的目标就在于通过一定的方法，保证高校当前及未来长久持续运行，为高校各职能岗位挑选合适的人力资源，帮助高校应对复杂多变的内外部环境。

（三）高校治理

高校的治理结构与内部控制有着紧密的联系，两者相辅相成。

高校法人治理结构为高校内部控制发展提供坚实的基础，从属于高校内部控制的制度环境中。一方面，构建高校的内部控制体系不能离开高校治理结构的讨论，否则体系整体上会出现片面性，应该将完善的内部控制与其自身的治理结构密切联系；另一方面，高校治理结构公平与效率目标的实现也不能离开完善的高校内部控制体系。因此，要想形成有效的权力制衡机制、防止腐败以及滥用权力等现象的发生，就需要建立良好的高校治理结构，这是提升高校自身管理的关键内容。

二、风险评估要素

风险评估是对相关风险进行识别、确认、分析和监控的过程，是识别和管理影响高校目标实现的一些风险的过程，是确定如何控制和管理相关风险的前提。为了将风险控制在高校可以容忍的范围内，需要建立在较强的风险意识与较高的风险控制制度上，通过及时有效地识别风险，来判断风险的大小与性质，并通过限制、分散、化解等措施进一步展开风险评估。总体来说，风险评估要素包括以下四个方面。

（一）事项识别与风险确认

风险识别可以通过感性认知与多年来形成的经验进行判断，也可以利用数据统计分析的科学方法，对采集的数据进行整理和分析，以识别相应的风险。因此，风险识别时需要充分考量社会、经济、文化与政治等外部要素，也需要结合高校内部财务与管理实况。

（二）风险分析

风险的来源包括高校内部风险与外部风险。内部风险为新开发的信息系统、新招聘的员工、新制订的教研计划以及变革的管理职责所带来的风险；而外部风险多为宏观经济变化、法律法规调整、新技术的发展、不可抗力的自然灾害等所带来的风险。因此，高校在进行风险分析的时候，需要采取适宜的定性或定量分析方法，保证对每个风险事项的恰当分析，选择合适的关键风险指标。

（三）风险监控

风险控制要求高校管理层加强风险意识，通过风险识别和风险分析后，应对当前遇到的财务风险，针对各个风险控制点，建立科学合理的风险管理系统，并根据不同风险控制点，构建行之有效的风险管理系统，核查是否对关键指标进行了相应的风险监控，并对重要风险事项的内部控制程序进行压力测试。

（四）风险应对

高校应该根据可能出现的风险设计相关的系列指标体系进行评估，科学合理地设计系列指标，计算某种状态偏离警戒线的大小程度，分析隐藏在财务运作当中的问题。为此，高校需要选择符合风险承受度的应对策略，并且在选择应对策略时考虑是否受到关键人员风险偏好的不利影响，而每一个备选的应对策略需要在可能性与影响程度平衡的基础上显现出来。

三、控制活动要素

控制活动要素主要包括以下三个方面。

（一）财务会计控制

财务会计控制程序在高校发展过程中一直起着非常关键的作用，也因此形成了相对完善一套体系，如高校财务管理预算编制、结合数据进行财务分析处理以及综合分析出来的财务报告，又如高校财务会计机构设置中，岗位要分工，对原始凭证、记账凭证的审核工作和一系列会计报告的稽核工作。日益多变的宏观与微观环境，尤其是一系列高校腐败案件的屡屡出现，凸显出当前财务会计控制制度的设计缺陷、制度的不健全、制度的执行力度不佳以及财务会计控制程序效果较差等问题。因此，财务会计控制程序在高校管理中仍是重中之重。

（二）风险控制

高校的风险来源类型众多，高校贷款中要不断重复分析、鉴定环节，那么风险系数也随之加大，随着高等教育大众化，信贷资金量的迅速流入在满足高校扩大规模需要的同时，也带来了财务风险和办学风险。虽然主管部门对高校风险控制制定了相关规范，将各种财务指标融入风险中进行考核前期准备工作，对前期的风险提出了一些预防性的措施，比如运用多项财务指标对高校贷款风险进行衡量，对风险大小提出了针对性建议。但是在真正的实际面对风险处理时，还是有一定的差别和误差。因此，将和高校内部控制、和风险融为一体的风险控制机制，还有很长的路要走。

（三）其他控制程序

除了财务会计控制与风险控制，控制活动当中还囊括了高校安全保障、计算机信息等其他内部控制程序。为了及时获取各种经营管理活动中显现的偏差信息，限制偏差积累，需要不同的控制程序来帮助实现组织预计目标，积极采用有效措施，及时处理暴露问题。

四、信息与沟通要素

高校信息的来源渠道包括高校内部与外部，而这些信息当中包含着高校各种业务活动，因此，充分发挥信息与沟通，可以帮助高校提升内部控制的效率，增强内部控制的效果，确保各个项目的有效实施。

（一）信息识别

高校规模的日益扩大化以及行政管理模式的多层级化，使得当前高校上级管理部门的级别层次增多，中高层管理人员的方针政策较难贯彻落实到每位基层员工，而且，基层员工的相关建议信息也不能及时、真实地反馈给中高层管理人员，上行下达的信息不通畅导致高校管理盲点与漏洞的产生。因此，必须建立有效的财务会计信息系统，进行信息的识别、获取与加工，保障内外部使用者都能获取所用信息，各层级能对相关信息进行合理的筛选、整合与核查，提升信息之间的关联度。

（二）信息系统开发与维护

当前阶段，较多高校部门内部各自为政，产生了“信息孤岛”现象，较难实现信息的及时共享。因此，有必要加强硬件设备与信息软件技术的开发与维护工作，全方位提升信息系统的性能，实现信息在高校不同部门之间的共享，打破“信息孤岛”。

（三）充分的信息沟通

众多高校在资产管理中，都会暴露出一些问题，比如财务部门工作核心主要在账务处理，而资产管理部则是偏向实物资产管理，这就导致部门间缺乏及时有效的信息沟通，问题很容易集中体现在高校资产账实不符的情况。因此，需要进行充分的信息沟通，要与来自外部的其他利益相关的沟通信息建立具有针对性的信息反馈机制，高校管理层在后期采取的相关措施要及时与恰当。

五、监控要素

监控要素主要包括内部监督、外部监督、专项监督与建立缺陷报告机制四个方面。

（一）内部监督

高校应该成立专门的内部审计机构，配置配备具有相应执业资格和工作经验的专职内审人员，定期组织培训学习，不断考核从业人员的综合素质。高校在审计部门构建权威性和独立性体系时，要保驾护航。监督高校管理人员是否定期检查账账是否相符以及账实是否相符，针对内部审计的各项内部控制建议是否采取了相关的应对措施。总体来说，高校要强化监督力度，让管理层重视对内部控制体系长久稳定运行的监督。

（二）外部监督

在监督手段和方式上不断创新，充分发挥校园网和内部邮箱等信息管理系统作用，不断创新监督方法。另外，高校需要积极邀请外部监督机构定期对高校内部进行审计，并针对外部监督机构提出的各种问题，认真分析并采取相应的措施去解决问题。

（三）专项监督

近年来，高校的发展环境复杂多变，促使高校内部控制的目标变化与提升，在组织结构上建立必要的专项监督体制。例如，在关键岗位员工发生较大变动时，要进行有针对性的专项监督，制定明晰的审查计划以及相应的措施方法。

（四）建立缺陷报告机制

高校应在日常监督与专项监督的基础上，建立缺陷报告机制，应该将运行情况、运行问题及时向上级主管部门汇报，并采取相关调查研究以及开展必要的跟踪活动，运用适当的纠正措施，有效解决问题。

综上所述，高校内部控制理论框架体系包括两个层次内容：第一层次要素包括高校的控制环境、风险评估、控制活动、信息与沟通、监控五个要素；第二层次要素为第一层次要素的细化，包括 17 个要素。控制环境分解为高校治理、高校文化、人力资源控制三个要素。风险评估包括事项识别与风险明确、风险分析、风险监控、风险应对四个要素。控制活动包括财务会计控制、风险控制、其他程序控制三个要素。信息与沟通包括信息识别、信息系统开发与维护以及信息沟通的充分性三个要素。监控包括内部监督、外部监督、专项监督、建立缺陷报告机制四个要素。

第二章

地方高校内部控制组织架构与职责分工

第一节 概述

一、内部控制的概念

内部控制是指学校为实现控制目标，通过制定制度、实施措施和执行程序，对办学活动的风险进行防范和管控。内部控制由学校内部各层级管理人员设计和实施的一系列政策、程序和措施，旨在确保学校目标的实现，减少风险，保障资产安全，维护财务报告的可靠性以及遵守相关法律法规。[①] 内部控制涵盖了风险评估、控制活动、信息与沟通、监控活动等多个方面。

为了进一步提高地方高校内部管理水平，规范内部控制，加强廉政风险防控机制建设，学校应根据《中华人民共和国会计法》《中华人民共和国预算法》《行政事业单位内部控制规范（试行）》等法律法规和相关规定，制定内部控制制度。

二、内部控制的目标

学校内部控制的目标主要包括：合理保证学校经济活动合法合规、资产安全和使用有效、财务信息真实完整，有效防范舞弊和预防腐败，提高公益事业开展的效率和效果。

（一）合理保证学校经济活动合法合规

学校应确保所有经济活动遵循国家法律法规及相关政策，严格按照学校的财务管理制度进行操作。通过建立健全的内部控制机制，确保每一项经济行为都经过合法审批和

① 刘永泽，等．行政事业单位内部控制制度设计操作指南［M］．大连：东北财经大学出版社，2013.

合规执行，从而维护学校的良好声誉和社会信任。

（二）资产安全和使用有效

学校拥有的各类资产，包括资金、设备、设施等，必须得到妥善管理和保护。内部控制体系应确保资产得到合理的分配和使用，避免资源浪费和滥用。通过定期的资产盘点、审计和监督，确保资产的安全性和使用的有效性，降低资产损失的风险。

（三）财务信息真实完整

学校的财务信息是反映其经济活动的重要依据，必须确保其真实、准确和完整。内部控制应涵盖财务数据的收集、处理和报告过程，通过制定明确的财务管理制度和操作流程，确保信息的有效传递和透明度，从而为管理决策提供可靠的数据支持。

（四）有效防范舞弊和预防腐败

学校应建立健全反舞弊和反腐败的机制，通过完善的监督和审计体系，及时发现和制止不法行为。同时，强化教育和培训，提高全体员工的法律意识和道德素养，营造诚实守信的校园文化，从源头上减少舞弊和腐败的发生。

（五）提高公益事业开展的效率和效果

学校的使命不仅是传授知识，还包括推动社会公益事业的发展。内部控制应关注学校各项公益活动的开展，确保资源的合理配置和有效利用。通过评估公益项目的实施效果，及时调整和优化相关策略，提高公益事业的服务质量和贡献程度，为社会发展作出更大的贡献。

第二节　组织架构及职责分工

一、内部控制组织架构

（一）内部控制领导小组

党委书记、校长兼任内部控制领导小组组长，相关主要领导兼任副组长，办公室、财务处、资产管理处、基本建设管理处、采购与招标管理办公室、审计处、信息技术中心主要负责人及全校所有预算单位行政负责人为内部控制小组主要成员。

（二）内部控制工作小组

内部控制领导小组下设内部控制工作小组，成员处室（单位）包括办公室、财务处、资产管理处、基本建设管理处、采购与招标管理办公室、审计处、信息技术中心。内部控制工作小组设在办公室财务处，组长由财务处领导担任，各成员处室（单位）明确一名中层领导干部担任副组长。

（三）各处室（单位）

各处室（单位）设置内部控制管理岗和内部控制管理联络员。其中，内部控制管理岗由处长担任，内部控制管理联络员由具有足够胜任能力的专人担任。

二、内部控制职责分工

（一）内部控制领导小组的职责

内部控制领导小组负责统筹规划学校内部控制建设。主要职责包括：对提出的内部控制体系建设方案或规划进行审定；对提出的内部跨部门的重大决策、重大风险、重大事件和重要业务流程相关内部控制工作进行审定；对提出的风险管理策略和跨部门的重大风险管理解决方案进行审定。

（二）内部控制工作小组的职责

内部控制工作小组负责内部控制领导小组日常工作。主要职责包括：研究提出内部控制体系建设方案或规划；研究提出内部跨部门的重大决策、重大风险、重大事件和重要业务流程的内部控制工作；研究提出风险管理策略和跨部门的重大风险管理解决方案，并负责方案的组织实施和对风险的日常监控。

（三）各处室（单位）的职责

财务处作为内部控制牵头部门，应负责组织实施内部控制建设工作，具体职责包括：负责组织协调内部控制日常工作；组织协调内部跨部门的重大风险评估工作；组织协调相关部门或岗位落实内部控制的整改计划和措施；组织协调内部控制的其他有关工作。

审计处负责内部控制实施监督工作，具体职责包括：研究制定监督内部管理制度；组织实施对内部控制的建立和执行情况及有效性的监督检查和自我评价，并提出改进意见或建议；督促相关部门落实内部控制的整改计划和措施；做好内部控制监督检查和自我评价的其他有关工作。

第三节 内部控制方法

一、不相容岗位相互分离

合理设置内部控制关键岗位，明确划分职责权限，实施相应的分离措施，形成相互制约、相互监督的工作机制。

二、内部授权审批控制

明确各岗位办理业务和事项的权限范围、审批程序和相关责任，建立重大事项集体决策和会签制度。相关工作人员应当在授权范围内行使职权、办理业务。

三、归口管理

根据学校实际情况，按照权责对等的原则，采取成立联合工作小组并确定牵头部门或牵头人员等方式，对有关经济活动实行统一管理。

四、预算控制

强化对经济活动的预算约束，使预算管理贯穿于学校经济活动的全过程。

五、财产保护控制

建立资产日常管理制度和定期清查机制，采取资产记录、实物保管、定期盘点、账实核对等措施，确保资产安全完整。

六、会计控制

建立健全学校财会管理制度，加强会计机构建设，提高会计人员业务水平，强化会计人员岗位责任制，规范会计基础工作，加强会计档案管理，明确会计凭证、会计账簿和财务会计报告处理程序。

七、单据控制

要求学校根据国家有关规定和单位的经济活动业务流程，在内部管理制度中明确界定各项经济活动所涉及的表单和票据，要求相关工作人员按照规定填制、审核、归档、保管单据。

八、信息内部公开

建立健全经济活动相关信息内部公开制度，根据国家有关规定和学校实际情况，确定信息内部公开的内容、范围、方式和程序。

第三章

预算业务控制

第一节　预算业务控制概述

预算业务控制是地方高校（以下简称学校）管理的重要组成部分，旨在通过对预算的编制、执行、调整和监督，实现对资金使用的有效管理，进而保障学校各项事业发展目标的顺利实现。① 具体而言，预算业务控制不仅涉及财务管理的基本工作，更是对高校整体运营效率的综合反映。通过科学的预算管理，地方高校能够确保资源的合理配置，优化资金使用效率，从而提升教育服务质量和科研水平。

预算业务控制的核心在于建立一套系统的管理机制，使得各项资金能够依据实际需求进行分配与使用。在这个过程中，预算不仅是资金的计划，更是对高校资源配置与使用效率的战略指导。通过有效的预算业务控制，学校能够在日益复杂的教育环境中，把握发展机遇，提升核心竞争力。学校应当建立健全预算编审、预算批复、预算执行、预算调整、决算与绩效评价等预算内部管理制度，应当合理设置岗位，明确相关岗位的职责权限，确保预算编审、预算批复、预算执行、预算调整、决算与绩效评价等不相容岗位相互分离。

一、预算编制控制

学校的预算编制是确保资金使用效率和实现学校发展目标的关键环节，因此，学校的预算编制应当做到程序规范、方法科学、编制及时、内容完整、项目细化、数据准确。首先，程序规范意味着预算编制应按照既定的流程进行，包括各部门提出预算申请、财务部门汇总审核、校领导审批等环节，从而确保各项预算的合法性和合规性。其

① 李敏．内部控制视角下高校预算管理研究［J］．东南大学学报（哲学社会科学版），2017（S2）：142－145.

次，方法科学强调应运用量化分析、历史数据和市场趋势等科学方法来进行预算预测与编制，以提高预算的合理性和可行性。编制及时则要求预算编制应在规定的时间内完成，以便于各部门能尽早规划资金使用，有效避免资金的闲置和浪费。内容完整则指预算方案应涵盖学校各项事业的资金需求，包括教学、科研、基础设施建设等方面，不遗漏任何重要支出。项目细化意味着在编制预算时，应对每项资金需求进行详细说明，确保各项支出具有明确的目的和依据，以便于后续的执行与监督。最后，数据准确是预算编制的基础，依赖于真实和可靠的数据支持，确保预算的科学性和合理性，这样才能为学校的长远发展提供有力的资金保障。通过实现这些目标，地方高校的预算编制能够更加高效、透明，推动学校各项事业的健康发展。

学校在进行预算编制时，应当正确把握预算编制有关政策，确保预算编制相关人员及时全面掌握相关规定。这意味着学校需要深入理解国家和地方政府在教育经费管理、预算编制及执行方面的相关规定，确保其预算编制工作在法律框架内进行。同时，为了实现这一目标，学校应加强对预算编制相关人员的培训和指导，使其能够及时、全面地掌握相关政策和规定。定期组织学习和培训活动，邀请专业人士进行讲解，能够帮助相关人员充分理解政策背后的精神和具体要求，从而提升其预算编制的专业能力和水平。

此外，学校应当建立预算编制跨部门沟通协调机制，按照规定进行项目评审，合理确定收支计划，提高预算编制的科学性。学校还应当根据内设部门的职责分工及任务计划，对按照法定程序批复的预算在内部进行指标分解、审批下达；对经审批通过的预算在使用部门间进行指标细化分解。

二、预算执行控制

预算执行是一个动态的过程，学校在执行预算时需合理分配各部门的资金，确保资源用于最需要的地方。合理的资金分配不仅确保资源的有效利用，同时也为各项工作的顺利开展提供了保障。在预算执行过程中，财务部门应定期进行财务分析与评估，通过监测预算执行情况，及时发现问题并采取调整措施，以确保资金使用的高效性和有效性。此外，提升财务信息公开透明度是加强预算执行的重要手段。定期向全校师生公布预算执行情况，能够增强各方对资金使用的监督意识，提升预算执行的合规性与透明度。这不仅有助于提高资金使用效率，还能增强师生对学校财务管理的信任感。

学校应当根据批复的预算安排各项收支，确保预算严格有效执行。学校应当定期编制并上报资金使用计划，同时加强资金使用的审核审批，确保资金流转顺利。学校应当建立预算执行分析机制，定期通报各部门预算执行情况，召开预算执行分析会议，研究解决预算执行中存在的问题，提出改进建议，提高预算执行的有效性。

三、预算调整控制

随着内外部环境的变化，学校在预算执行过程中可能会面临突发情况或资金需求变化。因此，建立灵活的预算调整机制至关重要。这一机制应允许在保证合规性的前提下，快速响应实际需求，确保资金的合理流动。在预算调整的具体流程中，各部门在发现需要进行预算调整时，应及时向财务部门提交调整申请，说明调整原因及具体需求。财务部门会对调整申请进行审核，必要时与校领导进行沟通，最终由校领导审批通过后，方可实施调整。

学校应当规范内部预算追加调整程序，发挥预算对经济活动的管控作用。这一规范化的程序不仅有助于提高预算管理的灵活性，还能增强预算对经济活动的管控作用。具体而言，学校应制定明确的预算追加调整流程，包括各部门提交调整申请的标准、审批权限及相关时间框架，使得预算调整的决策过程更加透明和高效。在此基础上，学校还应建立合理的审核机制，确保每项预算追加调整都经过充分评估，考虑其必要性和可行性，以防止不当或不合理的资金使用。此外，预算调整应充分考虑学校整体发展战略和资源配置的平衡，确保资金的再分配能够支持学校的核心目标和优先项目。通过规范内部预算追加调整程序，学校不仅能够在动态环境中保持资金使用的灵活性，还能进一步加强对经济活动的管控，确保资金的合理配置和有效利用，从而推动学校各项事业的稳步发展。

四、决算管理控制

学校应当加强决算管理，确保决算全面、真实、完整、准确、及时。这意味着在决算编制过程中，学校要全面收集和整理各项财务数据，确保所有收入和支出的记录真实可靠，反映出学校的实际财务状况。此外，决算的编制应及时进行，以便为后续的预算编制提供参考依据，避免因时间延误而影响决策的准确性。

与此同时，学校还需加强决算分析工作，强化决算分析结果运用，建立健全相关机制，通过对历年决算数据的深入分析，识别出资金使用的趋势、问题及潜在风险，从而为学校的资源配置和财务管理提供科学依据。决算分析的结果应得到充分运用，作为制定下一年度预算的重要参考，并对各部门的资金使用情况进行绩效评估，以激励各部门加强资金管理和使用效率。为了实现这一目标，学校应建立健全预算与决算相互反映、相互促进的机制，使预算编制和决算管理形成良性循环，确保规划与执行的紧密结合。通过这些措施，学校不仅能够提升财务管理的科学性和透明度，还能不断优化资源配置，推动学校的可持续发展。

五、预算绩效管理控制

学校应当加强预算绩效管理，建立“预算编制有目标、预算执行有监控、预算完成有评价、评价结果有反馈、反馈结果有应用”的全过程预算绩效管理机制。

在预算编制阶段，学校应设定明确的目标，将教育发展需求、教学质量提升和资源配置效率等因素纳入预算目标体系，确保每一项预算都有清晰的预期成果。在预算执行过程中，学校需加强对预算执行的监控，及时跟踪实际支出与预算之间的差异，确保资金使用的合规性和有效性。预算完成后，学校还应开展系统的绩效评价工作，评估预算执行的成果与效益，分析资金使用的有效性和对学校发展的贡献。这些评价结果应及时反馈给相关部门和管理层，为后续的预算编制和调整提供依据。同时，学校还应重视将反馈结果应用到实际工作中，推动各部门根据评价结果进行改进和优化，以提升未来预算的编制质量和执行效率。通过建立这一全过程的预算绩效管理机制，学校能够有效提升资源使用效率，确保有限的资金得到最大化的利用，从而更好地服务于学校的教育目标和长远发展。

第二节　预算业务内部控制规范

一、预算业务内部控制的目标与原则

为规范学校预算管理，提高资金使用效益，保障治理单位目标实现，学校应根据《中华人民共和国预算法》《国务院关于全面深化预算改革的决定》《财政支出绩效评价管理暂行办法》《行政事业单位内部控制规范（试行）》等有关法律法规，编制预算业务内部控制规范。预算业务内部控制规范适用于学校所属各部门及直属单位的预算管理工作。

预算管理是在学校财政预算的整体框架和要求范围内对预算资金收支的全过程管理。预算管理的主要内容包括预算编审、预算批复、预算执行、预算调整、决算、对预算执行进行绩效评价。

（一）预算业务内部控制的目标

学校预算管理的目标是合理保证学校经济活动合规合法、资金使用高效安全、预算

信息及时准确，有效保障职能履行及治理目标实现。

1. 合规合法的经济活动。学校在预算编制和执行过程中，严格遵循国家法律法规以及相关政策，确保所有经济活动都在法律框架内进行。这不仅包括资金的来源、使用和管理，还涉及招投标、合同签订及财务报告等各个环节。通过规范操作流程，学校能够有效防范财务风险，维护自身的合法权益。此外，合规合法的经济活动有助于提升学校的社会声誉，增强公众对学校管理水平的信任，从而为学校的可持续发展奠定坚实基础。

2. 高效安全的资金使用。学校在进行预算安排时，要充分考虑各项支出的必要性和重要性，优先支持那些对教育质量、科研发展和学生成长有直接促进作用的项目。同时，学校应建立健全资金使用的监控机制，定期审查和评估资金使用的效果，确保资金能够以最有效的方式支持学校的各项活动。此外，学校还需强化内部控制，降低资金风险，确保每一笔支出都能实现预期效果，从而提升整体资金使用效率，确保有限的资源发挥最大的效益。

3. 及时准确的预算信息。学校在预算编制、执行和决算过程中，应建立完善的信息收集和传递机制，确保各个环节的信息能够迅速且准确地流转。通过运用现代化的信息技术和管理手段，学校能够实时监控预算执行情况，及时发现和纠正偏差，保证信息的透明度和可靠性。此外，及时准确的预算信息有助于为管理层提供科学决策依据，增强学校的整体管理水平和决策效率，从而为各项工作的顺利开展提供保障。

4. 有效保障职能履行及治理目标实现。预算不仅是财务管理的工具，更是推动学校各项职能和治理目标实现的重要手段。学校通过合理的预算安排，能够确保各项教育教学活动和科研项目获得必要的资金支持，从而提升教育质量和办学水平。同时，预算的科学管理也为学校提供了良好的治理结构和机制保障，使得各项决策和执行能够更加高效、透明。通过不断优化预算管理，学校能够更好地适应快速变化的外部环境，确保其发展目标的顺利实现。

（二）预算业务内部控制的原则

预算业务内部控制要坚持“量入为出、统筹兼顾、确保重点、收支平衡”的总原则，坚持“预算编制有目标、预算执行有跟踪监控、预算完成有评价、评价结果有反馈、反馈结果有应用”的绩效预算管理机制，对学校预算的编审、内部批复、执行、调整、决算与评价等进行全过程管理。

学校预算管理的主要任务包括统筹兼顾各项预算收支，优先保障重要预算支出事项，提高财政资金使用效率，确保学校职能的有效发挥。

二、组织架构及职责分工

学校预算管理实行“集体决策、标准统一、归口统筹、分级执行”的层级管理形式，具体划分为学校领导机构、校财经工作领导小组、财务处、主管校领导、归口管理部门、业务部门、审计部门七个层次的管理组织体系。

（一）学校党委常委会

学校党委常委会是学校预算管理的决策机构，对预算管理行使的主要职责是：负责审定学校预算管理方面的规章制度；负责审批学校年度预算草案、年度预算调整方案；负责审批学校年度财务决算和绩效评价报告；负责审批金额巨大的预算执行中的部门预算调整。

（二）校长办公会议

校长办公会议是学校预算执行的决策机构，其主要职责是：负责审定对学校各部门预算的分配方案；负责审定金额较大的预算执行中的部门预算调整；负责审定各部门预算执行中的绩效评价报告。

（三）校财经工作领导小组

校财经工作领导小组是学校预算管理的评审机构，主要职责为：审议学校预算管理方面的规章制度；审议学校年度财务预决算草案和部门预算分配草案；审议学校及部门财务预算执行绩效评价报告。

（四）财务处

财务处是学校预算管理的组织实施部门，具体负责预算的编制、执行、调整、监督、绩效评价工作等，其主要职责是：提出学校年度预算编制的基本要求和定额支出标准；汇总并审核各业务部门、归口部门提交的预算申报资料及预算建议草案；根据上级主管部门要求下达预算控制数、细化分解预算指标，拟定预算执行规则；拟定学校年度预算建议草案、决算建议草案；拟定学校年度预算调整建议草案；对学校及各部门预算执行过程进行监督；对学校及各部门预算执行结果进行绩效评价，并向财经工作领导小组提交绩效评价报告草案。

（五）归口管理部门

归口管理部门依据预算支出事项确定实行专业归口，各归口部门职责是：提出归口审核或审批管理范围内的预算基础资料及业务部门提交的预算草案；确定管理范围内预算指标的分解及执行方式；归口审核或审批各业务部门提交的资金使用计划、预算执行申请、预算调整申请。原则上各归口部门需要对审核通过且在预算执行时审核权下放的经费实施全过程监督，做到“事前预算审核、事中执行监督、事后决算评价”，并且纳入到归口部门的预算绩效考核中。

各归口部门的具体职责分工如下：

1. 党政办公室负责会议费、一般招待费预算的汇总编制。

2. 资产管理处负责学校设备、家具等购置预算的汇总编制。

3. 后勤管理处负责学校修缮类经费预算的汇总编制。

4. 基本建设管理处负责学校基础设施建设类经费预算的汇总编制。

5. 国际交流与合作处负责学校因公临时出国经费、外事招待费、外籍教师工资性支出经费预算的汇总编制。

6. 学科发展规划处负责学校学科建设类经费预算的汇总编制。

7. 科研处负责学校科研建设类经费预算的汇总编制。

8. 教务处和研究生处负责学校人才培养类经费预算和教学实验室采购预算的汇总编制，并提供学生人数（按院、部）。

9. 人事处负责学校各类人员（在职、人才派遣、外聘、临时）的工资性支出经费、人才队伍建设类经费预算的汇总编制，并提供各类人员人数（按部门）。

10. 信息技术中心负责学校信息化建设类经费预算的汇总编制。

11. 采购与招标管理中心负责学校政府采购预算的汇总编制。

12. 创新创业学院负责学校创新创业类项目经费预算的汇总编制。

（六）学校各业务部门

学校各业务部门（院、部、职能部门等）是本部门预算的编报和使用主体，其主要职责是：本部门基础数据申报，根据本部门职能和年度工作任务按要求编报本部门年度预算草案；根据预算批复结果和相关规则执行预算，经费支出实行行政负责人和党务负责人会签制度，严格控制本部门的预算执行，维护预算的严肃性和约束力；各部门根据事业发展需要，年中确需调整预算的，要据实向学校提出预算调整申请，按规定程序报批；负责编制本部门预算执行绩效评价报告和部门预算执行情况报告表。

（七）审计部门

审计部门负责定期对学校预算及各预算单位的预算执行情况进行审计监督并分别向学校党委常委会和校长办公会报告。

三、预算编制与审核

（一）预算工作部署

财务处根据上级主管部门的预算要求，结合学校实际，提出部门预算编制工作方案上报分管校领导审核，通过后，由财务处向学校各预算单位具体布置年度预算编制工作。

（二）预算建议数填报

各业务部门按照预算编报要求，根据下一年度的实际情况，提出预算建议数，经分管业务校领导签字后，将预算建议数及相关材料一并报送财务处。业务部门预算中涉及归口管理的需上报归口部门，由相应归口部门对业务部门上报的预算建议数进行审核和汇总，编入本部门预算。预算建议数上报需明确预算收入的范围（财政拨款收入、纳入一般预算管理的行政事业性收费等非税收入、纳入财政专户管理的行政事业性收费等非税收入、单位资金收入）和预算支出的范围（人员类支出、运转类支出、特定目标类支出）。

（三）预算草案编制

财务处对各业务部门和归口部门提交的预算建议数及申报材料进行预审，汇总形成学校预算建议草案。项目支出应当分类填报。

1. 维持正常工作开展的经常性项目应当在本年度预算执行的基础上，考虑增加变动因素进行测算。

2. 以前年度或本年度未完成且下年度需执行的延续性项目，不得在下年度预算中申报。

3. 当年新增项目需从项目库中选取，未纳入项目库的紧急项目应附相关文件作为申报依据。

（四）预算草案审核

学校预算建议草案报校财经工作领导小组评审。其中，金额较大的基础设施建设、修缮项目和家具设备图书采购项目等实施方案由校财经工作领导小组进行单项逐个评审；财务处将经校财经工作领导小组评审通过后的学校预算建议草案，上报学校党委常委会审议；预算建议草案经学校党委常委会审议通过后，上报上级主管部门审批。学校根据上级主管部门下达的预算批复，作为预算年度预算执行依据。

四、预算批复与下达

（一）年初预算下达申请审核

根据上级主管部门下达的学校年初预算批复数，财务处结合各部门预算草案和工作实际资金需求，在和各部门充分沟通基础上，提出部门预算分配建议方案，报校财经工作领导小组审议；经校财经工作领导小组审议通过后，报校长办公会议审定；经校长办公会议批准后批复下达各部门预算；提取预算预备费，就是在部门预算分配中设置一笔不规定具体用途的备用金，如果在预算年度中发生一些不可预见的支出必须解决而预算又未列入需调整预算时，即可由学校依程序审批酌情动用。学校按当年支出预算批复数的1%～3%提取预算预备费。

财务处根据学校部门预算分配方案，每年分次下拨各部门的预算经费：年初按其上年基本运行预算经费的30%预拨，预算分配方案确定后将剩余预算额度予以核拨。

（二）预算资金结转结余管理

各部门上一年度预算的结转结余资金，全部予以调减收回。相关单位如有需要继续使用上年预算结余结转资金兑付项目工程尾款、质保金、已完成政府采购相关手续待支付的采购资金及其他特殊原因确需使用上年结余结转资金的情况时，需先填报“预算留用申请表”并报学校审核认定，经学校认定批准后，财务处按认定金额下达预算，业务部门或归口部门依据此批复组织继续实施相应的预算执行工作。其他未按规定申请及未予以认定的一律作为结余资金收回学校统筹。

五、预算执行

（一）预算执行

学校各部门应严格按照批复预算执行，严格按学校部门预算分配规定的项目、范围、额度使用预算资金，未经批准，不得随意调整预算支出范围和内容。各部门自行调整和变更预算项目、改变资金用途或扩大开支范围以及开支标准时，财务处有权拒绝执行，不予办理报销和付款业务。预算执行中，涉及政府采购的项目、重大预算执行事项的，要按照特殊规定的相关要求执行。

（二）预算执行情况报告

学校各部门应当依据财务处部署定期报告预算执行情况，预算执行情况报告应定期进行。具体内容如下：各业务部门应当根据项目执行情况编制项目执行分析报告，分析报告至少包括项目名称、资金来源、业务执行进度、资金使用比例、项目执行周期及已执行时长、项目执行情况自评结果等；归口管理部门应当统计归口管理事项编制归口事项统计分析报告，分析报告至少包括归口事项范围、性质、业务履行情况、资金使用情况、归口管理自评结果等；财务处应当依据学校实际资金收付情况编制资金收支进度报告，进度报告中至少包括收入事项及执行进度、支出事项及支出进度、资金收支管理自评结果等。

（三）预算执行情况分析及上报

财务处依据各部门提交的预算执行情况报告进行综合分析，编制预算执行报告并经内部复核，内部复核通过后提交校财经工作领导小组评议，校财经工作领导小组评议后分别提交党委常委会和校长办公会审定。

根据预算执行分析结果及评议反馈建议，各预算管理涉及部门应当改进预算执行或管理，财务处督促落实。

六、预算调整

（一）预算调整的范围

预算调整是指学校预算在执行过程中，因遇重大政策调整、项目实施条件变化、学校重大战略决策调整等特殊原因，需对原定预算进行必要的调整，该调整属于总额调整。应按照下列程序进行：

1. 因上级政策调整，需调整学校综合预算内容的，财务处根据政策调整内容提出预算调整建议草案，报学校财经工作领导小组评审通过后，上报校党委常委会审批，通过后按规定上报，待上级部门批准后，按照批准后的预算执行。

2. 因项目实施条件、学校重大战略决策调整的，项目所在部门根据实际建设需要，提出预算调整申请报财务处，财务处初审后形成预算调整建议草案，报学校财经工作领导小组评审通过后，上报校党委常委会审批，通过后向上级部门报批，待上级部门批准后，财务处据此调整预算，并下达给项目所在部门按此执行。

3. 预算调整要遵循“量入为出，收支平衡”的原则，追加的支出要有相应的收入来源；减少收入时，要压缩相应的支出。

（二）部门预算执行中的调整

为了保证预算的严肃性、有效性，部门预算在执行过程中原则上不予调整。确因特殊原因需要调整预算时，须按预算调整程序报批。

（三）预算调整类型

预算调整可以分为追加预算、调减预算以及预算项目调剂三种情况。

1. 追加预算。追加预算根据经费来源不同分为两大类，分别是使用“预算预备费”以及使用“单位资金收入”。

（1）使用“预算预备费”。当业务部门或归口部门在预算执行过程中，由于一些不可预见的原因需使用预算预备费调整部门预算。由相关部门提出预算调整申请，说明预算调整的理由、项目和金额，填写“预算调整申请表”，经相关部门分管业务校领导审批后提交给财务处；财务处收到预算调整申请后，对预算调整申请进行审核，出具审核意见，并按额度不同执行分级审批程序。调整金额较低时需经过部门负责人、分管业务校领导、财务负责人、分管财务校领导等审批；调整金额居中时履行会签审批程序后报财经工作领导小组评审，通过后报校长办公会审议，校长签批；调整金额较高时履行会签审批程序后报财经工作领导小组评审，通过后报党委常委会审议，校长签批。

财务处依据审批通过后的部门调整预算申请，业务部门或归口部门依据此批复组织实施相应的预算执行工作。

（2）使用“单位资金收入”。相关部门年度期间由上级主管部门或从其他渠道取得的未纳入学校年初预算，属于纳入单位资金收入管理范围的资金，根据单位资金收入管理要求、预算管理规定及双方协议，用单位资金收入对相关部门预算进行调整。

由相关部门提出预算调整申请，说明预算调整的理由、项目和金额，填写“预算调整申请表”，并按额度不同执行分级审批程序。调整金额较低时由部门负责人、分管业务校领导审批；调整金额居中时由部门负责人、分管业务校领导、财务负责人、分管财务校领导审批；调整金额较高时履行上述会签审批程序后报财经工作领导小组评审，校长签批。调整金额巨大时履行上述的会签审批程序后报财经工作领导小组评审，通过后报党委常委会审议，校长签批。

财务处依据审批通过后的部门调整预算申请，业务部门或归口部门依据此批复组织实施相应的预算执行工作。

2. 调减预算。当业务部门或归口部门在预算执行过程中，由于一些特殊、不可预见的原因使得已分配至本部门的预算无法执行需进行调减时，由相关部门提出预算调减申请，说明预算调减的理由、项目和金额，填写“预算调整申请表”，并按调减额度不同执行上述追加预算第二类分级审批程序，调减资金将纳入学校预算预备费统筹管理。

3. 预算项目调剂。当业务部门或归口部门在预算执行过程中，由于一些特殊、不可预见的原因使得本部门预算项目之间或本部门与其他部门预算需进行调整时，由相关部门提出预算调剂申请，说明预算调剂的理由、项目和金额，填写“预算调剂申请表”，并按额度不同执行分级审批程序。调整金额较小时需部门负责人、分管业务校领导审核；调整金额居中时需要部门负责人、分管业务校领导、财务负责人、分管财务校领导、校长审核；调整金额较大时履行上述会签审批程序后报党委常委会审议，校长签批。

财务处依据分级审批通过后的“预算调剂申请表”，业务部门或归口部门依据此批复组织实施相应的预算执行工作。

（四）预算调整时间

为提高学校整体预算的执行效率，提高资金使用效益，学校在每年固定月份对各部门当年预算进行整体调整，各部门根据当年资金实际使用的情况并在充分考虑第四季度资金需求的前提下，可对学校年初分配给的预算资金提出调整申请；财务处汇总整理形成部门预算调整草案，报学校审议批准后再下达各部门据以执行。

七、决算与绩效评价

（一）决算工作部署

财务处应当根据主管部门下发的决算编制要求和规定及培训内容发布学校决算工作通知，部署决算编制工作；决算编制具体工作方法、工作程序、工作内容发生变动的，财务处应当对学校各部门决算的编制进行培训；校财经工作领导小组对决算工作进行指导。

（二）决算材料填报

学校各部门应根据内部决算工作通知真实、准确、及时填报决算基础材料。各业务部门应填报部门决算材料；归口管理部门应填报归口事项决算材料；财务处应提供学校本年度实际财务收支数据。

（三）决算草案编报

学校决算工作按照“科学、规范、统一、高效”的原则，各部门应在每年年末前将本年度部门预算执行情况分析报告上报财务处，由财务处汇总并与会计账务进行核实。财务处根据学校年度预算批复情况、预算执行情况、各部门报送的决算编制材料，综合分析编制学校决算草案。决算编制应符合收支真实、数额准确、内容完整的基本要求。

财务处编制的学校年度决算草案，提交校财经工作领导小组审核后，报校党委常委会审批，通过后上报上级主管部门。

（四）决算报告批复

财务处收到上级主管部门决算批复后应当将上级主管部门反馈情况报告校财经工作领导小组，结合校财经工作领导小组及上级主管部门决算批复意见进行决算修改并公开。

（五）绩效评价方案编审

校财经工作领导小组应当从学校治理目标出发，结合学校年度预决算实际情况确定评价对象。财务处依据评价对象制定学校绩效评价方案并报送校财经工作领导小组审核，审核通过后下发至各业务部门执行。绩效评价方案的编审应当保证以下几点。

1. 绩效评价对象覆盖面广。绩效评价对象覆盖面广是指在学校的预算绩效管理中，评价的范围不仅限于财务支出和资产使用，还应涵盖教学质量、科研成果、学生满意度、社会服务等多个维度。这种广泛的覆盖面确保了各个方面的工作绩效都能得到全面评估，使学校能够全面了解自身的运作状况和发展潜力。通过对不同部门、项目和活动进行绩效评价，学校能够识别出优劣势，及时调整发展策略，促进各项工作的协调和进步。同时，广泛的覆盖面也有助于增强各部门的绩效意识，激励全校教职员工共同努力，实现学校整体目标的达成。

2. 绩效评价指标构建科学合理。绩效评价指标的构建科学合理是保证绩效评价有效性的关键。这意味着在制定评价指标时，学校应根据实际情况和发展目标，综合考虑各项工作的特点，设定明确、量化且可操作的指标。这些指标应涵盖经济效益、教育质量、资源利用效率等多个维度，确保评价体系的全面性和系统性。此外，指标的设置应具备一定的前瞻性和灵活性，能够适应学校发展的变化和外部环境的影响。通过科学合理的指标体系，学校不仅能够精准评估绩效，还能为未来的发展提供指导和依据，推动各项工作的持续改进和提升。

3. 绩效评价奖惩机制公开透明。绩效评价奖惩机制的公开透明是确保评价结果公正、客观的重要保障。学校应建立健全的绩效管理制度，明确奖惩标准和实施细则，使所有教职员工都能清楚了解绩效评价的依据和结果。这一机制不仅有助于增强评价的公信力，也能激励教职工积极参与、努力提升自身工作绩效。同时，公开透明的奖惩机制能够有效防止权力寻租和不正当竞争，维护学校内部的公平正义。通过合理的奖惩措施，学校可以激励优秀，鞭策后进，营造出良好的工作氛围，推动学校整体绩效的提升。

（六）部门绩效自评

学校各部门应定期对本部门的预算执行情况进行分析和检查并对本部门的预算经费使用情况进行绩效评价，各部门主要负责人对本部门预算资金的使用负责。自评应满足以下几点。

1. 自评过程公开透明。自评过程公开透明是确保部门绩效自评公正性的重要基础。学校在进行部门绩效自评时，应制定清晰的自评流程，包括自评的时间安排、参与人员、评估标准及方法等，并将这些信息及时向全体教职员工公布。通过建立透明的自评机制，所有参与者都能够了解自评的具体步骤和标准，增强自评过程的参与感和认同感。此外，透明的自评过程还包括定期组织会议或讨论，邀请教职员工对自评过程提出意见和建议，以便持续优化自评机制。这样不仅提高了自评的公信力，也有助于营造开放、合作的文化氛围，鼓励教职工积极参与到部门绩效提升的过程中。

2. 自评结果客观真实。在完成自评后，各部门应对自评结果进行全面审查，确保所提交的绩效数据与实际情况相符，避免因主观因素导致的偏差。部门负责人在签字确认时，不仅要对自评结果的真实性负责，还应对结果进行深思熟虑的审核，确保每一项指标都经过充分讨论和分析。这一过程能够有效提高自评报告的可信度，同时为后续决策提供坚实依据。此外，部门负责人签字确认的要求也体现了对绩效自评的重视，进一步增强了部门内部的责任感和团队协作意识。

3. 及时上报自评结果。各部门在完成自评并获得负责人签字确认后，应按照规定的时间节点，将自评结果迅速上报至学校的相关管理部门。此时，自评结果的及时上报能够为学校提供最新的部门绩效数据，便于学校进行整体绩效分析与决策。同时，及时上报也有助于确保各部门在绩效管理中的连续性和连贯性，使得各项工作的评估和改进能够形成闭环反馈机制。此外，为了提高效率，学校可以利用现代信息技术手段，将自评结果的收集和上报过程数字化，简化流程，确保信息的准确传递和快速响应，以便于更好地支持学校的整体发展目标。

（七）综合评价报告编报

学校建立预算执行情况分析制度和财务运行情况报告制度，财务处负责对校级预算执行情况进行研究分析，并定期向学校和上级部门报告预算执行情况和财务运行情况。

财务处负责对校级预算和各部门预算经费使用情况实施绩效评价，并将评价结果提交校财经工作领导小组审核，通过后，分别提交党委常委会和校长办公会议审定。绩效评价结果与预算安排相挂钩，对于绩效评价结果较好的，学校将加大投入力度；对绩效评价结果较差的，学校将在下年度预算编制时削减或取消相关预算。

八、预算管理的监督

（一）预算管理的监督机制

学校通过审计部门、党委常委会和教职工代表大会等多层次的监督机制，确保预算管理的透明性和合规性。

1. 审计部门。审计部门按国家有关规定和学校要求，对预算管理情况进行审计并向学校领导机构报告。首先，审计部门对学校的预算编制、执行、调整及结算等各个环节进行系统性的审计，确保学校在预算管理过程中遵循审计标准和财务规范，及时识别可能存在的风险和不合规行为。在审计过程中，审计人员重点关注预算的合理性、合规性和有效性，分析各项支出是否符合预算安排，是否有助于实现学校的战略目标。其次，审计部门还会对资金的使用效率进行评估，确保资源得到了合理配置和有效利用。完成审计工作后，审计部门将形成详细的审计报告，报告中不仅包括对预算管理情况的总结和评估，还将提出具体的改进建议和意见。这些建议可以帮助学校优化预算管理流程，提高资金使用效率，增强财务透明度和公信力。最后，审计部门会将审计报告及时提交给学校领导机构，确保学校的管理层能够充分了解预算管理中的问题和挑战，以便制定相应的改进措施。审计部门的工作不仅为学校的决策提供依据，也为提升整体管理水平、推动学校健康发展提供了有力支持。通过这种审计机制，学校能够不断完善预算管理体制，实现更高效、更规范的财务管理。

2. 党委常委会。党委常委会是学校预算、决算的审批机构，对预算执行的全过程实施监督，财务处根据党委常委会的要求，定期汇报预算执行情况。党委常委会主要职责是对学校的预算方案进行审议和批准，确保预算编制的合理性和科学性。同时，常委会确保各项资金的使用符合学校的发展目标和战略方向。在预算执行过程中，财务处汇报涵盖预算的执行进度、资金使用情况以及各项支出的合规性和有效性。财务处整理并分析相关数据，提供详细的财务报告，使常委会能够及时掌握预算执行中的动态变化，并对可能出现的问题作出快速反应。此外，党委常委会还会根据汇报内容，针对预算执行过程中的各类情况进行深入讨论，提出相应的指导意见和调整建议。这一机制不仅增强了预算执行的透明度，也促进了学校内部的沟通与协调，确保各部门在预算执行中形成合力。

3. 教职工代表大会。学校向教职工代表大会报告上一年度学校预算执行情况和当年预算情况，接受教职工代表大会的监督。学校在预算、决算批复后 20 日内，按要求向社会公开相关信息。

（二）责任落实

审计部门及时反馈审计结果，学校明确审计结果作为考核、奖惩、任免学校各业务部门负责人的主要依据。各部门负责人在其岗位上必须对审计提出的问题和建议给予高度重视，并采取相应的措施加以整改。通过这样的制度安排，学校不仅能够激励部门负责人积极履行财务管理的责任，还能推动各部门在预算执行中增强合规性和有效性。

此外，这一机制还促进了各部门之间的良性竞争，形成一个以审计结果为导向的管理文化。部门负责人在日常工作中将更加关注财务规范与预算执行，努力提升团队的整体表现，从而为学校的可持续发展贡献力量。最终，审计结果的严格应用将增强学校的财务管理水平，提高资源使用的效率，确保各项工作的顺利推进。通过这种机制，学校不仅能够实现财务管理的透明化和规范化，还能有效提升整体管理水平，为学校的长远发展奠定坚实的基础。

九、专项经费管理

（一）专项经费立项申报程序

1. 申请使用学校预算资金安排的专项。在学校编制年初预算时，各部门申报专项经费的立项程序和前面所述的一般预算管理程序相同。

2. 申报上级各部门的专项经费。

（1）申请。归口部门根据上级部门下达专项经费的性质、资金额度、编报要求以及学校建设发展需要，组织进行项目申报，项目申报部门进行项目立项申报时在上报项目建设的可行性论证报告时应明确项目建设的绩效目标，用以清晰表明项目建设完成后可达到的目标和效果。归口部门负责初审，并负责牵头组织相关职能部门和专家进行论证并出具论证意见，由归口部门汇总编写项目可行性论证报告、提出预算方案，报分管业务校领导审定批准后提交评审。年度常态化专项经费申报工作应提前启动，原则上项目归口部门应于每年的年中组织校内建设部门启动次年项目的申报工作，并于第三季度上报校财经工作领导小组会议申请立项，超期一律不予批复。

（2）评审。根据预算额度，分别执行不同的审批程序。单项金额较低的项目由归口部门报校长审批。单项金额居中的项目由归口部门报校财经工作领导小组评审通过后，上报校长办公会审批。单项金额较高的项目由归口部门报校财经工作领导小组评审通过后，上报党委常委会审批。

（3）立项拨款。经批准后的项目，由归口部门向财务处提交经审批签字后的申请表，财务处据此立项、确定项目编号、出具专项经费预算指标拨款通知书。为确保专项经费及时使用，资金拨付到学校后，原则上项目归口部门应当在十个工作日内完成财务立项手续，未能按期完成财务立项手续的，原则上当年对该项目预算进行核减。

3. 学校预算执行中追加的校内专项。学校执行中追加的专项，指在年度预算执行过程中依据教育事业发展的需要追加的专项，主要资金来源为预算预备费。

（1）申请。项目申报部门进行项目立项申报时在上报项目建设的可行性论证报告时应明确项目建设的绩效目标，用以清晰表明项目建设完成后可达到的目标和效果。归口部门初审，并负责牵头组织相关职能部门和专家进行论证出具论证意见，由归口部门汇总编写项目可行性论证报告、提出预算申请方案，报分管业务校领导审定批准后提交评审。

（2）评审。根据预算申请额度，分别执行不同的审批程序。单项金额较小的项目由归口部门报校长审批。单项金额居中的项目由归口部门报学校财经工作领导小组评审通过后，上报校长办公会议审批。单项金额较高的项目由归口部门报学校财经工作领导小组评审通过后，上报党委常委会审批。

（3）立项拨款。经批准后的项目，由归口部门向财务处提交经审批签字后的申请表，财务处据此立项、确定项目编号。

4. 其他需专项管理的各类经费。

（1）申请。归口部门根据拨付经费的用途进行项目申报，编制专项经费立项申请表，报分管业务校领导、财务处长、分管财务校领导、校长审批。

（2）立项拨款。归口部门向财务处提交经审批签字后的专项经费立项申请表，财务处据此立项、确定项目编号。

（二）专项经费的调整

经批准立项的项目在建设过程中，因某些不可预见原因并经相关归口部门确认确有必要调整的，归口部门应划分确定调整类别，填写专项经费调整申请表，执行专项调整审批程序。

根据调整内容重要性以及是否需调整项目预算金额，专项经费调整分为五大类。

第一类：项目建设内容没有调整，仅需调整项目预算金额的。

第二类：项目建设内容的调整为局部、非关键性的，需调整项目预算金额或项目预算金额不发生变化的。

第三类：项目建设内容的调整为重大、关键性的，需调整项目预算金额或项目预算金额不发生变化的。

第四类：因某种原因导致项目无法建设，需撤销项目的。

第五类：因某种原因导致项目无法按期建设完成，需延长项目建设周期的。

根据上述分类，分别执行以下审批程序。

第一类：需调整预算金额的，报分管业务校领导、财务处长、分管财务校领导、校长审批。

第二类：需调整预算金额的，报分管业务校领导、财务处长、分管财务校领导、校长审批；不需调整预算金额的，经分管业务校领导审批后报财务处备案。

第三类：执行原项目立项时的审批程序。

第四类：执行原项目立项时的审批程序。

第五类：执行原项目立项时的审批程序。

（三）专项经费的使用

专项经费的使用，必须坚持专款专用原则，严格遵守国家有关财经法律法规、会计制度以及学校财务管理相关规定。专项经费的使用应严格按预算申报的内容执行，不得擅自挪作他用。专项经费中属政府采购的项目经费，按国家、学校采购管理的有关规定执行。凡使用专项经费购置的固定资产均属国有资产，按学校固定资产管理规定统一管理。

专项经费管理实行“项目负责人制度”。专项经费项目负责人为第一责任人，全面负责项目的实施和经费的使用（除归口部门有文件规定外），并对资金使用的真实性、合法性、合规性和效益性负责。

根据专项的性质，各类专项的归口管理职能部门为：

1. 学科建设类项目归口学科发展规划处。
2. 人才培养类项目归口教务处和研究生处。
3. 科研建设类项目归口科研处。
4. 实验室建设类项目由教务处和信息技术中心共同负责。
5. 信息化建设类项目归口信息技术中心。
6. 人才队伍建设类项目归口人事处。
7. 基础设施建设类项目归口基本建设管理处。
8. 修缮类项目归口后勤管理处。
9. 除上述专项外的其他专项根据性质归口相关职能部门。
10. 如学校职能部门机构设置或部门业务职责调整，则相应专项的归口部门按调整后的方案执行。

项目归口部门应加强专项经费的管理，在财务处的指导下制定专项经费管理办法，对专项经费的使用、进展情况严格控制把关，财务立项手续完成后，应督促建设部门推进项目执行进度，并定期与学校财务处核对专项经费的执行情况。

专项经费在按规定上报阶段性工作总结时，应针对项目经费预算执行情况进行小结，以便进一步落实项目资金使用、物资设备管理情况，校财经工作领导小组每年组织进行定期或不定期检查。项目归口部门也应按规定上报阶段性工作进展情况小结，财务处定期对专项经费执行情况进行汇总整理并报主管领导进行检查，督促项目归口部门加快专项经费执行进程，未按期达到目标执行率的，原则上下一年对该项目预算进行压减。财务立项手续完成后将重点考核执行率及绩效情况。除上级部门有文件特殊规定的，财政专项资金原则上需要在当年年末前全部形成实际支出，未形成实际支出的经费将由财政收回。

（四）专项经费的结项

专项项目必须在专项经费立项申请表承诺的时间内实施完成，包括完成验收、决算工作。当年应完成的专项因客观因素造成延期，需在次年继续执行的，必须提前一个月办理延期手续。跨年度的专项项目在立项申报时要说明申报经费总额、执行年限、当年申报经费数额。以后年度经费，仍按本办法申报和管理。

专项项目完成后，归口部门要根据学校专项经费项目管理要求，在项目终了一个月内及时向财务处提出建设项目结项申请，提交项目结项申请表、项目建设验收报告、专项经费收支情况表（经盖章、签字确认）等书面材料，财务处据此办理结项的相关手续。

完成专项项目如有结余经费，上级部门有文件规定的，按相关规定执行；没有文件规定的，对已完成项目的专项经费结余不得挪作他用，由学校收回统筹使用。

（五）专项经费的绩效评价

项目建设部门在项目立项申报时提交的项目可行性论证报告应明确项目绩效目标，用以清晰表明项目建设完成后可达到的目标和效果。绩效目标应以细化、数字化的各类绩效指标进行详细描述，具体应包含数量指标、经济效益指标、社会效益指标、生态效益指标、可持续影响指标、服务对象满意度指标等内容。归口部门应根据申报部门的项目申报内容和绩效目标，组织相关专家进行论证并确定是否同意立项。

项目建设完成后，项目建设部门应对项目绩效目标完成情况进行自评并提交自评报告。归口部门应根据批准的立项申请、项目建设部门的绩效自评报告，经实地核查后对建设的项目进行绩效评价，并向学校提交该项目的绩效评价报告。评价报告应包括项目建设预期目标实现情况及其效果，项目建设需要进一步完善和整改的建议等内容。

（六）专项经费使用的监督检查

学校财务、审计部门对专项资金使用的合法性、合理性和有效性实施全面监督和检查。专项项目在立项、实施中给学校造成损失的，学校要根据责任严肃追究项目相关单位（部门）责任人的责任。如发现有截留、挤占、挪用专项经费或物资管理不善等情况，应对有关责任单位和责任人员作出处理并终止项目，情节严重者，应由有关部门追究其法律责任。

所有与专项经费有关的项目负责人和财务人员，都应自觉遵守国家财经法规，同时接受有关主管部门和学校财务、审计部门等的监督检查。

第三节 预算业务内部控制操作规程

一、预算管理流程整体概况说明

预算管理业务流程是对地方高校预算管理全过程关键节点的形象化呈现，具体包括预算编审、预算批复与下达、预算执行、预算调整、决算与绩效评价、专项经费管理等流程。表 3 - 1 是预算管理业务流程涉及的一级流程、二级流程及三级流程。

表 3 - 1　　预算管理流程清单

序号	类别	流程编号	一级流程名称	二级流程名称	三级流程名称
	YSGL01 预算编审	YSGL01	预算编审		
01		YSGL01. 01		项目库管理流程	
02		YSGL01. 02		年初预算编制与审核流程	
	YSGL02 预算批复	YSGL02	预算批复		
03		YSGL02. 01		预算批复与下达流程	
	YSGL03 预算执行	YSGL03	预算执行		
04		YSGL03. 01		资金计划与使用流程	
05		YSGL03. 02		预算执行分析流程	
	YSGL04 预算调整	YSGL04	预算追加调整		
06		YSGL04. 01		预算追加流程第一类：使用“预算预备费”	
07		YSGL04. 02		预算追加流程第二类：使用“单位资金收入”	
08		YSGL04. 03		预算调减	
09		YSGL04. 04		预算项目调剂	

续表

序号	类别	流程编号	一级流程名称	二级流程名称	三级流程名称
	YSGL05 决算与绩效评价	YSGL05	决算与绩效评价		
10		YSGL05. 01		决算流程	
11		YSGL05. 02		绩效评价流程	
	YSGL06 专项经费管理	YSGL06	专项经费管理		
		YSGL06. 01		专项经费立项管理流程	
12		YSGL06. 01. 01			申报上级各部门的专项经费管理流程
13		YSGL06. 01. 02			预算执行中追加校内专项管理流程
14		YSGL06. 01. 03			其他需专项管理的各项经费管理流程
15		YSGL06. 02		专项经费调整流程	
16		YSGL06. 03		专项经费结项流程	
17		YSGL06. 04		专项经费绩效评价流程	

二、具体流程说明

（一）预算编审流程及说明

1. 项目库管理流程。项目库管理流程是对项目进行系统化管理的过程，旨在确保项目能够有效地存储、检索和利用信息，以支持决策、资源分配和项目评估。流程如图 3 – 1 所示，具体流程说明见表 3 – 2。

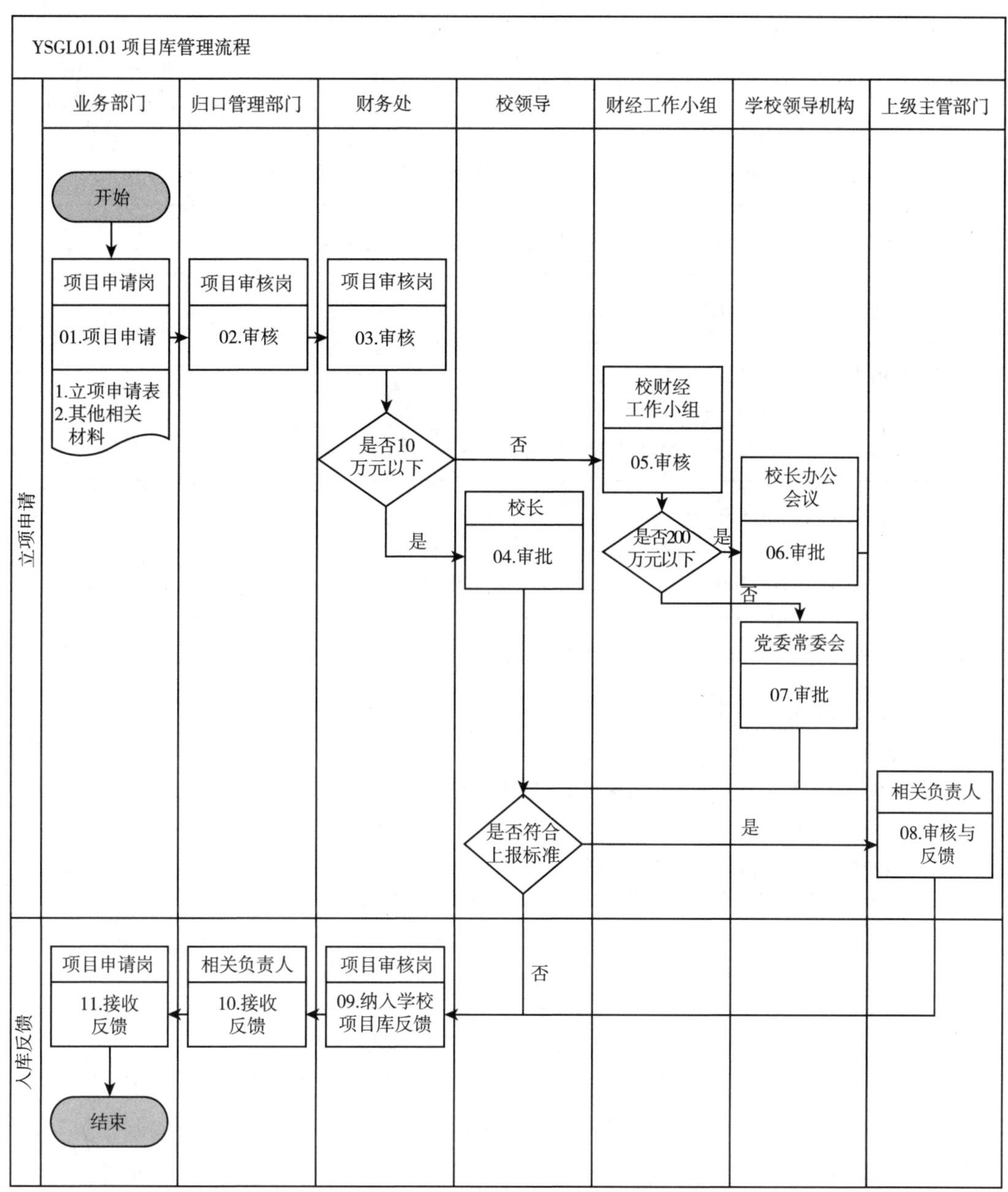

YSGL01.01 项目库管理流程
业务部门
归口管理部门
财务处
校领导
财经工作小组
学校领导机构
上级主管部门
立项申请
开始
项目申请岗
01.项目申请
1.立项申请表
2.其他相关材料
项目审核岗
02.审核
项目审核岗
03.审核
是否10万元以下
否
是
校长
04.审批
校财经工作小组
05.审核
是否200万元以下
是
否
校长办公会议
06.审批
党委常委会
07.审批
是否符合上报标准
是
否
相关负责人
08.审核与反馈
入库反馈
项目申请岗
11.接收反馈
相关负责人
10.接收反馈
项目审核岗
09.纳入学校项目库反馈
结束

图 3－1　项目库管理流程

表 3－2　　项目库管理具体流程说明

序号	步骤说明	输出文档
01	业务部门项目管理岗提出项目申请提交归口管理部门审核	立项申请表 其他相关资料
02	归口管理部门项目审核岗对项目申请进行审核，审核后提交至财务处	
03	财务处项目审核岗对归口管理部门审核后的项目申请进行审核	
	金额是否10万元以下	
04	10万元以下，由校长审批	
05	若10万元以上，则报校财经工作领导小组审核	
	金额是否在200万元以下	
06	金额在10万～200万元，由校长办公会议审批	
07	金额在200万元以上，由学校党委常委会进行审批	
	判断是否符合上报标准	
08	若符合上报标准，上级主管部门对其进行审定及反馈	
09	财务处项目管理岗纳入单位项目库反馈。同时，财务处项目管理岗对上级主管部门进行审定及反馈的项目纳入学校项目库反馈	
10	归口管理部门进行接收反馈	
11	业务部门项目申请岗对纳入学校项目库的项目进行接收反馈	

2. 年初预算编制与审核流程。年初预算编制与审核流程是由各部门编制预算草案并上报，经初步审核、沟通调整后，由高层审批核准，最终分解落实预算指标的过程。年初预算编制与审核的流程如图 3－2 所示，年初预算编制与审核流程图的具体说明见表 3－3。

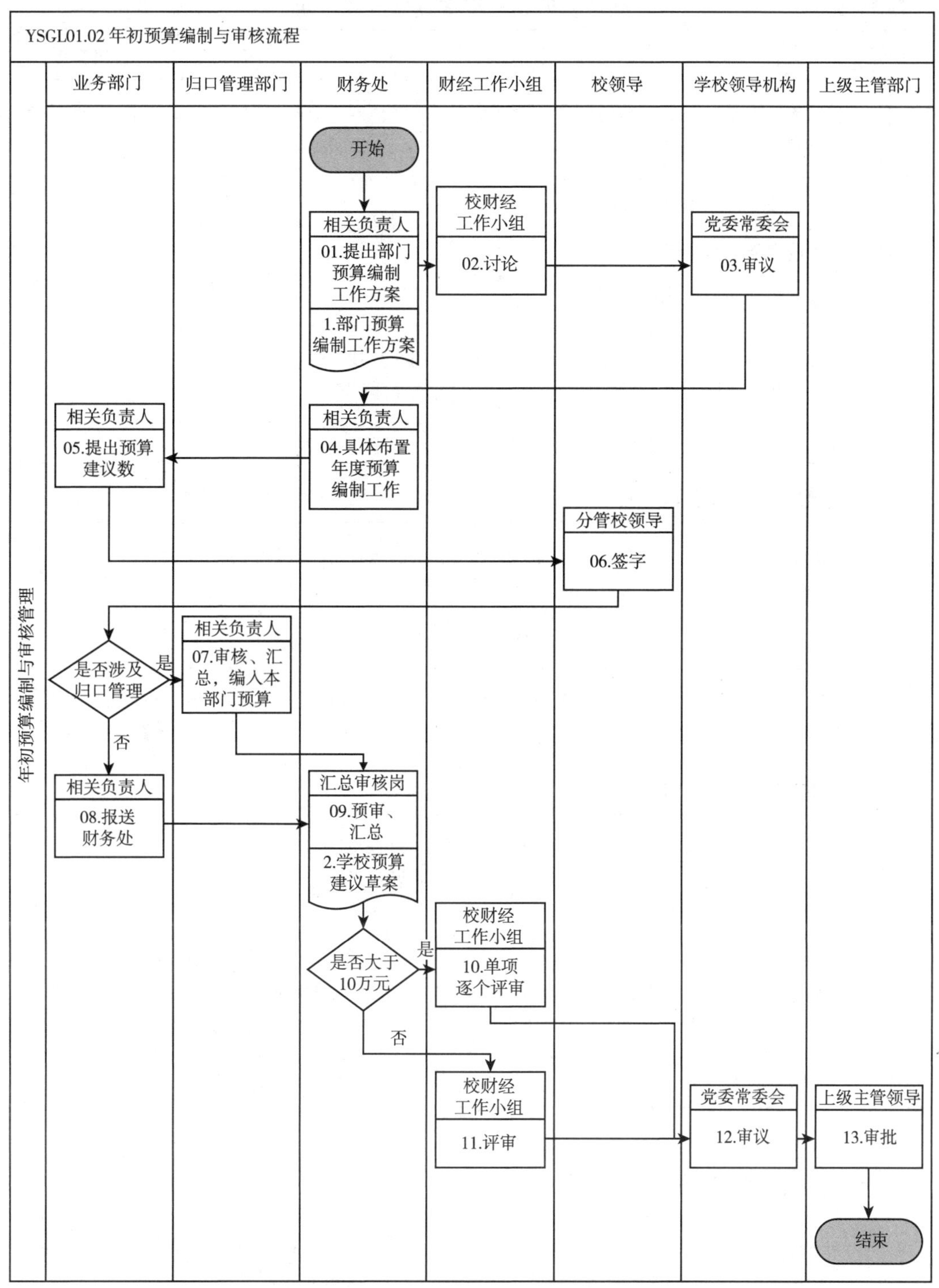

图 3－2　年初预算编制与审核流程

表 3－3　　年初预算编制与审核具体流程说明

序号	步骤说明	输出文档
01	财务处根据上级主管部门的预算要求，结合学校实际，提出部门预算编制工作方案	部门预算编制工作方案
02	校财经工作领导小组讨论	
03	学校党委常委会审议	
04	财务处具体布置年度预算编制工作	
05	各业务部门按照预算编报要求，根据下一年度的实际情况，提出预算建议数	
06	分管业务校领导签字	
	判断是否涉及归口管理	
07	若涉及归口管理的需上报归口部门，由相应归口部门对业务部门上报的预算建议数进行审核和汇总，编入本部门预算	
08	不涉及归口管理的，将预算建议数及相关材料一并报送财务处	
09	财务处对各业务部门和归口部门提交的预算建议数及申报材料进行预审，汇总形成学校预算建议草案	学校预算建议草案
	判断是否大于 10 万元	
10	其中 10 万元及以上的基础设施建设、修缮项目和家具设备图书采购项目等实施方案由校财经工作领导小组进行单项逐个评审	
11	小于 10 万元的，由校财经工作领导小组评审	
12	财务处将经校财经工作领导小组评审通过后的学校预算建议草案，上报学校党委常委会审议	
13	预算建议草案经学校党委常委会审议通过后，上报上级主管部门审批	

（二）预算批复流程及说明

预算批复与下达流程是经过预算编制、审核、批准后，由财政部门或预算管理工作机构将预算指标正式下达给各部门、单位，并监督其执行的过程。流程如图 3－3 所示，具体流程说明见表 3－4。

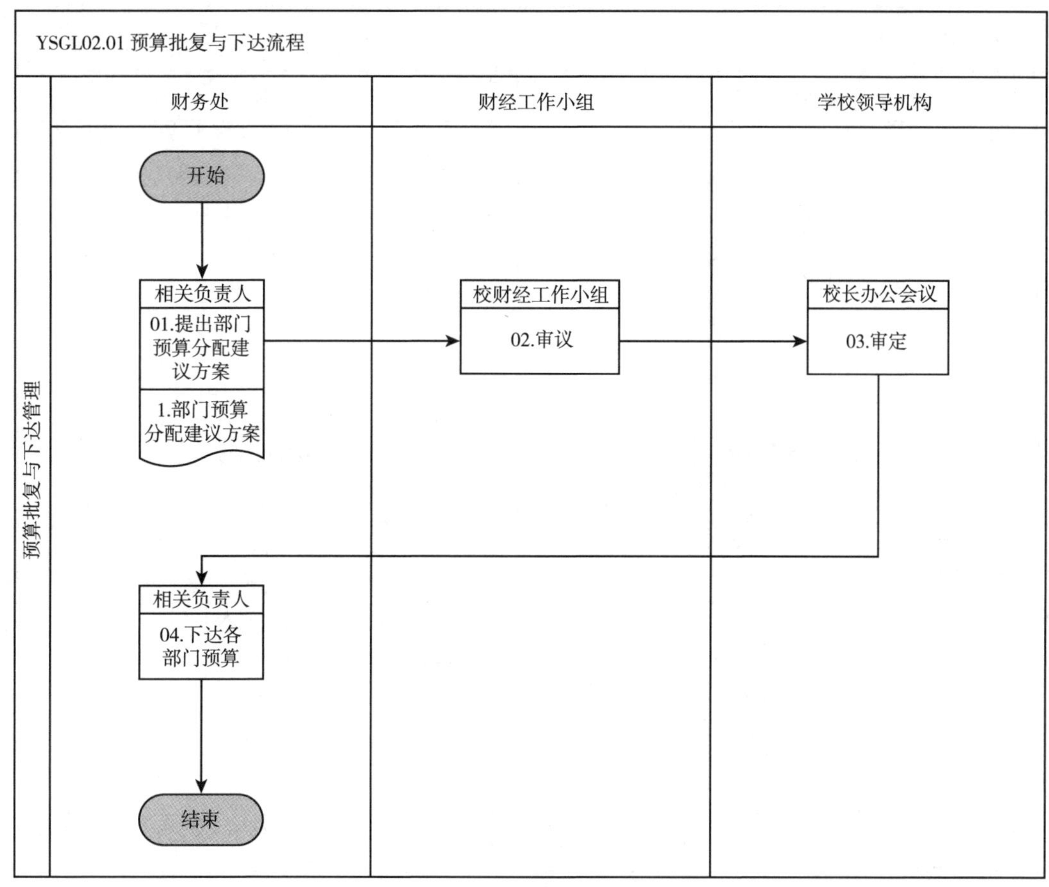

图 3－3　预算批复与下达流程

表 3－4　　预算批复与下达具体流程说明

序号	步骤说明	输出文档
01	根据上级主管部门下达的学校年初预算批复数，财务处结合各部门预算草案和工作实际资金需求，在和各部门充分沟通基础上，提出部门预算分配建议方案	部门预算分配建议方案
02	校财经工作领导小组审议	
03	校长办公会议审定	
04	经校长办公会议批准后批复下达各部门预算	

（三）预算执行流程及说明

1. 资金计划及使用流程。资金计划与使用流程是各部门根据业务需求编制资金需求计划，财务部汇总编制资金计划并报审，审批通过后据实申请资金，并按照规定的审批流程进行资金使用和报销。流程如图 3－4 所示，具体流程说明见表 3－5。

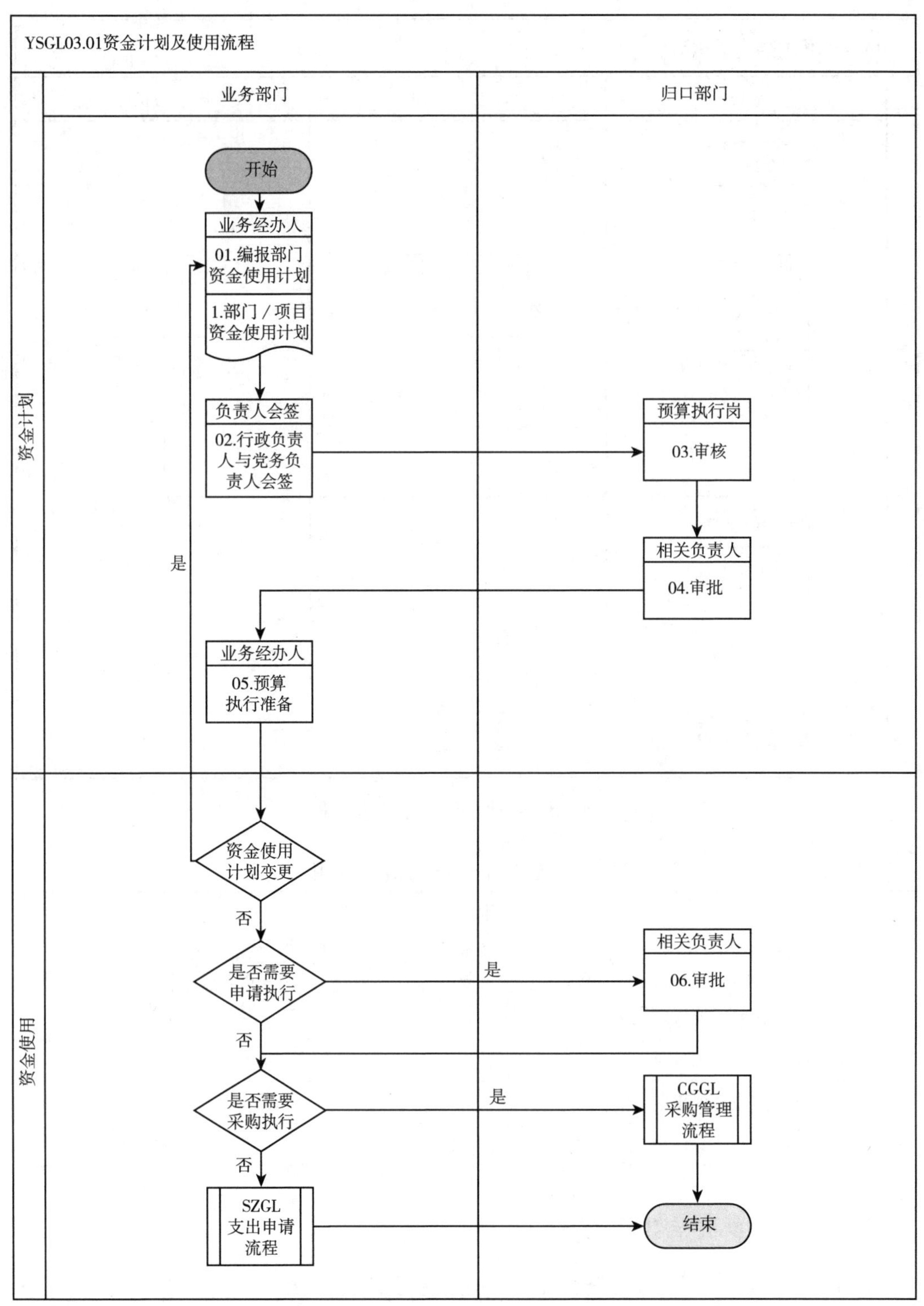

图 3-4　资金计划及使用流程

表 3－5　　资金计划及使用具体流程说明

序号	步骤说明	输出文档
01	业务部门预算执行岗编报部门资金使用计划	部门/项目资金使用情况
02	业务部门行政负责人与党务负责人会签	
03	归口管理部门预算执行岗对资金使用计划进行审核	
04	归口管理部门相关负责人对资金使用计划进行审核	
05	业务部门预算执行岗作出预算执行准备	
	判断是否存在资金使用计划变更情况	
	若存在，则返回业务部门预算执行岗编报部门资金使用计划步骤	
	若不存在，则判断是否需要申请执行	
	若不需要申请执行，则判断是否需要采购执行	
06	若需要申请执行，报归口管理部门相关负责人审核，审核后判断是否需要采购执行	
	若需要采购执行，则进行采购管理流程后，转入报销支付流程	
	若不需要采购执行，则进入支出申请流程后，进行报销支付流程	

2. 预算执行分析流程。预算执行分析流程是一系列对预算执行情况进行全面评估和改进的活动，主要包括收集数据、比较预算与实际情况、分析差异原因、制定改进措施，并持续监控执行效果。流程如图 3－5 所示，具体流程说明见表 3－6。

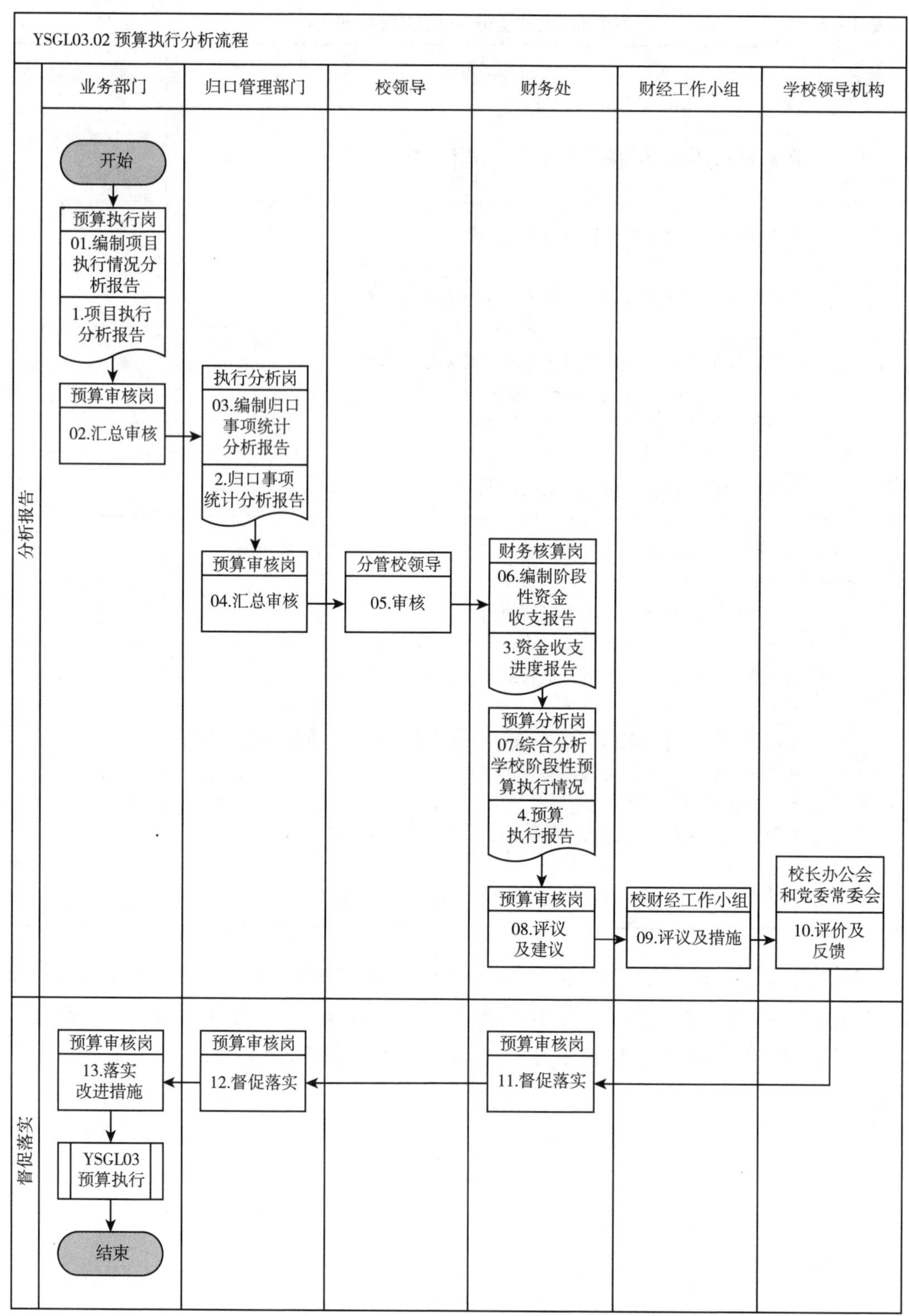

图 3-5 预算执行分析流程

表 3-6　　预算执行分析具体流程说明

序号	步骤说明	输出文档
01	业务部门预算执行岗编制项目执行情况分析报告	项目执行分析报告
02	业务部门预算审核岗负责汇总项目执行分析报告	
03	归口管理部门执行分析岗编制归口事项统计分析报告	归口事项统计分析报告
04	归口管理部门预算审核岗对报告进行汇总审核并提交给分管校领导	
05	分管校领导对报告进行审核并反馈给财务处	
06	财务处财务核算岗根据报告编制阶段性资金收支报告	资金收支进度报告
07	财务处预算分析岗综合分析学校阶段性预算执行情况	预算执行报告
08	财务处预算审核岗对报告进行评议并提出建议	
09	校财经工作领导小组对财务处提交的报告进行评议及提出改进措施并提交给学校领导机构	
10	校长办公会和党委常委会对校财经工作领导小组提交的报告进行评价及反馈	
11	财务处预算审核岗对校长办公会议下达的报告进行督促落实	
12	归口管理部门预算审核岗对财务处下达的报告进行督促落实	
13	业务部门预算审核岗对归口管理部门下达的报告进行落实并提出改进措施	
	转入预算执行流程	

（四）预算追加调整流程及说明

1. 追加预算流程第一类：使用“预算预备费”。追加预算流程第一类流程指的是当业务部门或归口部门在预算执行过程中，由于一些不可预见的原因需使用预算预备费调整部门预算，使用“预算预备费”进行预算追加调整。流程如图 3-6 所示，具体流程说明见表 3-7。

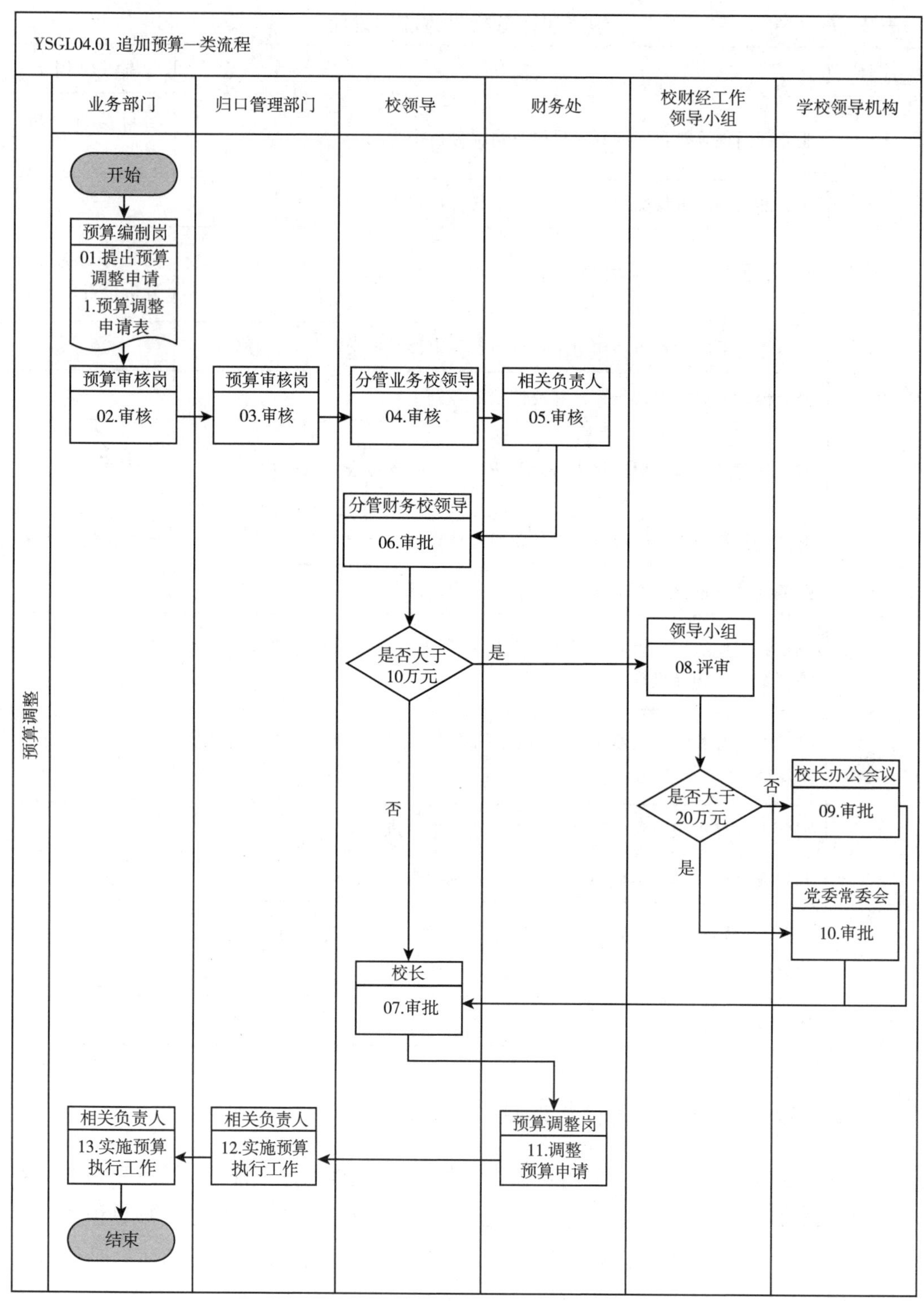

图 3-6 追加预算一类流程

表 3 –7 追加预算一类具体流程说明

序号	步骤说明	输出文档
01	业务部门预算编制岗提出预算调整申请	预算调整申请表
02	业务部门预算审核岗对预算追加申请表进行审核，并提交至归口管理部门	
03	归口管理部门预算管理岗对预算追加申请表进行审核，并提交至分管校领导	
04	分管业务校领导对归口管理部门提交的申请表进行审核并提交给财务处	
05	财务处收到预算调整申请后，对预算调整申请进行审核，出具审核意见	
06	分管财务校领导审核预算调整申请	
	判断调整金额是否大于 10 万元	
07	若调整金额小于 10 万元（不含 10 万元），由校长审批	
08	若调整金额大于 10 万元，由学校财经工作领导小组审批	
09	若调整金额 10 万 ~20 万元（不含 20 万元），由校长办公会审议，校长签批	
10	若调整金额 20 万元及以上，由学校党委常委会审议，校长签批	
11	财务处依据审批通过后的部门调整预算申请	
12	归口部门依据批复组织实施相应的预算执行工作	
13	业务部门根据批复组织实施相应的预算执行工作	

2. 追加预算流程第二类：使用“单位资金收入”。追加预算流程第二类指的是使用“单位资金收入”追加预算。流程如图 3 –7 所示，具体流程说明见表 3 –8。

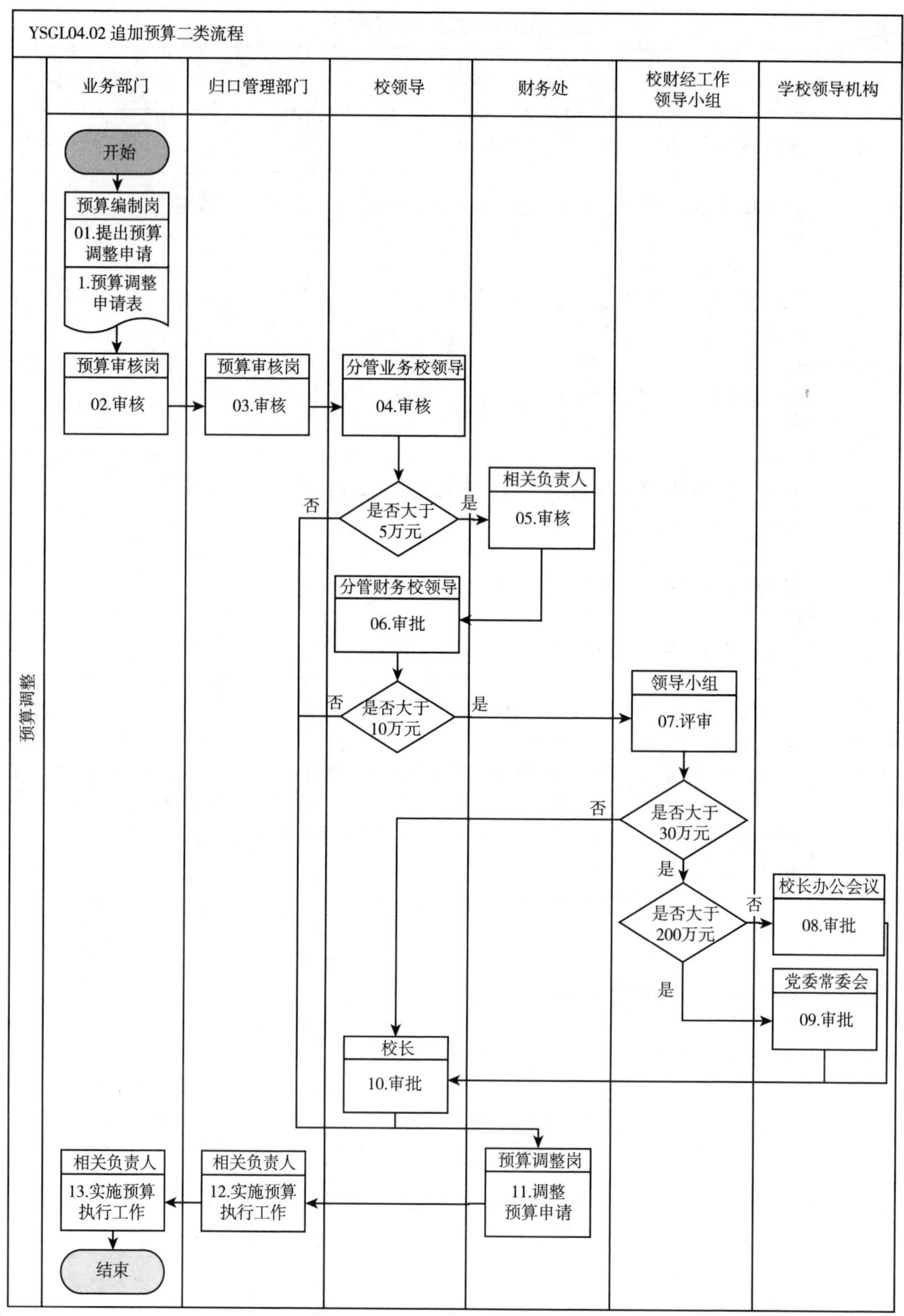

图 3－7　追加预算二类流程

表 3－8　　追加预算二类具体流程说明

序号	步骤说明	输出文档
01	业务部门预算编制岗提出预算调整申请	预算调整申请表
02	业务部门预算审核岗对预算追加申请表进行审核，并提交至归口管理部门	
03	归口管理部门预算管理岗对预算追加申请表进行审核，并提交至分管校领导	
04	分管业务校领导对归口管理部门提交的申请表进行审核	
	判断调整金额是否大于 5 万元	
	若调整金额 5 万元以下，分管业务校领导直接审核	
05	若调整金额 5 万～10 万元（不含 10 万元），财务处负责人审核	
06	分管财务校领导审核	
07	若调整金额 10 万～30 万元（不含 30 万元），学校财经领导小组审核	
08	若调整金额 30 万～200 万元（不含 200 万元），学校校长办公会议审议	
09	若调整金额 200 万元以及以上，学校党委常委会会议审议	
10	经校长审批	
11	财务处依据审批通过后的部门调整预算申请	
12	归口部门依据批复组织实施相应的预算执行工作	
13	业务部门根据批复组织实施相应的预算执行工作	

3. 预算调减。预算调减是当客观条件发生重大不利变化导致原有预算无法完成时，由预算执行单位或部门提出调减申请，经预算管理部门审核并报上级审批后，对相应预算指标进行调整的过程。流程如图 3－8 所示，具体流程说明见表 3－9。

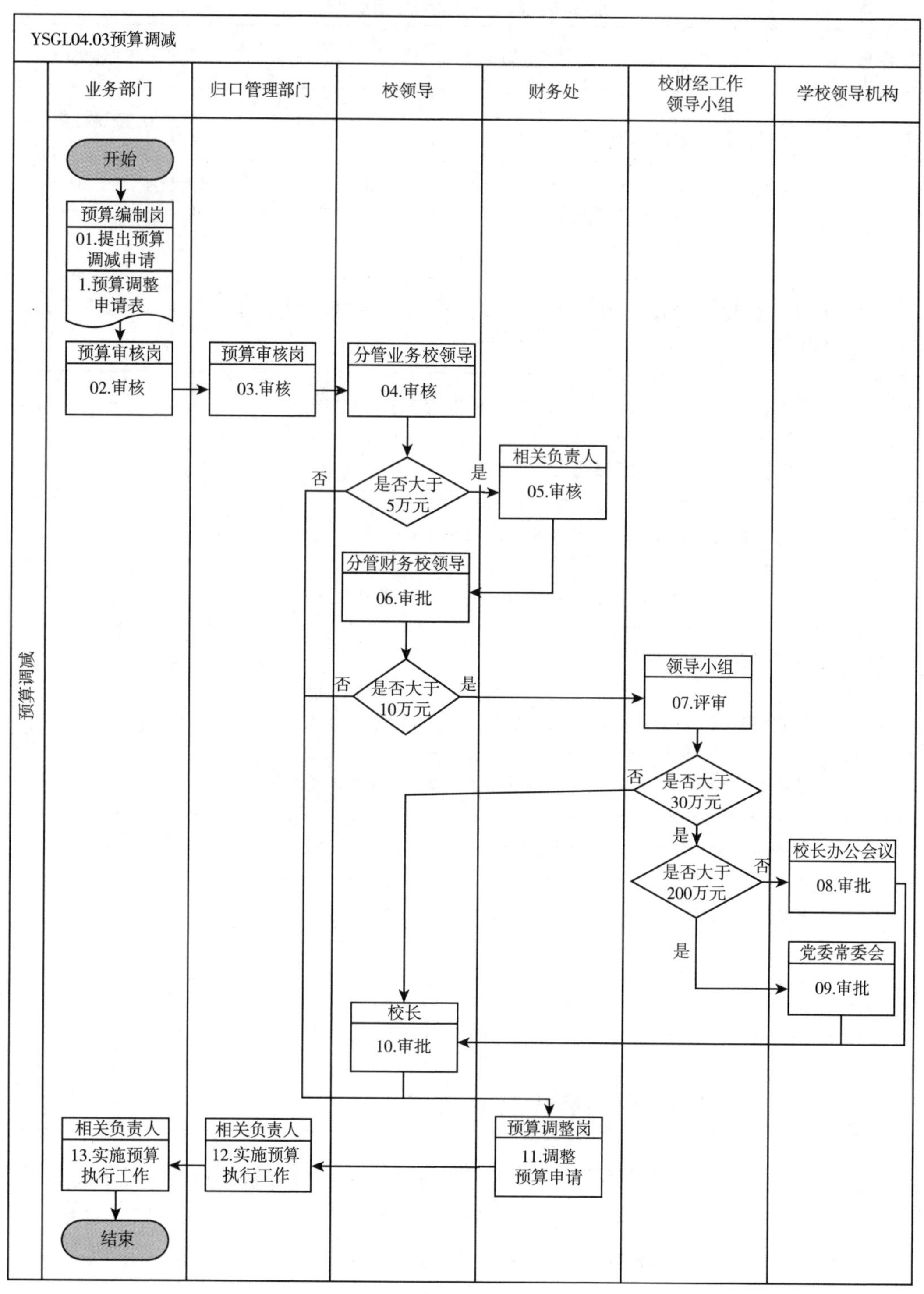
YSGL04.03预算调减
预算调减
业务部门
归口管理部门
校领导
财务处
校财经工作领导小组
学校领导机构
开始
预算编制岗
01.提出预算调减申请
1.预算调整申请表
预算审核岗
02.审核
预算审核岗
03.审核
分管业务校领导
04.审核
是否大于5万元
否
是
相关负责人
05.审核
分管财务校领导
06.审批
是否大于10万元
否
是
领导小组
07.评审
是否大于30万元
否
是
是否大于200万元
否
是
校长办公会议
08.审批
党委常委会
09.审批
校长
10.审批
预算调整岗
11.调整预算申请
相关负责人
12.实施预算执行工作
相关负责人
13.实施预算执行工作
结束

图3－8　预算调减流程

表 3－9　　　　预算调减具体流程说明

序号	步骤说明	输出文档
01	业务部门预算编制岗提出预算调整申请	预算调整申请表
02	业务部门预算审核岗对预算追加申请表进行审核，并提交至归口管理部门	
03	归口管理部门预算管理岗对预算追加申请表进行审核，并提交至分管校领导	
04	分管业务校领导对归口管理部门提交的申请表进行审核	
	判断调整金额是否大于 5 万元	
	若调整金额 5 万元以下，分管业务校领导直接审核	
05	若调整金额 5 万～10 万元（不含 10 万元），财务处负责人审核	
06	分管财务校领导审核	
07	若调整金额 10 万～30 万元（不含 30 万元），学校财经领导小组审核	
08	若调整金额 30 万～200 万元（不含 200 万元），学校校长办公会议审议	
09	若调整金额 200 万元及以上，学校党委常委会会议审议	
10	校长对调整金额 10 万元及以上的申请进行签批	
11	财务处依据审批通过后的部门调整预算申请	
12	归口部门依据批复组织实施相应的预算执行工作	
13	业务部门根据批复组织实施相应的预算执行工作	

4. 预算项目调剂。预算项目调剂是在预算执行过程中，因各种原因需要对预算项目进行调整时，需经过提交调剂申请、部门审批等一系列程序，确保调剂的合理性、透明性和规范性。流程如图 3－9 所示，具体流程说明见表 3－10。

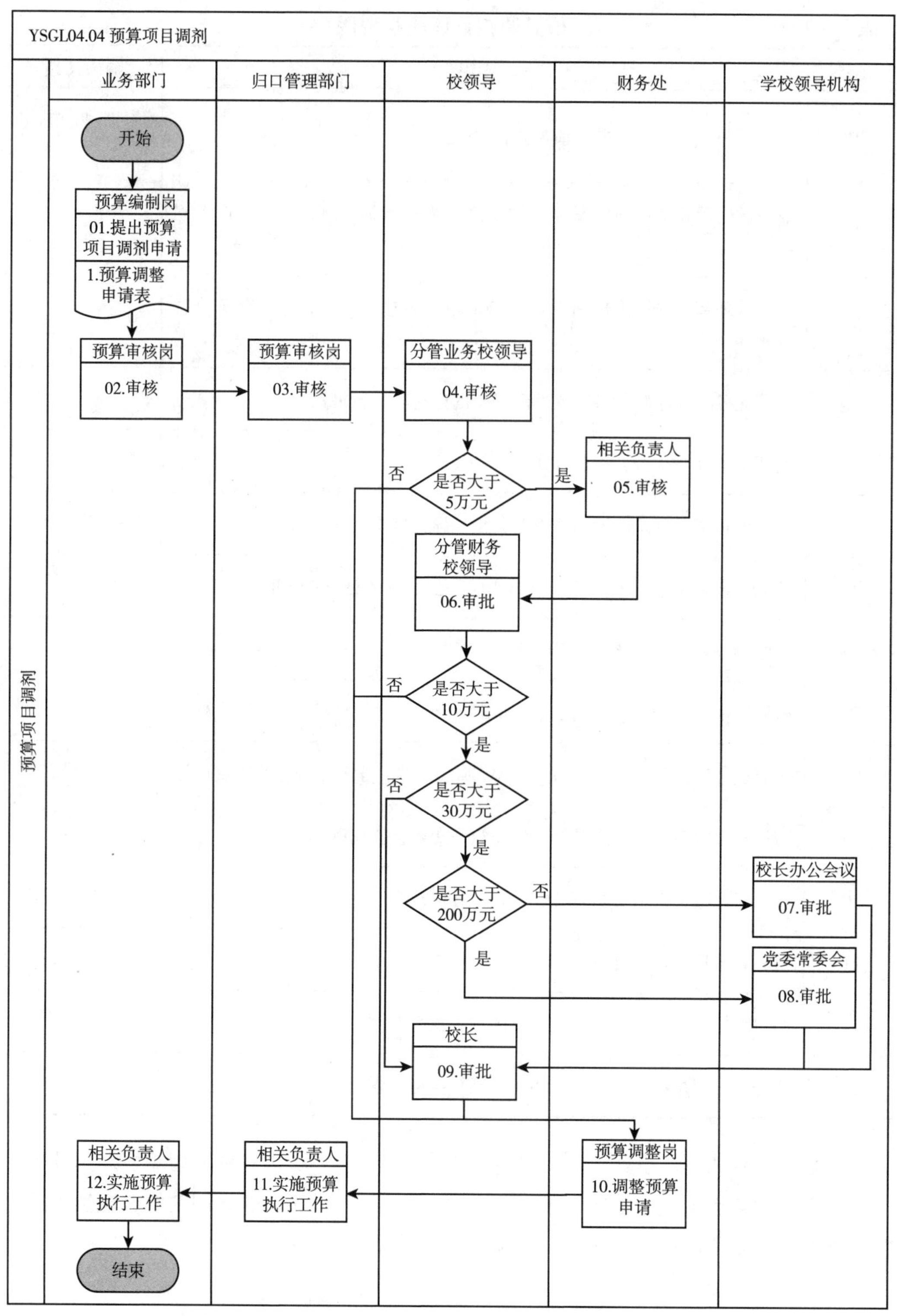

图 3－9　预算项目调剂流程

表 3－10　　预算项目调剂具体流程说明

序号	步骤说明	输出文档
01	业务部门预算编制岗提出预算调整申请	预算调整申请表
02	业务部门预算审核岗对预算追加申请表进行审核，并提交至归口管理部门	
03	归口管理部门预算管理岗对预算追加申请表进行审核，并提交至分管校领导	
04	分管业务校领导对归口管理部门提交的申请表进行审核	
	判断调整金额是否大于 5 万元	
	若调整金额 5 万元以下，分管业务校领导直接审核	
05	若调整金额 5 万～10 万元（不含 10 万元），财务处负责人审核	
06	分管财务校领导审核	
07	若调整金额 30 万～200 万元（不含 200 万元），学校校长办公会审批	
08	若调整金额 200 万元及以上，学校党委常委会会议审议	
09	校长对调整金额 10 万元及以上的申请进行签批	
10	财务处依据审批通过后的部门调整预算申请	
11	归口部门依据批复组织实施相应的预算执行工作	
12	业务部门根据批复组织实施相应的预算执行工作	

（五）决算与绩效评价流程及说明

1. 决算流程。决算流程是对年度或项目财务活动进行总结和核算的过程，包括整理资料、核对账目、编制决算报告、审核审批、出具审计报告等多个环节，确保财务数据的准确性和合规性。流程如图 3－10 所示，具体流程说明见表 3－11。

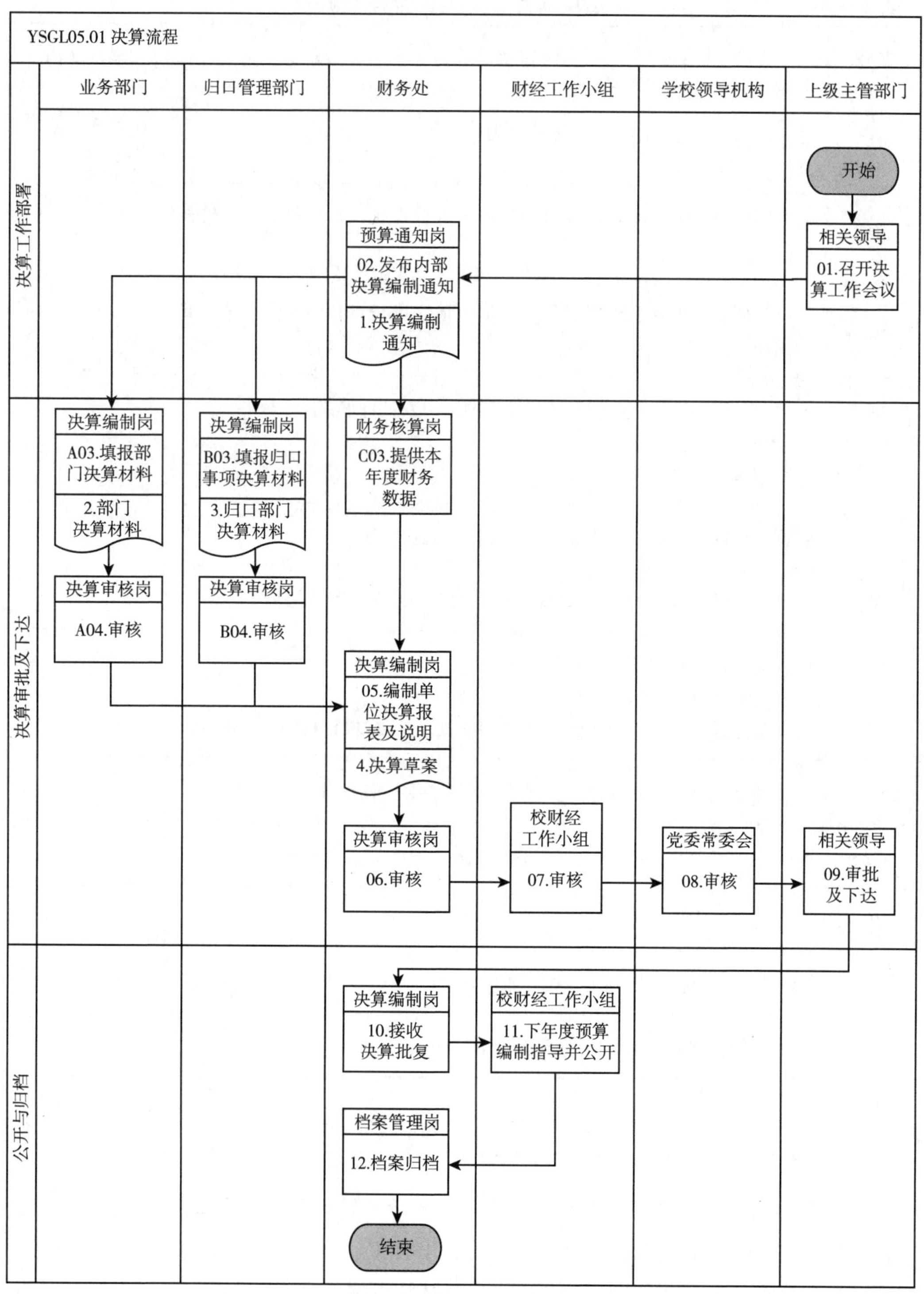
YSGL05.01 决算流程
业务部门
归口管理部门
财务处
财经工作小组
学校领导机构
上级主管部门
决算工作部署
决算审批及下达
公开与归档
开始
相关领导
01.召开决算工作会议
预算通知岗
02.发布内部决算编制通知
1.决算编制通知
决算编制岗
A03.填报部门决算材料
2.部门决算材料
决算编制岗
B03.填报归口事项决算材料
3.归口部门决算材料
财务核算岗
C03.提供本年度财务数据
决算审核岗
A04.审核
决算审核岗
B04.审核
决算编制岗
05.编制单位决算报表及说明
4.决算草案
决算审核岗
06.审核
校财经工作小组
07.审核
党委常委会
08.审核
相关领导
09.审批及下达
决算编制岗
10.接收决算批复
校财经工作小组
11.下年度预算编制指导并公开
档案管理岗
12.档案归档
结束

图 3－10　决算流程

表 3－11　　决算具体流程说明

序号	步骤说明	输出文档
01	上级主管部门相关领导召开决算工作会议	
02	财务处预算通知岗发布内部决算编制通知	决算编制通知
03	A. 业务部门决算编制岗填报部门决算材料，并提交业务部门决算审核岗	部门决算材料
	B. 归口管理部门决算编制岗填报归口苦事项决算材料，并提交归口管理部门决算审核岗	归口事项决算材料
	C. 财务处财务核算岗提供本年度财务数据	
04	A. 业务部门决算审核岗对部门决算材料进行审核	
	B. 归口管理部门决算审核岗对归口管理部门决算材料进行审核	
05	财务处决算编制岗编制学校决算报表及说明，形成决算草案	决算草案
06	财务处决算审核岗对决算草案进行审核，并提交至校财经工作领导小组	
07	校财经工作领导小组决算审核岗对决算草案进行审核，上报学校领导机构	
08	学校党委常委会对决算草案进行审核并上报给上级主管部门	
09	上级主管部门相关领导对决算草案进行审批并下达	
10	财务处决算编制岗接受决算批复	
11	校财经工作领导小组决算审核岗指导下一年度预算编制并公开	
12	财务处档案管理岗进行档案归档	

2. 绩效评价流程。绩效评价流程是一个系统性的过程，涉及制订绩效计划、设定绩效目标等多个环节，旨在确保组织目标的达成并促进个人发展。流程如图 3－11 所示，具体流程说明见表 3－12。

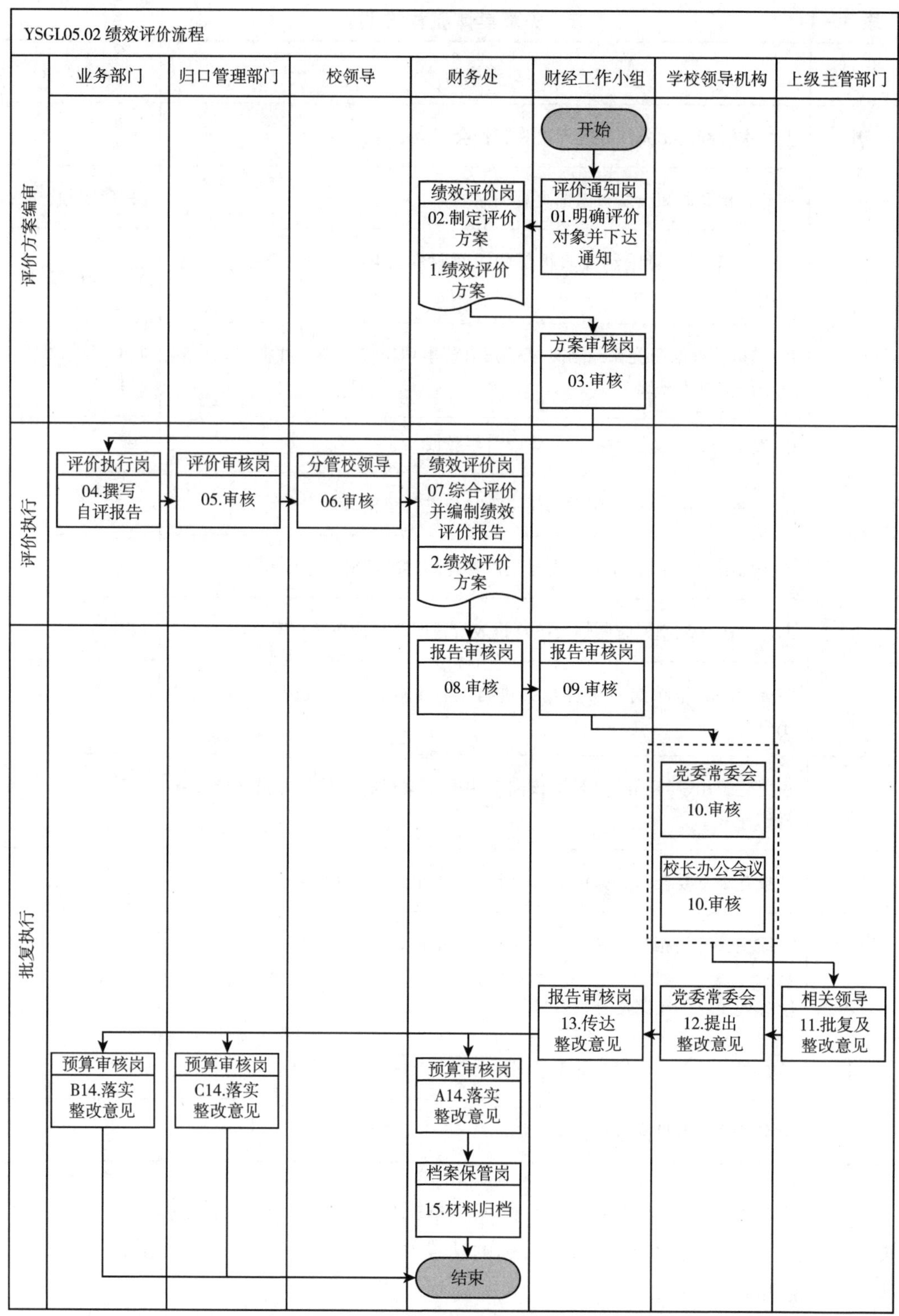

YSGL05.02 绩效评价流程
业务部门
归口管理部门
校领导
财务处
财经工作小组
学校领导机构
上级主管部门
评价方案编审
评价执行
批复执行
开始
评价通知岗
01.明确评价对象并下达通知
绩效评价岗
02.制定评价方案
1.绩效评价方案
方案审核岗
03.审核
评价执行岗
04.撰写自评报告
评价审核岗
05.审核
分管校领导
06.审核
绩效评价岗
07.综合评价并编制绩效评价报告
2.绩效评价方案
报告审核岗
08.审核
报告审核岗
09.审核
党委常委会
10.审核
校长办公会议
10.审核
相关领导
11.批复及整改意见
党委常委会
12.提出整改意见
报告审核岗
13.传达整改意见
预算审核岗
B14.落实整改意见
预算审核岗
C14.落实整改意见
预算审核岗
A14.落实整改意见
档案保管岗
15.材料归档
结束

图3－11　绩效评价流程

表 3－12　　绩效评价具体流程说明

序号	步骤说明	输出文档
01	校财经工作领导小组评价通知岗明确绩效评价对象并下达通知	
02	财务处绩效评价岗制定评价方案，并提交至校财经工作领导小组	绩效评价方案
03	校财经工作领导小组方案审核岗对绩效评价方案进行审核	
04	业务部门评价执行岗撰写自评报告，并提交至归口管理部门	
05	归口管理部门对自评报告进行审核，并提交至分管校领导	
06	分管校领导对自评报告进行审核，并提交给财务处	
07	财务处绩效评价岗对自评报告进行综合评价并编制绩效评价报告	绩效评价报告
08	财务处报告审核岗对绩效评价报告进行复核，并提交至校财经工作领导小组	
09	校财经工作领导小组报告审核岗对绩效评价报告进行审核，并分别提交给党委常委会和校长办公会议审定	
10	学校党委常委会和校长办公室审核后将报告提交给上级主管部门	
11	上级主管部门相关领导对报告进行批复并提出整改意见	
12	学校党委常委会根据上级主管部门的批复提出整改意见	
13	校财经工作领导小组报告审核岗传达整改意见	
14	A. 财务处预算审核岗落实整改意见	
	B. 归口管理部门预算审核岗落实整改意见	
	C. 业务部门预算审核岗落实整改意见	
15	财务处档案保管岗进行材料归档	

（六）专项经费管理流程及说明

1. 专项经费立项管理流程。

（1）申报上级各部门的专项经费管理流程。申报上级各部门的专项经费管理流程是从项目申报、材料准备与提交、评审与审批、经费下达与使用、项目监督与验收，到绩效评价与反馈的全过程。流程如图 3－12 所示，具体流程说明见表 3－13。

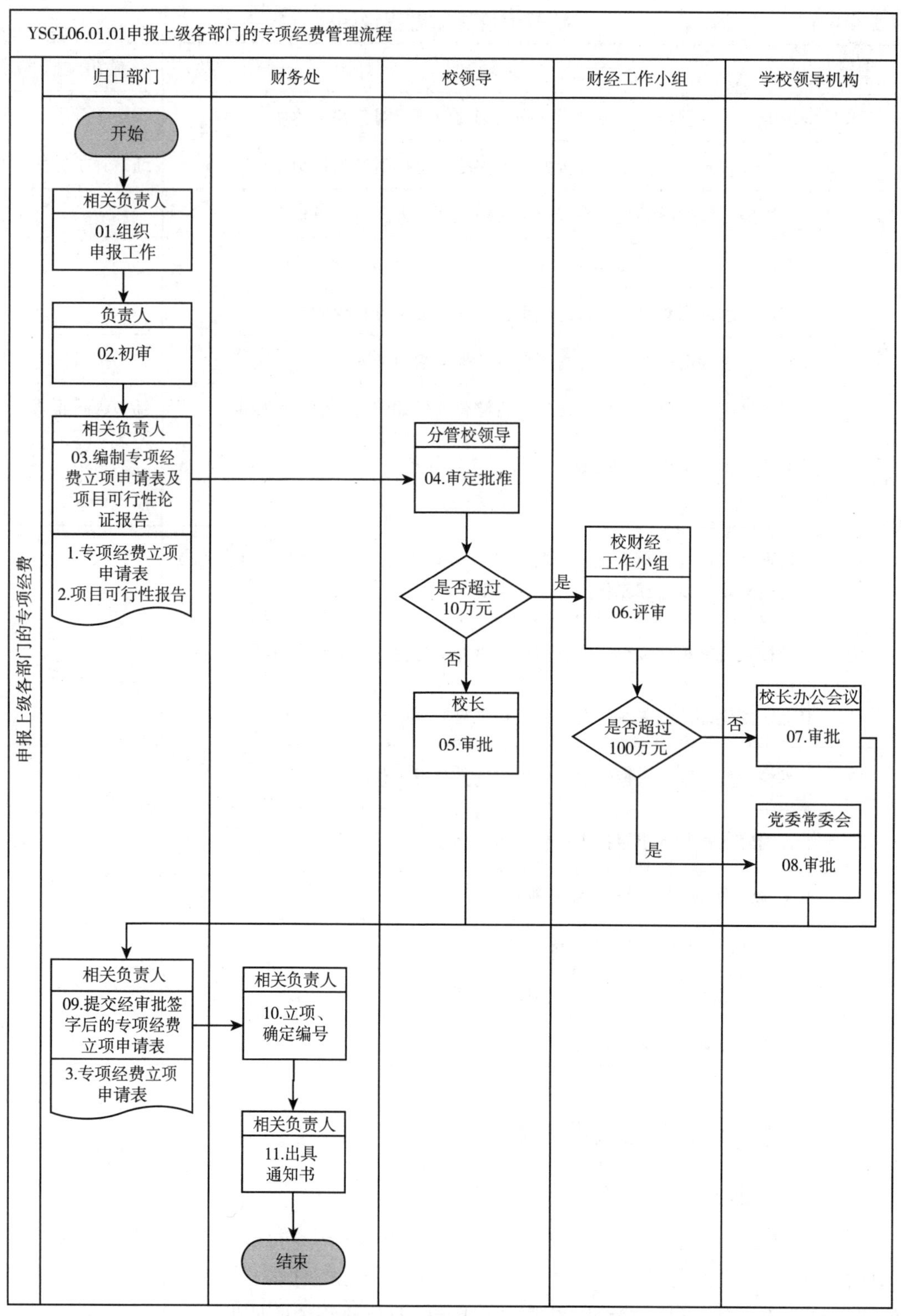

图 3－12　申报上级各部门的专项经费管理

表 3－13　　申报上级各部门的专项经费管理具体流程说明

序号	步骤说明	输出文档
01	归口部门根据上级部门下达专项经费的性质、编报要求以及学校建设发展需要，组织进行项目申报	
02	归口部门初审	
03	归口部门相关负责人提出预算方案，编制专项经费立项申请表及项目可行性论证报告	专项经费立项申请表 项目可行性论证报告
04	报分管校领导审定批准后提交评审	
	判断单项金额是否超过 10 万元	
05	单项金额 10 万元以下项目由归口部门报校长审批	
06	单项金额 10 万元以上的要报校财经工作领导小组评审	
	判断金额是否超过 100 万元	
07	单项金额 10 万～100 万元项目由归口部门报校财经工作领导小组评审通过后，上报校长办公会议审批	
08	单项金额 100 万元及以上项目由归口部门报校财经工作领导小组评审通过后，上报党委常委会审批	
09	经批准后的项目，由归口部门向财务处提交经审批签字后的专项经费立项申请表	专项经费立项申请表
10	财务处据此立项、确定项目编号	
11	财务处出具专项经费预算指标拨款通知书	专项经费预算指标拨款通知书

（2）预算执行中追加校内专项管理流程。预算执行中追加校内专项管理流程是由项目负责部门提出追加申请，经财务部门审核、分管校领导签批后执行，并报上级主管部门备案，确保预算调整的科学性和规范性。流程如图 3－13 所示，具体流程说明见表 3－14。

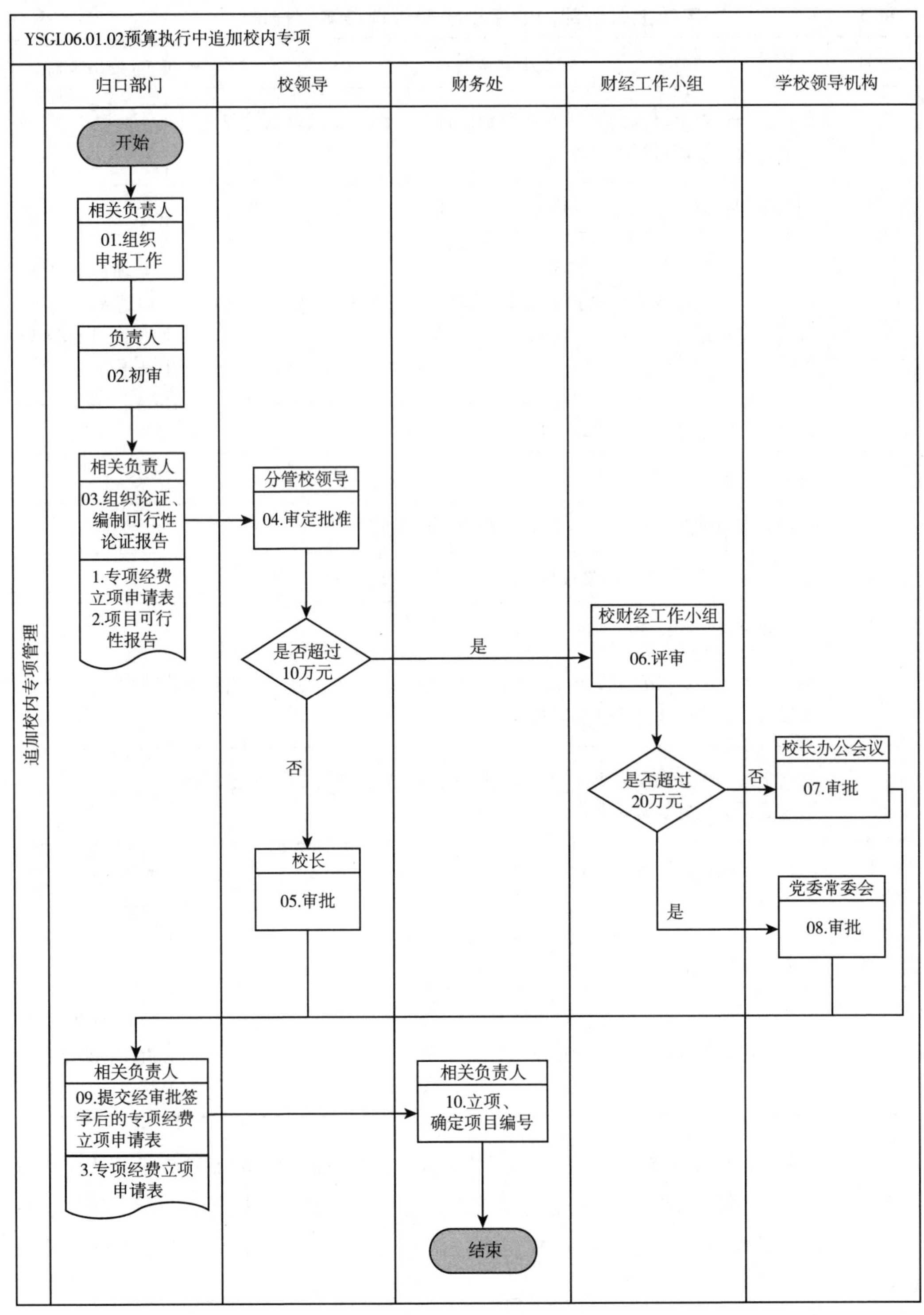

图3－13　预算执行中追加校内专项管理流程

表 3 –14　　预算执行中追加校内专项管理流程具体流程说明

序号	步骤说明	输出文档
01	归口部门根据学校建设发展需要、当年经费情况以及项目的轻重缓急组织申报工作	
02	归口部门初审	
03	归口部门相关负责人编制专项经费立项申请表及项目可行性论证报告	专项经费立项申请表 项目可行性论证报告
04	报分管校领导审定批准	
	判断单项金额是否超过 10 万元	
05	单项金额 10 万元以下项目由归口部门报校长审批	
06	单项金额 10 万元及以上项目由校财经工作领导小组评审	
	判断金额是否超过 20 万元	
07	单项金额 10 万 ~20 万元项目由归口部门报校财经工作领导小组评审通过后，上报校长办公会议审批	
08	单项金额 20 万元及以上项目由归口部门报校财经工作领导小组评审通过后，上报党委常委会审批	
09	经批准后的项目，由归口部门向财务处提交经审批签字后的专项经费立项申请表	专项经费立项申请表
10	财务处据此立项、确定项目编号	

（3）其他需专项管理的各项经费管理流程。其他需专项管理的各项经费管理流程是一套完整、规范的管理闭环，旨在确保经费的合理使用和有效监管。流程如图 3 –14 所示，具体流程说明见表 3 –15。

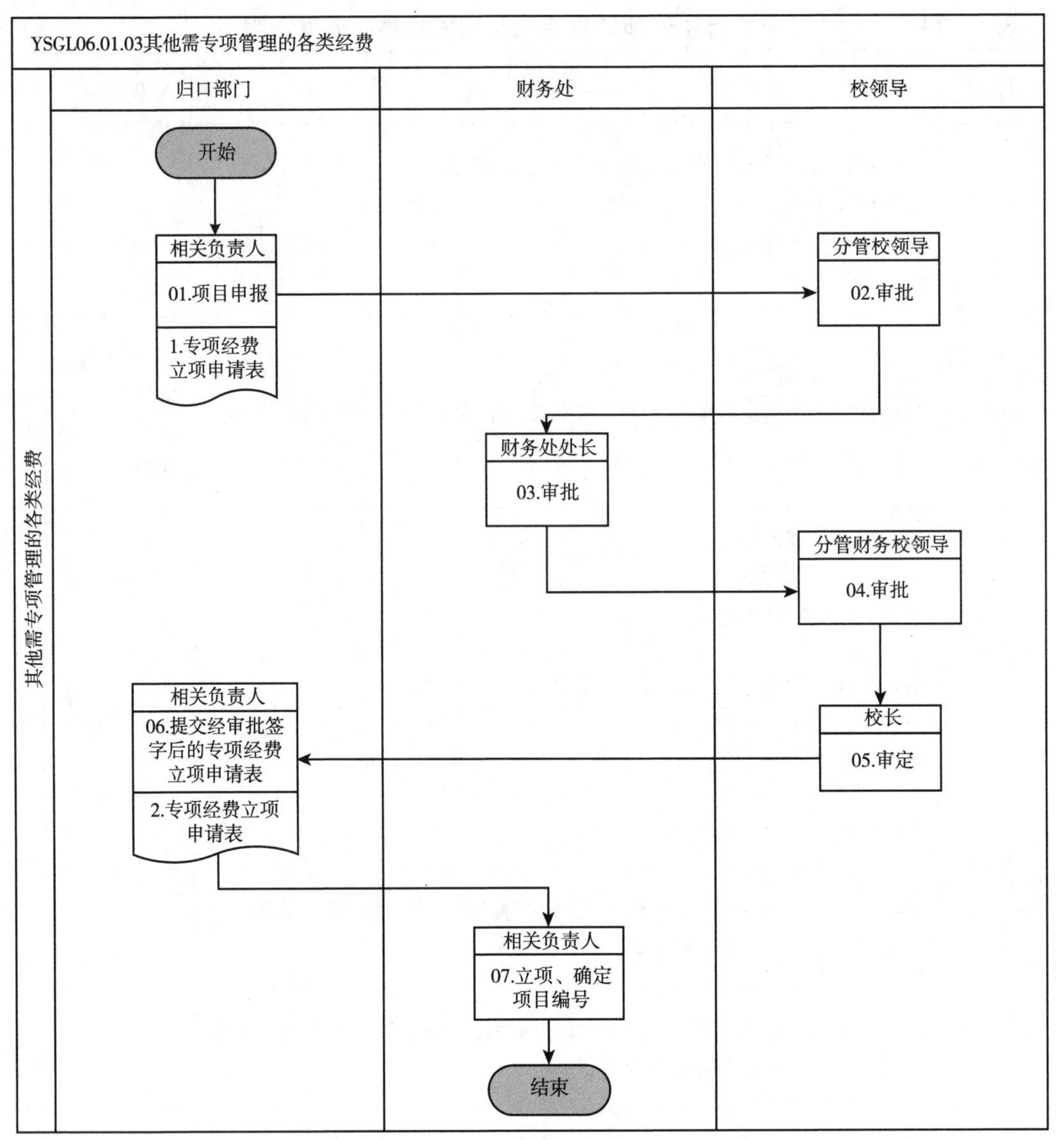

图3－14　其他需专项管理的各项经费管理流程

表3－15　其他需专项管理的各项经费管理具体流程说明

序号	步骤说明	输出文档
01	归口部门根据拨付经费的用途进行项目申报，编制专项经费立项申请表	专项经费立项申请表
02	分管校领导审批	
03	财务处处长审批	
04	分管财务校领导审批	

续表

序号	步骤说明	输出文档
05	校长审定	
06	归口部门向财务处提交经审批签字后的专项经费立项申请表	专项经费立项申请表
07	财务处据此立项、确定项目编号	

2. 专项经费调整流程。专项经费调整流程是由项目负责人提出调整申请，经相关部门审核、审批后，对专项经费的使用计划进行相应调整，确保经费使用的合规性和有效性。流程如图 3－15 所示，具体流程说明见表 3－16。

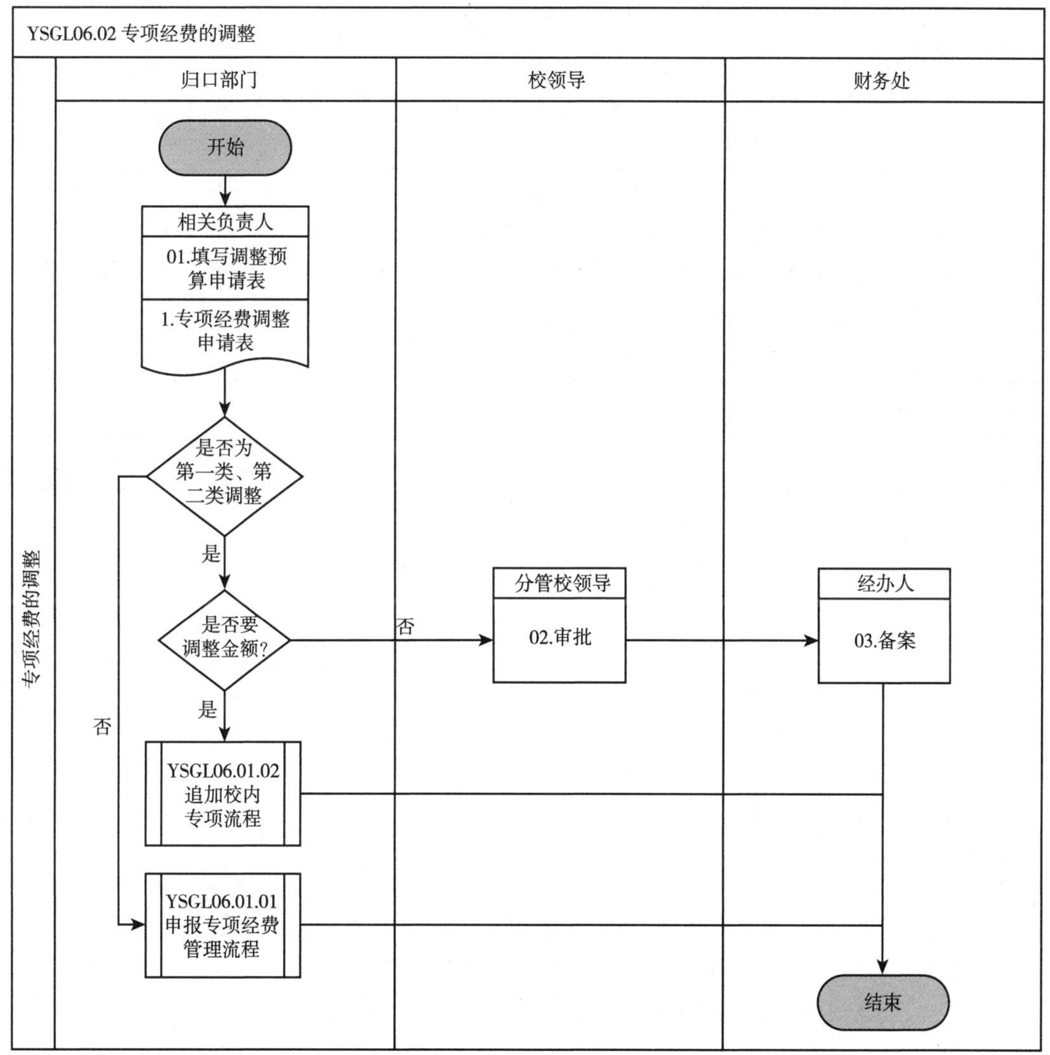

图 3－15　专项经费调整流程

表 3-16　　专项经费调整具体流程说明

序号	步骤说明	输出文档
01	经批准立项的项目在建设过程中，因某些不可预见原因、并经相关归口部门确认确有必要调整的，归口部门应划分确定调整类别，填写专项经费调整申请表，执行专项调整审批程序	专项经费调整申请表
	是否为第一类、第二类调整	
	如果是第一类、第二类调整，判断是否需要调整金额	
	如果需要调整金额，则实施 YSGL06. 01. 02 预算执行中追加校内专项管理流程的审批程序	
02	如不需调整金额，则先由分管校领导审批	
03	再交由财务处备案	
	如果非第一类、第二类调整，则实施 YSGL06. 01. 01 申报上级各部门的专项经费管理流程的审批程序	

3. 专项经费结项流程。专项经费结项流程旨在确保专项经费使用符合预算计划和规定，并对经费使用情况和项目成果进行总结和评估，为未来的项目经费管理和决策提供经验和参考。流程如图 3-16 所示，具体流程说明见表 3-17。

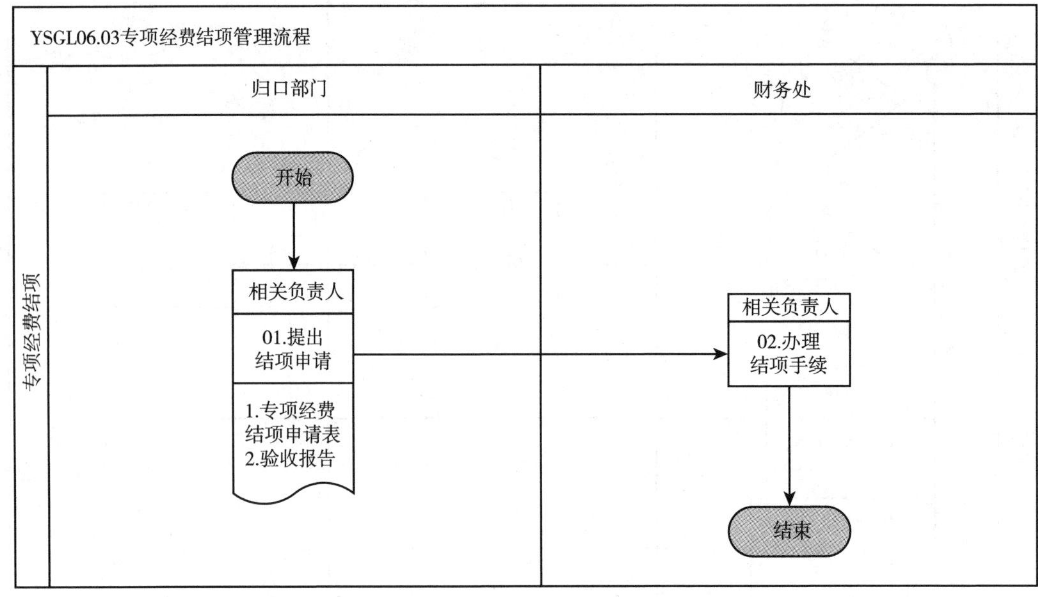

图 3-16　专项经费结项管理流程

表 3－17　　　　　　　　　专项经费结项管理具体流程说明

序号	步骤说明	输出文档
01	专项项目完成后，归口部门要根据学校专项经费项目管理要求，在项目终了 10 日内及时向财务处提出建设项目结项申请，填写专项经费结项申请表，同时提交项目建设验收报告等书面材料	专项经费结项申请表 项目建设验收报告
02	财务处据此办理结项的相关手续	

4. 专项经费绩效评价流程。专项经费绩效评价流程旨在确保专项经费的合理分配和有效使用，同时为后续的专项经费管理和项目决策提供依据，提高资金使用效益。流程如图 3－17 所示，具体流程说明见表 3－18。

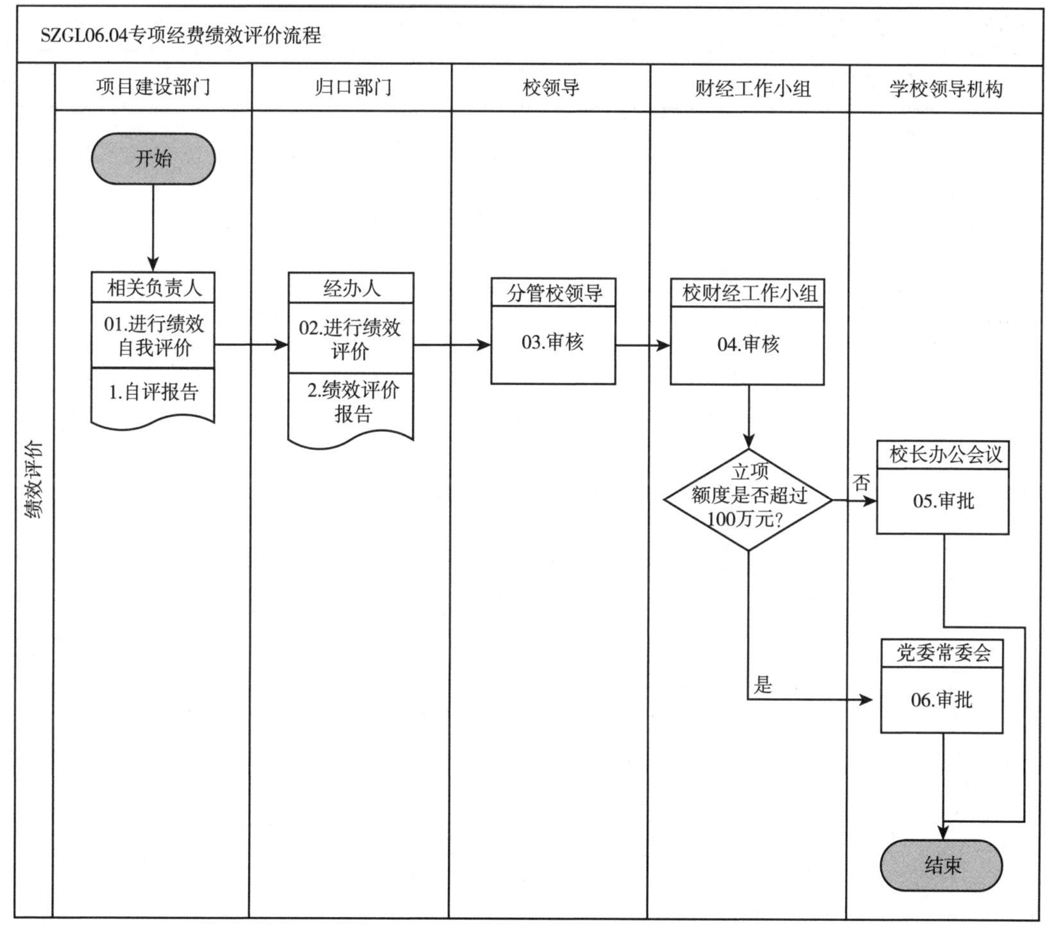

图 3－17　专项经费绩效评价流程

表 3－18　　专项经费绩效评价具体流程说明

序号	步骤说明	输出文档
01	项目建设完成后，项目建设部门应对项目绩效目标完成情况进行自评并提交自评报告	自评报告
02	归口部门应根据批准的立项申请、项目建设部门的绩效自评报告，经实地核查后对建设的项目进行绩效评价，并向学校提交该项目的绩效评价报告。评价报告应包括项目建设预期目标实现情况及其效果，项目建设需要进一步完善和整改的方面的建议等内容	绩效评价报告
03	分管校领导审核	
04	校财经工作领导小组审核	
	立项额度是否超过 100 万元	
05	不超过则报送校长办公会议审批	
06	超过则报送党委常委会审批	

第四章

收支业务控制

第一节　收支业务控制概述

收支业务控制是指在学校财务管理过程中，通过实施一系列系统化的管理措施和控制机制，对收入和支出的全过程进行监督、管理和评估，以确保财务信息的真实性、完整性与合规性，保障组织资源的有效利用与财务安全。①

学校应当建立健全收入支出内部管理制度，应当合理设置收支岗位，明确相关岗位的职责权限，确保收款、付款、会计核算等不相容岗位相互分离。

一、收入业务管理控制

收入业务管理控制是指在学校的财务管理过程中，对所有收入来源以及收入确认、记录、分配和使用实施系统化的管理与控制，以确保收入的合法性、准确性和有效性，保障学校资金的安全与合理使用。

学校的各项收入应当由财会部门归口管理并进行会计核算，严禁设立账外账。业务部门应当在涉及收入的合同协议签订后及时将合同等有关材料提交财会部门作为账务处理依据，确保各项收入应收尽收，及时入账。财会部门应当定期检查收入金额是否与合同约定相符；对应收未收项目应当查明情况，明确责任主体，落实催收责任。

学校非税收入应按照国家规定项目和标准征收，按照国家规定开具财政票据，做到收缴分离、票款一致，并及时、足额上缴国库或财政专户，不得以任何形式截留、挪用或者私分。学校接收捐赠，应及时向捐赠人开具捐赠票据，做好受赠财产入账及合法变卖收入管理，所得收入纳入收入管理，不得截留或挪作他用。

---

① 周艳．我国高校收支业务内部控制问题研究［J］．会计之友，2015（22）：114－116.

学校应当建立健全票据管理制度，财政票据、发票等各类票据的申领、启用、核销、销毁均应履行规定手续。学校应当按照规定设置票据专管员，建立票据台账，做好票据的保管和序时登记工作。票据应当按照顺序号使用，不得拆本使用，做好废旧票据管理。负责保管票据的人员要配置单独的保险柜等保管设备，并做到人走柜锁。学校不得违反规定转让、出借、代开、买卖财政票据、发票等票据，不得擅自扩大票据适用范围。

学校物价管理实行统一领导、统一管理的管理体制，具有独立法人资格的校办产业部门的物价由各部门自行管理，报学校财务处备案，严格按照省物价局批准标准收费，杜绝超标准乱收费。学校应当建立两级物价管理体系。学校物价管理统一由财务处负责，下设专职物价专管员，负责全校物价管理事宜；学校所属各部门指定一名兼职物价管理员，具体协调办理本部门有关物价方面的事宜。

二、支出业务管理控制

支出业务管理控制是指在学校的财务管理过程中，通过一系列规范的管理措施和控制机制，对学校的各类支出进行系统化管理和监督，以确保支出合规、合理，并提高资金使用效率，保障学校财务安全。

学校应当建立健全支出内部管理制度，包括工资津贴支出、行政经费报销支出和境外经贸活动支出。学校应当明确经济活动的各项支出标准，明确支出报销流程，按照规定办理支出事项。学校应当合理设置岗位，明确相关岗位的职责权限，确保支出申请和内部审批、付款审批和付款执行、业务经办和会计核算等不相容岗位相互分离。

学校应当按照支出业务的类型，对各支出事项进行分类管理，对不同资金的财务管理风险按照不同的执行方式和审批权限进行管理，明确内部审批、审核、支付、核算和归档等支出各关键岗位的职责权限。实行国库集中支付的，应当严格按照财政国库管理制度有关规定执行。

1. 加强支出审核审批控制。学校应当明确支出的内部审批权限、程序、责任和相关控制措施。审批人应当在授权范围内审批，不得越权审批，重点审核单据来源是否合法，内容是否真实、完整，使用是否准确，是否符合预算，审批手续是否齐全。

2. 加强支付与报销管理。学校应当明确报销业务流程，按照规定办理资金支付手续。签发的支付凭证应当进行登记。使用公务卡结算的，应当按照公务卡使用和管理有关规定办理业务。

3. 加强支出的核算和归档控制。由学校财会部门根据支出凭证及时准确登记账簿；与支出业务相关的合同等材料应当提交财会部门作为账务处理的依据。

根据国家规定，学校应当建立健全债务内部管理制度，明确债务管理岗位的职责权限，不得由一人办理债务业务的全过程。大额债务的举借和偿还属于重大经济事项，应当进行充分论证，并由单位领导班子集体研究决定。学校应当做好债务的会计核算和档案保管工作。加强债务的对账和检查控制，定期与债权人核对债务余额，进行债务清理，防范和控制财务风险。

第二节　收支业务内部控制规范

一、收支业务内部控制的对象及目标

为规范学校预算资金收支行为，提高预算资金使用效率，学校应加强预算收支管理监督，根据《中华人民共和国预算法》《中华人民共和国会计法》《政府非税收入管理办法》《财政票据管理办法》《行政事业单位内部控制规范（试行）》等有关法律法规，结合学校实际情况，制定收支业务内部控制规范。收支业务内部控制规范适用于学校各部门及直属单位的收支管理工作。

（一）收支管理的对象

收支管理，包括收入管理和支出管理。收入管理对象为学校履行代收职能取得的非税收入和学校为开展业务及其他活动依法取得的用于学校支出的非偿还性资金。支出管理对象为学校为保障机构正常运转和完成工作任务所使用的资金，根据发生目标不同分为行政运行支出和业务履职支出两大类。前者旨在满足自身内部管理需求；后者旨在履行学校职能。学校支出管理依据分事行权，对各项支出事项进行分类管控。

（二）收支管理的目标

学校收支管理的目标是确保法律法规的遵循、提高资金收支效率、保证财务信息真实可靠、有效防范资金舞弊风险。学校收支管理的主要任务包括加强学校各项收入管理、加强财政票据管理、加强支出事前审批控制、加强报销与支付管理、加强支出核算与归档控制、加强各项收支执行分析。

二、组织架构及职责分工

学校收支管理的组织架构包括党委常委会、校长办公会议、财务处、事项归口管理

部门、各业务部门以及审计处。

（一）党委常委会或校长办公会议

党委常委会或校长办公会议为收支决策机构，其主要职责包括：根据预算编制情况合理安排学校收支管理计划；审批学校重要事项支出申请与大额资金支付；审批学校收支执行情况报告。

（二）财务处

财务处为收支日常管理机构。财务处主要职责包括：记录、汇总、核对并按规定向同级财政部门报送非税收入征缴情况；对涉及收入的合同签订后，定期检查收入金额是否与合同约定相符；对应收未收项目查明情况，落实催收责任；设置专岗对财政票据的申领、使用、保管、核销进行管理；根据不同支付方式，执行资金支付流程；定期对账，确保账账相符、账证相符、账实相符；定期汇总并编制学校收支执行进度表、支出事项管理报告。

（三）归口管理机构

依据支出事项具体类型确定事项归口管理机构，其主要职责包括：审核各业务部门提出的归口事项支出执行申请；审核各业务部门提出的归口事项费用报销申请；监督各业务部门归口事项支出的实际执行情况。

（四）各业务部门

各业务部门为收支执行机构，其主要职责包括：编报本部门非税收入年度征收计划和其他收入预算；严格按照规定的非税收入项目、征收范围和征收标准进行征收，及时足额上缴非税收入，并对欠缴、少缴收入实施催缴；公示非税收入征收依据和具体征收事项，包括项目、对象、范围、标准、期限和方式；提出资金使用申请，按要求使用获批资金；编制部门收支执行进度表。

（五）审计处

审计处为收支监督机构，按照国家有关规定和学校的要求对收支情况和资金管理情况进行审计。

学校应当合理设置岗位，明确岗位职责权限，确保收款与上缴、收款与票据开具、支出申请和内部审批、付款审批和付款执行、业务经办和会计核算等不相容岗位相互分离。

三、收入管理具体工作要求

（一）非税收入收缴

学校非税收入收缴实行国库集中收缴制度，即通过国库单一账户体系收缴、存储、退付、清算和核算。

1. 非税收入范围界定。非税收入，指学校依法利用国家权力、政府信誉、国有资源（资产）所有者权益等取得的各项收入。具体包括：行政事业性收费收入；政府性基金收入；罚没收入；国有资源（资产）有偿使用收入；国有资本收益；彩票公益金收入；特许经营收入；中央银行收入；以政府名义接受的捐赠收入；主管部门集中收入；政府收入的利息收入；其他非税收入。

2. 非税收入预算编制。各业务部门作为非税收入执收部门，根据财务处安排的预算编制工作要求、上年度决算、当年实际预算执行情况及下年度工作计划，填制部门非税收入征收计划，由财务处汇总并审核形成学校非税收入征收计划，根据非税收入不同性质，分别纳入一般公共预算、政府性基金预算和国有资本经营预算管理。

3. 非税收入价格调整。非税收入涉及价格调整时，由业务部门经办人判断是否涉及价格调整，涉及价格调整的由业务部门经办人提出价格调整申请，提交给主管部门副校长审核，经由财务处物价管理员审核后报送财务处负责人审核，审核后报校财经工作领导小组评审，审核后上报校长办公会议审核，审批通过后上报物价管理部门审批。

4. 非税收入登记确认。业务部门收到来自第三方的付款通知时上报财务处出纳岗，出纳岗重点核对银行出具的银行对账单；确认无误后，财务处应当根据财政票据管理有关要求，向缴纳义务人开具财政部或者省级财政部门统一监（印）制的非税收入票据。

（二）财政补助收入

学校用款事项为财政授权支付。财政补助收入范围界定如下。

1. 财政教育拨款，即学校从同级财政部门取得的各类财政教育拨款。

2. 财政科研拨款，即学校从同级财政部门取得的各类财政科研拨款。

3. 财政其他拨款，即学校从同级财政部门取得的上述拨款范围以外的财政拨款。

（三）事业收入管理

财务处根据资金计划与使用流程，登记收入。根据国家规定，事业收入需要上缴国库的，根据收入登记上缴国库。事业收入范围界定如下。

1. 教育事业收入，指学校开展教学及其辅助活动所取得的收入，包括通过学历和非学历教育向学生个人或者单位收取的学费、住宿费、委托培养费、考试考务费、培训费和其他教育事业收入。

2. 科研事业收入，指学校开展科研及其辅助活动所取得的收入，包括通过承接科研项目、开展科研协作、转化科研成果、进行科研咨询等取得的收入。

（四）经营收入管理

经营收入，即学校在教学、科研及其辅助活动之外，开展非独立核算经营活动取得的收入。财务处核对银行对账单并对收入登记入账。根据国家规定，判断需要上缴国库的由财务处出纳岗上缴国库。

（五）财政票据管理

1. 财政票据范围界定。

（1）非税收入类票据。非税收入统一收据是指学校收取经物价部门审批，并纳入学校预算管理的事业性收入的收费项目时开具的凭证。非税收入一般缴款书是指学校收缴政府非税收入时开具的通用凭证。

（2）结算类票据。资金往来结算票据是指学校用于开具财政部门认定的非国库支付来源的财政资金拨款及学校与其他单位或个人发生资金往来、不构成学校事业收入的各类暂收、代收款项时开具的凭证。

（3）发票。发票是指学校和教职工在购销商品、提供或接受服务以及从事其他经营活动中，开具、收取的业务凭证。学校收费业务主要包括：技术咨询、技术开发、技术服务；出租房屋、设备等不动产；其他经营服务性收费行为等。

2. 票据领取与分配。学校财务处指定专人负责票据的管理工作，财务处票据管理员根据学校各领用单位上一年度的票据使用情况，向票据管理部门申请领取票据，再根据各领用单位使用需求分配。

3. 财政票据使用。学校各领用单位指定专人负责票据的申领和开具，各领用单位票据管理人员发生变化应及时办理移交手续，同时报财务处在票据系统里做人员更换。开具票据必须保证内容完整真实，项目齐全。单位和个人只有在经营业务发生并确认营业收入时才可开具发票。未发生的经营业务一律不准开具发票。因填写失误的票据必须做冲红或作废处理。开具发票应当使用中文。

（六）银行票据管理

1. 银行票据的购入。

（1）根据业务需要从银行购买银行票据，须由专人负责，其他任何人员不得私自向银行购买。

（2）设置专门的银行票据购买、领用及使用登记簿，详细记录银行票据购买、领用和使用的份数、票据种类、票据号码。

2. 银行票据的领用及保管。

（1）银行票据原则上只能由银行出纳按照业务范围领用，并按规定办理领用及交接手续，其他任何人员不得领用。

（2）银行票据的保管人、领用人不得同时保管开具银行票据所使用的全部银行预留印鉴。

（3）银行票据应妥善保管，必须存放于指定的保险柜中，严禁将银行票据存放在其他地方，以防止银行票据的遗失和被盗用。

（4）银行票据保管人员应于每年年末在银行核销已用银行票据票号，并销毁作废银行票据，同时在银行票据登记簿上做好记录。

（5）存款账户结清时，必须将全部剩余空白银行票据交回银行注销。

3. 银行票据的使用。

（1）银行票据应按顺序使用，不得跳号使用；对作废银行票据应加盖作废章，并妥善保管，按规定程序核销。

（2）银行出纳必须凭“学校记账凭证”签发银行票据，开具银行票据时应按要求填写日期、收款单位、金额、用途，不得签发与付款凭证实际内容、实际金额不符的银行票据。

（3）银行票据的银行预留印鉴必须随用随盖，不得预先在银行票据上盖章，不准开具印鉴不全、与银行预留印鉴不符的银行票据，不得开具空白票据、空头票据和远期票据。

（4）银行票据领用后，因填写错误或因故未用造成银行票据作废的，应及时将该银行票据与存根粘贴在一起并加盖“作废”章，妥善保管，集中处理。

（5）对外办公结束后所有空白银行票据、已开具银行票据、作废银行票据应统一放入保险库，确保安全。

4. 银行票据丢失。银行票据保管人员一旦发现银行票据丢失或被盗，必须立即报告财务处负责人，同时积极查找，及时办理挂失止付手续并向公安机关报案。严禁携带银行票据外出使用。特殊情况，确需携带外出使用的，必须经财务处负责人同意方可。

（七）收费管理

1. 新生收费工作流程。

（1）建立新生缴费银行卡个人账户。根据录取学生进度，招生就业处和研究生处及时向银行提供录取学生的姓名、准考证号等相关资料，由银行为学生制作缴费银行卡及使用须知，随录取通知书一并寄给学生，学生根据缴费要求在当地银行办理个人储蓄。

（2）确立新生收费数据库。招生工作结束后，研究生处和教务处应尽快完成新生学号等信息的编制，在新生报到前 15 日，向财务处提交准确的新生信息，财务处按照确定的收费项目及标准，建立新生收费数据库。

（3）委托银行集中代扣。财务处将新生收费数据库提交银行，银行根据学校要求进行集中代扣，代扣不成功的学生，财务处整理出欠费学生名单及欠费明细，并提供给相关学院，同时在报到日到指定地点办理欠费缴款手续。

（4）对不能足额缴纳费用情况的处理。学生确因家庭经济困难不能足额缴纳费用的，各学院、学生处和研究生处为新生办理“绿色通道”缓缴手续。

（5）学生收费信息的公布。财务处及时统计学生缴费情况，并通报各学院及有关部门。

2. 在校生收费工作流程。

（1）收费前期准备。研究生处、教务处于暑假放假前，将学生休退学、留降级等异动信息提供给财务处。后勤管理处和研究生处于暑假放假前将在校生住宿信息（学生的学号、姓名等）提供给财务处。财务处依据学籍异动和住宿的信息，在收费管理系统作相应的应缴费数据处理，并于暑假前将新学年的学宿费缴费相关要求通知各学院，各学院负责要求学生于新学年报到前 15 天将应缴费用足额存入个人“缴费银行卡”中。

（2）委托银行集中代扣。财务处将在校生收费数据库提交银行，银行根据学校要求进行集中代扣。

（3）补充缴费。开学后因其他原因没有被集中划款成功的学生，财务处将欠费金额等信息上传银行，欠费学生可通过手机银行自助缴费。

（4）财务处根据学生缴费名单统一开具收费票据。通过银行划款和手机银行收取的各类费用，自费用到账后 15 个工作日内为缴费学生开具票据；现金及 pos 机刷卡缴纳的各类费用在缴费同时开具相应票据。

3. 学生欠费信息公布及催缴。学生须在每学年初开学报到时缴清所有费用。新学年开学后学生处和研究生处提供贷款学生名单，财务处将欠费名单与贷款名单及所贷金额进行比对剔除后，把欠费名单通报各学院及有关部门。各学院协助财务处催缴学费欠款，宿管部门协助财务处催缴住宿费欠款。

4. 暂缓缴纳学费手续办理。由学校认定的家庭经济困难学生可申请暂缓缴费。申请暂缓缴费的学生，缓缴费用时间最长不得超过本学期开学后十六周。暂缓期满仍然不能缴清欠费的，学校将依照相关规定处理；特殊原因需继续暂缓缴费的，必须重新提交暂缓缴费申请表。申请暂缓缴费的次数不得超过两次。暂缓缴费手续办理程序如下。

（1）申请暂缓缴费的家庭经济困难的学生须填写暂缓缴费申请表，并由学生所在学院核实确认后报学生处或研究生处审核。

（2）学生处和研究生处在新学期开学后三周内将审核通过的学生暂缓缴费申请表报到财务处登记备案。

财务处应在新学期开学一周内将已缴学费学生名单提交学生所在学院、教务处和研究生处。在新学期开学四周内将暂缓交费学生名单、无任何理由的欠费学生名单一并提交学生所在学院、教务处和研究生处，由学生所在学院、教务处和研究生处办理学生相关注册手续。

5. 退学有关费用的规定。学生入学注册后，由于各种原因退学的，学生本人可持收据原件根据实际学习时间和住宿时间，按月（一学年按 10 个月计算，未满一个月的按一个月计算）计退剩余的学费和住宿费；学生缴纳的服务性费用和代收费用，学校已提供服务或已购实物并将实物发给学生的，不退还学生所缴纳费用；学校未提供服务或未购实物的，应全额退还学生所缴纳费用。

6. 休复学有关费用的规定。学生休学可办理退费；复学后转入下一年级学习的学生，其收费以复学手续办理时间为准，并按复学后所在年级的收费标准执行。学生转学有关费用按实际办理离校手续的时间计算。学生退宿以实际办理退宿手续的时间为准。学生在校期间根据学校规定办理转专业的学生，则要按照转入新专业的收费标准缴费。

学校所有的收费项目、收费标准实行公开公示制度，接受国家和省主管部门的检查，接受学生和社会的监督，未经公开公示的收费项目学生可以拒绝缴纳。

（八）定期存款管理

定期存款的资金来源为财政拨款收入之外的学校自有资金（含捐赠资金）（以下简称自有资金）。一般在开户银行办理。上述资金有较大规模余额的，可以转出开户银行进行定期存款。

定期存款的存取要严格执行审批制度，同时要建立定期存款台账进行管理。财务处应随时掌握学校自有资金存量规模，在充分考虑学校各项事业发展所需资金、资金安全、收益最大化的基础上，提出定期存款建议存款规模、建议存款期限，经校长办公会审议批准后按规定流程将定期存款存入银行、办理存款手续。

1. 定期存款决策方式。自有资金进行定期存款时应当采取集体决策或竞争性方式选择定期存款银行。

（1）集体决策方式。集体决策方式是指财务处综合资金安全、服务便捷、利益最大化等因素提出相应资金存放备选银行，同时组织对备选银行采用综合评分法进行评分，并将评分过程和结果提交校长办公会集体讨论决定资金存放银行。

（2）竞争性方式。竞争性方式是指由学校或受学校委托的中介机构公开邀请银行报名参与竞争，组建评审委员会采用综合评分法对参与银行进行评分，财务处将评分结果提交校长办公会集体讨论决定资金存放银行。

评审委员会应由校内和校外专家不少于3人（含3人）的单数组成。评审委员会评审专家应熟悉财务管理工作和银行支付结算业务，并与参与银行没有利害关系。

2. 对定期存款银行的要求。定期存款银行应与学校签订协议，明确双方权利和义务，同时存款银行应向学校出具廉政承诺书，承诺不得向学校相关负责人输送任何利益，不得将存款与学校相关负责人在本行的亲属的业绩、收入挂钩，学校发现存款银行如有未提供真实评分材料、违反双方协议或廉政承诺书等行为，将取消该银行参与学校定期存款业务资格，收回存放资金并重新选择存款银行。

3. 定期存款的期限。学校办理定期存款业务时，应当合理确定定期存款的资金规模和存款期限，为了确保学校资金支付需要，定期存款期限一般应控制在一年以内（含一年）。

4. 定期存款的转回及续存。定期存款到期时，财务处根据学校资金使用情况确认需转回的，由财务处指定专人办理存款转回手续并核对转回资金的金额，确认无误后进行账务处理；定期存款到期时，财务处根据学校资金使用情况确认可续存的，上报校长办公会审批同意后，可在原定期存款银行办理续存手续，续存期限累计不得超过2年；累计存期已达到2年的存款本息应转回学校，仍需继续存定期存款的，应当重新采用竞争性方式选择定期存款银行。

5. 定期存款凭证保管。定期存单由专人保管，未经授权，其他任何人不得接触定期存单。“定期存款签字表”由会计科长保管。

四、支出管理具体工作要求

（一）支出申请

经费支出审批必须遵循“统一领导、权责结合；量入为出、收支平衡；统筹兼顾、保障重点”原则，合理安排和使用经费，努力提高经费使用效益。各类经费应严格按照经费预算额度管理和使用，不得超预算或无预算审批经费支出。所有经费支出都要严格执行规定的审批签字程序，不得随意调整、缩减审批签字程序，审批负责人必须亲笔签字，不得用印章代替，任何人不得代替或变造各级审批负责人签字。

学校各类经费支出按预算情况主要分为两类：一类为年初部门预算分配下达的经费支出；另一类为年度预算执行中追加的经费支出。年初部门预算分配下达的经费支出，执行支出申请程序进行审批；年度预算执行中追加的经费支出，必须严格按照学校预算管理办法及专项经费管理办法的要求，在完成预算追加审批或立项审批程序后，方可执行支出申请程序审批。

1. 支出事前申请流程。

（1）部门经费实行“一支笔”审批制度。各部门行政责任人是本部门经费支出审批的当然责任人。如审批人因故不能正常履行审批手续，可以委托本部门其他负责人代为审批。有权审批人名单、签名式样以及授权书、代为审批委托书需及时报财务处备案。

（2）教学单位经费实行党政负责人联签审批制度。报销时除履行上述部门经费“一支笔”签字后，还需由单位党政负责人签字后才能报销。

（3）各级各类教学、科研类项目、科研机构经费实行“一支笔”会签制度。报销时由项目（机构）负责人签字后，还需要由项目（机构）归属所在单位经费审批人（即“一支笔”）会签后才能报销。其中涉及大额经费支出的，还必须由经费分管部门“一支笔”会签，按照大额支出审批权限审批后才能报销。

（4）部门（单位）及项目（机构）负责人自身发生的费用实行交叉审批制度。部门（单位）负责人自身发生的费用，由部门（单位）指定一名本部门（单位）其他领导审批。项目（机构）负责人自身发生的费用，且本人为项目（机构）归属所在单位经费审批人（即“一支笔”）的，由部门（单位）指定一名本部门（单位）其他领导审批。

2. 经费支出审批权限。大额支出采取“业务审核在先、财务审核在后”，按金额大小逐级审批的办法。各级次审批依次为部门负责人、分管业务校领导、财务处长、分管财务校领导、校长、党委常委会审批。

经常性的、相对固定的或已签订合同需全年按期、分笔对外的支出（如研究生本科生课时费、研究生补助、水电费用、网费、人才派遣人员工资、各类人员保险等），第一次付款时以分笔支出金额的额度为标准填写大额支出审批表执行分级审批程序，以后分笔（不含最后一笔）支付时只需填写经费报销单或发放明细表由部门负责人签字同意后即可，付最后一笔款项时需将一年的支出情况进行总结并按第一次付款时的审批程序进行审批后方可支出。

涉及固定资产的支出，需先到资产管理部门办理资产登记手续，再根据金额大小，按照分级审批权限审签后支付。涉及政府采购的支出，按照学校相关规定执行。

（二）借款管理

借款只能用于学校教学、科研、行政、后勤等各项公用开支的零星小额采购、临时修车或者临时接待任务等，需提前借取现金的情况。申请预借现金需要填写“借款单”，达到大额审批标准的需同时办理大额审批程序。业务部门负责人对借款事项的真实合理性进行审核，通过后提交财务处审批。

财务处审批通过后，由出纳办理付款手续。借款人所借取的款项需按照借款用途使用，不得挪作他用，不得转借他人。借款管理实行“谁经办、谁领用、谁核报”的原则。借款人须在业务发生后规定时间内办理报销还款手续，一次借款对应办理一次报销。

1. 在所有日常借款业务发生后，须在业务结束后十个工作日内办理还款、报销、结算手续。

2. 各类借款原则上必须一事一借，一事一清，不能一借多用，长期挂账。原则上各类借款不得超过10个工作日。学校财务将遵循“前账不清，后账不借”的原则，督促经办人员按时还款结算。对严重拖欠借款造成一定后果的，将追究相关责任人的经济责任。

3. 学校财务借款坚持公款公用的原则，不得将借用的公款存入个人银行卡内。

4. 根据预算控制原则，学校财务不支付没有资金来源、预算或超预算控制的借款。

财务处定期对备用金进行清理。对于超期未还的借款，出纳岗应及时催收。

（三）公务卡管理

公务卡，指由学校教职工个人持有、保管和使用，主要用于日常公务支出和财务报销业务，也可用于个人消费，具有一定的透支消费额度和透支免息期的银行信用卡。

1. 公务卡管理要求。

（1）开卡要求。公务卡开卡银行为中国建设银行。

（2）持卡人要求。公务卡办理的范围为学校在编在岗的正式教职工。公务卡实行“一人一卡”实名制管理。公务卡及密码均由持卡人个人保管。公务卡遗失、被盗或毁损后的挂失及补办等事项由个人自行与发卡行联系办理，并及时将新卡账号信息通知学校财务处。

（3）销卡和变更要求。持卡人因离职、退休等原因离开学校时，学校应及时办理销卡手续。人事处应将在职人员调离、退休等变动信息及时通知财务处，由财务处通知发卡银行办理公务卡销户等手续。

持卡人要严格遵守国家关于银行卡使用管理的有关规定，规范使用公务卡。严禁持卡人违规使用公务卡。对恶意透支、拖欠还款等所产生的后果，由持卡人负责，学校不承担由此引发的任何责任。学校各部门负责人应严格执行财经纪律，对本部门公务卡持卡人的公务消费行为进行管理和审核，严格控制支出，杜绝超范围、超标准的支出，确保公务消费支出控制在规定范围之内。

2. 公务卡额度要求。公务卡只限本人使用，各类人员可申办的信用额度因职称等级不同采用不同的标准。持卡人在规定的信用额度和免息还款期期内先支付，后还款。

3. 公务卡结算要求。

（1）公务卡结算。公务卡结算是学校教职工在公务活动中使用公务卡刷卡消费，在规定的期限内按现行财务制度审核后报销还款的方式。

（2）公务卡结算范围。无论资金来源渠道，所有公务支出都应使用公务卡结算，具体包括：购买机票、住宿、招待费、培训费、办公费、会议费、咨询费、租赁费、小额图书资料、材料购置费以及零星购买支出等。未纳入国库集中支付的纵（横）向科研课题经费、各类专项经费、代管经费等也应用公务卡结算。凡结算范围规定的公务支出项目，教职工应按规定使用公务卡结算，不得使用现金结算。

（3）公务卡结算管理。使用公务卡结算，不改变学校现行财务管理制度、报销审批程序和会计核算方法。持卡人因公务活动使用公务卡消费时，必须取得本人签名的公务卡消费交易凭条（pos 机小票/网上交易支付记录等，以下同）和正式税务发票或财政票据；发票金额合并开具的，还应取得所购商品明细清单。公务卡消费交易凭条、正式税务发票或财政票据以及商品明细清单是公务消费报账的必要依据，均要作为会计原始凭证管理。持卡人使用公务卡同时进行公务和个人消费时，必须将公务消费部分与个人消费部分区分开，应分别刷卡支付，并分别打印消费交易凭条和报销发票，学校财务处只对公务消费部分进行报销。

4. 自行承担费用的情况。有下列情形之一的，所产生费用由持卡人个人承担，学校财务不予报销。

（1）使用公务卡用于个人消费的部分。

（2）报销发票与公务卡消费交易凭条不符的。

（3）持卡人透支提取现金所产生的手续费、利息等。

（4）因持卡人个人原因，持卡人未能在公务卡免息期内报销还款，所造成的透支利息和滞纳金等。

（5）因持卡人个人保管不慎或遗失等原因，导致公务卡被盗刷卡所形成的支出和损失。

（6）其他不符合财务管理规定和要求或超出标准的消费。

5. 公务卡申领程序。

（1）申请人本人如实填写公务卡申请表，报所在单位、人事处进行审核后，连同本人身份证复印件及其他相关证明文件一并送交财务处。

（2）财务处对申请人资料进行确认，送交发卡行。

（3）发卡行按规定程序发卡。

（4）公务卡申办成功后，持卡人将本人姓名和卡号等信息报送财务处。

6. 实施公务卡结算方式后的现金管理。实行公务卡结算方式后，一般情况下学校不再使用现金结算。根据有关规定，结合当前实际情况，属于下列情况之一，可以继续使用现金结算。

（1）签证费、快递费、出租车费、停车费、举报奖励等目前只能使用现金结算的支出。

（2）在不具备刷公务卡条件且单笔消费在500元及以下的公务支出；中国人民银行规定结算起点为1000元以下，500元以上因特殊情况不能使用公务卡结算的，报经财务处批准的公务支出。

（3）除上述情况外，因特殊情形确实不能使用公务卡结算的，应报学校财务处批准。

（四）报销审批管理

1. 一般费用报销规定。

经办人对取得的原始凭证进行分类整理。与出差有关的票据填写出差报销单，与其他交通费用支出有关的票据填写其他交通费用报销单，其他票据填写经费报销单。各类开支报销经办人须在每张报销单据背后签字，凡报销单张发票或收据结算金额超过一定金额的，经办人、验收人、经费负责人须在发票或收据背面签字。经办人、证明人（或验收人）、经费负责人不能同为一人。

经办人应预先在税务网站上对发票真伪进行查验，并将查验结果打印作为证明材料在报销时一并提交财务人员进行审核。按学校规定需提前做申请的事项，如讲座费、会议费、招待费、出国审批等，必须在申请部门发起的电子审批流程通过后，方可进入报销程序，且报销时需携带审批表提交财务人员进行审核。同一笔经济业务的报销凭证应合并核算，不得人为拆分。如果一个单位开出多张发票是同一个日期或者发票是连号的，视同一笔业务报销。

各单位（部门）财务报销经办人只限学校在职教职工，原则上临时聘用人员、在校本科生以及外单位人员不能作为财务报销经办人。科研经费、大创项目等个人项目的经办人员可以为学校课题组成员（含在校生）。

通过内部转账结算办理报销手续时，需附上相应、完整的原始单据，并按规定程序办理审批手续。为严格执行财务制度和规定，通过内部转账办理的支出内容，必须是与各单位（部门）业务相关的且是真实发生的，严禁通过内部转账用公款办理个人消费。

财务处审核报销凭证时，实际报销金额以报销单申请获批金额为上限；若所附发票累计金额小于获批金额的，由审核人员更改；若所附发票累计金额大于获批金额的，则超出部分需再次审批。涉及个人所得税的，报销单上所填列的报销金额应为税前金额。

2. 固定资产开支报销规定。购置固定资产开支报销，须先到资产管理部门办理资产验收和登记手续，取得“固定资产入库凭证”，方可办理报销手续。

根据《事业单位财务规则》规定，固定资产是指一般设备单价在1000元以上（含1000元），专用设备单价在1500元以上（含1500元），且使用期限超过一年，并在使用过程中基本保持原有物质形态的资产；软件单价在1000元以上的（含1000元）以及单位价值虽未达到规定标准，但是耐用时间在一年以上的大批同类物资，也作为固定资产管理。

3. 低值耐用品开支报销规定。购置低值耐用品开支报销，须先到资产管理部门办理验收和登记手续，取得“低值耐用品入库凭证”，方可办理报销手续。低值耐用品是指单价在500元以上（含500元）但未达到固定资产价值标准，能单独使用一年以上的用具物品，包括：低值的仪器仪表；工具、量具、教具；文化、体育、科教用品等。

4. 奖品、礼品、活动纪念品、办公用品（含耗材）、药品、教学用品、维修材料类等开支报销规定。购置上述用品，若用于一次性发放领用的，凭购货发票及领取人签字的发放登记表办理报销手续；若批量购进分次发放领用的，购货单位需填制入库单办理入库手续，财务处凭购货发票及入库单办理付款手续，以后各购货单位要定期或不定期（最长按月）清点库存，保证账实相符，同时凭经部门负责人、验收人、经手人签字确认的出库领用单（发放登记表）到财务处办理支出核销手续。

5. 维修项目报销规定。维修项目支付款项时，须凭维修项目合同、项目验收报告、按审计相关规定经审计的工程结算书及经项目直接责任部门经办人、负责人，项目管理部门验收人、负责人审核签字的原始单据办理报销手续。

6. 基本建设项目结算规定。基本建设项目结算必须按合同规定的进度、比例支付。预付工程款时，需提供合同规定相关材料及有效票据办理付款手续；支付工程进度款时，需提供经项目监理、基本建设管理处经办人、负责人审核的工程量实际完成清单和工程进度款支付证书、有效票据等办理付款手续；项目竣工决算支付余款时，除需提供上述材料外还须提供基建工程竣工决算审计报告及造价定案表方可办理付款手续。

7. 对个人发放各类支出的规定。凡是对学校教职工、研究生、本科学生发放的交通费、监考费、讲课费、奖助学金、各类劳务酬金等款项，原则上一律采用银行代发转账方式。各部门在提供给财务处的发放表中，必须提供以本人姓名在建设银行开户的银行账号信息和身份证号码。

发放的临时工（包括学生）工资、劳务费、返聘人员工资等：

（1）签订用工合同的人员，采用银行代发转账方式。

（2）短期临时聘用的，原则上也采用银行代发转账方式。各部门在提供给财务处的发放表中，必须提供以本人姓名开户的建设银行或其他银行的账号信息。

（3）特殊情况需采取现金形式发放的，须凭发放表及领款人本人的签名办理报销手续。

发放给校外临时人员的讲座费、咨询费、讲课费、补贴、劳务费等，原则上也一律采用银行代发转账方式。经办单位在提供给财务处的发放表中，必须提供领取人的姓名、身份证号码、手机号/单位及以领取人本人姓名开户的银行账号等信息。特殊情况需采取现金形式发放的，须凭发放表及领款人本人的签名办理报销手续。

领取讲座费、专家咨询费需要书面阐明业务发生的时间、地点及内容等。对个人发放的各类支出，由财务处按照《中华人民共和国个人所得税法》的规定，代扣代缴个人所得税。对个人的支出，各单位不得虚报冒领，任何人不得代领签字，一经查出，按“小金库”处理。

（五）会计档案管理

学校在进行会计核算等过程中接收或形成的，记录和反映学校经济业务事项的，具有保存价值的文字、图表等各种形式的会计资料（包括通过计算机等电子设备形成、传输和存储的电子会计档案）应及时整理归档。学校加强对会计档案的收集、整理、保管、利用和鉴定销毁等管理工作，采取可靠的安全防护技术和措施，保证会计档案的真实、完整、可用、安全，有效保护和利用会计档案。

1. 会计档案的日常管理。学校财务处负责全校会计档案的日常管理和对全校各附属单位的会计档案管理进行指导及监督。学校财务处设会计档案管理岗位，按照归档范围和归档要求，负责定期将应当归档的会计资料整理立卷，编制会计档案保管清册，具体包括会计档案的搜集、整理、分类、装订、立卷、保管、交接、利用、期满销毁等工作。

财务处设立档案室，并由专职人员对会计档案进行临时保管。会计凭证经会计人员的整理、分类、装订后于每月初交与财务处档案室管理人员进行登记管理。借阅时财务处内部人员借阅凭证时，需填写会计凭证借阅登记表，外部人员需填写借阅、复印凭证申请表。处内交接凭证等档案时需填写会计凭证交接单。依据《会计档案管理办法》规定，临时保管会计档案不超过三年，第三年的会计凭证立卷后再移交学校档案馆进行保管。

2. 会计档案移交。财务处和档案馆之间移交会计档案由财务处和档案馆指派人员办理；其他单位和档案馆之间移交会计档案由双方单位的经办人员办理，移交工作接受档案馆和财务处指派人员以及移交单位负责人的监督；学校各单位之间因故移交会计档案由双方单位的具体经办人员办理，移交工作接受财务处指派人员和交接双方单位负责人的监督。

接会计档案时，交接双方应当按照会计档案移交清册所列的内容逐项交接。交接完毕后，交接双方经办人和监交人应当在会计档案移交清册上签名或者盖章。

3. 会计档案查阅。财务处应设立会计档案查阅簿，记载查阅的时间、目的、查阅的内容及查阅人。学校各单位工作人员因工作需要查阅会计档案时，必须报经本单位负责人批准并征得财务负责人许可，在会计档案管理人员的监督下办理查阅、复制登记手续后方可查阅、复制。

财务处保存的会计档案原则上不得外借，如有特殊需要，已移交档案馆的，经财务处负责人和档案馆负责人批准；尚未移交档案馆的，经财务处负责人批准后，方可办理借阅登记手续，并要限期归还。查阅或者复制会计档案的人员，严禁在会计档案上涂画、拆封和接换。

4. 会计档案销毁。保管期满的会计档案，除特殊情形外，可以按照以下程序销毁。

（1）由学校档案馆会同财务处提出销毁意见，编制会计档案销毁清册，列明销毁会计档案的名称、卷号、册数、起止年度和档案编号、应保管期限、已保管期限，销毁时间等内容。

（2）由档案馆和财务处负责人、主管财务和档案工作的校领导分别在销毁清册上签署意见。

（3）销毁会计档案时，应当由档案馆和财务处共同派员监销。

（4）监销人在销毁会计档案前，应当按照会计档案销毁清册所列的内容清点核对所要销毁的会计档案；销毁后，应当在会计档案销毁清册上签名盖章，将监销情况分别报告档案馆和财务处负责人、学校分管财务和档案工作的校领导。

（六）支票管理

1. 支票的购买与保管。出纳员负责到开户银行购买支票，并要专门设账登记现金支票购买日期、编号和张数。定期核对空白支票与账簿登记是否相符，防止支票丢失。空白支票与财务专用章须分开保管。

2. 支票的使用。一般使用支票包括两种情况：一种是报销时提供发票、收据，直接支付支票完成报销结算；另一种是根据经济业务的需要，在没有取得发票的情况下预借支票，须填写“借款单”履行借款手续。现金支票的使用仅限于财务人员到银行提取现金，不得签发给其他人员。现金支票的有效期限为10天，到期限最后一天遇节假日顺延。出纳员填写支票时，必须写明当天日期、收款单位（与发票或收据相同）、用途、金额，加盖财务专用章；财务处会计科负责人复核支票信息，准确无误后加盖法人名印章；支票领取人在支票存根上签字后，方可领取支票。出纳人员不得签发空白支票、远期支票，金额不明确的须注明限额。使用的具体金额必须在支票注明限额内。支票正本与支票存根上填写的金额、收款人名称必须一致。财务处及学校所属独立核算部门的出纳员一定要掌握银行存款余额，一律不得签发空头支票，否则按银行管理规定处理。

3. 支票的注销。

（1）支票使用后，存根要与报销凭证一起附在记账凭证之后。

（2）支票领用后，因填写错误或因故未用造成银行票据作废的，应及时将该支票与存根粘贴在一起并加盖“作废”章，妥善保管，集中处理。

（3）支票一旦丢失或被盗，必须立即报告财务处负责人，同时积极查找，及时办理挂失止付手续并向公安机关报案。

4. 支票的收取与领用。收取的支票要严格审核支票的有效性、合法性，审核无误后，及时送存开户银行。各部门领用支票后，须按规定用途使用，不准出租、出借和转让支票。持票人应在出票日起10日内办理完付款及报销手续。对已办理完付款事项且逾期不到财务处办理报销手续者，将对其部门暂缓办理新的经济业务，由此影响其所在部门工作或造成的损失，由经办人负责。

（七）物价管理

1. 学校物价管理体系。学校建立两级物价管理体系，学校物价管理统一由财务处负责，下设专职物价管理员，负责全校物价管理事宜；学校所属各部门指定一名兼职物价管理员，具体协调办理本部门有关物价方面的事宜。

2. 物价管理范围。

（1）学历教育类收费。该类收费包括博士生收费、研究生收费、本科生收费、成人教育收费、自考生收费、外国留学生收费；该类收费在省物价管理部门办理收费许可审批手续，经批准并公开公示后方可收费。

（2）服务性收费和代收费是指除学费、宿费等行政事业性收费以外，学校按照有关规定为学生提供特定服务而取得合理补偿的收费及代收费。该类收费在省物价管理部门办理收费许可审批手续，经批准并公开公示后方可收费。

3. 办理物价收费审批程序。

（1）新增学历教育类项目收费。收费部门向财务处提交申请表及相关依据文件；财务处依据申请表及相关文件材料，草拟物价收费申请文件，上报省物价管理部门审批；收费申请批准后，告知申请部门；财务处和申请部门将批准后的收费项目和收费标准对外公示，并严格按照物价部门批准的收费项目和收费标准进行收费。

（2）新增服务性和代收费类项目收费。收费部门向财务处提交申请表、拟收费项目成本测算及其他相关文件材料；财务处依据申请表及相关文件材料，协同有关部门组织收费听证会，听证会通过后草拟物价收费申请，提交校财经工作领导小组审议；经校财经领导小组审议通过后，提交校长办公会审定；待校长办公会审定通过后，告知收费申请部门；财务处和收费申请部门将批准后的收费项目和收费标准对外公示，并严格按照学校批准的收费项目和收费标准进行收费。

（3）收费标准调整。收费标准拟调整部门需向财务处提交申请表、新收费标准成本测算依据及其他相关文件材料等。按照原收费类别分别执行上述审批程序。

第三节　收支业务内部控制操作规程

一、收支管理流程整体概况说明

收支管理流程包含收入管理和支出管理子流程。表 4 – 1 是收支管理业务涉及的一级流程、二级流程及三级流程。

表 4 – 1　　　　**收支业务流程清单**

序号	类别	流程编号	一级流程	二级流程	三级流程
	SZGL01 收入管理流程	SZGL01	收入管理流程		
01		SZGL01.01		非税收入收缴管理	
02		SZGL01.02		事业收入管理	
03		SZGL01.03		经营收入管理	
		SZGL01.04		财政票据管理	
04		SZGL01.04.01			财政票据申领
05		SZGL01.04.02			财政票据使用
06		SZGL01.04.03			财政票据交回
07		SZGL01.04.04			财政票据核销
		SZGL01.05		收费管理	

续表

序号	类别	流程编号	一级流程	二级流程	三级流程
08	SZGL01 收入管理流程	SZGL01.05.01			学费收费管理
09		SZGL01.05.02			住宿费收费管理
10		SZGL01.05.03			退学费管理
11		SZGL01.05.04			退宿费管理
12		SZGL01.05.05			出国审批管理
13		SZGL01.06		定期存款管理	
	SZGL02 支出管理流程	SZGL02	支出管理流程		
14		SZGL02.01		支出申请流程	
15		SZGL02.02		借款管理流程	
16		SZGL02.03		公务卡管理流程	
17		SZGL02.04		报销管理流程	
18		SZGL02.05		资金支付流程	
19		SZGL02.06		支票使用管理流程	
20		SZGL02.07		个人收入计税管理	
21		SZGL02.08		会计档案管理	
		SZGL02.09		物价管理	
22		SZGL02.09.01			新增学历教育类项目收费管理
23		SZGL02.09.02			新增服务性和代收费类项目收费管理

二、具体流程说明

（一）收入管理流程及说明

1. 非税收入收缴管理。非税收入收缴管理旨在规范非税收入的收缴行为，确保国家财政收入的完整性和透明度，同时加强对非税收入的管理和监督。流程如图 4－1 所示，具体流程说明见表 4－2。

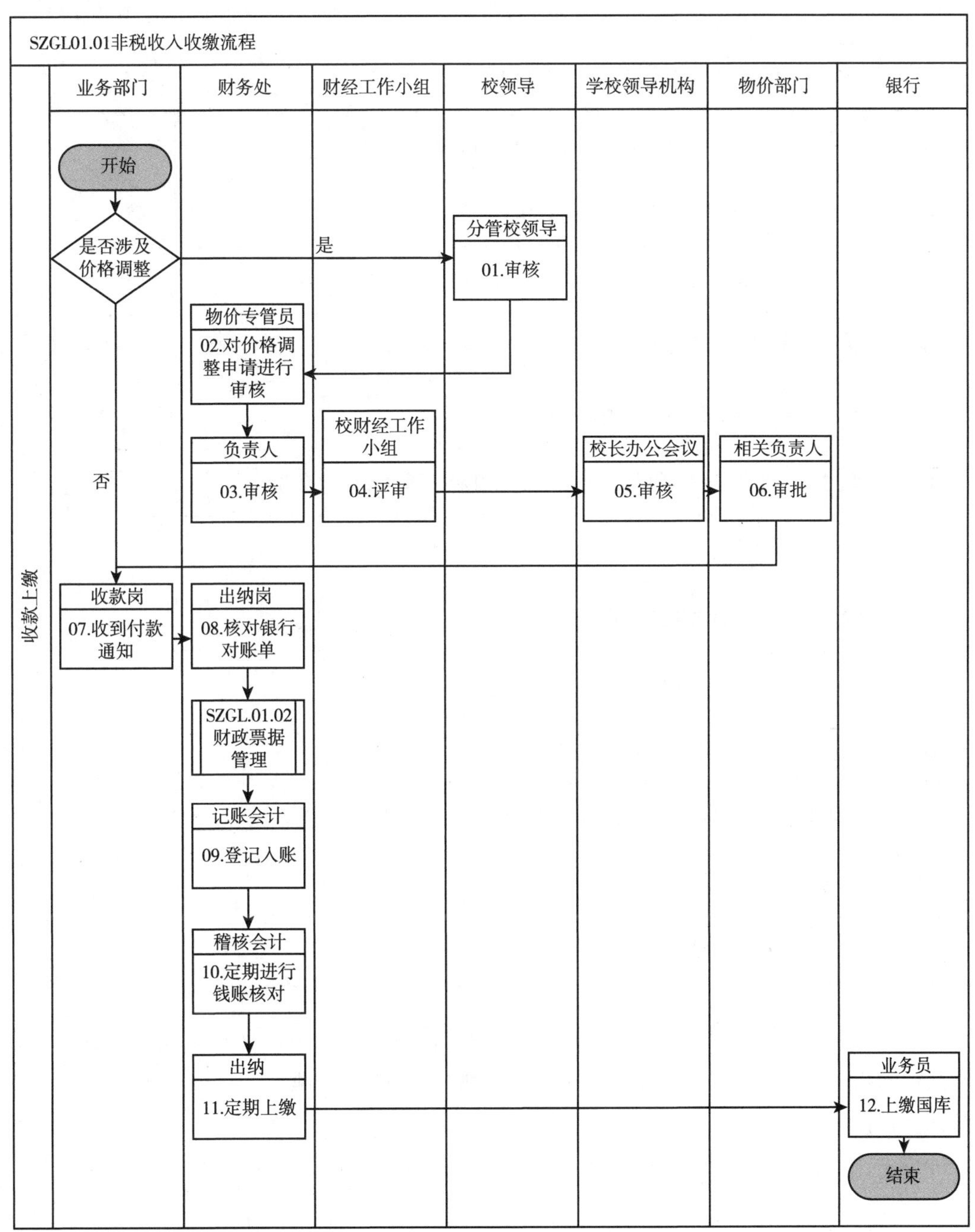

图4－1 非税收入收缴管理流程

表 4－2　非税收入收缴管理具体流程说明

序号	步骤说明	输出文档
	执收部门判断非税收入是否涉及价格调整	
01	涉及价格调整的，由分管校领导对价格进行审核	
02	财务处物价专管员对价格调整进行审核	
03	财务处负责人对价格进行审核	
04	财经工作领导小组对价格进行评审	
05	校长办公会议对价格调整进行审批上报	
06	物价部门相关负责人进行审批。审批通过后应同时反馈给财务处	
07	业务部门收款岗收到付款通知	
08	财务处出纳岗核对银行对账单	
	转入财政票据管理流程	
09	财务处会计科记账会计登记入账	
10	财务处会计科稽核会计定期进行钱账核对，以保证账实相符	
11	财务处出纳定期上缴	
12	银行业务员上缴国库	

2. 事业收入管理。事业收入管理是指事业单位对通过开展专业业务活动及辅助活动所获得的收入进行统一管理和核算，确保收入的合法性和合理性。流程如图 4－2 所示，具体流程说明见表 4－3。

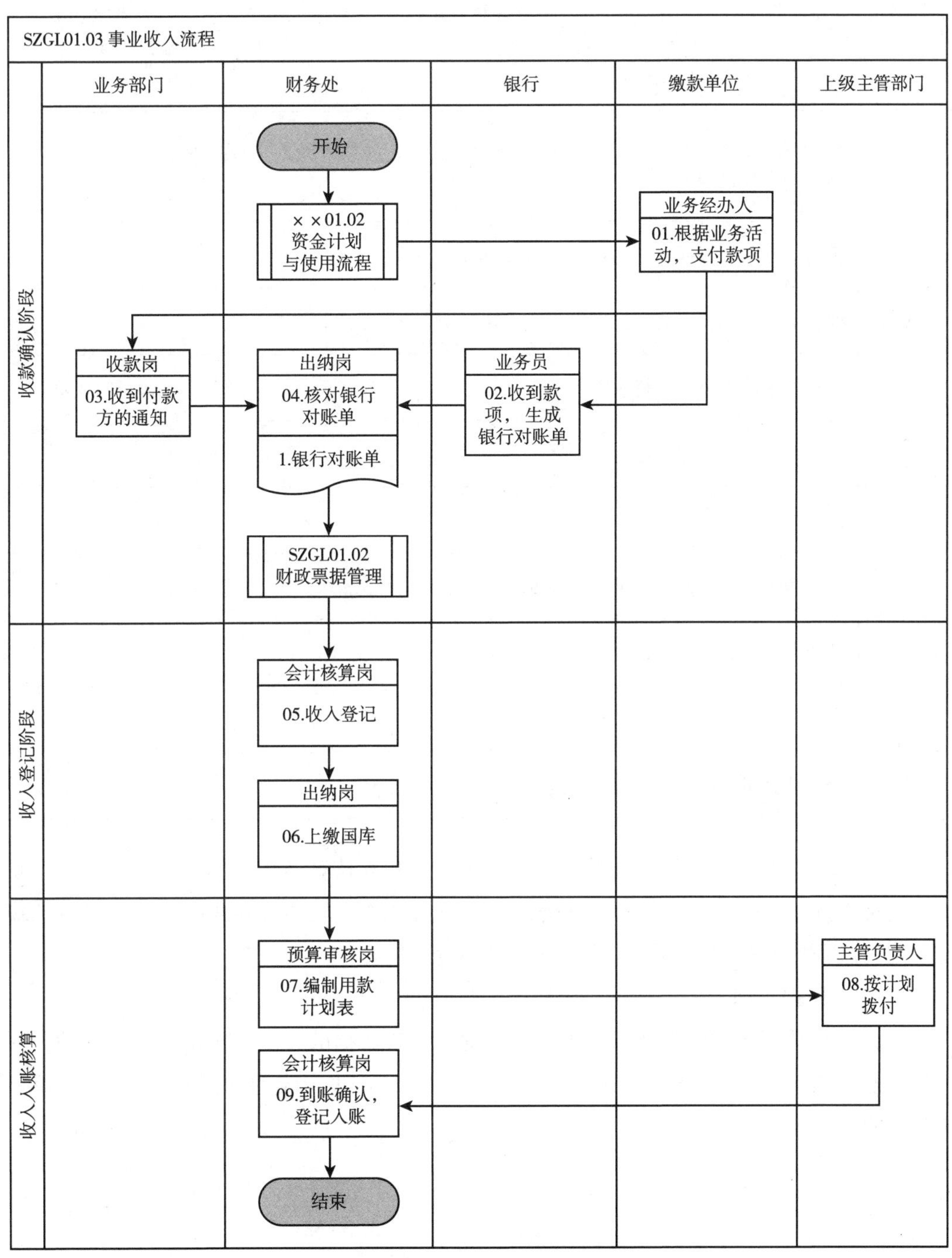

图 4－2　事业收入管理流程

表 4 - 3　　　　事业收入管理具体流程说明

序号	步骤说明	输出文档
	转入资金计划与使用流程	
01	缴款单位业务经办人根据资金计划与使用流程，由业务经办人根据业务活动，支付款项	
02	银行的业务员根据收到的款项，生成银行对账单	
03	业务部门相关负责人收到付款方的通知	
04	财务处出纳岗核对银行对账单	银行对账单
	转入财政票据管理流程	
05	财务处会计核算岗登记收入	
06	需上缴国库的，财务处出纳岗根据收入登记，上缴国库	
07	预算审计岗编制用款计划表	
08	主管负责人按照计划拨付款项	
09	会计核算岗进行到账确认，并且登记入账	

3. 经营收入管理。经营收入管理是学校通过非独立核算经营活动获取收入后，由财务部门负责统一收取、上缴和分配管理，确保收入合法合规、公开透明，并严格按照规定使用。流程如图 4 - 3 所示，具体流程说明见表 4 - 4。

4. 财政票据管理。

（1）财政票据申领。财政票据申领旨在确保财政票据的合法、规范、高效使用，同时加强财政票据的管理和监督，防止票据滥用和资金流失。流程如图 4 - 4 所示，具体流程说明见表 4 - 5。

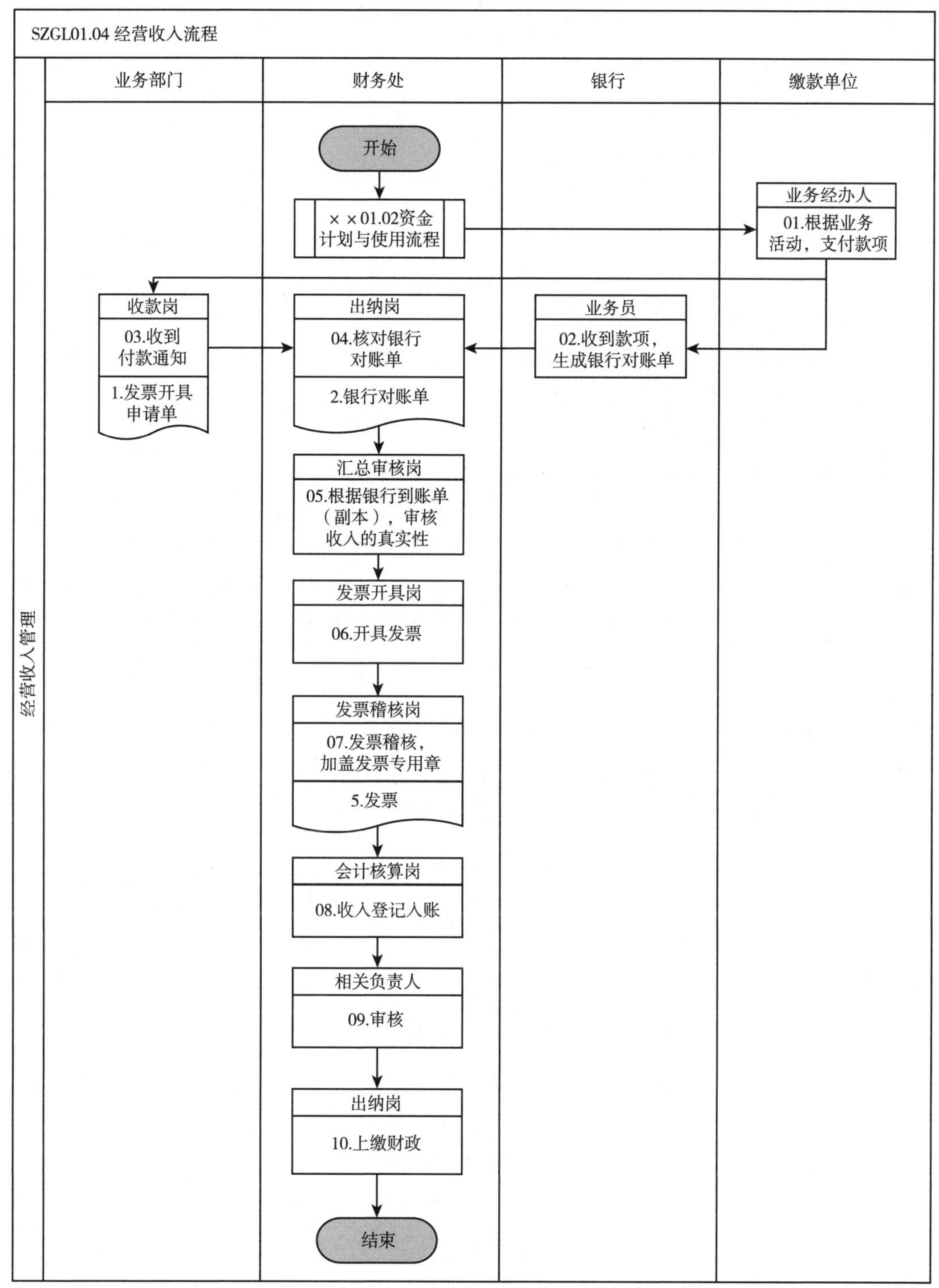

图4－3　经营收入管理流程

表 4－4　　经营收入管理具体流程说明

序号	步骤说明	输出文档
	转入资金计划与使用流程	
01	由缴款单位业务经办人根据业务活动，支付款项	
02	银行的业务员收到款项，生成银行对账单	
03	业务部门相关负责人收到付款通知	发票开具申请单
04	财务处出纳岗核对银行对账单	银行对账单
05	财务处汇总审核岗根据银行到账单（副本），审核收入的真实性	
06	财务处发票开具岗开具发票	
07	财务处发票稽核岗稽核发票，并且加盖发票专用章	发票
08	财务处会计核算岗收入登记入账	
09	财务处相关负责人审核	
10	财务处出纳岗根据上级文件要求，判断是否需要上缴财政	

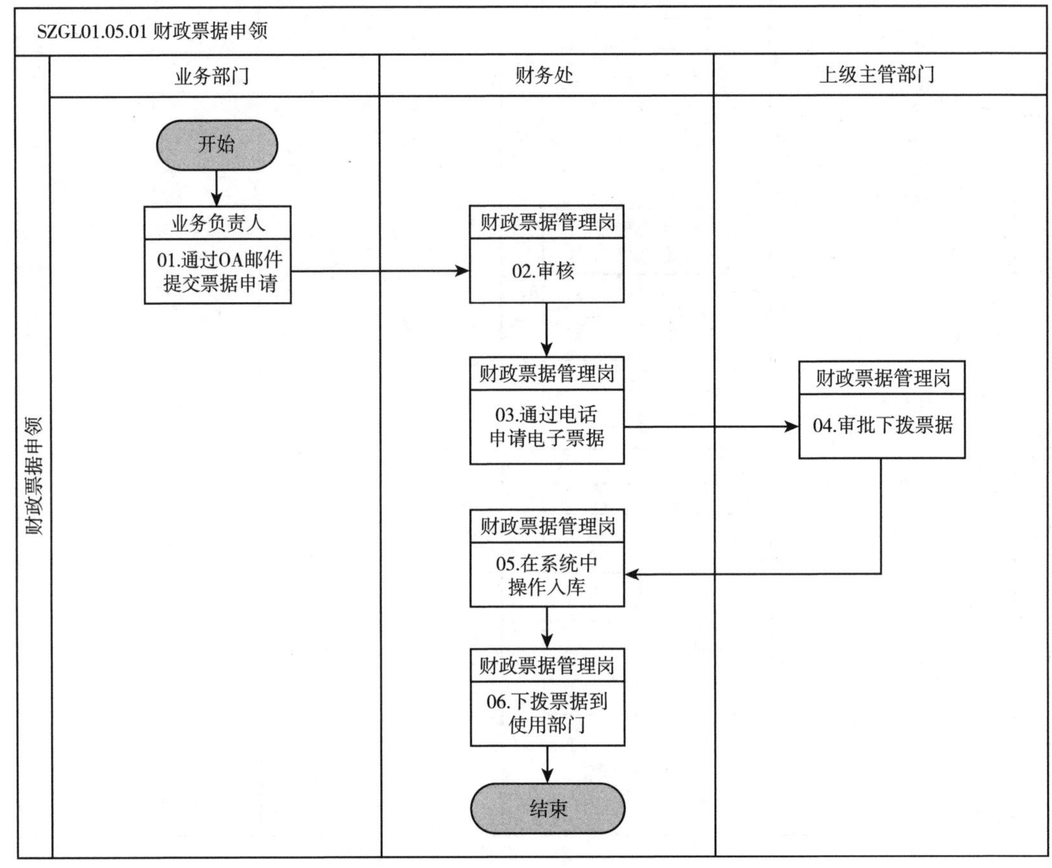

图 4－4　财政票据申领流程

表 4－5　　财政票据申领具体流程说明

序号	步骤说明	输出文档
01	业务部门通过 OA 邮件提交票据申请。注明收费项目、收费标准、收费范围及领用数量等	
02	财务处财政票据管理员审核	
03	财政票据管理员通过电话向省市县财政专员办服务中心党政群工作部申请电子票据	
04	上级票据管理中心在高校电子票据管理系统中下拨票据	
05	财务处财政票据管理员在系统中操作入库	
06	财务处财政票据管理员在系统中下拨票据到使用部门	

（2）财政票据使用。财务票据使用流程可以规范财政票据的使用行为，防止票据的滥用、误用和丢失，确保财政收入的完整性和可追溯性。流程如图 4－5 所示，具体流程说明见表 4－6。

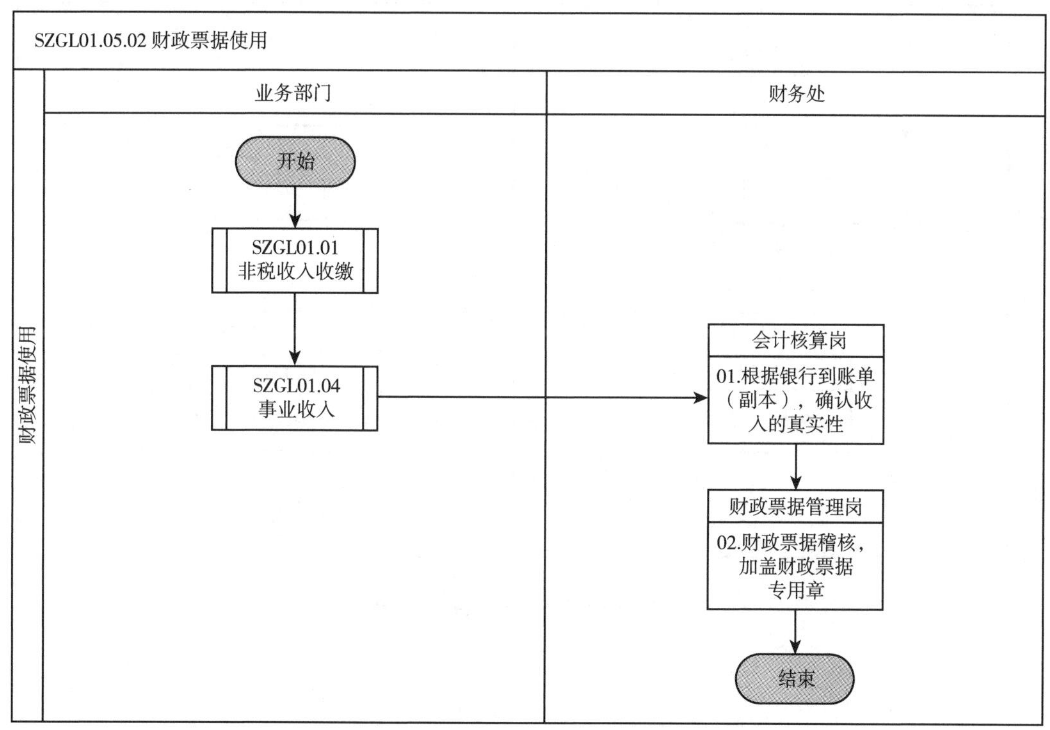

图 4－5　财政票据使用流程

表 4 –6 财政票据使用具体流程说明

序号	步骤说明	输出文档
	转入非税收入收缴流程	
	转入事业收入流程	
01	财务处财会计核算岗根据银行到账单（副本），确认收入的真实性	
02	财务处财政票据开具岗开具财政票据	

（3）财政票据交回。财政票据交回通过规范的流程管理，防止票据丢失、滥用或非法销毁，旨在确保财政票据的合规性、安全性和可追溯性。流程如图 4 –6 所示，具体流程说明见表 4 –7。

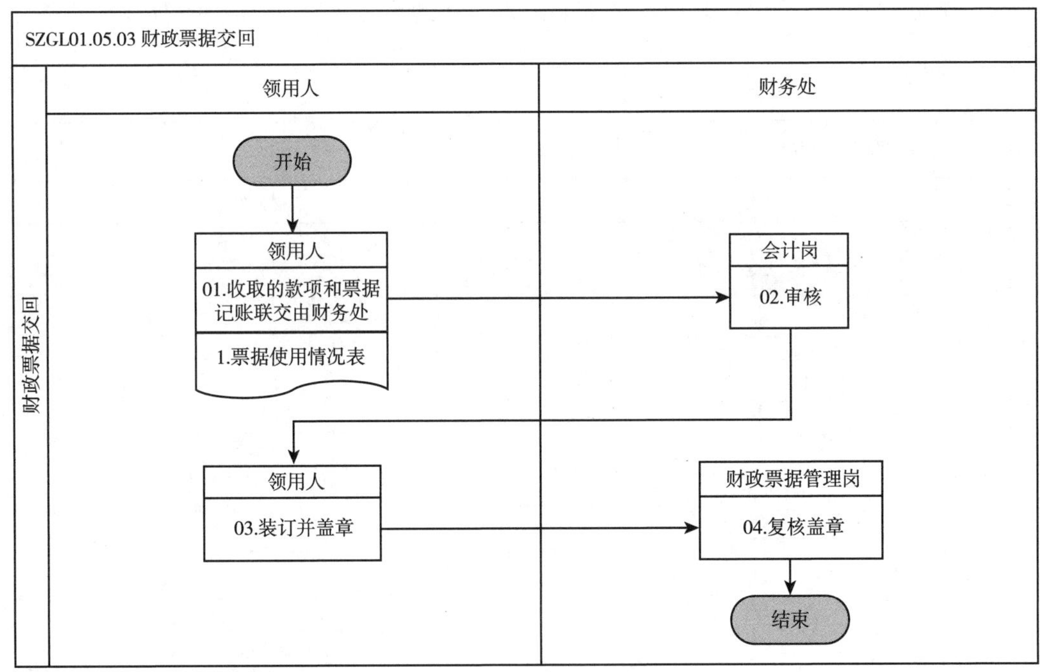

图 4 –6 财政票据交回流程

表 4 –7　　财政票据交回具体流程说明

序号	步骤说明	输出文档
01	领用人将收取的款项与票据的记账联一并交到财务处，并填写票据使用情况表由财务处会计科	票据使用情况表
02	财务处会计科审核	
03	领用人将使用完的票据根据票据号码的先后顺序按统一规格装订成册并设置独立封皮，在封皮上如实完整填写票据汇总信息，并在票据封皮经手人处盖章	
04	财务处票据管理员核对交回票据的数量、金额及作废张数，在复核人处盖章	

（4）财政票据核销。财政票据核销是确认和核实已发生的交易或事项，从账面上进行剔除，确保财政票据管理的统一性、规范性、安全性，防止滥用或不当使用。流程如图 4 –7 所示，具体流程说明见表 4 –8。

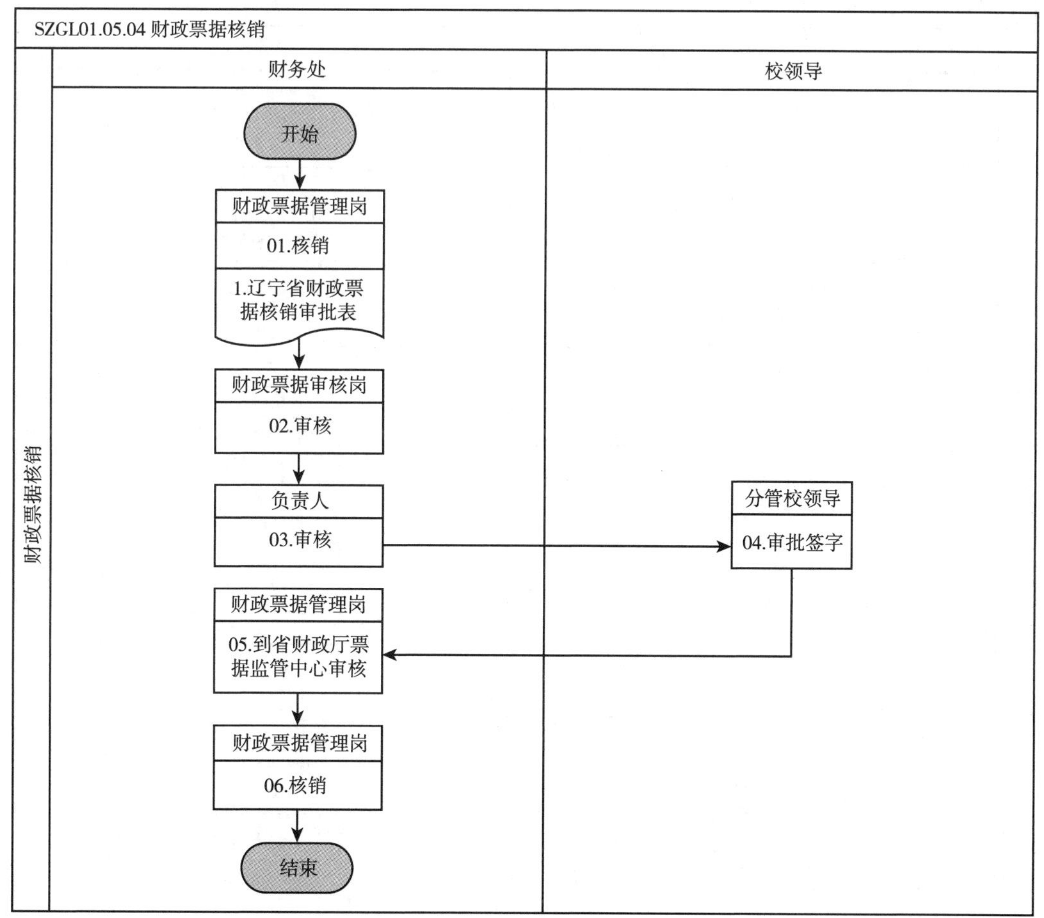

图 4 –7　财政票据核销流程

表 4－8　　财政票据核销具体流程说明

序号	步骤说明	输出文档
01	财政票据管理岗核销财政票据，填写财政票据核销审批表	财政票据核销审批表
02	财政票据审核岗审核	
03	财务处负责人审核	
04	校领导审批签字	
05	财政票据管理岗报省财政厅票据监管中心审核	
06	财政票据管理岗核销	

5. 收费管理。

（1）学费收费管理。学费收费管理是学校根据国家收费政策规定，通过统一支付平台发起收费项目申请，经审批后在平台上开通收费项目，学生在线缴费后，财务部门统一管理以确保学费收缴的规范性和透明度。流程如图 4－8 所示，具体流程说明见表 4－9。

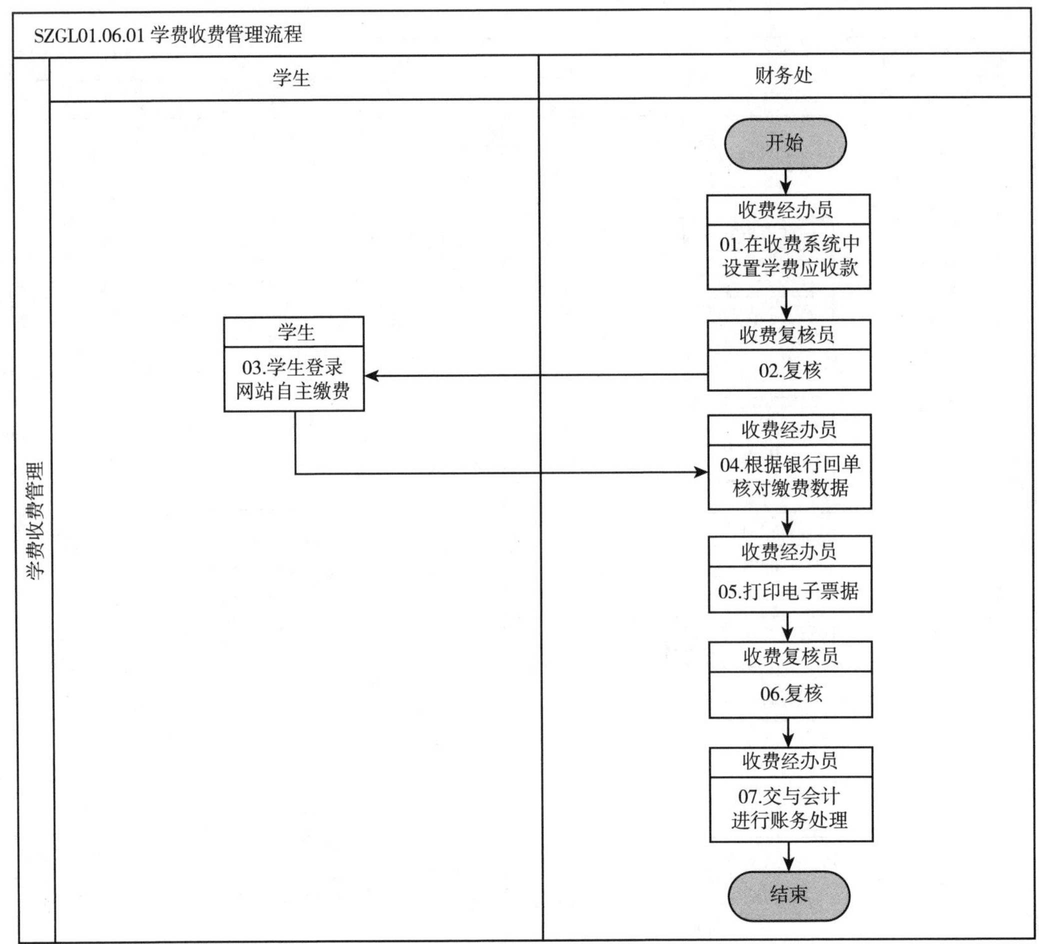

图 4－8　学费收费管理流程

表 4－9　　学费收费管理具体流程说明

序号	步骤说明	输出文档
01	经办员在收费系统中设置学费应收款	
02	复核员进行复核	
03	学生登录网站自助缴费	
04	经办员根据银行回单核对缴费数据	
05	经办员打印电子票据	
06	复核员进行复核	
07	交与会计进行账务处理	

（2）住宿费收费管理。住宿费收费管理是指学校依据国家和地方政策制定住宿费标准，学生在规定时间内通过指定方式缴纳住宿费，财务部门统一管理收费并开具合法票据，同时提供查询系统供学生核对缴费情况，确保住宿费收费的规范性和透明度。流程如图 4－9 所示，具体流程说明见表 4－10。

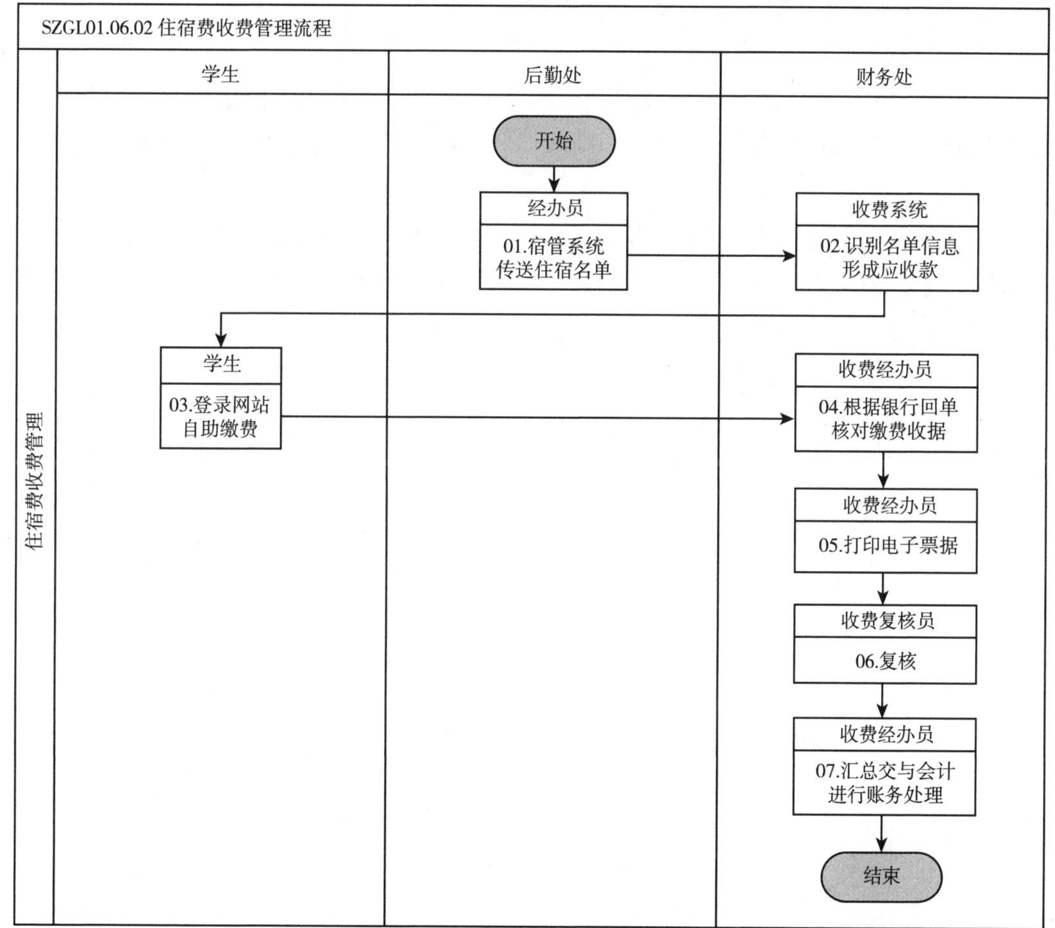

图 4－9　住宿费收费管理流程

表 4-10　　住宿费收费管理具体流程说明

序号	步骤说明	输出文档
01	宿管系统传送住宿名单	
02	收费系统识别名单信息形成应收款	
03	学生登录网站自助缴费	
04	经办员根据银行回单核对缴费数据	
05	经办员打印电子票据	
06	复核员进行复核	
07	经办员汇总学费收入数据交与会计进行账务处理	

（3）退学费管理。退学费管理旨在规范退费行为，保障学生和学校双方的合法权益，确保退费过程的透明性、公平性和高效性。流程如图 4-10 所示，具体流程说明见表 4-11。

（4）退宿费管理。退宿费管理确保退宿费用处理的准确性、及时性和公正性，保障学生与学校双方的权益，提升宿舍管理效率和满意度。流程如图 4-11 所示，具体流程说明见表 4-12。

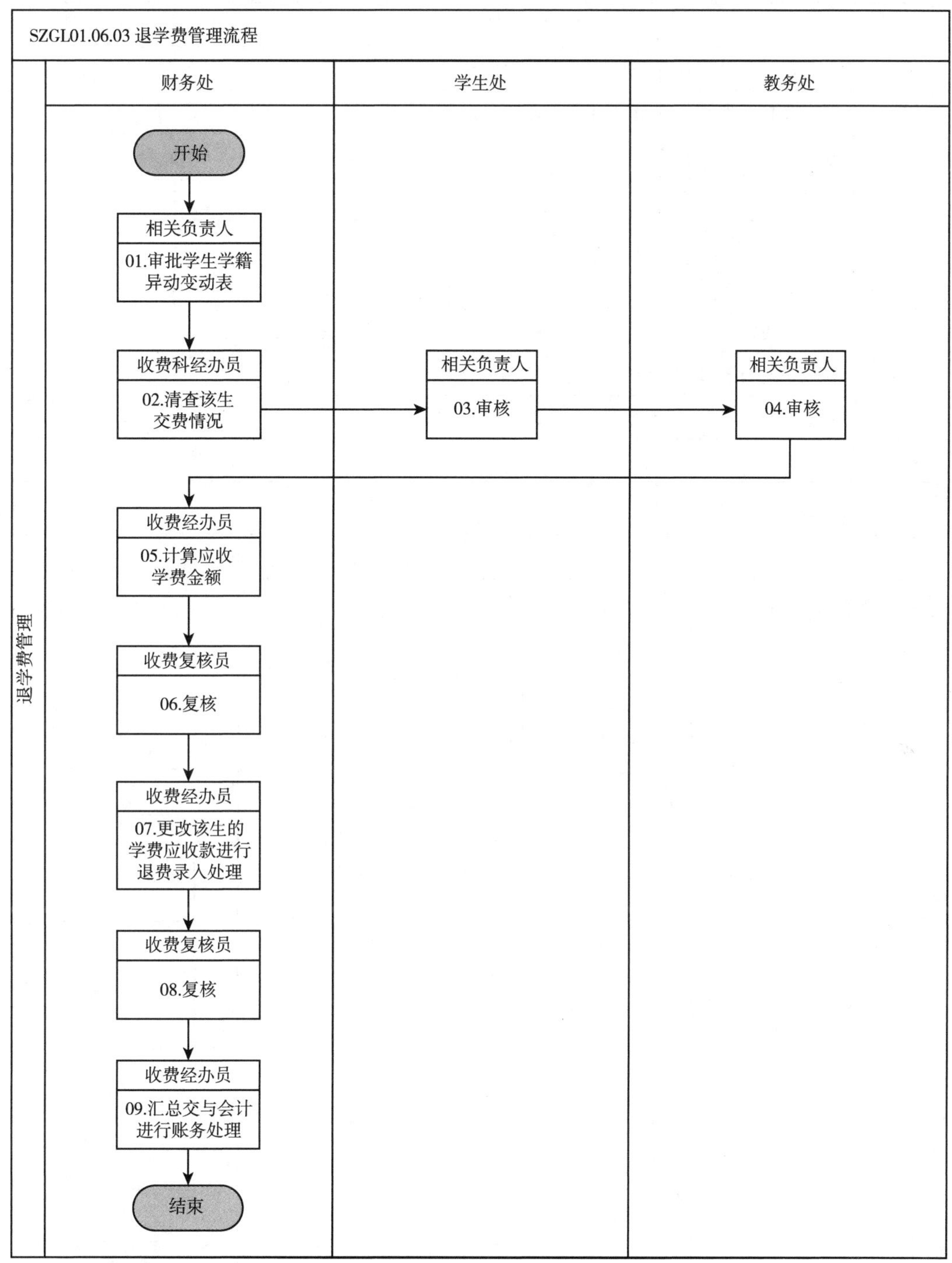

图 4－10　退学费管理流程

表 4－11　　退学费管理具体流程说明

序号	步骤说明	输出文档
01	学生退学费首先到财务处审批学生学籍异动变动表	
02	经办员在收费软件中清查该生交费情况	
03	学生处相关负责人审核	
04	教务处相关负责人审核	
05	经办员根据国家规定计算出应收学费金额	
06	复核员进行复核	
07	经办员更改该生的学费应收款，在收费软件中进行退费录入处理	
08	复核员进行复核	
09	将退费数据交与会计进行账务处理	

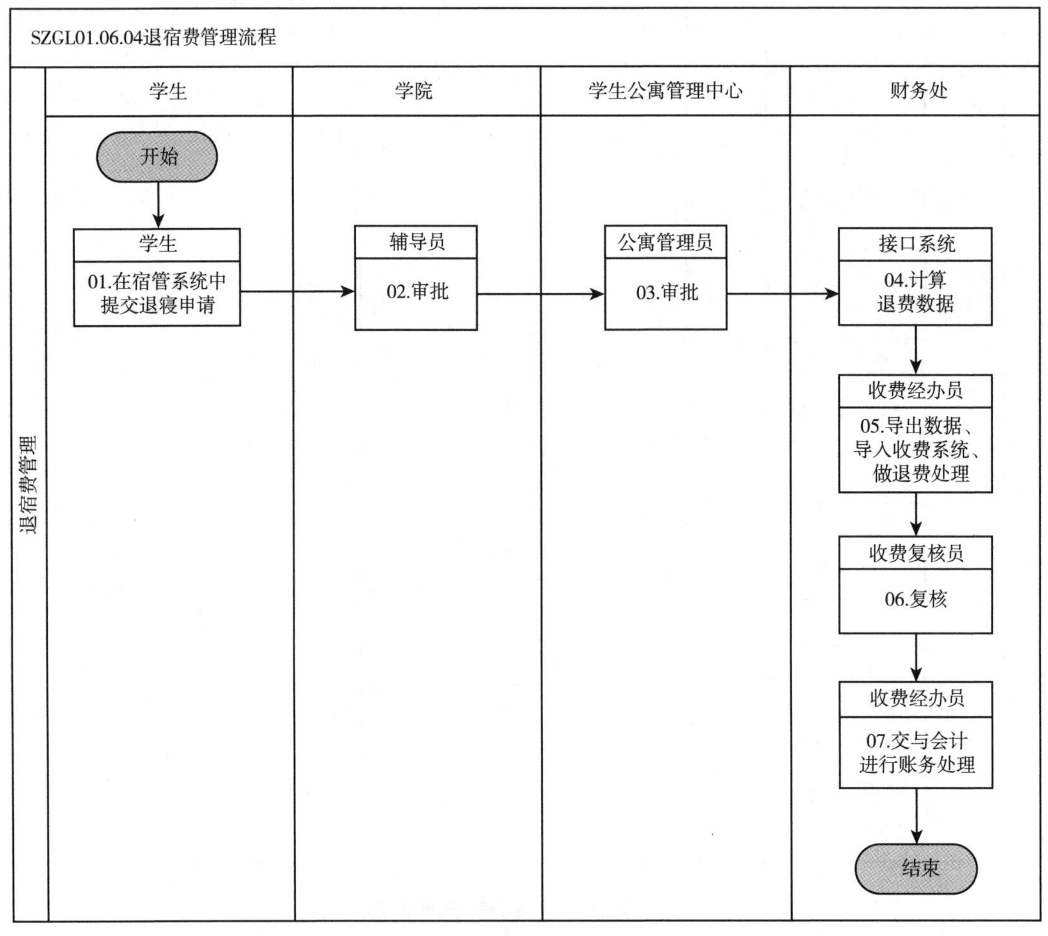

图 4－11　退宿费管理流程

表 4－12　　退宿费管理具体流程说明

序号	步骤说明	输出文档
01	退寝费同学首先宿管系统中提交退寝申请	
02	辅导员审批	
03	公寓管理员审批	
04	接口系统计算退费数据	
05	经办员从接口系统中导出数据，再导入至收费系统，做退费处理	
06	复核员进行复核	
07	将退费数据交与会计进行账务处理	

（5）学生出国审批管理。学生出国审批管理通过规范审批流程，确保学生出国活动的合规性、安全性和有效性。流程如图 4－12 所示，具体流程说明见表 4－13。

6. 定期存款管理。定期存款管理旨在保障高校资金的安全与增值，提高资金使用效率，规范财务管理，防范财务风险，并确保资金运作的透明度和合规性。流程如图 4－13 所示，具体流程说明见表 4－14。

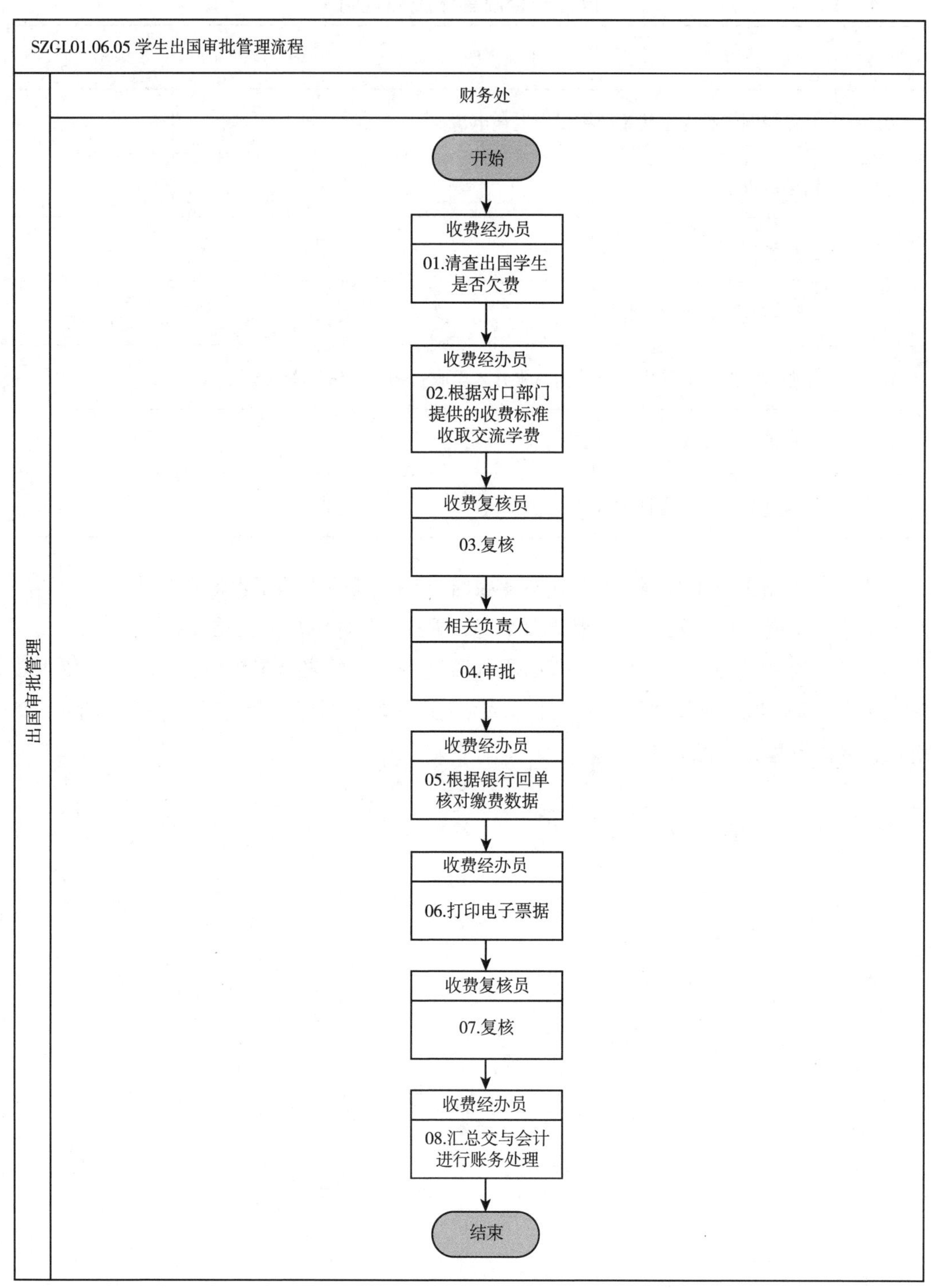

图 4-12 学生出国审批管理流程

表 4－13　　学生出国审批管理具体流程说明

序号	步骤说明	输出文档
01	经办员根据出国境审批表中的出国学生名单清查出国学生是否欠费	
02	经办员根据对口部门提供的收费标准收取交流学费	
03	复核员进行复核	
04	财务处相关负责人对审批材料审批同意	
05	经办员根据银行回单核对缴费数据	
06	经办员打印电子票据	
07	复核员进行复核	
08	经办员汇总交流学费收入数据交与会计进行账务处理	

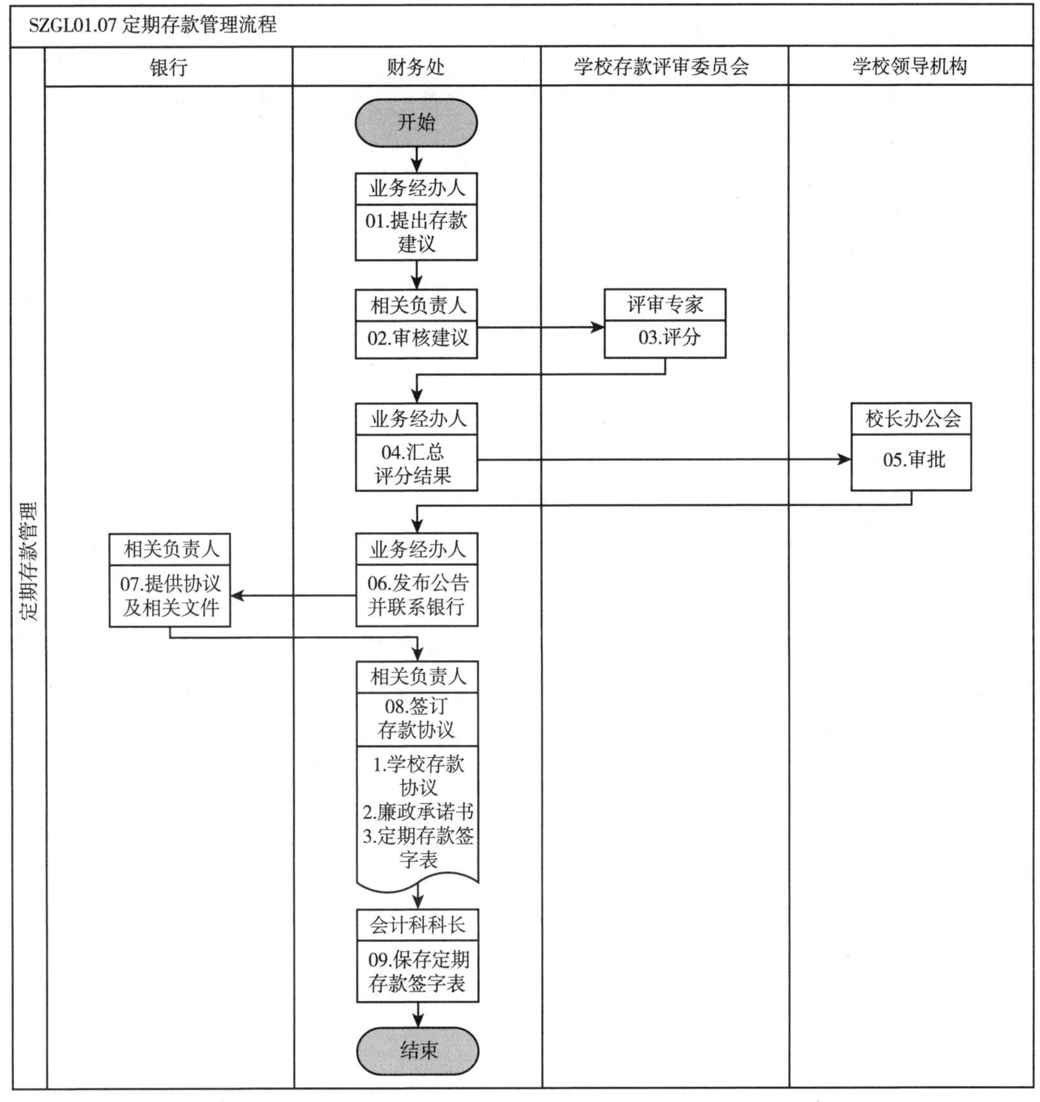

图 4－13　定期存款管理流程

表 4－14　　定期存款管理具体流程说明

序号	步骤说明	输出文档
01	财务处业务经办人提出存款建议与备选银行建议	
02	财务处相关负责人审核存款建议，并上报学校存款评审委员会	
03	学校存款评审委员会评审专家对备选银行进行评分	
04	财务处业务经办人汇总评审专家评分结果，上报校长办公会	
05	校长办公会集体讨论并审议批准	
06	财务处业务经办人根据校长办公会审批结果发布公告并联系获批存款银行	
07	获批存款银行根据学校要求准备存款协议、廉政承诺书等相关文件	
08	财务处相关负责人与获批存款银行签订存款协议，并归档存款文件资料	1. 学校存款协议 2. 廉政承诺书 3. 定期存款签字表
09	财务处会计科科长保存定期存款签字表	

（二）支出管理流程及说明

1. 支出申请流程。支出申请流程确保每一笔支出都经过合理的审批和预算安排，提高资金使用的透明度和效率，防止浪费和滥用资金。流程如图 4－14 所示，具体流程说明见表 4－15。

2. 借款管理。借款管理是为了规范企业的借款行为，确保借款的合理使用和及时归还，提高资金管理的效率和准确性，降低财务风险。流程如图 4－15 所示，具体流程说明见表 4－16。

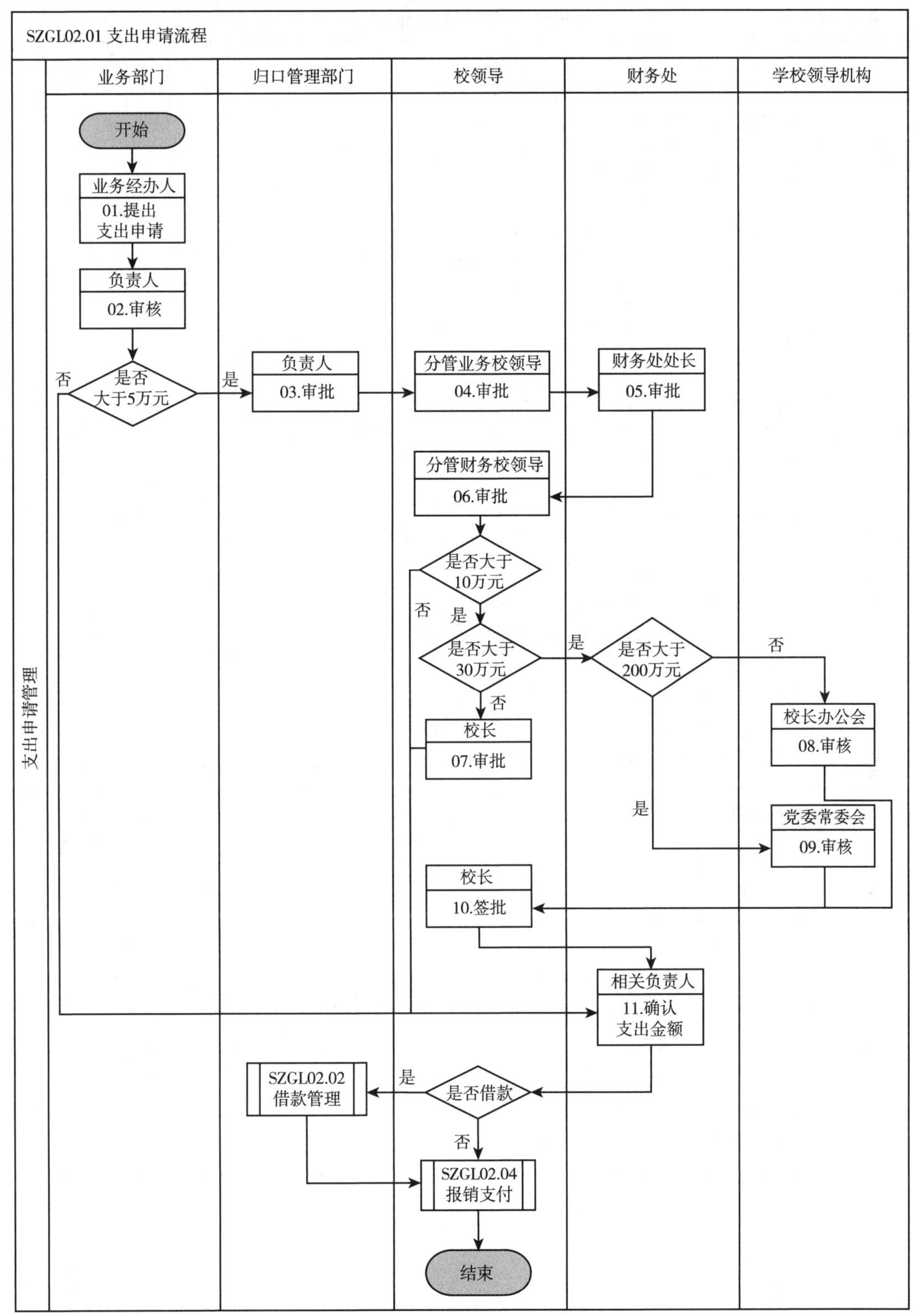
SZGL02.01 支出申请流程
支出申请管理
业务部门
归口管理部门
校领导
财务处
学校领导机构
开始
业务经办人
01.提出
支出申请
负责人
02.审核
是否
大于5万元
否
是
负责人
03.审批
分管业务校领导
04.审批
财务处处长
05.审批
分管财务校领导
06.审批
是否大于
10万元
否
是
是否大于
30万元
是
否
是否大于
200万元
否
是
校长
07.审批
校长办公会
08.审核
党委常委会
09.审核
校长
10.签批
相关负责人
11.确认
支出金额
SZGL02.02
借款管理
是
是否借款
否
SZGL02.04
报销支付
结束

图 4－14　支出申请流程

表 4－15　　支出申请具体流程说明

序号	步骤说明	输出文档
01	业务经办人提出支出申请	
02	负责人对支出申请进行审核	
	判断支出申请金额是否大于 5 万元。 如果大于 5 万元，报归口部门负责人审批。 如果小于 5 万元，报财务处审批报销	
03	归口部门负责人审批	
04	分管业务校领导审批	
05	财务处长审批	
06	分管财务校领导审批	
	判断支出申请金额是否大于 10 万元。 如果大于 10 万元，判断是否大于 30 万元。 如果大于 30 万元，判断是否大于 200 万元。 如果大于 200 万元，报党委常委会审批。 如果大于 30 万元，小于 200 万元，报校长办公会审批。 如果大于 10 万元，小于 30 万元，校长审批。 如果小于 10 万元，报分管财务校领导审批	
07	校长审批	
08	校长办公会审核	
09	党委常委会审核	
10	校长对校长办公会审核结果、党委常委会审核结果签批	
11	财务处相关负责人确认支出金额	
	判断是否需要借款。 如果需要借款，进行借款流程。 如果不需要借款，进行报销支付流程	

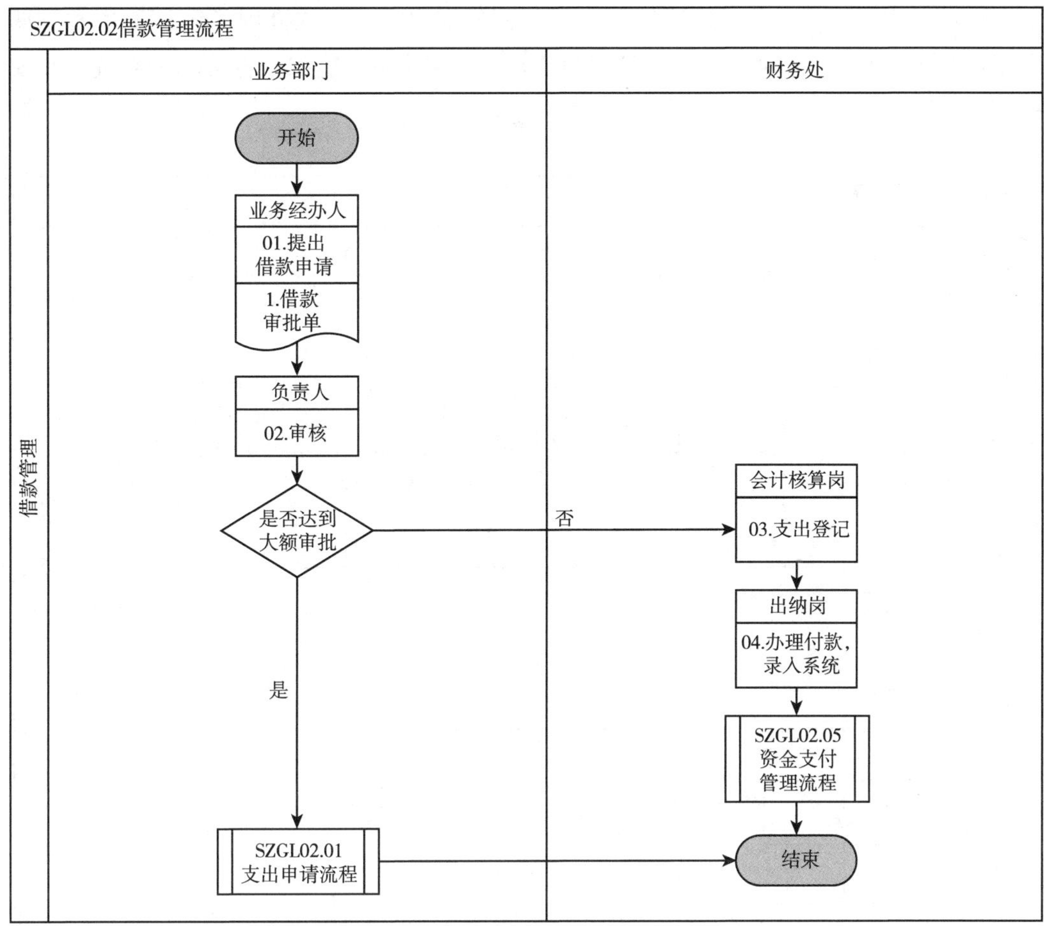

图 4－15　借款管理流程

表 4－16　借款管理具体流程说明

序号	步骤说明	输出文档
01	业务部门业务经办人填制借款单，提出借款申请	借款审批单 大额支出申请审批单
02	业务部门负责人进行审核。如果达到大额审批要求，执行支出申请流程；如果未达到大额审批要求，执行财务处审核报销流程	
03	财务处会计核算岗进行支出登记	
04	财务处出纳岗办理付款，录入系统	
	转入资金支付管理流程	

3. 公务卡管理。公务卡管理是为了规范公务支出行为，提高财务管理效率和透明度，减少现金支付，加强财政资金管理和监督，预防腐败，确保公务支出的合规性和安全性。流程如图4－16所示，具体流程说明见表4－17。

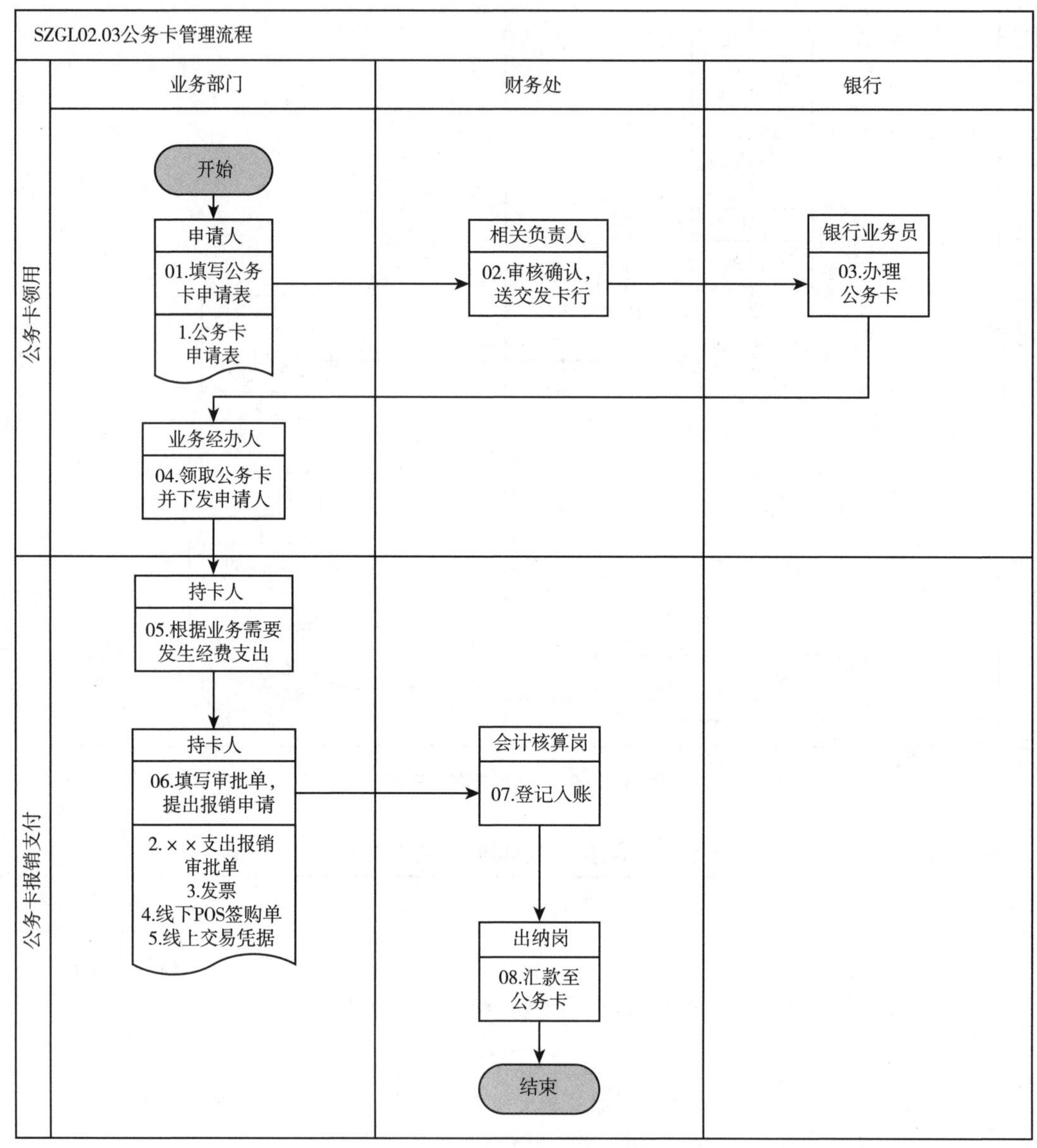

图4－16　公务卡管理流程

表 4 – 17　　公务卡管理具体流程说明

序号	步骤说明	输出文档
01	申请人本人如实填写公务卡申请表，报所在单位、人事处进行审核后，连同本人身份证复印件及其他相关证明文件一并送交财务处	公务卡申请表
02	财务处对申请人资料进行确认，送交发卡行	
03	银行的业务员办理公务卡	
04	业务部门业务经办人领取公务卡并下发申请人	
05	业务部门持卡人根据业务需要发生经费支出	
06	业务部门持卡人填写审批单，提出报销申请	××支出报销审批单 发票 线下 POS 签购单 线上交易凭据
07	财务处会计核算岗登记入账	
08	财务处出纳岗根据复核后的凭证直接将款项打到老师公务卡上	

4. 报销管理。报销管理是为了确保费用支出的合理性、合规性与真实性，提高财务管理效率，控制成本。流程如图 4 – 17 所示，具体流程说明见表 4 – 18。

5. 资金支付管理。资金支付管理旨在确保资金支付的安全、合规、高效，提高资金使用的透明度和可控性，降低支付风险，保障财务稳健运行。流程如图 4 – 18 所示，具体流程说明见表 4 – 19。

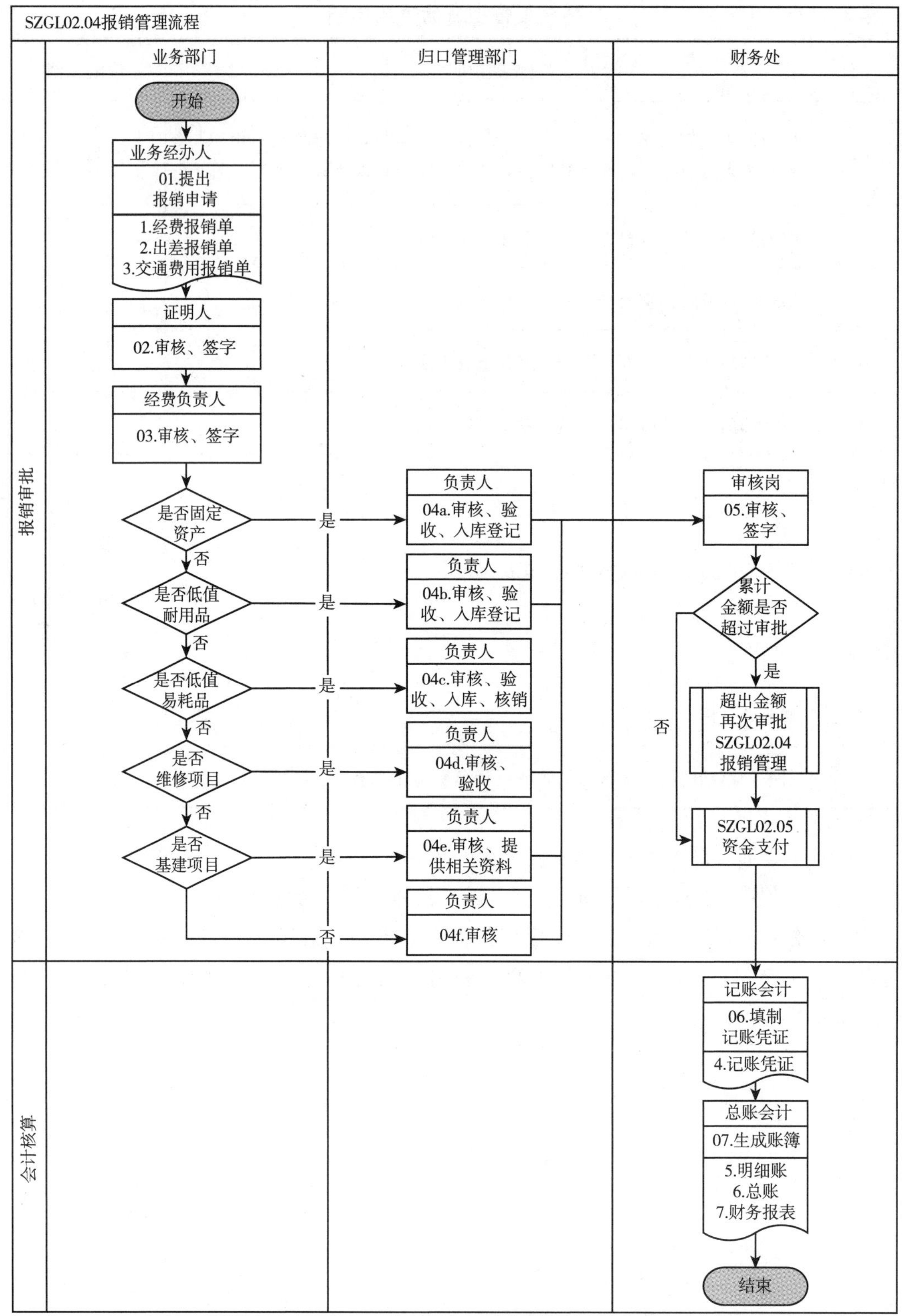
SZGL02.04报销管理流程
业务部门
归口管理部门
财务处
报销审批
开始
业务经办人
01.提出
报销申请
1.经费报销单
2.出差报销单
3.交通费用报销单
证明人
02.审核、签字
经费负责人
03.审核、签字
是否固定
资产
是
负责人
04a.审核、验
收、入库登记
否
是否低值
耐用品
是
负责人
04b.审核、验
收、入库登记
否
是否低值
易耗品
是
负责人
04c.审核、验
收、入库、核销
否
是否
维修项目
是
负责人
04d.审核、
验收
否
是否
基建项目
是
负责人
04e.审核、提
供相关资料
否
负责人
04f.审核
审核岗
05.审核、
签字
累计
金额是否
超过审批
是
超出金额
再次审批
SZGL02.04
报销管理
否
SZGL02.05
资金支付
会计核算
记账会计
06.填制
记账凭证
4.记账凭证
总账会计
07.生成账簿
5.明细账
6.总账
7.财务报表
结束

图 4 – 17　报销管理流程

表 4 –18　　报销管理具体流程说明

序号	步骤说明	输出文档
01	业务部门业务经办人提出报销申请	经费报销单 地方高校公务出差报销单 其他交通费用报销单
02	业务部门证明人（验收人）审核、签字	
03	经费负责人审核、签字	
	判断是否为固定资产费用支出、是否低值耐用品费用支出、是否维修项目费用支出、是否基建项目费用支出。 如果固定资产费用支出，报固定资产归口部门负责人审核。 如果低值耐用品费用支出，报低值耐用品归口部门负责人审核。 如果低值易耗品费用支出，报低值易耗品归口部门负责人审核。 如果维修项目费用支出，报维修项目归口部门负责人审核。 如果基建项目费用支出，报基建项目归口部门负责人审核。 如果其他费用支出，报对应归口部门负责人审核	
04	费用支出对应归口部门负责人审核	
05	财务处审核岗位人员进行审核、签字	
	判断累计金额是否超过审批金额	
	如果累计金额超出审批金额，需再次审批，进行报销管理流程支出申请流程。 如累计金额不超过审批金额，进行资金支付流程	
06	财务处会计科记账会计填制记账凭证	记账凭证
07	财务处总账会计生成账簿	明细账 总账 财务报表

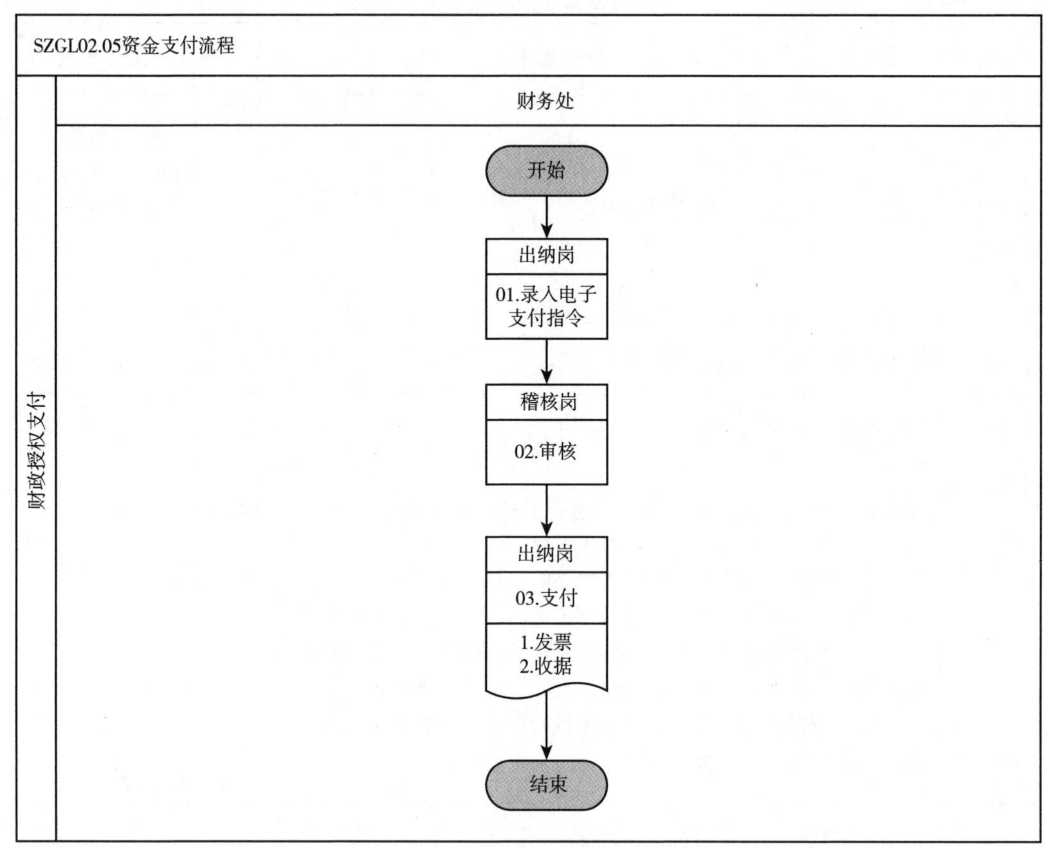

图 4－18　资金支付管理流程

表 4－19　　资金支付管理具体流程说明

序号	步骤说明	输出文档
01	财务处出纳岗录入电子支付指令	
02	财务处会计科稽核岗进行审核	
03	财务处出纳岗支付	发票、收据

6. 支票的使用管理。支票的使用管理规范支票的开具、领取、使用、报销、注销等各个环节，确保支票的合法性、安全性和有效性，防范支票风险，维护支付体系的正常运转。流程如图 4－19 所示，具体流程说明见表 4－20。

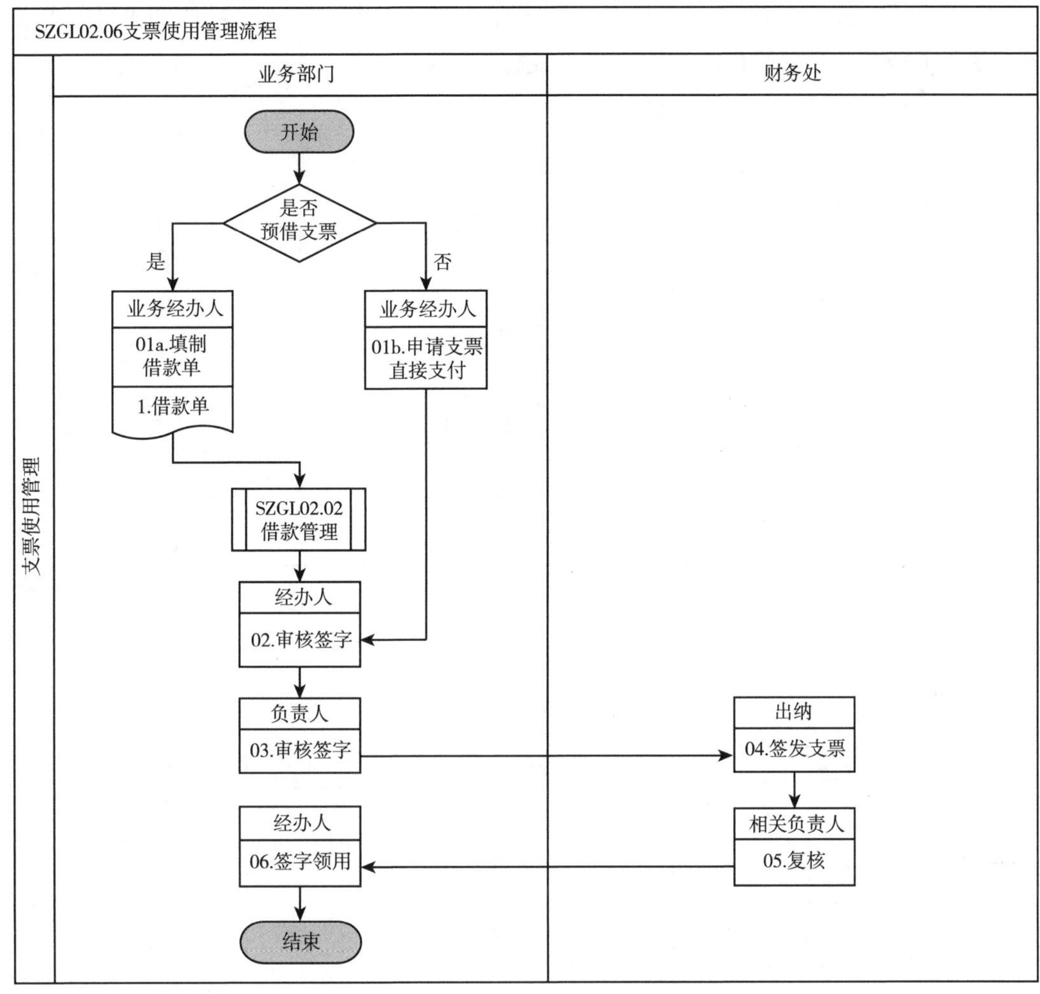

图 4－19　支票使用管理流程

表 4－20　　支票使用管理具体流程说明

序号	步骤说明	输出文档
	判断是否预借支票	
01a	如果预借支票，业务经办人填写借款单，进入借款管理流程	借款单
01b	如果直接支付支票完成报销结算，业务经办人提出支票申请	
02	证明人审核签字	
03	业务部门负责人审核签字	
04	出纳签发支票，手续不完备的，有权拒绝签发支票	
05	财务处会计科科长复核支票并加盖法人名章	
06	领取人在支票存根上签字后，方可领取支票	

7. 个人收入计税管理。个人收入计税管理旨在确保个人收入税收的准确计算与征收，规范纳税行为，保障税收政策的顺利实施，同时促进税收的公平性和合法性。流程如图4－20所示，具体流程说明见表4－21。

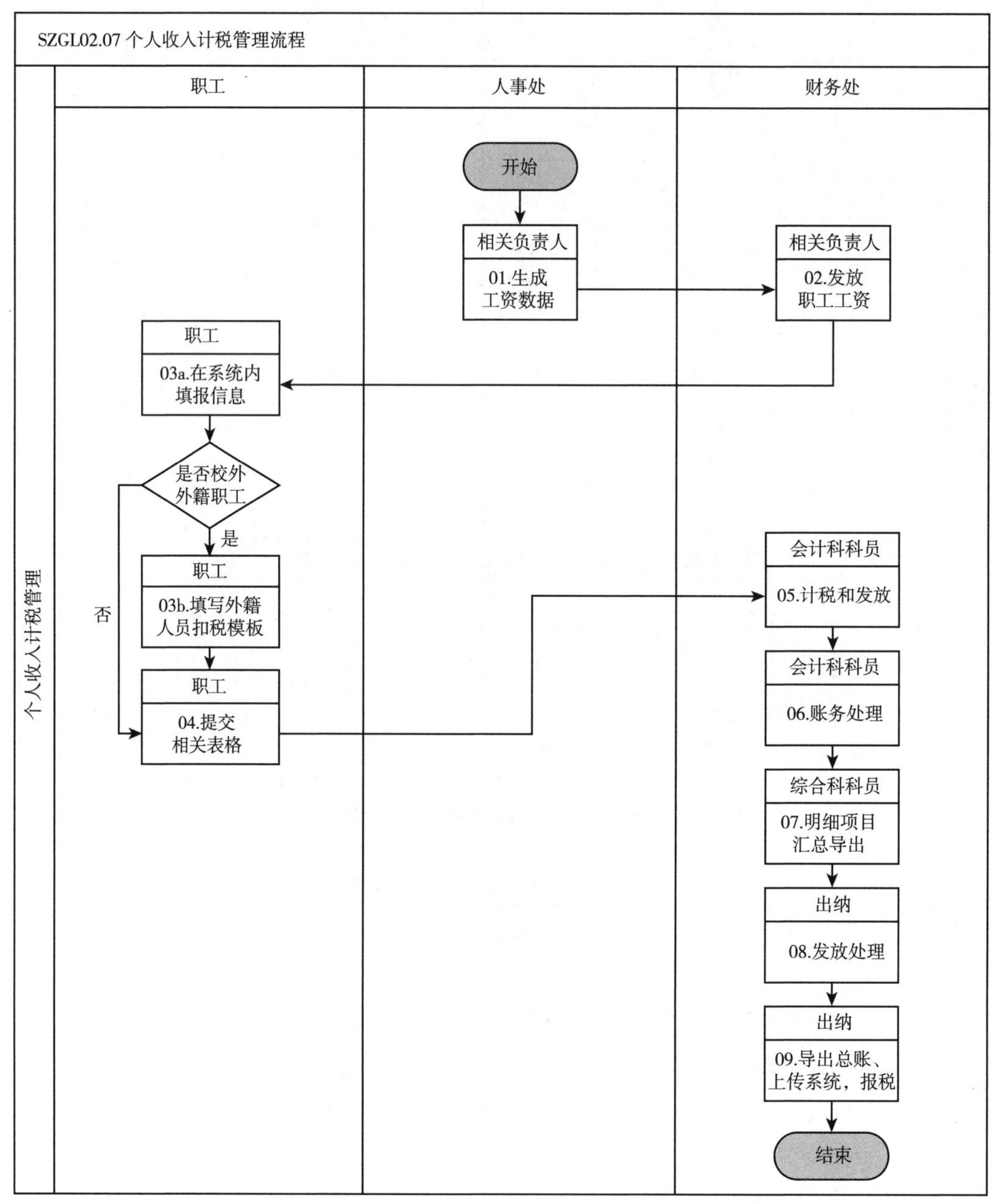

图4－20　个人收入计税管理流程

表 4－21　　个人收入计税管理具体流程说明

序号	步骤说明	输出文档
01	每月人事处做完工资，生成当月工资数据	
02	发放所有职工工资（含外聘人员和外教工资）	
03	学校老师可根据需要发放的其他收入和劳务费情况，在薪酬系统内填报相关信息，需要老师按照要求填写完整	
	如有校外外籍人员时需提供外籍人员扣税模板电子版一份	
04	学校老师提交以后持签字、印鉴齐全的相关表格，到财务处会计科报销	
	如果有特殊情况比如需要发放的其他收入和劳务费没有项目号；或者是使用工会会费、党费需要发放劳务费等时，财务处综合科相关负责人需要根据老师提供的纸质和电子的表格，在个人收入系统中将工薪税和劳务税区分开，并根据收入的类型不同提交收入数据，进行计税	
05	会计科每日做完账务处理后，综合科需将当日的明细项目汇总导出，交与网银出纳	
06	网银出纳作发放处理	
07	计算明细项目汇总，导出个税总账，整理，导入个税系统并上传。到税务部门网站报税	
08	出纳进行发放处理	
09	出纳导出总账，上传系统并且报税	

8. 会计档案管理。会计档案管理旨在规范会计档案管理与实务操作，确保会计档案的完整性、安全性、系统性和可用性，为单位的财务管理和决策提供全面、准确、及时、相关的服务，同时促进档案管理水平的提高。流程如图 4－21 所示，具体流程说明见表 4－22。

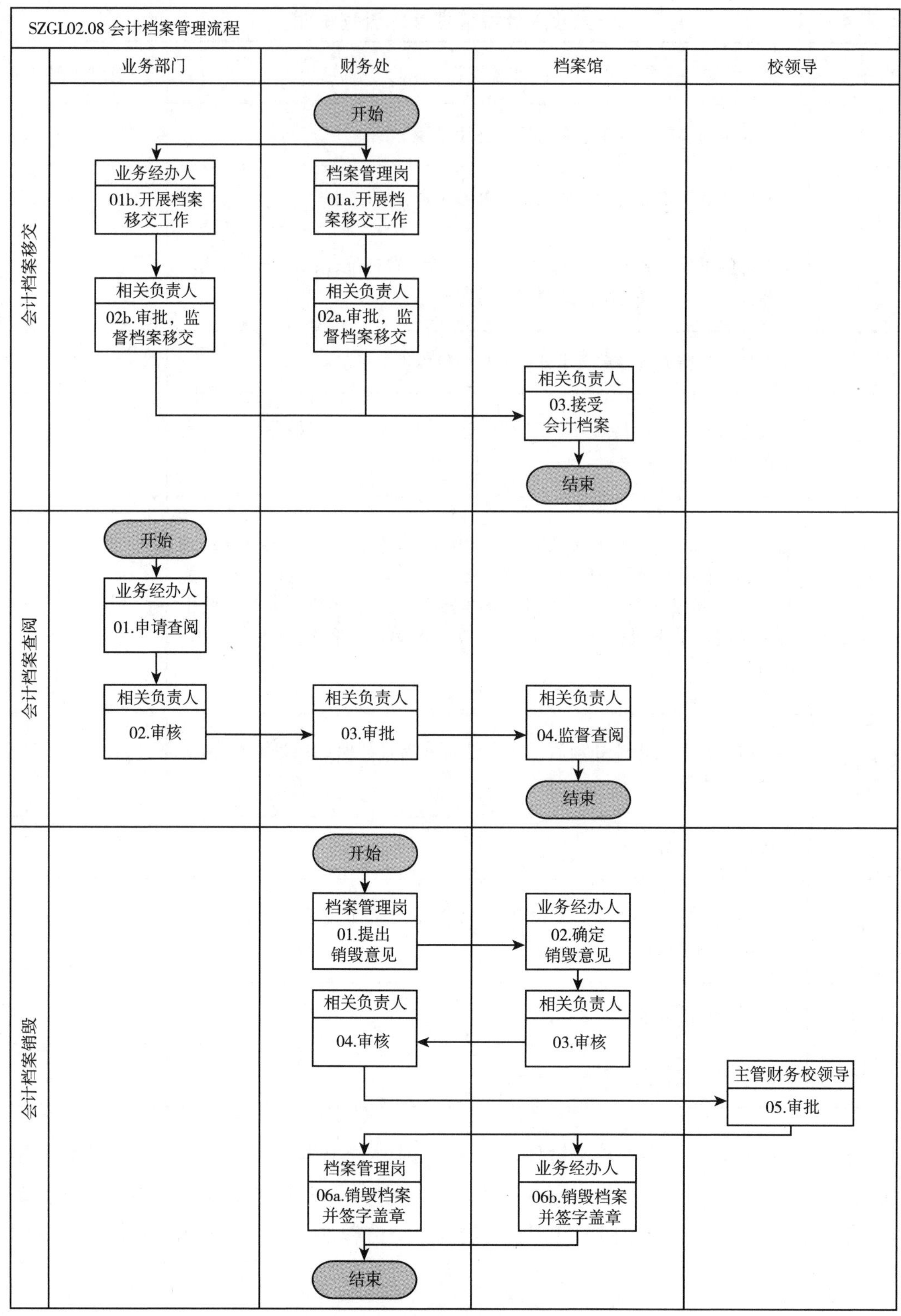

图 4－21　会计档案管理流程

表 4－22　　会计档案管理具体流程说明

序号	步骤说明	输出文档
	会计档案移交	
01a	财务处会计档案管理岗开展会计档案移交工作	
01b	学校其他单位开展会计档案移交工作	
02a	财务处相关负责人审批并监督档案移交工作	
02b	学校其他单位相关负责人审批并监督档案移交工作	
03	档案馆相关负责人接收会计档案	
	会计档案查阅	
01	业务单位业务经办人申请查阅会计档案	
02	业务单位相关负责人审核申请	
03	财务处相关负责人审批申请	
04	档案馆相关负责人监督查阅会计档案	
	会计档案销毁	
01	财务处会计档案管理岗提出会计档案销毁意见	
02	档案馆业务经办人汇总财务处意见，确定销毁意见	
03	档案馆相关负责人审核销毁意见	
04	财务处相关负责人审核销毁意见	
05	主管财务校领导审批销毁意见	
06a	财务处会计档案管理岗汇总档案馆业务经办人共同销毁档案并按制度要求签字盖章	
06b	档案馆业务经办人汇总财务处会计档案管理岗共同销毁档案并按制度要求签字盖章	

9. 物价管理。

（1）新增学历教育类项目收费管理流程。新增学历教育类项目收费管理是为了确保新增学历教育类项目收费的合法性、合理性和透明度，规范收费行为，维护学校和受教育者的合法权益。流程如图 4－22 所示，具体流程说明见表 4－23。

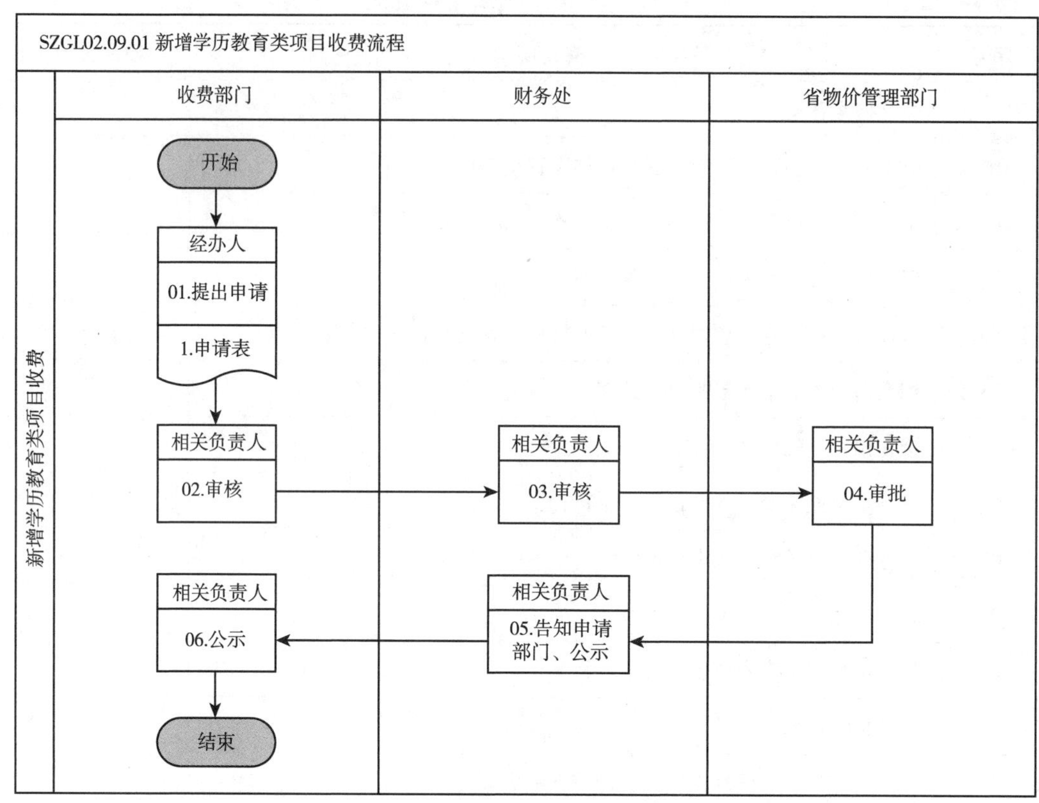

图 4－22　新增学历教育类项目收费管理流程

表 4－23　　新增学历教育类项目收费管理具体流程说明

序号	步骤说明	输出文档
01	收费部门提出申请	
02	收费部门负责人审核	
03	财务处相关负责人审核，上报省物价管理部门审批	
04	省物价管理部门审批	
05	财务处告知申请部门，并公示收费标准	
06	收费部门公示收费标准	

（2）新增服务性和代收费类项目收费管理流程。新增服务性和代收费类项目收费管理是为了确保新增服务性和代收费项目的收费行为合法、规范、透明，同时优化资源配置，提高教育服务质量。流程如图 4－23 所示，具体流程说明见表 4－24。

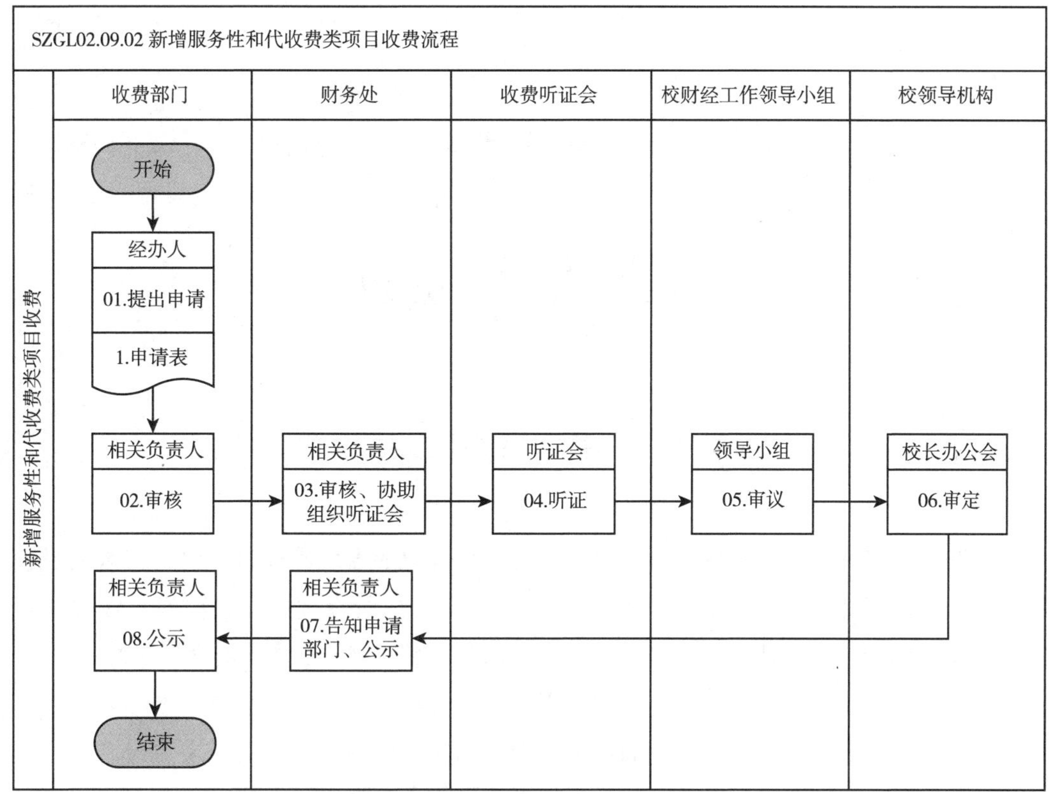

图 4－23　新增服务性和代收费类项目收费管理流程

表 4－24　　　新增服务性和代收费类项目收费管理具体流程说明

序号	步骤说明	输出文档
01	收费部门提出申请	
02	收费部门负责人审核	
03	财务处相关负责人审核，协助有关部门组织收费听证会	
04	收费听证会对收费标准进行听证	
05	学校财经工作领导小组审议	
06	校长办公会审定	
07	财务处告知申请部门，并公示收费标准	
08	收费部门公示收费标准	

第五章

采购业务控制

第一节　采购业务控制概述

采购业务控制是指在学校内对采购活动进行系统化的管理和监督，以确保采购过程的合规性、效率和透明度。其主要目的是通过制定和执行有效的采购政策、流程和标准，优化资源配置，降低采购成本，并确保所采购商品或服务的质量和交付时间。

学校应当建立健全采购预算与采购计划管理、采购活动管理、验收管理等采购内部管理制度。学校应当明确相关岗位的职责权限，确保采购需求制定与内部审批、招标文件准备与复核、合同签订与验收、验收与保管等不相容岗位相互分离。

一、采购预算与采购计划管理控制

采购预算与采购计划管理控制是指学校在进行采购前，结合实际需求和相关标准，制订合理的采购预算和计划，并建立各相关部门之间的沟通协调机制，以确保采购活动符合预算安排，以提高资源使用效率和效益。

学校应当加强对采购业务预算与计划的管理，建立预算编制、采购和资产管理等有关部门或岗位之间的沟通协调机制。根据学校实际需求和相关标准编制采购预算，按照已批复的预算安排采购计划。

二、采购活动的管理控制

采购活动的管理控制是指在组织的采购过程中，对所有采购相关环节进行系统性管理和监督的措施和机制。其目的是确保采购活动的规范性、透明性和有效性，从而提升资源配置效率、保障采购质量、减少风险和提升整体经济效益。

学校应当加强对采购活动的管理，对采购活动实施归口管理，在采购活动中建立采购归口管理部门、资产管理处、财务处等部门或岗位相互协调和相互制约的机制。

三、采购申请的内部审核控制

采购申请的内部审核控制是指在组织内部对采购申请进行系统性审核的过程，以确保所提出的采购请求符合相关法律法规、政策以及组织内部的规定。该控制机制旨在对采购流程的合规性、合理性和有效性进行监督和管理。

学校应当加强对采购申请的内部审核，严格依据《中华人民共和国政府采购法》等规定执行政府采购，并切实加强内部采购管理，按照规定选择采购方式、发布采购信息。对采购进口产品、变更采购方式等事项应当加强内部审核，严格履行审批手续。

四、采购项目验收管理控制

采购项目验收管理控制是指在采购活动结束后，学校或组织对所购商品或服务进行系统性的验收管理，以确保其符合合同约定的标准和要求。该过程包括对采购物品的品种、规格、数量、质量等各项指标进行核查，确认其符合相关采购文件和法律法规的规定。

学校应当加强对采购项目验收的管理，根据规定的验收制度和采购文件，由指定部门岗位或专人对所购物品的品种、规格、数量、质量和其他相关内容进行验收，并出具验收证明。对于重大采购项目，应另由采购管理委员会组织安排验收小组进行验收，并出具验收报告。

五、采购业务其他管理控制

学校应当加强对采购业务质疑投诉答复的管理，指定项目建设部门负责、其他相关职能部门参加，按照国家有关规定做好采购业务质疑投诉答复工作。

学校应当加强对采购业务的记录控制，妥善保管采购预算与计划、各类批复文件、招标文件、投标文件、评标文件、合同文本、验收证明等采购业务相关资料。定期对采购业务信息进行分类统计，并在内部进行通报。

学校应当加强对涉密采购项目安全保密的管理，对于涉密采购项目，单位应当与相关供应商或采购代理机构签订保密协议或者在合同中设定保密条款。

第二节　采购业务内部控制规范

一、采购业务相关概念

采购是指以合同方式有偿取得货物、工程和服务的行为。货物是指各种形态和种类的物品，包括设备、家具、器械、图书、计算机成品软件、数据库等以及其他物品等。工程是指对在用建筑物和构筑物进行的修缮、装修、装饰、拆除等以及水电管网和道路维修、改造、绿化施工等。服务是指除货物和工程以外的其他采购对象。

为进一步规范学校采购工作，维护国家和学校利益，保证采购质量，提高资金使用效益，促进廉政建设，学校应依据《中华人民共和国政府采购法》《中华人民共和国政府采购法实施条例》《中华人民共和国招标投标法》《政府采购非招标采购方式管理办法》等相关法律法规，结合学校实际，制定采购业务内部控制规范。凡使用学校财政性资金采购货物、工程（基本建设项目除外）和服务的活动均适用采购业务内部控制规范。①

学校采购工作，遵循公开、公平、公正和诚实信用原则。学校规范采购行为，建立健全分工合理、相互制约、有效监督的采购管理和监督机制。

二、组织架构及职责分工

（一）采购与招标工作领导小组

学校成立采购与招标工作领导小组，全面负责学校的采购与招标工作，由分管校领导担任组长，相关职能部门负责人为成员。主要职责为：制定学校采购与招标工作管理政策及规章制度；管理学校所有的采购与招标工作业务事项；讨论决定学校采购与招标工作的重要事项；其他需要决定的事项。

（二）采购与招标管理中心

采购与招标管理中心为学校集中采购与招标活动的组织实施部门，主要职责为：贯彻落实国家、省和学校关于集中采购的法律法规和方针政策；负责起草学校采购与招标工作的规章制度和实施细则；参与编制政府集中采购项目预算；依照相关法规和规定，

---

① 胡碧霞．高校政府采购内部控制存在的问题及对策［J］．当代会计，2016（7）：51－52.

组织采购与招标工作的具体实施：采购计划上报与审批、招标环节实施、监督合同履约和验收等事项；协助处理招标过程中质疑投诉等相关事宜；采购活动的文档收集和整理工作；完成学校采购与招标工作领导小组交办的其他工作。

三、采购管理具体工作要求

（一）采购预算及计划编审

1. 采购预算的编制与审核。采购需求部门应按实际需求编制采购预算，采购与招标管理中心对各部门上报的采购预算进行汇总审核。若需要专业评审，采购与招标管理中心需聘请评审专家进行专业审核，后交采购工作领导小组进行预算额度审核后，提交学校财经工作领导小组审议，报党委常委会审批。

2. 采购计划编审。采购需求部门应根据实际需求编制采购计划，采购需求部门要对采购计划进行内部审核。

3. 采购需求计划。采购需求计划包括：采购目录代码，采购目录名称及数量，采购项目计量单位，采购资金来源，采购项目质量、安全、节能环保、技术规格、服务标准、物理特性等性能要求，预计采购时间、地点、验收标准以及售后服务要求，采购项目执行的国家相关标准、行业标准、地方标准或者其他标准规范，采购项目所要实现的功能或目标，需落实的政府采购政策等内容。

4. 汇总采购计划。采购与招标管理中心需要对各部门提交的采购项目计划按照类别进行汇总和初步审核。对不符合采购项目计划要求的采购计划须退回，采购需求部门须修改后再提交。

5. 采购计划专业评审。若采购计划中涉及有专业性要求或严格技术要求的采购项目，必须由技术评审专家进行评审时，采购与招标管理中心应组织相关领域的专家组成评审小组对采购计划进行评审。评审专家小组须对有专业性要求或严格技术要求的采购项目出具评审报告并全体签字。

6. 采购计划审核审批。采购项目计划需经采购需求部门确认，采购与招标管理中心审核审批；对于政府采购计划，还需经学校领导机构审批。

（1）采购需求部门审核要点包括：①采购计划内容是否完整；②采购计划格式是否准确；③专业性采购计划是否提请专家评审。

（2）采购与招标管理中心审核审批要点包括：①采购计划是否分门别类完整填写；②专业性采购计划是否有专家评审报告；③采购项目是否与预算金额相匹配，是否存在超支现象；④采购项目数量和采购资金来源是否与采购预算相对应；⑤是否存在将以公开招标方式采购的货物或者服务化整为零的现象。

（3）学校领导机构审核审批要点：审核审批重大采购项目的可行性以及预算资金的合理性。

7. 境外采购。学校需要采购的产品在中国境内无法获取或者无法以合理的商业条件获取，以及法律法规另有规定确需采购进口产品的，学校须获取财政部门核准后，依法开展政府采购活动。

采购与招标管理中心应当出具政府采购进口产品申请表、关于鼓励进口产品的国家法律法规政策文件复印件、政府采购进口产品所属行业主管部门意见以及政府采购进口产品专家论证意见等相关材料报财政部门审核。

（二）采购执行申请与审核

1. 采购需求申请审核。采购需求项目（建设）部门进行信息采集。采购需求项目（建设）部门根据经批准下达的采购预算、采购指标，以及省政府集中采购目录、分散采购限额标准和公开招标数额标准编制本部门采购需求，采购需求部门对需求进行确认流程，内部审核后交由采购与招标管理中心审核。采购需求编制内容包括采购项目构成、采购预算及指标、使用单位、采购数量、技术规格、使用时间、建议采购方式等内容。

2. 编制和审核采购计划。编制和审核采购计划应当符合下列要求：

（1）项目和资金符合已批复下达的部门预算和指标的安排。

（2）采购需求完整、明确（除因技术复杂或者性质特殊，不能确定详细规格之外），且相同品目的项目归并编列。

（3）政府向社会公众提供的公共服务项目，需就确定采购需求征求社会公众的意见，对价格、规格及技术等相关事项有要求的采购项目需附市场调查报告或者论证结论。

（4）符合法律法规以及政府采购政策规定的技术、服务、安全等要求。

（5）不得将规定以公开招标方式采购的货物或服务化整为零，或者用其他不合规方式规避公开招标要求。

（三）采购组织形式和范围

学校采购组织形式分为学校集中采购、学校校内分散采购和学校应急采购。任何部门和个人不得将依规定必须进行集中采购的项目化整为零或者以其他方式规避学校的集中采购。

1. 学校集中采购。学校集中采购是指由学校使用财政性资金购买省政府集中采购目录内品目或金额超过采购限额标准的货物、工程和服务。学校集中采购范围包括：

（1）政府集中采购目录所列品目或者集中采购目录以外，单项或批量采购预算金额较大的，由采购与招标管理中心组织申报政府采购计划，并委托采购代理机构代理采购。

（2）集中采购目录外，单项或者批量采购预算金额居中的，由采购与招标管理中心按照学校的内控和财务制度统一集中采购或者委托采购代理机构代理采购。

2. 学校分散采购。学校校内分散采购是指在省政府集中采购目录之外且未超过集中采购限额标准的采购项目，由使用部门和相关职能部门按照学校内控、财务等制度规定组织实施，各使用部门和相关职能部门在严格执行规章制度的同时，应做好采购活动全过程记录，存档备查。学校分散采购范围包括未纳入省政府集中采购目录且金额较小的采购项目。

3. 学校应急采购。学校应急采购指的是于应对突然发生的自然灾害、事故灾难、公共卫生事件和社会安全事件，采取应急处置措施且需要使用财政性资金紧急采购纳入政府采购范围的采购行为。学校应急采购范围包括：

（1）突发水、电、暖、燃气、通信、网络、道路、管线、电梯、中央空调等设备、设施的故障抢修。

（2）突发自然灾害、事故灾难、公共卫生和校园安全的应急处置。

（3）为完成上级相关部门紧急任务而进行的采购。

（4）为处置直接严重影响教学科研工作、师生学习生活的突发事件而进行的临时性紧急采购。

（5）其他经学校党委常委会、校长办公会研究认定的应急事件所需临时性紧急采购。

（四）采购方式

学校集中采购项目的采购方式由项目建设部门根据国家、省相关法律法规选取。

1. 集中采购。集中采购的具体采购方式如下。

（1）公开招标是指以招标公告的方式邀请不特定的法人或者其他组织（统称投标人）参加投标的采购方式。

（2）邀请招标是指以投标邀请书的方式邀请特定的投标人参加投标的采购方式。符合下列情形之一的，可采用邀请招标方式：①具有特殊性，只能从有限范围的供应商处采购的；②公开招标所需费用相对较高的。

（3）竞争性谈判是指从符合相应资格条件的供应商名单中确定不少于三家的供应商就采购事宜进行谈判的采购方式。符合下列情形之一的货物或服务，可采用竞争性谈判方式采购：①招标信息公布后，在规定的时间内无供应商投标或者没有合格供应商投标的，或者重新招标仍未能成立的。②技术复杂或情况特殊，不能确定详细规格或具体指标要求的。③招标过程所需时间不能满足项目主管单位急需的。④不能事先计算出价格总额的。⑤政府采购工程项目采购预算金额居中的项目。⑥工程招标数额标准以上，与建筑物和构筑物的新建、改建、扩建无关的单独的装修、拆除、修缮等项目。

（4）竞争性磋商是指采购人、政府采购代理机构通过组建竞争性磋商小组（以下简称磋商小组）与符合条件的供应商就采购货物、工程和服务事宜进行磋商，供应商按照磋商文件的要求提交响应文件和报价，采购人从磋商小组评审后提出的候选供应商名单中确定成交供应商的采购方式。符合下列情形的项目，可以采用竞争性磋商方式开展采购：①政府购买服务项目。②技术复杂或者性质特殊，不能确定详细规格或者具体要求的。③因艺术品采购、专利、专有技术或者服务时间、数量事先不能确定等原因不能事先计算出价格总额的。④市场竞争不充分的科研项目，以及需要扶持的科技成果转化项目。⑤按照招标投标法及其实施条例必须进行招标的工程建设项目以外的工程建设项目。⑥政府采购工程项目采购预算金额居中的项目。⑦工程招标数额标准以上，与建筑物和构筑物的新建、改建、扩建无关的单独的装修、拆除、修缮等项目。

（5）单一来源采购是指向供应商直接采购的采购方式。符合下列情形之一的货物和服务，可采取单一来源采购方式：①只能从唯一供应商处采购的。②发生不可预见的紧急情况，不能从其他供应商处采购的。③必须保证原有采购项目一致性或者服务配套的要求，需要继续从原供应商处采购，且添购资金总额不超过原合同金额百分之十的。④政府采购工程项目采购预算金额居中的项目。⑤工程招标数额标准以上，与建筑物和构筑物的新建、改建、扩建无关的单独的装修、拆除、修缮等项目。

（6）询价采购是指从符合相应资格条件的供应商名单中确定不少于三家的供应商，并对其提供的报价、质量、服务等进行比较，确定供应商的采购方式。采购的货物规格、标准统一，现货货源充足且价格变化幅度小的，可采用询价方式采购。

2. 分散采购。若采购方式为单一来源的采购项目按照学校集中采购流程执行，由采购与招标管理中心统一组织实施采购；其他采购项目由项目建设部门按照校内比价采购流程执行。

（1）编写比价文件。项目建设部门采购组织岗编写比价文件，按照比价文件确定供应商的资格条件和邀请方式，邀请相关的供应商前来参与报价。项目建设部门采购组织岗对参与报价的供应商进行资格预审。

（2）报价。项目建设部门采购组织岗对符合要求的供应商发出比价文件，供应商根据比价文件要求进行报价。

（3）评审。项目建设部门成立比价小组（比价小组成员为三人及以上单数），由比价小组对各供应商的报价进行独立评价，选出最优的供应商。

项目建设部门采购组织岗将最终比价结果报至项目建设部门党政联席会审核。党政联席会审核通过后，项目建设部门采购组织岗书面通知成交供应商。

3. 应急采购。应急采购的具体采购方式如下。

（1）现场处置性应急采购由归口管理部门负责人报告主管校领导，征得其同意后可根据现场处置需要直接从相关的专业性供应商处采购，同时报告采购与招标工作领导小组并依照规定补办相关手续。

（2）非现场处置性应急采购由归口管理部门依照规定办理手续，根据采购工作领导小组审核意见，采用比价采购、询价采购、竞争性谈判、竞争性磋商、单一来源采购等方式组织采购。

（五）采购流程

1. 项目立项。

（1）年度预算内采购项目。根据学校预算编制的相关规定，每年年中，各单位（部门）根据政府集中采购目录和本单位（部门）的业务需求向相关职能部门提出采购申请。相关职能部门进行审核、汇总，上报财务处编制年度预算，经学校财经工作领导小组讨论，提请党委常委会审议通过后，列入下一年度预算采购项目。

（2）专项资金采购项目。根据学校专项资金管理规范立项的采购项目，经校长办公会议或党委常委会审批同意后，方可立项。

2. 项目报批。对于学校立项的采购项目，项目建设部门填写采购项目信息采集表，相关部门负责人、校领导进行审核签字，采购与招标管理中心根据采购限额上报审批和组织实施。对于学校内分散采购项目，项目建设部门采购需求岗提出采购需求，填写校内分散采购项目信息采集表，经项目建设部门党政负责人（部处负责人）审核，签字同意后实施采购。对于非现场处置性应急采购，归口管理部门填写地方高校应急采购申报表并报主管校领导签署意见，财务处负责确认经费落实情况，经采购工作领导小组会签后实施采购。对于现场处置性应急采购，归口管理部门应当在实施采购后两个工作日内参照非现场处置性应急采购流程补办相关手续。

3. 项目采购组织形式。学校集中采购由采购与招标管理中心按照相关法律法规委托采购代理机构代理采购；学校校内分散采购由各单位（部门）按照学校内控、财务等制度规定组织实施采购。学校应急采购由归口管理部门按照学校内控、财务等制度规定组织实施采购。

4. 合同签订。项目建设部门根据学校合同管理的相关规定和审批程序，按照采购文件和投标文件要求，与中标单位签订项目采购合同。合同签订后，项目建设部门将合同文本提交到采购与招标管理中心备案。

5. 履约管理。项目建设部门和项目归口管理部门负责采购项目的履约管理，严格按照投标文件、采购合同等相关要求，确保在规定的时间内，保质保量完成项目实施。履约过程中，由于特殊原因不能完全按照双方签订的合同履约的，项目建设部门须提出书面申请，上报采购与招标工作领导小组和监督小组审议，提请校长办公会议或者党委常委会审核批准，按照相关法律法规签订补充协议。

6. 验收管理。

（1）采购项目验收。采购与招标管理中心应当按照相关项目采购文件和项目采购合同的规定，及时组织进行项目验收，以确认货物、工程或服务是否符合合同的要求，并出具政府采购履约验收书，并加盖学校公章。

（2）资产交付。采购项目验收合格投入使用以后，若形成固定资产、存货和无形资产，采购需求部门须依法移交至资产管理部门办理产权或者资产登记手续。

7. 项目资金支付。货物或服务验收完毕后，由采购需求部门提出采购资金的支付申请。采购需求部门须按照采购预算申请审批单、采购文件、采购合同、验收证明或验收报告、竣工结算报告等文件，按照财务处资金支付的相关规定提出余款支付申请。地方高校财务处在办理资金付款手续过程中，应当严格审查采购发票的真实性、合法性和有效性。发现虚假发票的，应查明原因，及时报告处理。

8. 档案管理。采购代理机构应当妥善保管每项采购活动的采购资料，不得伪造、变造、隐匿或者销毁。采购与招标管理中心负责对招标、评标等相关资料的收集、整理并移交采购需求（建设）部门存档。采购资料的保存期限为从采购结束之日起至少保存十五年。存档资料移交后，采购与招标管理中心需与采购需求（建设）部门签署交接单，存档资料应有卷内目录。

采购资料需要包括采购活动记录、采购预算、评标文件、响应文件、推荐供应商的意见、评审报告、成交供应商确定文件、单一来源采购协商情况记录、合同文本、验收证明、质疑答复、投诉处理决定以及其他有关文件、资料以及以上资料对应的审核审批原件。采购文件可以电子档案方式保存。

中标供应商的资料须单独存档。未中标供应商投标文件集中存放至项目结束后三年以上可经学校领导机构审批后销毁。

（六）质疑与投诉

供应商对采购活动事项有疑问的，可以向采购人提出询问，采购人应当及时作出答复，但答复的内容不得涉及商业秘密。供应商对采购文件、采购过程和中标结果有疑问的，可以在项目公示期内，以书面形式向项目的采购代理机构或者采购与招标管理中心提出疑问。采购代理机构或者采购与招标管理中心在收到供应商书面质疑之日起七个工作日内作出答复，并以书面形式通知质疑供应商和其他有关供应商，但答复的内容不得涉及商业秘密。因处理供应商质疑需要延长投标截止时间的，在发布采购信息公告的媒体上发布公告。供应商对采购需求事项质疑的，由采购与招标管理中心组织相关部门予以答复。供应商对采购程序质疑的，由采购代理机构予以答复。质疑答复对招标文件进行了澄清、修改或者补充的，在答复质疑供应商的同时，在发布采购信息公告的媒体上公告。

受理供应商质疑投诉事宜时，须做好相关事项的登记工作，建立质疑投诉处理台账。质疑供应商对采购人、采购代理机构的答复不满意或者采购人、采购代理机构未在规定的时间内作出答复的，可以在答复期满后十五个工作日内向同级政府采购监督管理部门投诉。

（七）监督检查

纪委（监察专员办公室）对学校采购工作进行事前、事中、事后的全程监督与检查。内容主要包括：有关政府采购的法律法规和学校采购制度的执行情况；学校采购项目的采购方式和程序执行情况；采购工作相关人员的职业行为。纪委（监察专员办公室）对学校采购工作进行监督检查时，当事人应如实反映情况，并提供相关材料。

学校采购工作严格实行回避制度。在采购过程中涉及相关人员与供应商（指提供货物、工程和服务的法人、组织或者自然人）有利害关系的，必须回避。供应商认为采购相关人员与其他供应商有利害关系的，可以申请回避。

任何部门和个人均有权对学校采购活动中的违规违纪行为进行投诉、检举和控告，纪委（监察专员办公室）及时受理，认真查处。参与学校采购活动的工作人员必须遵守国家的法律法规和学校相关管理规章制度，不得收受投标人的财物或其他好处，不得泄露采购工作的相关情况和资料。对滥用职权、玩忽职守、徇私舞弊者，将依法给予行政处分；构成犯罪的，移交司法机关，依法追究刑事责任。

第三节　采购业务内部控制操作规程

一、采购管理流程整体概况说明

地方高校采购业务分为学校集中采购和学校校内分散采购两大类。学校集中采购是指由学校使用财政性资金购买政府集中采购目录内品目或金额超过采购限额标准的货物、工程和服务，任何部门和个人不得将依本办法规定必须进行集中采购的项目化整为零或者以其他方式规避学校的集中采购，学校集中采购由学校采购与招标管理中心组织实施。

学校校内分散采购是指采购金额较低的项目（工程维修类和服务类），由使用部门和相关职能部门按照学校内控、财务等制度规定组织实施，各使用部门和相关职能部门在严格执行规章制度的同时，应做好采购活动全过程记录，存档备查。表5－1是采购业务涉及的一级流程、二级流程及三级流程。

表5－1　　　　采购业务流程清单

序号	类别	流程编号	一级流程	二级流程
01	CGGL01 学校集中采购业务管理	CGGL01	学校集中采购管理流程	
02		CGGL01.01		采购项目信息采集管理流程
03		CGGL01.02		采购项目文件确认管理流程
04		CGGL01.03		公开招标采购业务管理流程
05		CGGL01.04		邀请招标采购业务管理流程
06		CGGL01.05		竞争性谈判采购业务管理流程
07		CGGL01.06		竞争性磋商采购业务管理流程
08		CGGL01.07		询价采购业务管理流程
09		CGGL01.08		单一来源采购业务管理流程
10	CGGL02 学校校内分散采购业务管理	CGGL02	学校校内分散采购管理流程	

二、具体流程说明

（一）学校集中采购流程及说明

学校集中采购流程确保采购物品和服务的质量可靠、价格合理、过程透明，提高采购效率，降低采购成本，满足学校教学和日常运营的需求。流程如图5－1和图5－2所示，具体流程说明见表5－2。

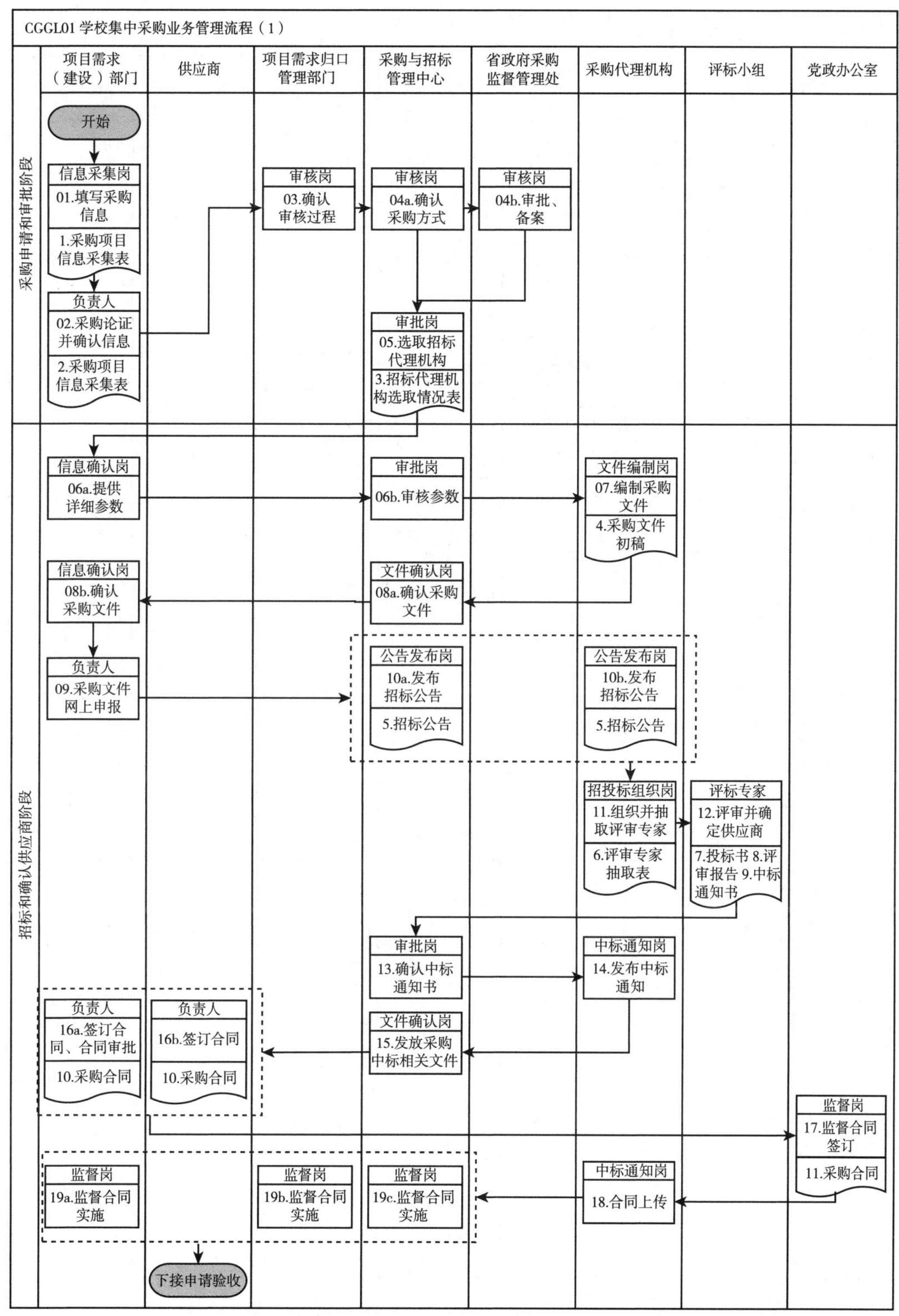

图 5－1　学校集中采购业务管理流程（1）

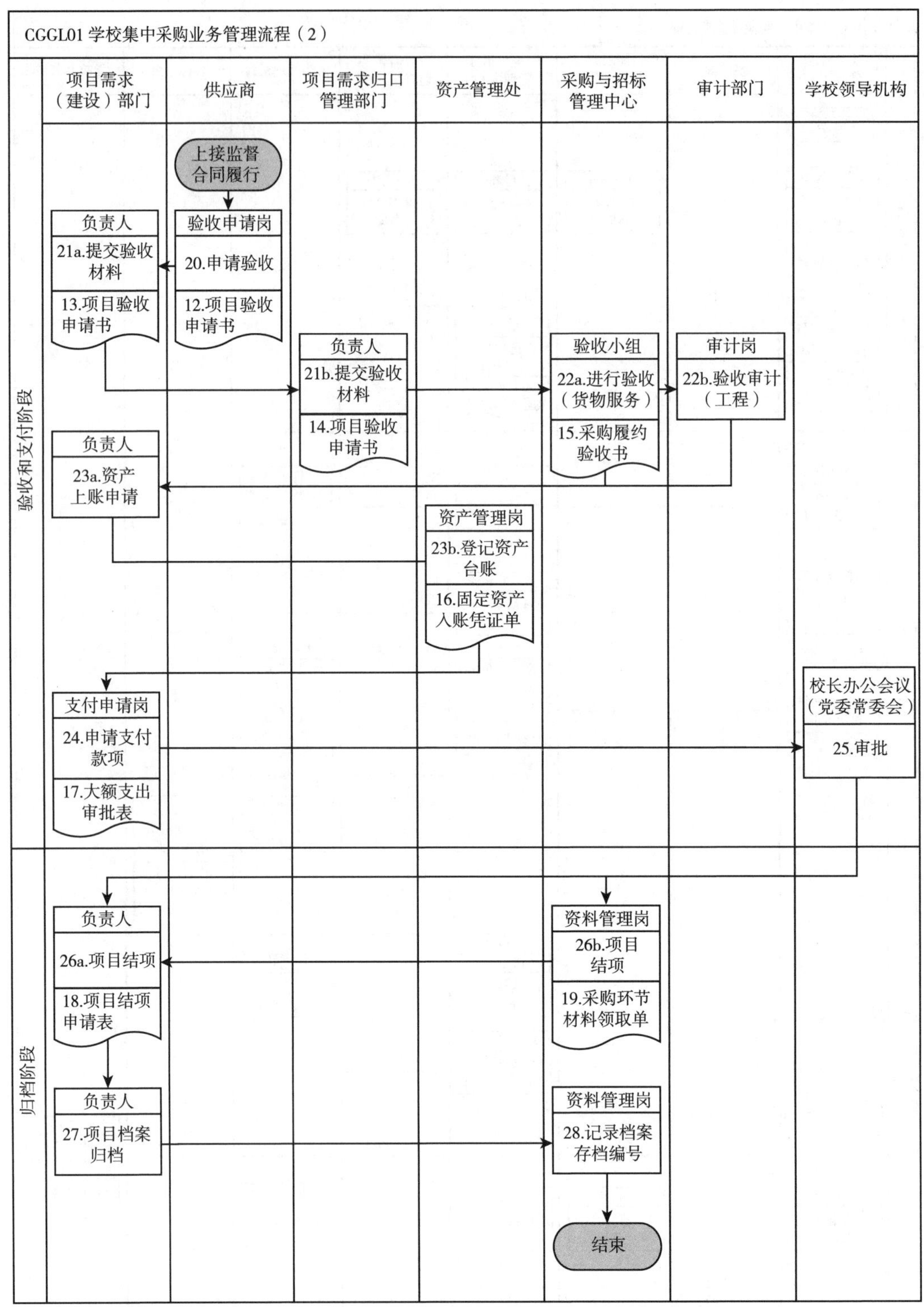

图5－2　学校集中采购业务管理流程（2）

表 5－2　　　　学校集中采购业务管理具体流程说明

序号	步骤说明	材料清单
01	项目需求（建设）部门信息采集岗填写地方高校采购项目信息采集表，后附项目需求，按照地方高校采购项目信息采集表的要求进行线上审批流程，项目预算≥50 万元人民币	采购项目信息采集表、项目需求
02	项目需求（建设）部门对项目具体需求组织论证，按照地方高校采购项目信息采集表的要求进行线下审批流程	
03	项目需求归口管理部门确认审核过程	
04	采购与招标管理中心审核岗与项目建设部门根据项目采购预算进行审批备案，按照国家、省规范性文件要求，确认项目采购方式。如项目预算金额达到公开招标标准但拟采用非公开招标采购方式的和拟采用单一来源采购方式的，需报省教育厅和财政厅政府采购监督管理处审批	
05	采购与招标管理中心审批岗按照规定选取招标代理公司	采购代理机构选取情况一览表
06	项目需求（建设）部门编制采购文件所需文字材料及信息参数，采购与招标管理中心审核后，发送材料至选定的采购代理机构	
07	采购代理机构按照提供的文字材料及信息参数开始编制采购文件	采购文件初稿
08	采购文件回传修改［项目需求（建设）部门、采购与招标管理中心］	采购文件修改
09	采购文件修改完毕，项目需求（建设）部门采集岗将发售版采购文件通过 OA 系统，进行采购文件网上申报审批流程	拟发售版采购文件
10	采购代理机构、采购与招标管理中心发布采购公告	采购公告
11	采购代理机构组织招标活动，抽取专家，成立评审小组	评审专家抽取表
12	评审小组对项目进行评审，推荐候选成交（中标）供应商	投标标书、评审报告
13	采购代理机构邮寄项目评审材料至采购与招标管理中心，采购审批岗确定成交（中标）供应商，签发成交（中标）通知书	成交（中标）通知书
14	采购代理机构发布成交公告，向成交（中标）供应商发放成交（中标）通知书	成交公告
15	采购与招标管理中心发放材料至项目需求（建设）部门	采购文件、成交（中标）供应商投标文件、成交通知书
16	项目需求（建设）部门与供应商按照采购文件中合同范本草拟合同，项目需求（建设）部门通过 OA 系统，进行合同网上审批流程	采购合同电子版
17	党政办公室监督项目合同签订，合同签订后，项目需求（建设）部门送一份至采购与招标管理中心备份，再让成交（中标）供应商送一份合同至招标代理公司存档	合同文本

续表

序号	步骤说明	材料清单
18	中标通知岗（采购与招标管理中心或者招标代理公司）向省政府采购网上传合同	
19	项目需求（建设）部门、项目归口部门和采购与招标管理中心监督合同实施。项目建设部门在项目实施过程中准备验收相关材料	履约验收需提供材料一览表（详见OA办事大厅的采购服务）
20	项目供货安装（或施工）完毕，成交（中标）供应商向项目需求（建设）部门提请验收	成交（中标）供应商提交验收申请书
21a	项目需求（建设）部门及归口部门准备验收材料向采购与招标管理中心提请项目验收	项目需求（建设）部门提交验收申请书
21b	对货物及服务类项目进行项目验收，验收合格后，出具履约验收书	履约验收书
22	对工程类项目进行项目验收，验收合格后，出具履约验收书。 竣工验收后，项目需求（建设）部门按照审计部门要求上交审计相关材料。 审计决算后，项目需求（建设）部门将审计报告交至采购与招标管理中心一份备案，并让供应商送一份至招标代理存档	履约验收书、工程项目送审需提供的相关材料（详见OA办事大厅的采购服务）、审计报告书
23	项目需求（建设）部门按照学校资产上账要求到资产管理处登记台账	固定资产入账凭证单
24	项目需求（建设）部门按照学校财务相关规定进行项目支付，并依据项目支付总金额提请校长办公会议或党委常委会进行审批	大额支出审批表、会议纪要
25	学校领导机构根据大额支出审批制度进行支出审批	
26a	项目需求（建设）部门按照学校规定进行项目结项	项目结项申请表单
26b	采购与招标管理中心将收集和整理的采购环节资料转交项目需求（建设）部门	采购环节材料领取单
27	项目需求（建设）部门按学校档案存档要求对项目资料进行完整归档，并将档案存档编号报送至采购与招标管理中心	项目前期论证材料、立项申请、采购环节材料、大额支出审批表、项目结项申请表单、项目档案编号
28	采购与招标管理中心记录档案存档编号备查	

1. 采购项目信息采集管理流程及说明。采购项目信息采集管理流程旨在确保采购项目所需信息的全面、准确，为项目决策、执行和监督提供可靠的数据支持，从而提高采购效率，保障采购质量。流程如图5－3所示，具体流程说明见表5－3。

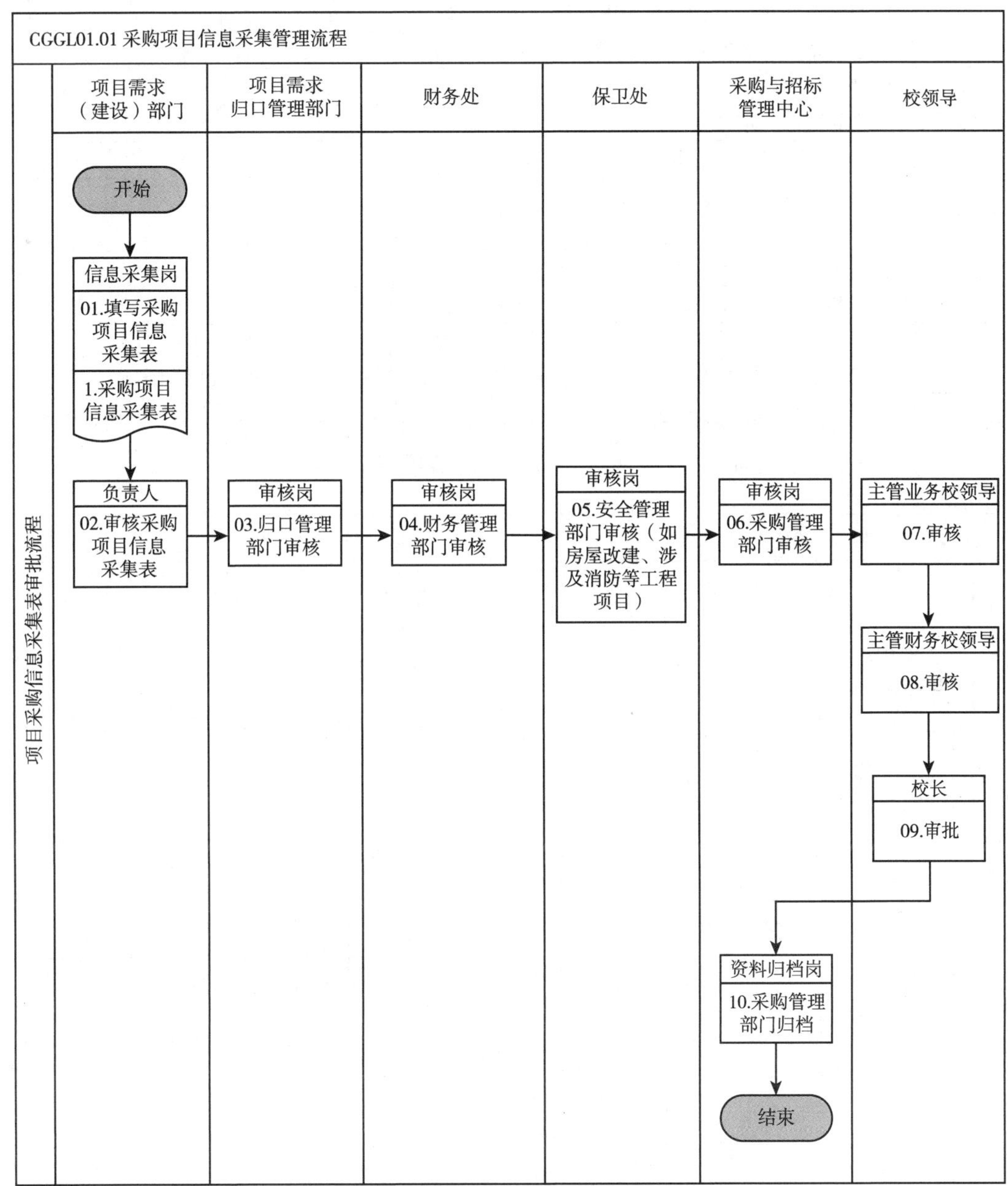

图5－3　采购项目信息采集管理流程

表 5 – 3　　采购项目信息采集管理具体流程说明

序号	步骤说明	输出文档
01	项目需求（建设）部门信息采集岗填写采购项目信息采集表	采购项目信息采集表
02	项目需求（建设）部门负责人审核	
03	项目需求归口管理部门审核	
04	财务管理部门审核	
05	安全管理部门审核	
06	采购与招标管理中心审核	
07	主管业务校领导进行审核	
08	主管财务校领导进行审核	
09	校长审批	
10	采购与招标管理中心归档	

2. 采购项目文件确认管理流程及说明。采购项目文件确认管理通过严格的审核和确认流程，保障采购活动的顺利进行，降低采购风险，提高采购效率和质量，同时维护学校的利益和声誉。流程如图 5 – 4 所示，具体流程说明见表 5 – 4。

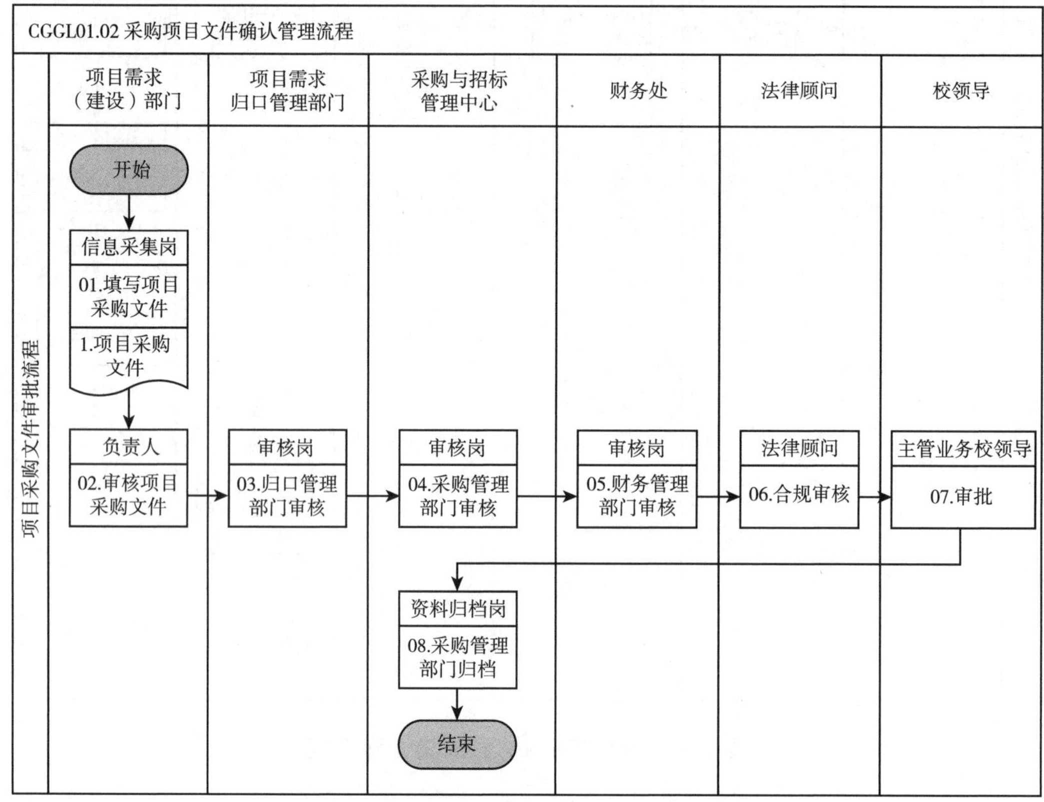

图 5 – 4　采购项目文件确认管理流程

表 5 -4　　采购项目文件确认管理具体流程说明

序号	步骤说明	输出文档
01	项目需求（建设）部门信息采集岗填写项目采购文件	项目采购文件
02	项目需求（建设）部门负责人审核	
03	项目需求归口管理部门审核	
04	采购与招标管理中心审核	
05	财务管理部门审核	
06	法律顾问进行合规审核	
07	主管业务校领导进行审批	
08	采购与招标管理中心归档	

3. 公开招标采购业务管理流程及说明。公开招标采购业务管理通过规范的流程管理，确保采购过程的公开、公平、公正。同时维护采购双方的合法权益，促进资源的优化配置。流程如图 5 -5 和图 5 -6 所示，具体流程说明见表 5 -5。

4. 邀请招标采购业务管理流程及说明。邀请招标采购业务管理通过规范的流程管理，确保采购过程在特定的供应商范围内进行，实现采购的公平竞争，维护采购双方的合法权益。流程如图 5 -7 和图 5 -8 所示，具体流程说明见表 5 -6。

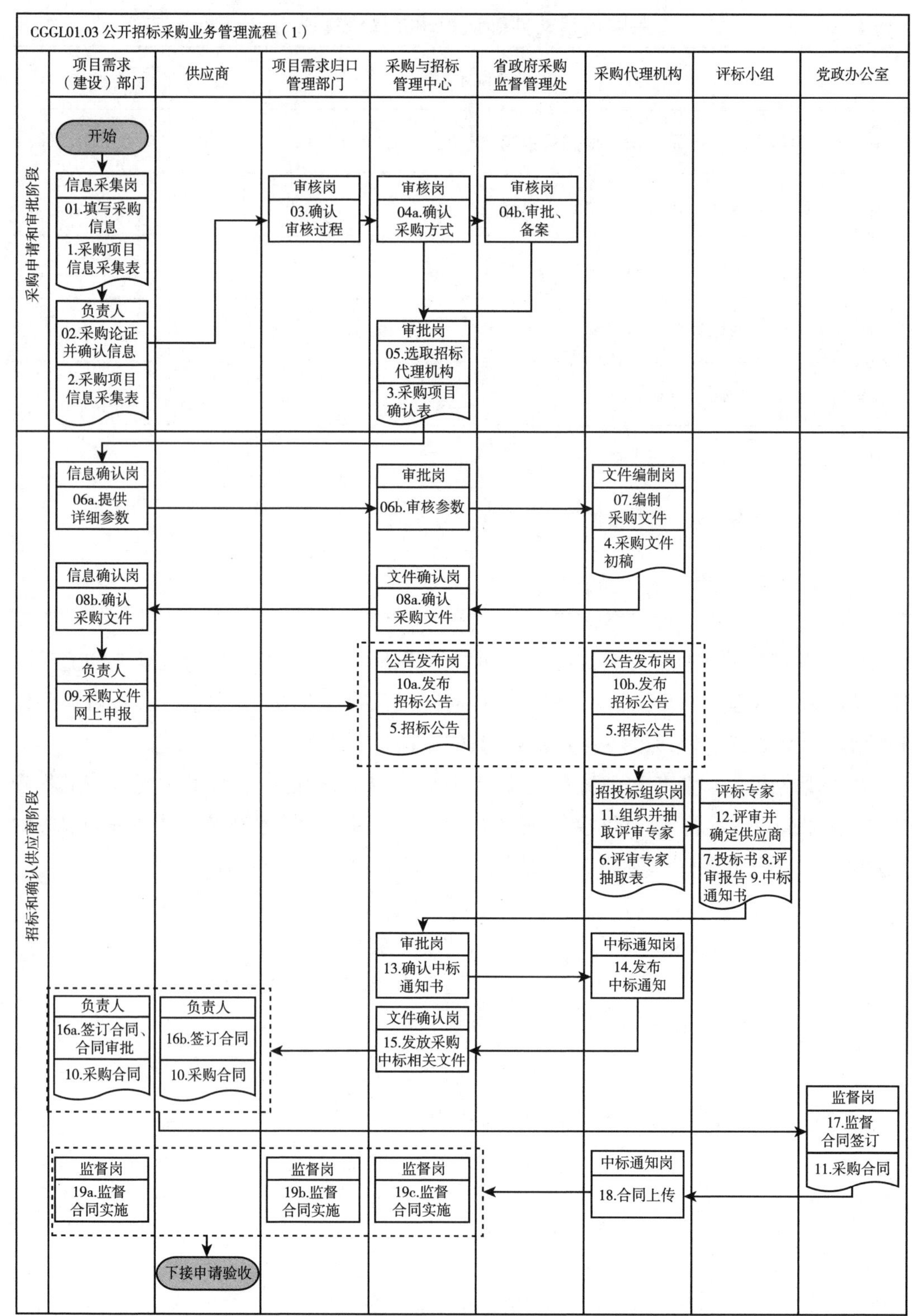

图5－5　公开招标采购业务管理流程（1）

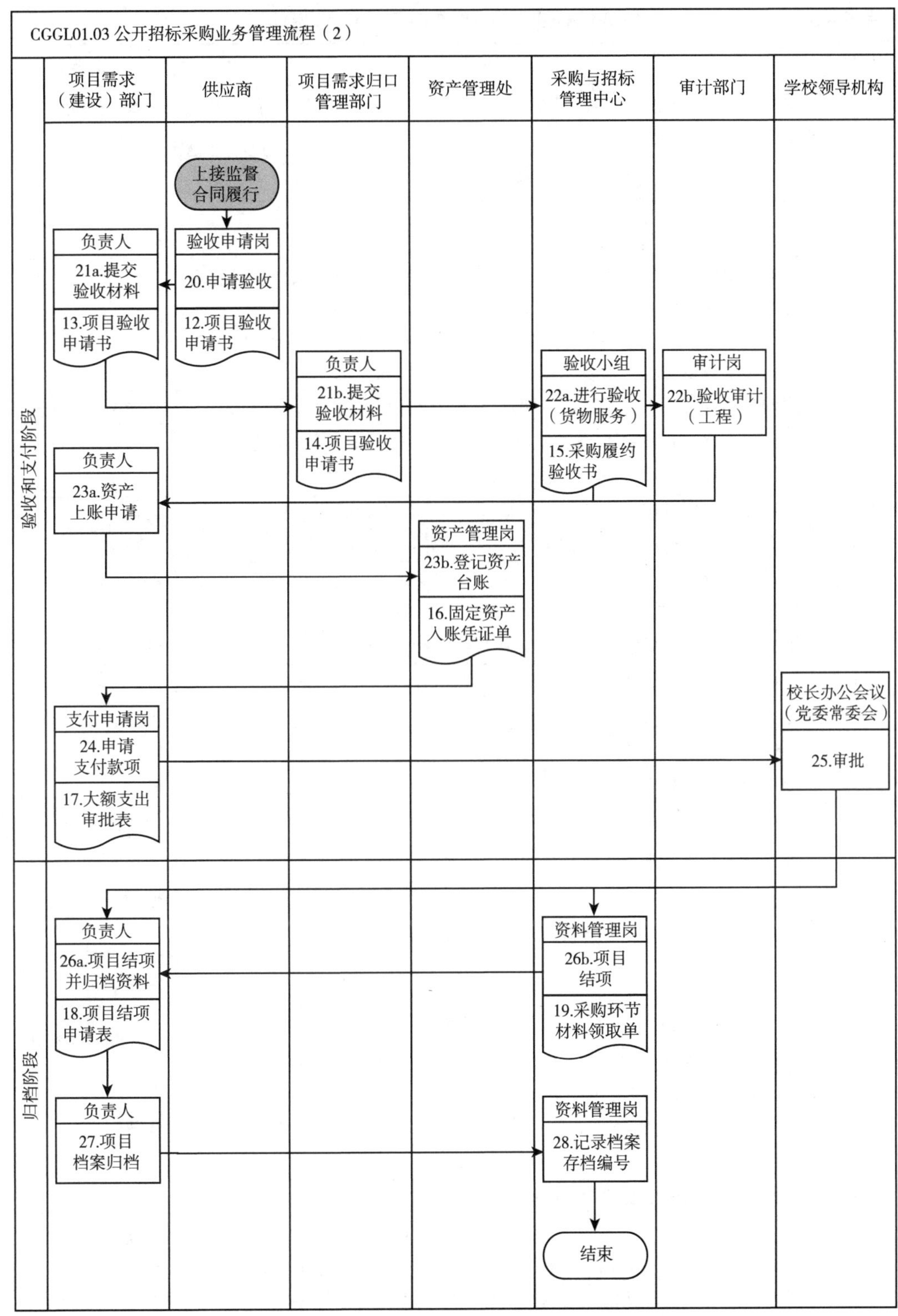

图5－6 公开招标采购业务管理流程（2）

表 5－5　　公开招标采购业务管理具体流程说明

序号	步骤说明	材料清单
01	项目需求（建设）部门信息采集岗填写地方高校采购项目信息采集表，后附项目需求	采购项目信息采集表、项目需求
02	项目需求（建设）部门对项目具体需求组织论证，按照地方高校采购项目信息采集表的要求进行线上审批流程	
03	项目需求归口管理部门确认审核过程	
04	采购与招标管理中心审核岗与项目建设部门根据项目采购预算进行审批备案，按照国家、省规范性文件要求，确认项目采购方式为公开招标。如项目预算金额达到公开招标标准但拟采用非公开招标采购方式的，需报省教育厅和财政厅政府采购监督管理处审批	
05	采购与招标管理中心审批岗按照规定选取招标代理公司	采购项目确认表
06	项目需求（建设）部门编制采购文件所需文字材料及信息参数，采购与招标管理中心审核后，发送材料至选定的采购代理机构	
07	采购代理机构按照提供的文字材料及信息参数开始编制采购文件	采购文件初稿
08	采购文件回传修改［项目需求（建设）部门、采购与招标管理中心］	采购文件修改
09	采购文件修改完毕，项目需求（建设）部门采集岗将发售版采购文件通过 OA 系统，进行采购文件网上申报审批流程	拟发售版采购文件
10	采购代理机构、采购与招标管理中心发布采购公告	采购公告
11	招标代理公司组织招标活动，抽取专家，成立评审小组	评审专家抽取表
12	评审小组对项目进行评审，推荐候选中标供应商	投标标书、评审报告
13	招标代理公司邮寄项目评审材料至采购与招标管理中心，采购审批岗确定中标供应商，签发中标通知书	成交（中标）通知书
14	招标代理公司发布成交公告，向中标供应商发放中标通知书	成交公告
15	采购与招标管理中心发放材料至项目需求（建设）部门	采购文件、成交（中标）供应商投标文件、成交通知书
16	项目需求（建设）部门与供应商按照采购文件中合同范本草拟合同，项目需求（建设）部门通过 OA 系统，进行合同网上审批流程	采购合同电子版
17	党政办公室监督项目合同签订，合同签订后，项目需求（建设）部门送一份至采购与招标管理中心备份，再让中标供应商送一份合同至招标代理公司存档	合同文本
18	招标代理公司中标通知岗，向政府采购网上传合同	
19	项目需求（建设）部门、项目归口部门和采购与招标管理中心监督合同实施。项目建设部门在项目实施过程中准备验收相关材料	履约验收需提供材料一览表（详见 OA 办事大厅的采购服务）

续表

序号	步骤说明	材料清单
20	项目供货安装（或施工）完毕，中标供应商向项目需求（建设）部门提请验收	成交（中标）供应商提交验收申请书
21a	项目需求（建设）部门及归口部门准备验收材料向采购与招标管理中心提请项目验收	项目需求（建设）部门提交验收申请书
21b	对货物及服务类项目进行项目验收，验收合格后，出具履约验收书	履约验收书
22	对工程类项目进行项目验收，验收合格后，出具履约验收书。 竣工验收后，项目需求（建设）部门按照审计部门要求上交审计相关材料。 审计决算后，项目需求（建设）部门将审计报告交至采购与招标管理中心一份备案，并让供应商送一份至招标代理存档	履约验收书、工程项目送审需提供的相关材料（详见OA办事大厅的采购服务）、审计报告书
23	项目需求（建设）部门按照学校资产上账要求到资产管理处登记台账	固定资产入账凭证单
24	项目需求（建设）部门按照学校财务相关规定进行项目支付，并依据项目支付总金额提请校长办公会议或党委常委会进行审批	大额支出审批表、会议纪要
25	学校领导机构根据大额支出审批制度进行支出审批	
26a	项目需求（建设）部门按照学校规定进行项目结项	项目结项申请表单
26b	采购与招标管理中心将收集和整理的采购环节资料转交项目需求（建设）部门	采购环节材料领取单
27	项目需求（建设）部门按学校档案存档要求对项目资料进行完整归档，并将档案编号报送至采购与招标管理中心	项目前期论证材料、立项申请、采购环节材料、大额支出审批表、项目结项申请表单、项目档案编号
28	采购与招标管理中心记录档案存档编号备查	

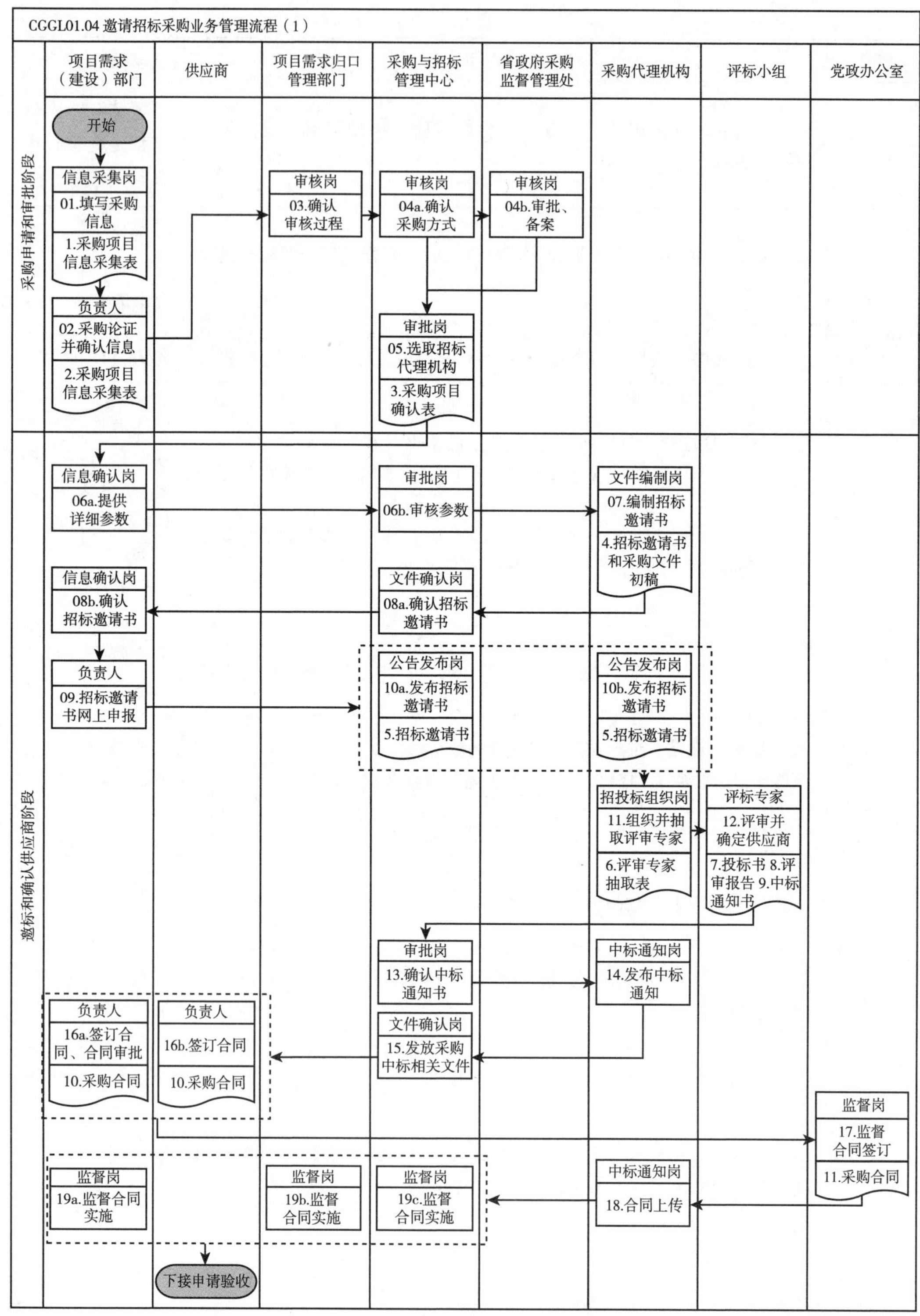

图 5-7 邀请招标采购业务管理流程（1）

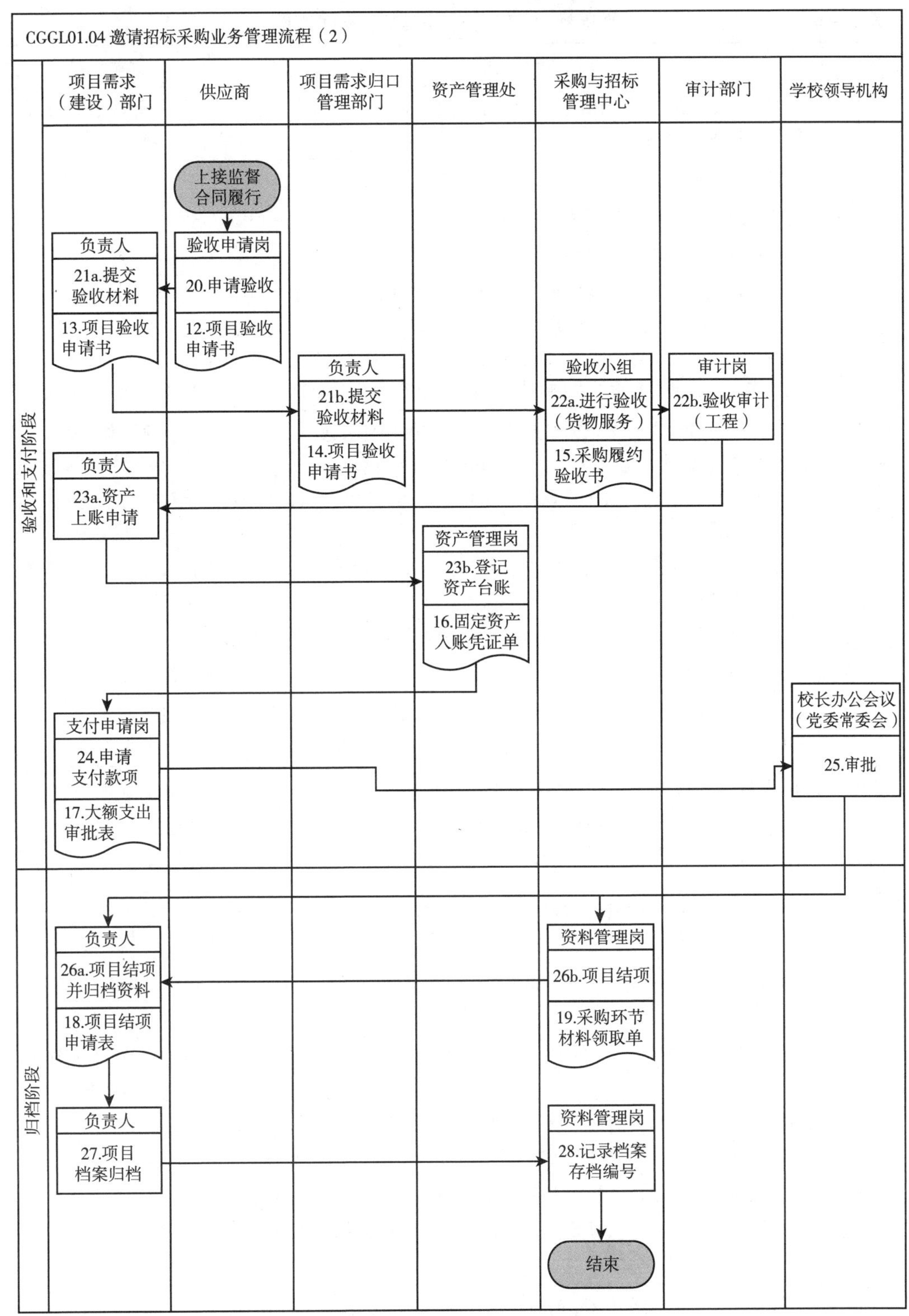

图 5－8　邀请招标采购业务管理流程（2）

表 5－6　　邀请招标采购业务管理具体流程说明

序号	步骤说明	材料清单
01	项目需求（建设）部门信息采集岗填写地方高校采购项目信息采集表，后附项目需求	采购项目信息采集表、项目需求
02	项目需求（建设）部门对项目具体需求组织论证，按照地方高校采购项目信息采集表的要求进行线上审批流程	
03	项目需求归口管理部门确认审核过程	
04	采购与招标管理中心审核岗与项目建设部门根据项目采购预算进行审批备案，按照国家、省规范性文件要求，确认项目采购方式为公开招标。如项目预算金额达到公开招标标准但拟采用非公开招标采购方式的，需报省教育厅和财政厅政府采购监督管理处审批	
05	采购与招标管理中心审批岗按照规定选取招标代理公司	采购项目确认表
06	项目需求（建设）部门编制招标邀请书和采购文件所需文字材料及信息参数，采购与招标管理中心审核后，发送材料至选定的采购代理机构	编制采购文件所需文字材料（详见 OA 办事大厅的采购服务）
07	采购代理机构按照提供的文字材料及信息参数开始编制招标邀请书和采购文件	招标邀请书和采购文件初稿
08	招标邀请书和采购文件回传修改［项目需求（建设）部门、采购与招标管理中心］	招标邀请书和采购文件修改
09	招标邀请书和采购文件修改完毕，项目需求（建设）部门采集岗将发售版采购文件通过 OA 系统，进行采购文件网上申报审批流程	拟发售版招标邀请书和采购文件
10	采购代理机构、采购与招标管理中心发布招标邀请书	招标邀请书
11	采购代理机构组织招标活动，抽取专家，成立评审小组	评审专家抽取表
12	评审小组对项目进行评审，推荐候选中标供应商	投标标书、评审报告
13	采购代理机构邮寄项目评审材料至采购与招标管理中心，采购审批岗确定中标供应商，签发中标通知书	成交（中标）通知书
14	招标代理公司发布成交公告，向中标供应商发放中标通知书	成交公告
15	采购与招标管理中心发放材料至项目需求（建设）部门	采购文件、成交（中标）供应商投标文件、成交通知书
16	项目需求（建设）部门与供应商按照采购文件中合同范本草拟合同，项目需求（建设）部门通过 OA 系统，进行合同网上审批流程	采购合同电子版
17	党政办公室监督项目合同签订，合同签订后，项目需求（建设）部门送一份至采购与招标管理中心备份，再让中标供应商送一份合同至招标代理公司存档	合同文本
18	招标代理公司中标通知岗，向省政府采购网上传合同	

续表

序号	步骤说明	材料清单
19	项目需求（建设）部门、项目归口部门和采购与招标管理中心监督合同实施。项目建设部门在项目实施过程中准备验收相关材料	履约验收需提供材料一览表（详见 OA 办事大厅的采购服务）
20	项目供货安装（或施工）完毕，中标供应商向项目需求（建设）部门提请验收	成交（中标）供应商提交验收申请书
21	项目需求（建设）部门及归口部门准备验收材料向采购与招标管理中心提请项目验收	项目需求（建设）部门提交验收申请书
22a	对货物及服务类项目进行项目验收，验收合格后，出具履约验收书	履约验收书
22b	对工程类项目进行项目验收，验收合格后，出具履约验收书。 竣工验收后，项目需求（建设）部门按照审计部门要求上交审计相关材料。 审计决算后，项目需求（建设）部门将审计报告交至采购与招标管理中心一份备案，并让供应商送一份至招标代理存档	履约验收书、工程项目送审需提供的相关材料（详见 OA 办事大厅的采购服务）、审计报告书
23	项目需求（建设）部门按照学校资产上账要求到资产管理处登记台账	固定资产入账凭证单
24	项目需求（建设）部门按照学校财务相关规定进行项目支付，并依据项目支付总金额提请校长办公会议或党委常委会进行审批	大额支出审批表、会议纪要
25	学校领导机构根据大额支出审批制度进行支出审批	
26a	项目需求（建设）部门按照学校规定进行项目结项	项目结项申请表单
26b	采购与招标管理中心将收集和整理的采购环节资料转交项目需求（建设）部门	采购环节材料领取单
27	项目需求（建设）部门按学校档案存档要求对项目资料进行完整归档，并将档案编号报送至采购与招标管理中心	项目前期论证材料、立项申请、采购环节材料、大额支出审批表、项目结项申请表单、项目档案编号
28	采购与招标管理中心记录档案存档编号备查	

5. 竞争性谈判采购业务管理流程及说明。竞争性谈判采购业务管理通过规范的谈判程序，确保采购方能够在充分的市场竞争环境中，与多家供应商就采购标的的价格、质量、服务等进行有效谈判，从而选择出最符合采购需求、性价比最高的供应商。流程如图 5－9 和图 5－10 所示，具体流程说明见表 5－7。

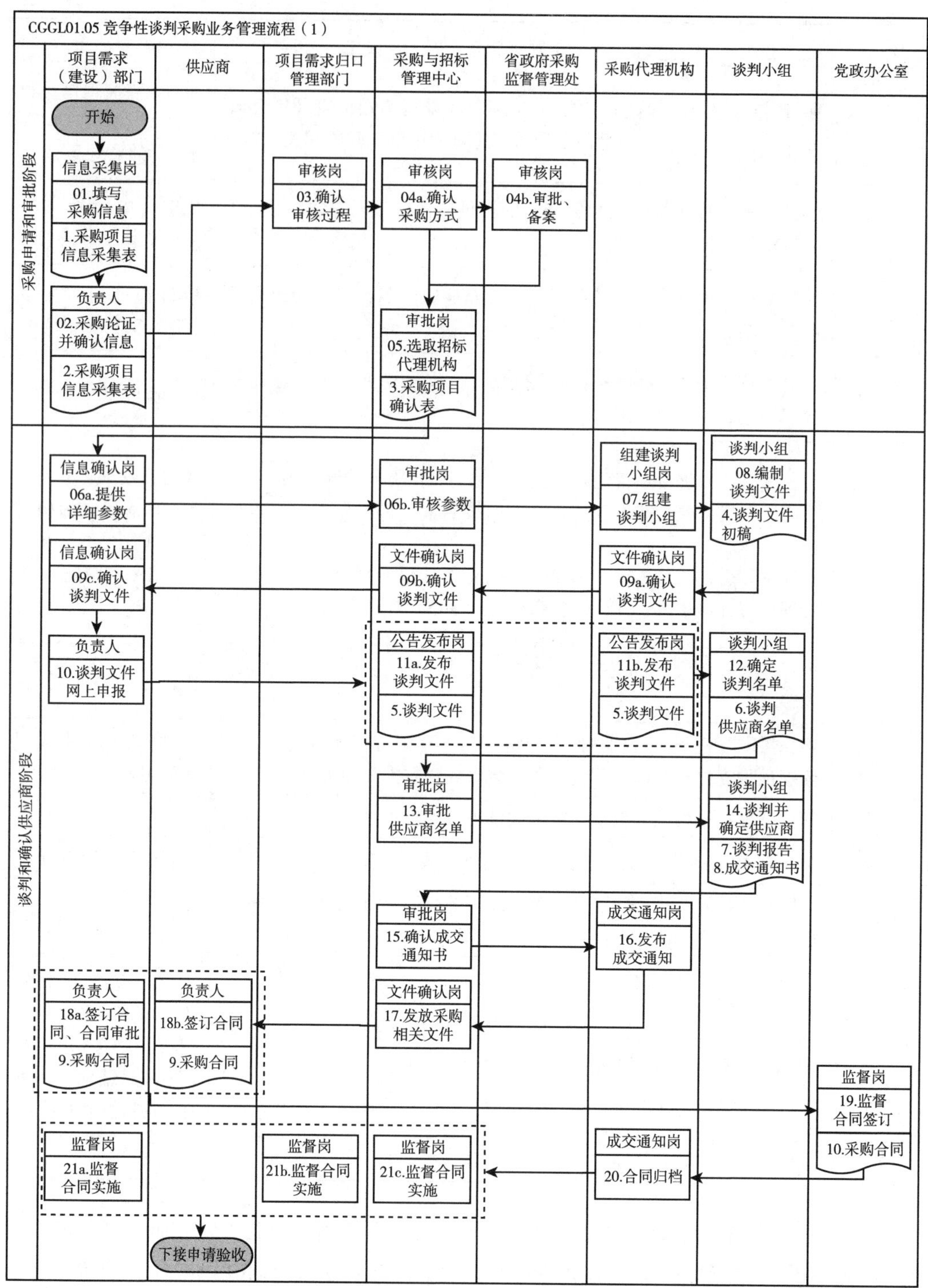

图5-9 竞争性谈判采购业务管理流程（1）

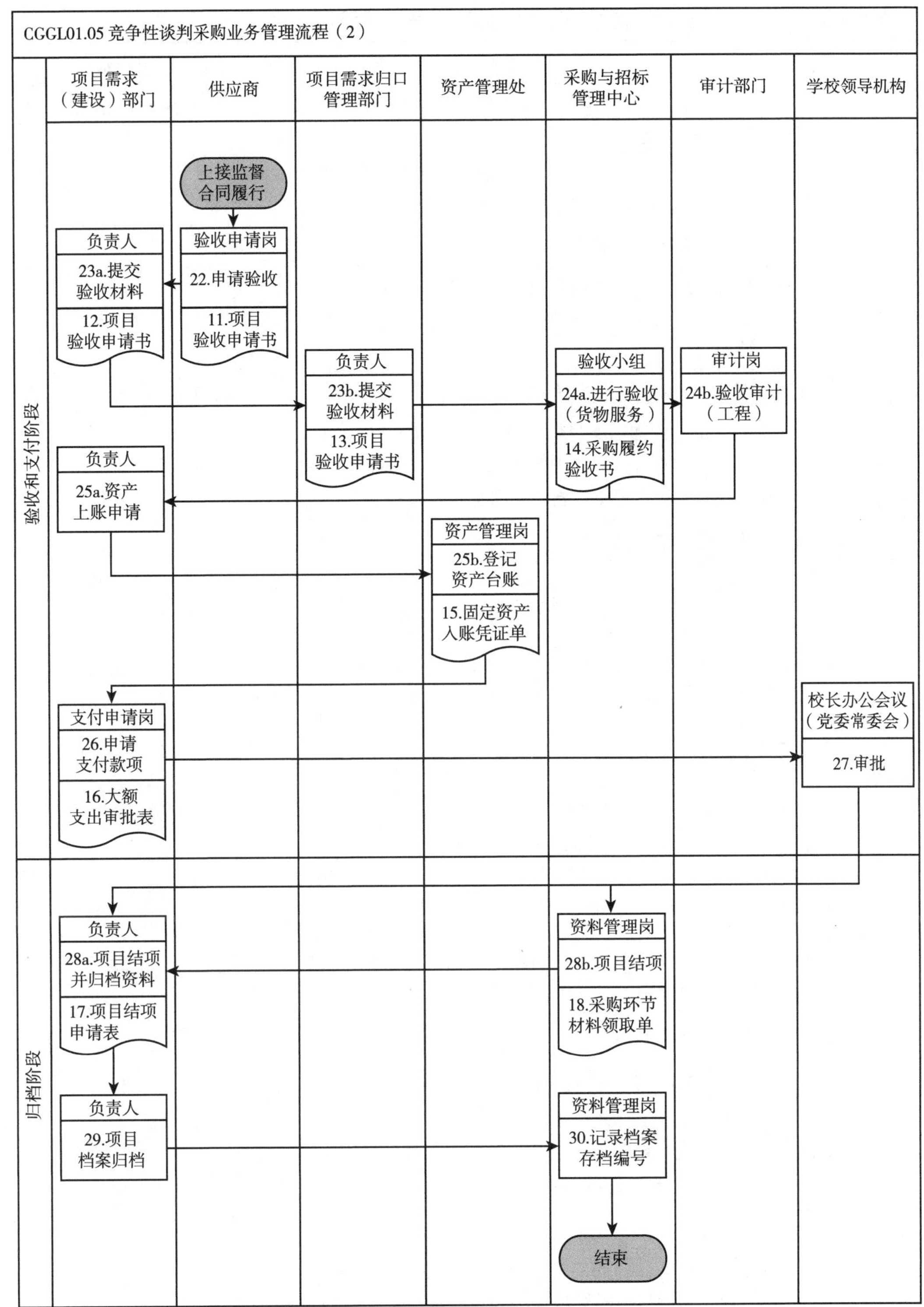

图5-10 竞争性谈判采购业务管理流程（2）

表 5－7　　竞争性谈判采购业务管理具体流程说明

序号	步骤说明	材料清单
01	项目需求（建设）部门信息采集岗填写地方高校采购项目信息采集表，后附项目需求	采购项目信息采集表、项目需求
02	项目需求（建设）部门对项目具体需求组织论证，按照地方高校采购项目信息采集表的要求进行线上审批流程	
03	项目需求归口管理部门确认审核过程	
04	采购与招标管理中心审核岗与项目建设部门根据项目采购预算进行审批备案，按照国家、省规范性文件要求，确认项目采购方式为竞争性谈判	
05	采购与招标管理中心审批岗按照规定选取招标代理公司	采购项目确认表
06	项目需求（建设）部门编制招标邀请书和采购文件所需文字材料及信息参数，采购与招标管理中心审核后，发送材料至选定的采购代理机构，采购代理机构制定谈判文件	
07	采购代理机构组建谈判小组	
08	谈判小组编制谈判文件	谈判文件初稿
09	项目需求（建设）部门、采购与招标管理中心、采购代理机构确认谈判文件	
10	谈判文件修改完毕，项目需求（建设）部门信息确认岗将谈判文件通过 OA 系统，进行采购文件网上申报审批流程	
11	采购代理机构、采购与招标管理中心发布谈判文件	谈判文件
12	谈判小组确定谈判供应商名单	谈判供应商名单
13	采购与招标管理中心确认谈判供应商名单	
14	谈判小组与供应商进行谈判，确定供应商名单	谈判报告 成交通知书
15	招标代理公司邮寄项目评审材料至采购与招标管理中心，采购审批岗确定成交供应商，签发成交通知书	成交通知书
16	招标代理公司发布成交公告，向成交供应商发放中标通知书	成交公告
17	采购与招标管理中心发放材料至项目需求（建设）部门	采购文件、成交通知书
18	项目需求（建设）部门与供应商按照采购文件中合同范本草拟合同，项目需求（建设）部门通过 OA 系统，进行合同网上审批流程	采购合同电子版
19	党政办公室监督项目合同签订，合同签订后，项目需求（建设）部门送一份至采购与招标管理中心备份，再让中标供应商送一份合同至招标代理公司存档	采购合同

续表

序号	步骤说明	材料清单
20	招标代理公司成交通知岗，将采购合同归档	
21	项目需求（建设）部门、项目归口部门和采购与招标管理中心监督合同实施。项目建设部门在项目实施过程中准备验收相关材料	履约验收需提供材料一览表（详见OA办事大厅的采购服务）
22	项目供货安装（或施工）完毕，中标供应商向项目需求（建设）部门提请验收	成交供应商提交验收申请书
23	项目需求（建设）部门及归口部门准备验收材料向采购与招标管理中心提请项目验收	项目需求（建设）部门提交验收申请书
24a	对货物及服务类项目进行项目验收，验收合格后，出具履约验收书	履约验收书
24b	对工程类项目进行项目验收，验收合格后，出具履约验收书。 竣工验收后，项目需求（建设）部门按照审计部门要求上交审计相关材料。 审计决算后，项目需求（建设）部门将审计报告交至采购与招标管理中心一份备案，并让供应商送一份至招标代理存档	履约验收书、工程项目送审需提供的相关材料（详见OA办事大厅的采购服务）、审计报告书
25	项目需求（建设）部门按照学校资产上账要求到资产管理处登记台账	固定资产入账凭证单
26	项目需求（建设）部门按照学校财务相关规定进行项目支付，并依据项目支付总金额提请校长办公会议或党委常委会进行审批	大额支出审批表、会议纪要
27	学校领导机构根据大额支出审批制度进行支出审批	
28a	项目需求（建设）部门按照学校规定进行项目结项	项目结项申请表单
28b	采购与招标管理中心将收集和整理的采购环节资料转交项目需求（建设）部门	采购环节材料领取单
29	项目需求（建设）部门按学校档案存档要求对项目资料进行完整归档，并将档案编号报送至采购与招标管理中心	项目前期论证材料、立项申请、采购环节材料、大额支出审批表、项目结项申请表单、项目档案编号
30	采购与招标管理中心记录档案存档编号备查	

6. 竞争性磋商采购业务管理流程及说明。竞争性磋商采购业务管理确保采购方能够与符合要求的供应商进行充分、公平的磋商，通过综合评分法全面评估供应商的报价、技术方案、服务承诺等因素，最终选择出最符合采购需求、性价比最高的供应商。流程如图5－11和图5－12所示，具体流程说明见表5－8。

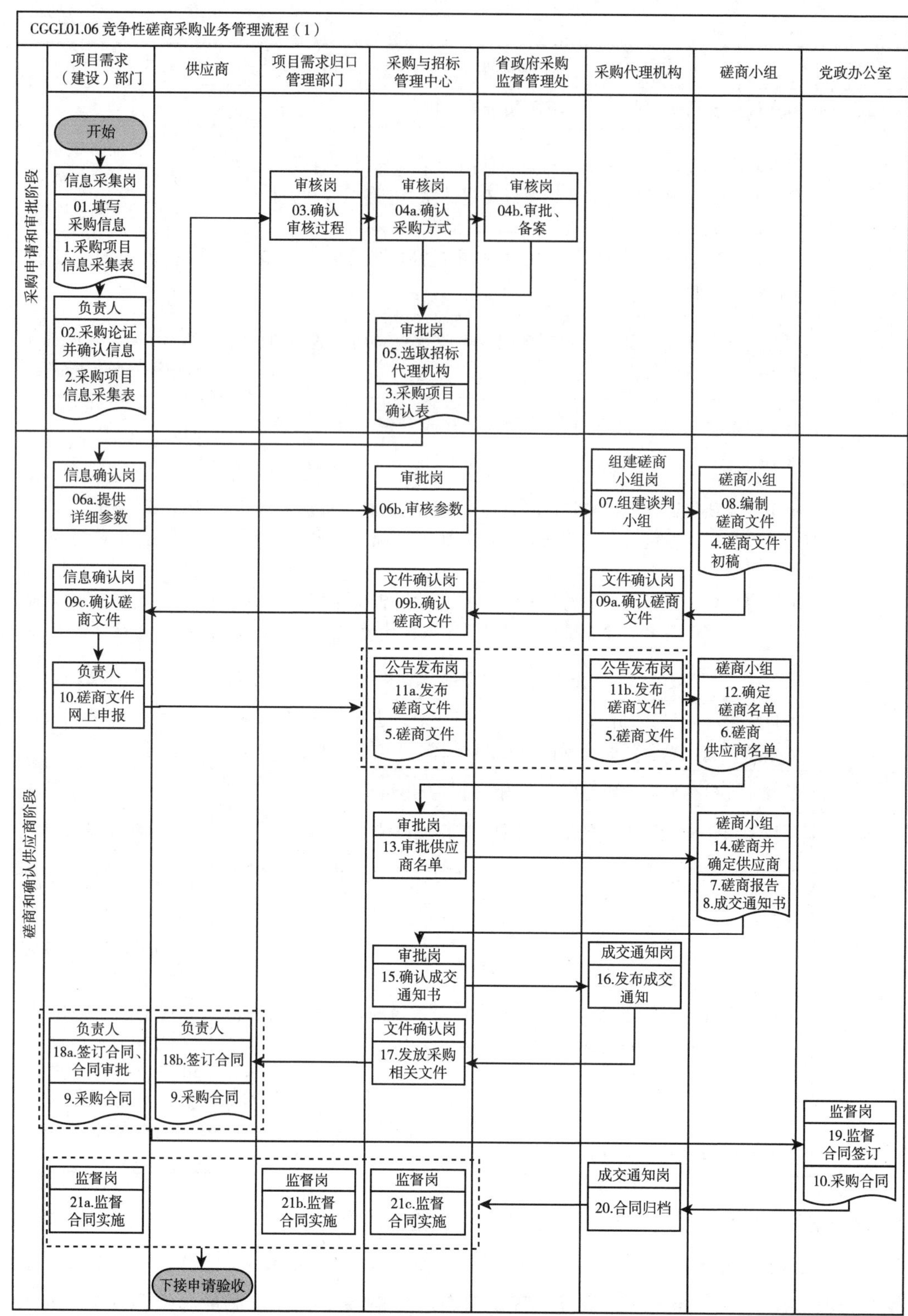

图 5－11　竞争性磋商采购业务管理流程（1）

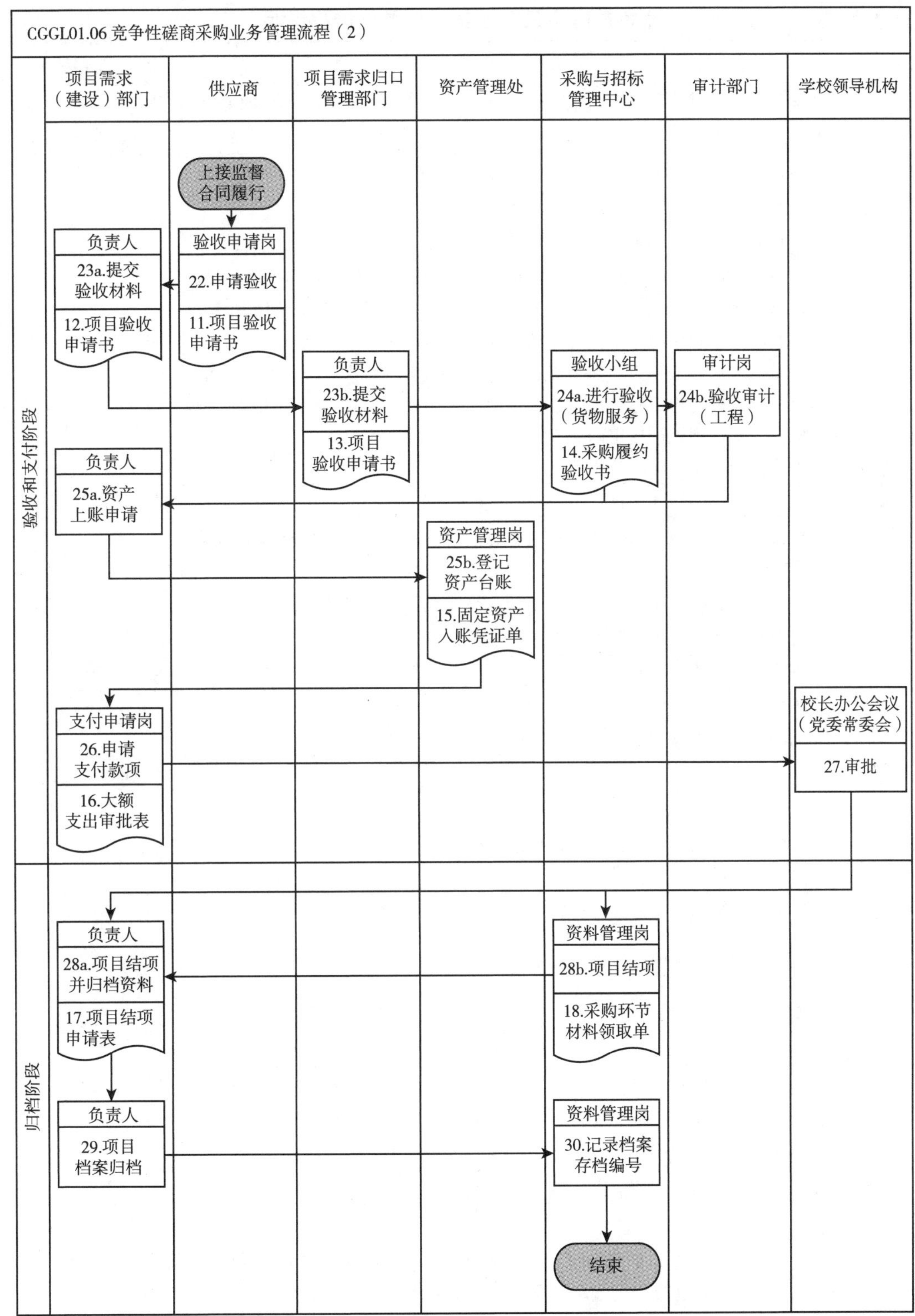

图 5-12 竞争性磋商采购业务管理流程（2）

表 5－8　竞争性磋商采购业务管理具体流程说明

序号	步骤说明	材料清单
01	项目需求（建设）部门信息采集岗填写地方高校采购项目信息采集表，后附项目需求	采购项目信息采集表、项目需求
02	项目需求（建设）部门对项目具体需求组织论证，按照地方高校采购项目信息采集表的要求进行线上审批流程	
03	项目需求归口管理部门确认审核过程	
04	采购与招标管理中心审核岗与项目建设部门根据项目采购预算进行审批备案，按照国家、省规范性文件要求，确认项目采购方式为竞争性谈判	
05	采购与招标管理中心审批岗按照规定选取招标代理公司	采购项目确认表
06	项目需求（建设）部门编制招标邀请书和采购文件所需文字材料及信息参数，采购与招标管理中心审核后，发送材料至选定的采购代理机构，采购代理机构制定磋商文件	
07	采购代理机构组建磋商小组	
08	磋商小组编制磋商文件	磋商文件初稿
09	项目需求（建设）部门、采购与招标管理中心、采购代理机构确认磋商文件	
10	磋商文件修改完毕，项目需求（建设）部门信息确认岗将磋商文件通过 OA 系统，进行采购文件网上申报审批流程	
11	采购代理机构、采购与招标管理中心发布磋商文件	磋商文件
12	磋商小组确定磋商供应商名单	磋商供应商名单
13	采购与招标管理中心确认磋商供应商名单	
14	磋商小组与供应商进行磋商，确定供应商名单	磋商报告 成交通知书
15	招标代理公司邮寄项目评审材料至采购与招标管理中心，采购审批岗确定成交供应商，签发成交通知书	成交通知书
16	招标代理公司发布成交公告，向成交供应商发放中标通知书	成交公告
17	采购与招标管理中心发放材料至项目需求（建设）部门	采购文件、成交通知书
18	项目需求（建设）部门与供应商按照采购文件中合同范本草拟合同，项目需求（建设）部门通过 OA 系统，进行合同网上审批流程	采购合同电子版
19	党政办公室监督项目合同签订，合同签订后，项目需求（建设）部门送一份至采购与招标管理中心备份，再让中标供应商送一份合同至招标代理公司存档	采购合同
20	招标代理公司成交通知岗，将采购合同归档	
21	项目需求（建设）部门、项目归口部门和采购与招标管理中心监督合同实施。项目建设部门在项目实施过程中准备验收相关材料	履约验收需提供材料一览表（详见 OA 办事大厅的采购服务）

续表

序号	步骤说明	材料清单
22	项目供货安装（或施工）完毕，中标供应商向项目需求（建设）部门提请验收	成交供应商提交验收申请书
23	项目需求（建设）部门及归口部门准备验收材料向采购与招标管理中心提请项目验收	项目需求（建设）部门提交验收申请书
24a	对货物及服务类项目进行项目验收，验收合格后，出具履约验收书	履约验收书
24b	对工程类项目进行项目验收，验收合格后，出具履约验收书。 竣工验收后，项目需求（建设）部门按照审计部门要求上交审计相关材料。 审计决算后，项目需求（建设）部门将审计报告交至采购与招标管理中心一份备案，并让供应商送一份至招标代理存档	履约验收书、工程项目送审需提供的相关材料（详见OA办事大厅的采购服务）、审计报告书
25	项目需求（建设）部门按照学校资产上账要求到资产管理处登记台账	固定资产入账凭证单
26	项目需求（建设）部门按照学校财务相关规定进行项目支付，并依据项目支付总金额提请校长办公会议或党委常委会进行审批	大额支出审批表、会议纪要
27	学校领导机构根据大额支出审批制度进行支出审批	
28a	项目需求（建设）部门按照学校规定进行项目结项	项目结项申请表单
28b	采购与招标管理中心将收集和整理的采购环节资料转交项目需求（建设）部门	采购环节材料领取单
29	项目需求（建设）部门按学校档案存档要求对项目资料进行完整归档，并将档案编号报送至采购与招标管理中心	项目前期论证材料、立项申请、采购环节材料、大额支出审批表、项目结项申请表单、项目档案编号
30	采购与招标管理中心记录档案存档编号备查	

7. 询价采购业务管理流程及说明。询价采购业务管理通过规范的询价流程，确保采购方能够获取多家供应商的报价和方案，通过比较和分析，选择出性价比最高、最符合采购需求的供应商。流程如图5－13和图5－14所示，具体流程说明见表5－9。

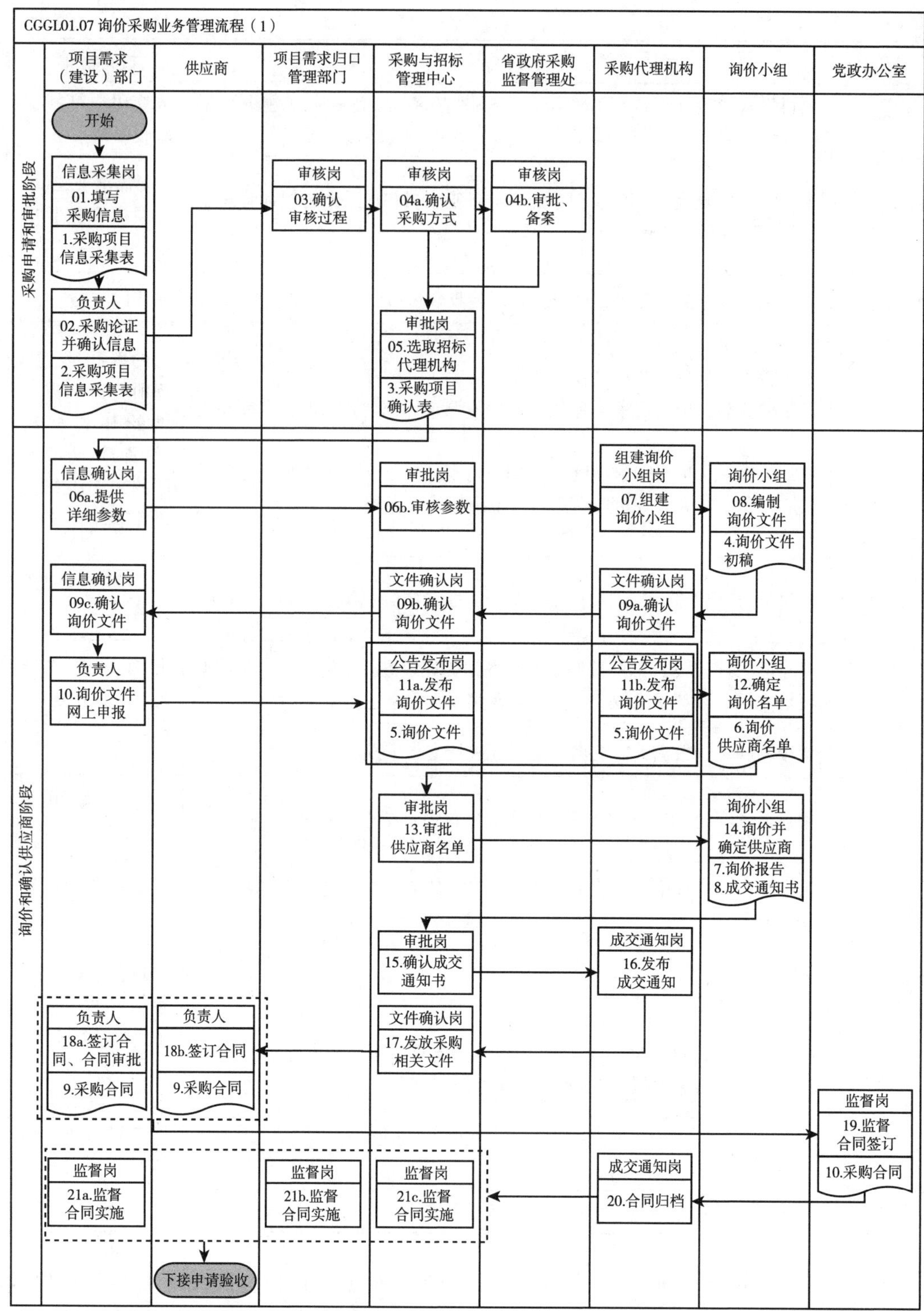

图 5－13　询价采购业务管理流程（1）

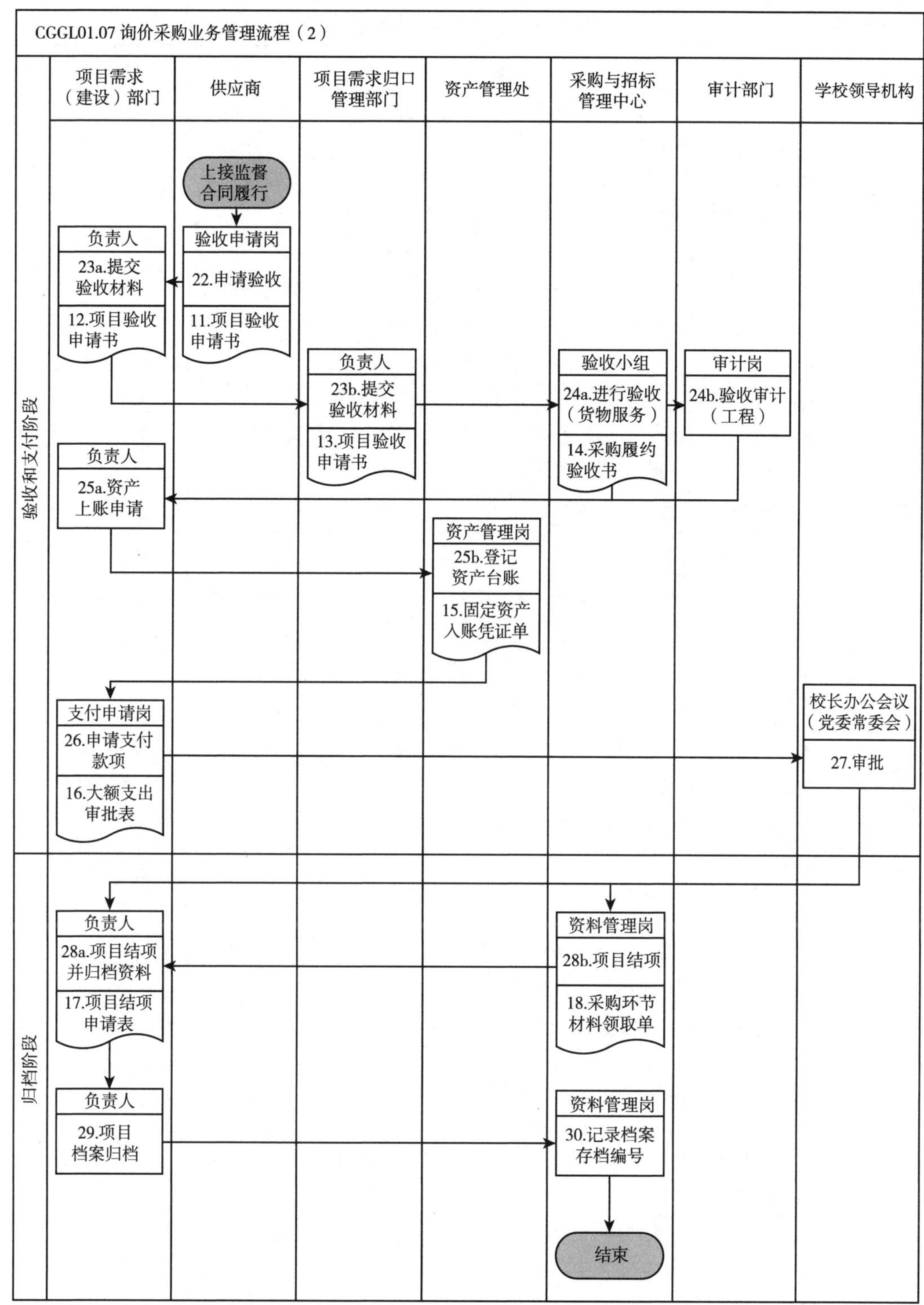

图 5－14　询价采购业务管理流程（2）

表 5-9　询价采购业务管理具体流程说明

序号	步骤说明	材料清单
01	项目需求（建设）部门信息采集岗填写地方高校采购项目信息采集表，后附项目需求	采购项目信息采集表、项目需求
02	项目需求（建设）部门对项目具体需求组织论证，按照地方高校采购项目信息采集表的要求进行线上审批流程	
03	项目需求归口管理部门确认审核过程	
04	采购与招标管理中心审核岗与项目建设部门根据项目采购预算进行审批备案，按照国家、省规范性文件要求，确认项目采购方式为竞争性谈判	
05	采购与招标管理中心审批岗按照规定选取招标代理公司	采购项目确认表
06	项目需求（建设）部门编制招标邀请书和采购文件所需文字材料及信息参数，采购与招标管理中心审核后，发送材料至选定的采购代理机构，采购代理机构制定询价文件	
07	采购代理机构组建询价小组	
08	询价小组编制询价文件	询价文件初稿
09	项目需求（建设）部门、采购与招标管理中心、采购代理机构确认询价文件	
10	询价文件修改完毕，项目需求（建设）部门信息确认岗将询价文件通过 OA 系统，进行采购文件网上申报审批流程	
11	采购代理机构、采购与招标管理中心发布询价文件	磋商文件
12	询价小组确定询价供应商名单	磋商供应商名单
13	采购与招标管理中心确认询价供应商名单	
14	询价小组与供应商进行询价，确定供应商名单	磋商报告 成交通知书
15	招标代理公司邮寄项目评审材料至采购与招标管理中心，采购审批岗确定成交供应商，签发成交通知书	成交通知书
16	招标代理公司发布成交公告，向成交供应商发放中标通知书	成交公告
17	采购与招标管理中心发放材料至项目需求（建设）部门	采购文件、成交通知书
18	项目需求（建设）部门与供应商按照采购文件中合同范本草拟合同，项目需求（建设）部门通过 OA 系统，进行合同网上审批流程	采购合同电子版
19	党政办公室监督项目合同签订，合同签订后，项目需求（建设）部门送一份至采购与招标管理中心备份，再让中标供应商送一份合同至招标代理公司存档	采购合同
20	招标代理公司成交通知岗，将采购合同归档	

续表

序号	步骤说明	材料清单
21	项目需求（建设）部门、项目归口部门和采购与招标管理中心监督合同实施。项目建设部门在项目实施过程中准备验收相关材料	履约验收需提供材料一览表（详见 OA 办事大厅的采购服务）
22	项目供货安装（或施工）完毕，中标供应商向项目需求（建设）部门提请验收	成交供应商提交验收申请书
23	项目需求（建设）部门及归口部门准备验收材料向采购与招标管理中心提请项目验收	项目需求（建设）部门提交验收申请书
24a	对货物及服务类项目进行项目验收，验收合格后，出具履约验收书	履约验收书
24b	对工程类项目进行项目验收，验收合格后，出具履约验收书。 竣工验收后，项目需求（建设）部门按照审计部门要求上交审计相关材料。 审计决算后，项目需求（建设）部门将审计报告交至采购与招标管理中心一份备案，并让供应商送一份至招标代理存档	履约验收书、工程项目送审需提供的相关材料（详见 OA 办事大厅的采购服务）、审计报告书
25	项目需求（建设）部门按照学校资产上账要求到资产管理处登记台账	固定资产入账凭证单
26	项目需求（建设）部门按照学校财务相关规定进行项目支付，并依据项目支付总金额提请校长办公会议或党委常委会进行审批	大额支出审批表、会议纪要
27	学校领导机构根据大额支出审批制度进行支出审批	
28a	项目需求（建设）部门按照学校规定进行项目结项	项目结项申请表单
28b	采购与招标管理中心将收集和整理的采购环节资料转交项目需求（建设）部门	采购环节材料领取单
29	项目需求（建设）部门按学校档案存档要求对项目资料进行完整归档，并将档案编号报送至采购与招标管理中心	项目前期论证材料、立项申请、采购环节材料、大额支出审批表、项目结项申请表单、项目档案编号
30	采购与招标管理中心记录档案存档编号备查	

8. 单一来源采购业务管理流程及说明。单一来源采购业务管理指如只能从唯一供应商处采购时，通过规范的流程管理，实现采购的合法合规、高效透明，保障采购质量和成本效益。流程如图 5－15 和图 5－16 所示，具体流程说明见表 5－10。

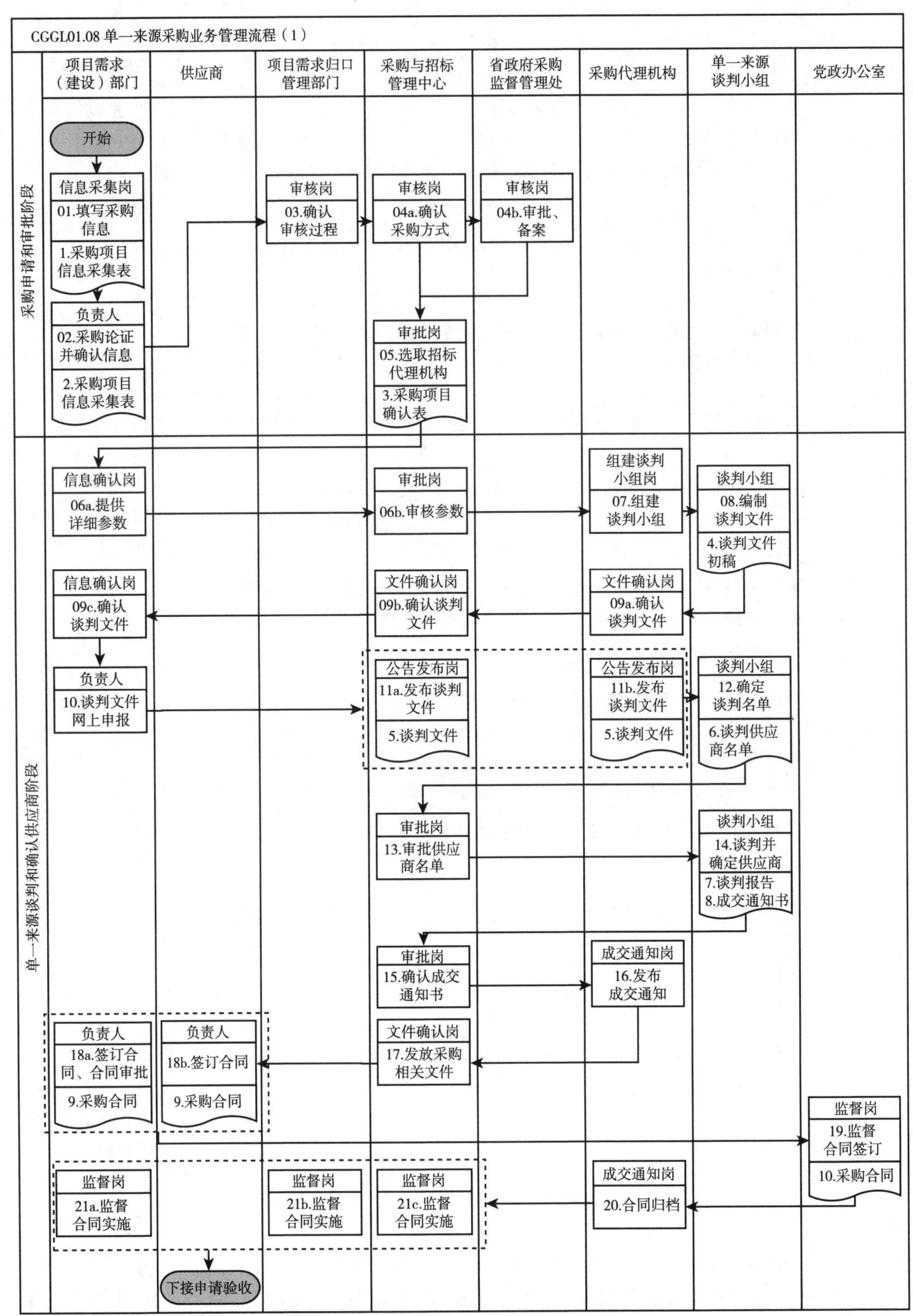

图5－15　单一来源采购业务管理流程（1）

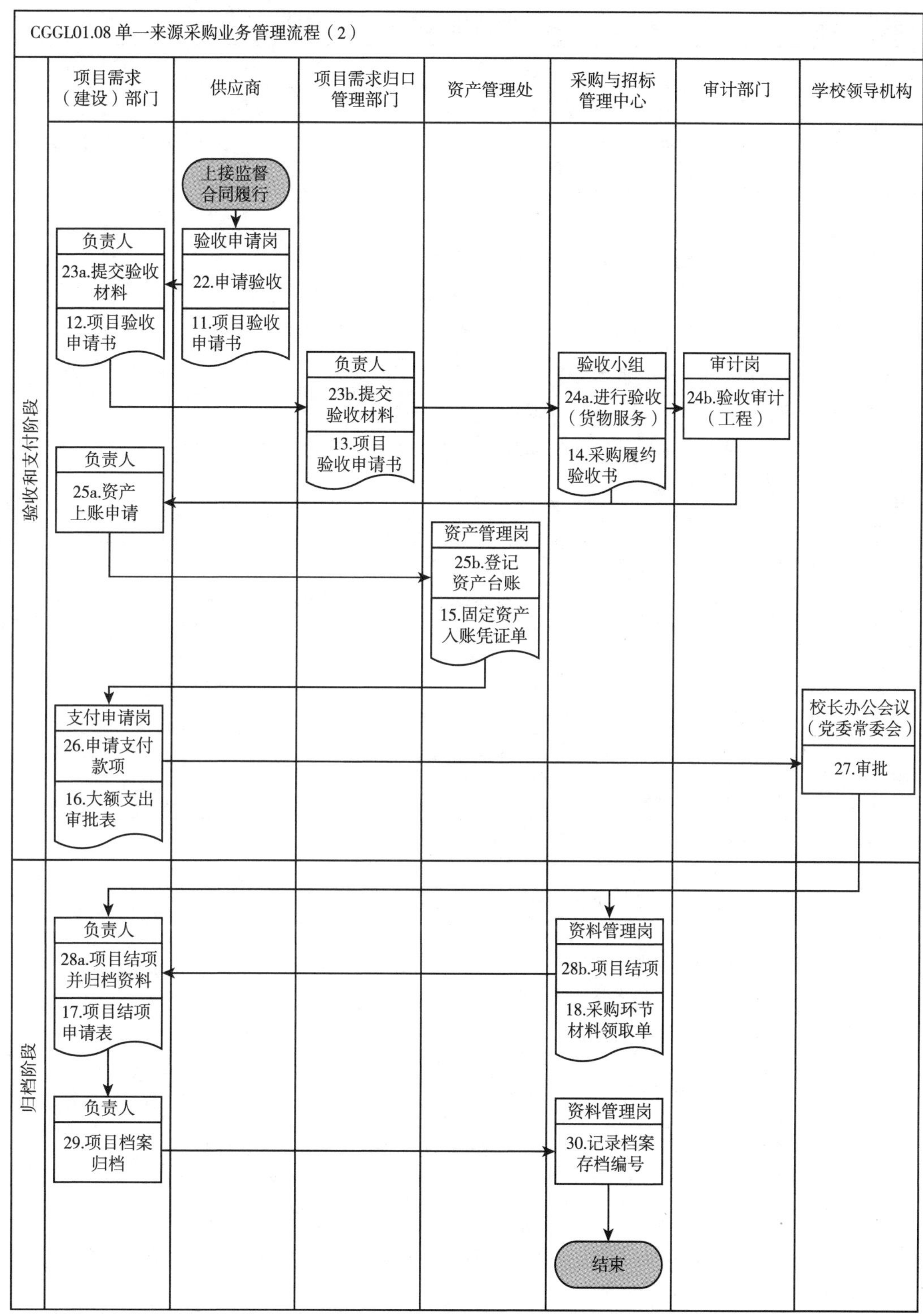

图 5－16　单一来源采购业务管理流程（2）

表 5 - 10　　单一来源采购业务管理具体流程说明

序号	步骤说明	材料清单
01	项目需求（建设）部门信息采集岗填写地方高校采购项目信息采集表，后附项目需求	采购项目信息采集表、项目需求
02	项目需求（建设）部门对项目具体需求组织论证，按照地方高校采购项目信息采集表的要求进行线上审批流程	
03	项目需求归口管理部门确认审核流程	
04	采购与招标管理中心审核岗与项目建设部门根据项目采购预算进行审批备案，按照国家、省规范性文件要求，确认项目采购方式为竞争性谈判	
05	采购与招标管理中心审批岗按照规定选取招标代理公司	采购项目确认表
06	项目需求（建设）部门编制招标邀请书和采购文件所需文字材料及信息参数，采购与招标管理中心审核后，发送材料至选定的采购代理机构，采购代理机构制定谈判文件	
07	采购代理机构组建谈判小组	
08	谈判小组编制谈判文件	谈判文件初稿
09	项目需求（建设）部门、采购与招标管理中心、采购代理机构确认谈判文件	
10	谈判文件修改完毕，项目需求（建设）部门信息确认岗将谈判文件通过 OA 系统，进行采购文件网上申报审批流程	
11	采购代理机构、采购与招标管理中心发布谈判文件	谈判文件
12	谈判小组确定谈判供应商名单	谈判供应商名单
13	采购与招标管理中心确认谈判供应商名单	
14	谈判小组与供应商进行谈判，确定供应商名单	谈判报告 成交通知书
15	招标代理公司邮寄项目评审材料至采购与招标管理中心，采购审批岗确定成交供应商，签发成交通知书	成交通知书
16	招标代理公司发布成交公告，向成交供应商发放中标通知书	成交公告
17	采购与招标管理中心发放材料至项目需求（建设）部门	采购文件、成交通知书
18	项目需求（建设）部门与供应商按照采购文件中合同范本草拟合同，项目需求（建设）部门通过 OA 系统，进行合同网上审批流程	采购合同电子版
19	党政办公室监督项目合同签订，合同签订后，项目需求（建设）部门送一份至采购与招标管理中心备份，再让中标供应商送一份合同至招标代理公司存档	采购合同
20	招标代理公司成交通知岗，将采购合同归档	

续表

序号	步骤说明	材料清单
21	项目需求（建设）部门、项目归口部门和采购与招标管理中心监督合同实施。项目建设部门在项目实施过程中准备验收相关材料	履约验收需提供材料一览表（详见 OA 办事大厅的采购服务）
22	项目供货安装（或施工）完毕，中标供应商向项目需求（建设）部门提请验收	成交供应商提交验收申请书
23	项目需求（建设）部门及归口部门准备验收材料向采购与招标管理中心提请项目验收	项目需求（建设）部门提交验收申请书
24a	对货物及服务类项目进行项目验收，验收合格后，出具履约验收书	履约验收书
24b	对工程类项目进行项目验收，验收合格后，出具履约验收书。 竣工验收后，项目需求（建设）部门按照审计部门要求上交审计相关材料。 审计决算后，项目需求（建设）部门将审计报告交至采购与招标管理中心一份备案，并让供应商送一份至招标代理存档	履约验收书、工程项目送审需提供的相关材料（详见 OA 办事大厅的采购服务）、审计报告书
25	项目需求（建设）部门按照学校资产上账要求到资产管理处登记台账	固定资产入账凭证单
26	项目需求（建设）部门按照学校财务相关规定进行项目支付，并依据项目支付总金额提请校长办公会议或党委常委会进行审批	大额支出审批表、会议纪要
27	学校领导机构根据大额支出审批制度进行支出审批	
28a	项目需求（建设）部门按照学校规定进行项目结项	项目结项申请表单
28b	采购与招标管理中心将收集和整理的采购环节资料转交项目需求（建设）部门	采购环节材料领取单
29	项目需求（建设）部门按学校档案存档要求对项目资料进行完整归档，并将档案编号报送至采购与招标管理中心	项目前期论证材料、立项申请、采购环节材料、大额支出审批表、项目结项申请表单、项目档案编号
30	采购与招标管理中心记录档案存档编号备查	

（二）学校内部采购流程及说明

学校内部采购流程通过明确的流程管理，确保学校采购工作的规范、高效、透明，保障学校教育教学和日常运营所需物品和服务的质量与供应。流程如图 5－17 所示，具体流程说明见表 5－11。

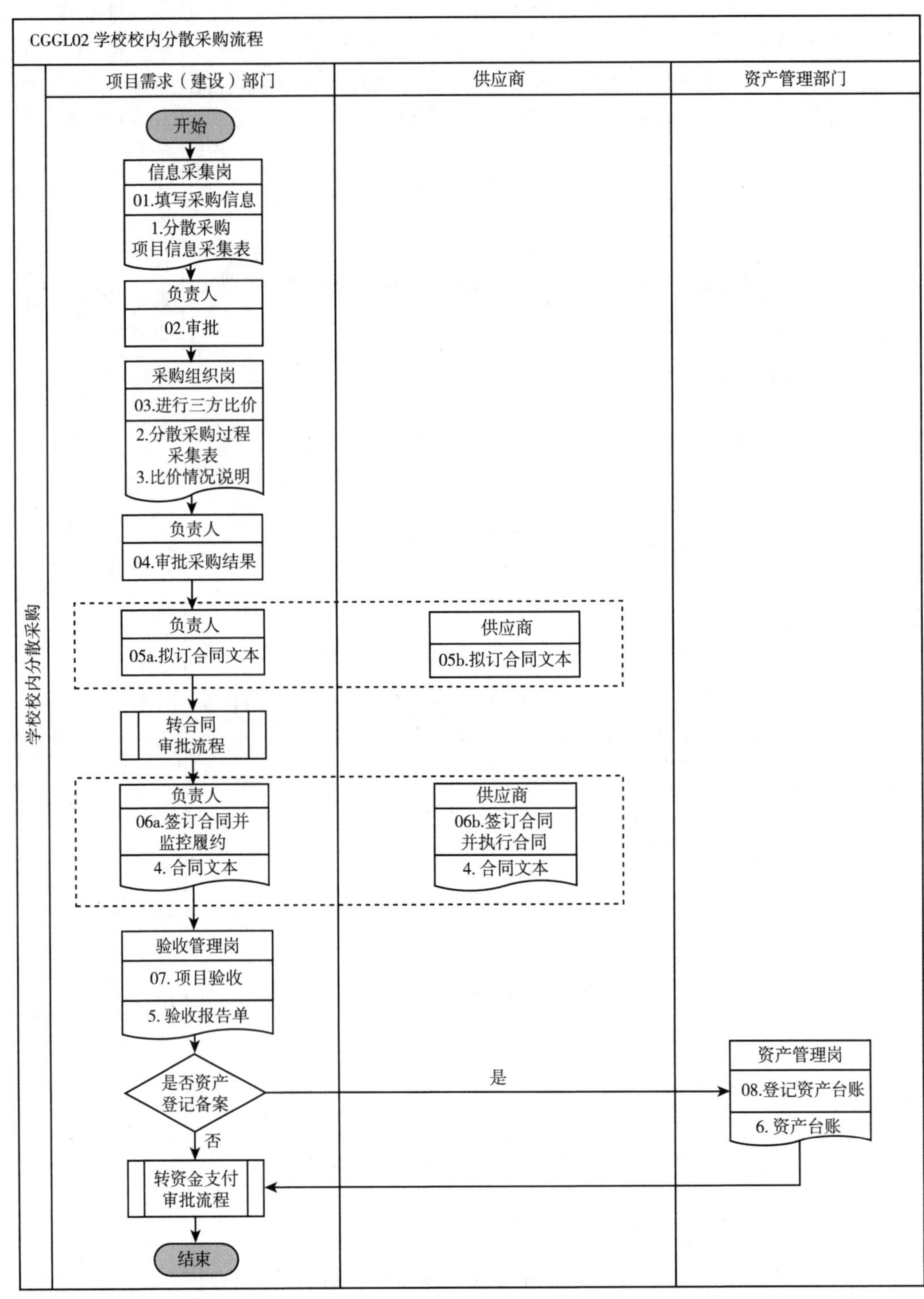

图 5－17　学校校内分散采购流程

表 5 – 11　　学校校内分散采购具体流程说明

序号	步骤说明	输出文档
01	项目需求（建设）部门信息采集岗填写项目需求表单	校内分散采购项目信息采集表
02	本部门党政领导审核会签	
03	项目需求（建设）部门按比价方式进行需求调研，工程服务类需求在符合条件的供应商中挑选没有任何利益关系的三家进行产品报价。进行比价后，写出选择结果的情况说明	校内分散采购过程采集表
04	项目需求（建设）部门领导会签	
05	与选定供应商拟订合同文本，执行学校合同审批流程	
06	项目需求（建设）部门与选定供应商签订合同并进行履约监控管理	合同文本
07	对项目进行验收	验收报告单
08	若项目需要请到资产管理处进行资产登记备案	登记台账
	项目需求部门按学校财务制度规定进行项目资金支付，走学校资金支付流程	

第六章

合同业务控制

第一节　合同业务控制概述

合同业务控制是指在合同的签订、执行和变更等各个环节中，对合同相关活动进行系统性管理和监督的过程。其目的是确保合同执行的合规性、有效性和效率，降低合同履行中可能出现的风险，确保各方权益得到保护。学校应当建立健全合同管理制度，合理设置岗位，明确相关岗位职责，确保合同订立与审核，执行与监督等不相容岗位相分离。学校应当对合同实施归口管理，建立财务处与合同归口管理部门（党政办公室）的沟通协调机制，实现合同管理与预算管理、收支管理相结合。

一、合同订立控制

合同订立控制是指在合同签署过程中，对合同形成的各个环节进行管理和监控的机制和措施。

合同策划完成后，在与对方订立合同之前，应对对方进行调查，充分了解合同对方法律主体资格、信用状况等有关情况，确保对方当事人具备履约能力。安排具体胜任能力的人员进行合同谈判，明确合同的范围和条件。对于影响重大、涉及较高专业技术或法律关系复杂的合同，应当组织法律、技术、财会等工作人员参与谈判，必要时可聘请外部专家参与相关工作。谈判过程中的重要事项和参与谈判人员的主要意见，归口管理部门应当予以记录并妥善保管。

二、合同审核控制

合同审核控制是指在合同签订之前，对合同文本及其相关内容进行系统性审查和评估的过程。通过这一控制措施，可确保合同的合法性、合理性和风险可控性，从而维护各方的合法权益，降低合同履行过程中的潜在风险。

学校应当加强合同文本的审核，建立合同文本涉及的业务部门、法律顾问及其他专业部门（如技术、财务等相关部门）的联合审核机制。同时，学校应加强合同签订审核，妥善保管和使用合同专用章，严禁未经授权擅自以单位名义对外签订合同，严禁违规签订担保、投资和借贷合同。

三、合同执行控制

合同执行控制是指在合同签署后，对合同的履行过程进行监控、管理和评估的活动。其目的在于确保合同各方按照约定的条款履行义务，及时发现并解决执行过程中出现的问题，以实现合同的有效履行，维护各方的合法权益。

学校应当对合同履行情况实施有效监控，建立合同履行监督审查制度。合同履行过程中，因对方或学校自身原因导致可能无法按时履行的，应当及时采取应对措施。对合同履行中签订补充合同，或变更、解除合同等应当按照国家有关规定进行审查。财务处应当根据合同履行情况办理价款结算和进行账务处理。未按照合同条款履约的，财务处应当在付款之前向学校有关负责人报告。

学校应当加强合同纠纷的管理。合同发生纠纷的，学校应当在规定时效内与对方协商谈判。合同纠纷协商一致的，双方应当签订书面协议；合同纠纷经协商无法解决的，经办人员应向学校有关负责人报告，并根据合同约定选择仲裁或诉讼方式解决。合同归口管理部门应当加强对合同登记的管理，定期对合同进行统计、分类和归档，详细登记合同的订立、履行和变更情况，实行对合同的全过程管理。与学校经济活动相关的合同应当同时提交财务处作为账务处理的依据。学校应当加强合同信息安全保密工作，未经批准，不得以任何形式泄露合同订立与履行过程中涉及的国家秘密、工作秘密或商业秘密。

第二节　合同业务内部控制规范

一、合同业务相关概念及模式

合同是指学校开展人才培养、科学研究、社会服务及其他活动时，与其他平等主体的自然人、法人和其他组织之间设立、变更、终止民事权利义务关系的协议。学校签订合同，必须遵守国家法律、法规，坚持平等互利、协商一致、诚实守信、防范风险的原则，任何部门和个人不得利用合同损害学校利益。学校聘请法律顾问负责对学校签订合同的内容提出法律建议，并接受法律事务咨询。学校合同管理工作实行归口管理、分级审批授权的模式。①

为加强学校合同管理工作，规范学校签订合同的行为，维护学校合法权益，学校应依据《中华人民共和国民法典》和有关法律法规，结合学校实际，制定合同业务内部控制规范。

二、组织架构及职责分工

学校党委常委会和校长办公会集体讨论决定重大合同的审批。

（一）党政办公室

党政办公室是学校合同的统一管理部门，主要职责是：学校合同专用章的保管和使用；重大合同审批表的印发（合同审批流程和表单的设计）；重大合同的形式审核（合同内容和形式的审核）；重大合同的编号；重大合同的备案；重大合同与一般合同的具体界定；合同管理工作相关制度和规定的制定，解释、修订合同工作管理办法，根据需要组织相关的业务知识培训；负责宣传、贯彻、执行与合同管理有关的法律、法规、规章和政策；负责合同的汇总、查阅和销毁。

（二）法律事务办公室

法律事务办公室是合同合法性和合规性的审查部门，主要职责是：负责为校内各单位（部门）办理合同事务提供法律咨询服务；负责对合同进行合法性审查，审核合同条款是否齐全、清楚、明确、具体、全面；负责对全校合同的合规性进行审查，并对合同签订、履行及变更进行监督、检查和管理；负责对学校各部门合同管理人员和经法定代表人授权委托的经办人进行法律知识培训，并在业务上对其进行咨询、指导；负责颁布学校各类合同规范文本，制定合同立项请示文件的具体要求，对各类合同示范文本进行备案；受学校委托参与重大合同的谈判工作；因合同引起法律诉讼的协调；对合同执行情况开展抽查，对重大合同履行情况跟踪。

（三）归口管理部门

根据业务范围和工作职责，学校授权相关职能部门为合同归口管理部门，负责特定

---

① 张兆许．浅谈高校内部控制流程再造——基于采购与付款业务、合同管理［J］．财会通讯，2012（11）：85－86.

类型合同的归口管理工作。合同归口管理部门的主要职责为：负责组织制定本部门归口管理的合同示范文本；负责归口合同的合理性审查与管理；负责提交法律事务办公室进行合法性审查；负责监督、检查归口合同的履行情况；负责归口合同的示范文本的制定，并报法律事务办公室备案；负责归口合同的登记、备案和归档；负责归口合同的纠纷处理；完成学校交办的其他工作。

（四）合同承办单位（部门）

学校各单位（部门）按照各自职责或学校授权，为相应合同的承办单位（部门）。合同承办单位（部门）负责本部门职责范围内的合同立项、订立、谈判、文本起草、报批、签约、履行、合同及相关资料的保管等事项的组织和具体工作。合同承办单位（部门）的主要职责为：负责合同订立前的可行性论证和对方当事人的资信调查；负责合同的洽谈、文本起草、合法性审查等工作，并负责合同签订工作；负责对承办的合同做好相应登记、编号、备案以及归档工作；负责合同履行、变更、解除、终止、争议解决以及信息安全保密审查等各环节具体工作；定期对本单位（部门）订立的合同履行情况进行分析评估；完成合同管理的其他工作。

三、合同业务具体工作要求

（一）合同分级分类管理

1. 重大合同。依据合同的性质和内容，学校合同分为重大合同和一般合同，按照不同流程进行分级审批管理。学校重大合同主要包括：合作办学合同；涉及学校无形资产的合同；涉及学校形象、名誉的合同；涉外合同；标的金额在“三重一大”标准以上或期限在 3 年以上的基建、采购、修缮合同；标的金额或对价等核心条款约定不明确的合同；其他应该按重大合同管理的合同。重大合同以外的合同为一般合同。

2. 学校合同类型及归口管理部门。

（1）目录内集中采购类合同，指为有偿取得集中采购目录内的货物、工程和服务所订立的合同，原则上根据相关职能部门的职责范围，归口由相关职能部门负责管理。具体包括：建设工程及其有关的货物、服务采购合同，由基本建设管理处负责归口管理；校园环境绿化改造、修缮装修工程、特种设备维修、后勤保障物资及服务的采购合同，由后勤管理处负责归口管理；仪器设备、家具等货物采购合同，由资产管理处负责归口管理；信息化建设及服务、软件开发、运维合同，根据适用范围，由信息技术中心负责归口管理；图书资料、数字资源采购合同，由图书馆负责归口管理；学校消防、技防的维修、服务等项目合同，由保卫处负责归口管理。

（2）科研类合同，指与科研项目相关的成果转化转让、咨询、服务、资助出版等项目合同及其相关的保密、廉洁、安全、外协等关联合同，由科研处负责归口管理。

（3）战略合作类合同，指与地方政府、企事业单位、兄弟高校及其他组织等订立的以实现深度合作为目的、具有战略性意义的合作协议。其中，以科研合作为主要内容的由科研处负责归口管理，以人才培养为主要内容的由教务处、研究生处负责管理，其他战略合作协议由党政办公室负责归口管理。

（4）教育培养类合同，指涉及人才培养、培训、实习实训、招生宣传等与教育教学活动相关的合同。其中，涉及本科教育的由教务处负责归口管理，涉及研究生教育的由研究生处负责归口管理，涉及非学历继续教育、学历继续教育的由国际教育学院按各自业务职责归口管理。涉及与国（境）外机构合作、海外学习交流项目以及来华留学的由国际合作与交流处负责归口管理。涉及实习实训的由教务处、研究生处等负责归口管理。

（5）金融服务类合同，指投资融资、储蓄、信贷等合同由财务处负责归口管理。单笔业务达到一定金额，履约时间达到规定期限，设立合同保证金、定金等经济合同必须以书面形式签订。

（6）捐赠类合同，指学校接受自然人、法人或者其他组织自愿无偿的财产捐赠所订立的合同，以及学校对外捐赠所订立的合同，由资产管理处负责归口管理。

（7）土地房屋出租（借）类合同，指出租、出借学校土地、房屋及构筑物所订立的合同，由资产管理处负责归口管理。

（8）其他合同。各合同承办单位（部门）在流程中先行先试，由涉及的职能部门负责归口管理。合同内容涉及多个部门职责的，根据合同性质或者合同主要权利义务确定归口管理部门；不能确定的，由涉及的相关职能部门协商确定；经协商仍不能确定的，由法律事务办公室协调确定。

（二）合同订立

1. 合同签订前调查。承办单位根据党委常委会或校长办公会的立项决议，从维护学校权益出发对合同相对方的主体资格、委托代理权限、经营范围、履约能力、经济实力、社会信誉等情况进行详细调查，完成合同种类、形式、条件等内容的策划工作，在对合作事项的合法性和可行性进行必要论证后，开展合同文本起草工作。各承办单位禁止先实际履行合同再签订合同。

2. 合同内容确认。合同文本应根据法律、法规、规章和学校规定，以及当事人协商一致达成的事项制定相关条款。合同的基本要素应齐全，条款应明确、具体。合同的主要内容应包括：当事人姓名（名称）和住所，合同标的及数量、质量、价款或报酬，双方的权利义务，履行期限、地点和方式，违约责任，解决争议的方法等。

3. 合同谈判。承办单位在与对方谈判时，应进行对方谈判代表身份识别，防止对方身份冒用供应商身份或存在其他风险。与对方进行合同谈判时，需两人以上参加。

承办单位起草合同文本前需要进行谈判的，应当及时向主管校领导汇报；合同谈判涉及重大分歧或需要法律专业支持的，起草单位应邀请学校法律顾问参加。对于影响重大、专业技术或法律关系复杂的合同，承办单位应当组织法律、技术、财务等专业人员参与谈判，必要时可聘请外部专家参与相关工作。对于重要、复杂、长期的合同，建议进行风险预控，承办单位要编制风险评价报告，制定防范风险措施，从风险角度衡量合同的可行性。

4. 合同文本的选择。

（1）学校已制订合同示范文本的，应当尽可能使用学校合同示范文本，并根据需要对合同内容予以充实和完善。

（2）没有可以适用的学校合同示范文本的，承办单位应当使用国家或主管部门、行业协会规定或推荐使用的合同范本。

（3）没有政府部门或者行业协会提供的合同范本的，承办单位应当从维护学校利益出发，积极争取由我方草拟合同条款，主导合同的谈判和订立，确保学校拥有最大限度的权益。

（4）不得不由对方草拟合同文本的，承办单位应当就合同条款积极进行谈判，严格审核合同内容，积极维护学校权益。

5. 合同审批。合同报审时，承办单位须通过“合同审批”流程提交审批，上传合同立项请示文件、合同文本及相关材料，涉及招标采购的合同需同时上传成交通知书、供应商履约保证金发票扫描件、采购文件确认版、项目立项申请表扫描件；涉及横向课题合同，须上传预算书（合同中已列明可不上传）。

按照合同审批相关要求，相应的审批程序如下。

（1）由各部门承办的一般合同，承办部门、合同业务相关主管部门、财务处、法律事务办公室审查，报分管业务校领导和分管财务校领导审批后，由合同授权代表签署合同，并加盖学校合同专用章；由法人单位承办的一般合同，自行审批，法人单位代表人签署合同，并盖法人单位章。

（2）由各部门承办的重大合同，经党委常委会或校长办公会研究同意后，承办部门、合同业务相关主管部门、财务处、法律事务办公室审查后，报分管业务校领导、分管财务校领导和校长审批后，合同授权代表签字，加盖学校合同专用章。

（3）各审核单位原则上应在 2 个工作日内完成会签。

（4）所有合同签署后，均须在合同审批系统内上传合同盖章终版扫描件备案，由合同承办部门负责建立合同归档目录，并将合同文本及相关材料归档至档案馆本部门年度档案材料中。合同归档目录包括但不限于合同及附件、合同批准文件、合同履行中或有关的传真、信函、图表、邮件等，或有关变更或解除合同的协议及一切相关文字信息、音像资料等；合同履行完毕验收文件；有关纠纷处理的协议书、调解书、裁决书、判决书等以及其他应当存档的合同相关资料。

6. 各审查单位职责。有关审查部门要分工协作，各负其责，共同为维护学校利益把好关。各审查单位主要职责如下。

（1）承办单位：对合同的必要性、可行性以及立项情况、合同内容、合同条款等进行审查。

（2）合同相关主管部门：合同内容涉及多个职能部门的，须经相关职能部门根据部门业务会签。

（3）法律事务办公室：对合同内容和条款的合法性、合理性和规范性进行法律审查，对履行合同的法律风险进行提示，同时出具法律意见。

（4）财务处：审查经济类合同条款是否符合学校有关财经政策和财务管理规定，合同款项支付是否有经费来源保障，资金结算及付款方式是否合理，是否损害学校经济利益等。

（5）分管业务和分管财务校领导：对经有关审查部门审查后的合同签署意见。存在不确定事项或有争议的重大合同，应提交学校相关会议研究后，呈校长最终审定。

7. 合同印章管理。合同审批通过后，合同经办人加盖合同章前，需出具合同审批表。该表作为合同审核过程中的记录和凭证，由印章保管人在合同盖章后留存并及时归档。合同印章管理人员用章时，应当详细填写合同专用章使用登记表，并详细记录钤印正印位置、数量，钤印骑缝印位置、数量。

（三）合同履行

1. 合同履行监督。合同生效后，承办单位应当遵循诚实信用的原则全面履行合同义务，并及时了解合同相对人履行合同义务的情况，对合同履行进行监督。

在合同履行过程中发现有显失公平、条款有误或对方有欺诈行为等情形，或因政策调整、市场变化等客观因素，已经或可能导致学校利益受损，合同承办单位应当立即采取相应措施，按规定程序及时报告，按照规定权限和程序办理合同补充、变更或解除事宜，将损失降到最低。

2. 合同变更或解除。合同履行过程中因情况出现较大变化或出现不可抗力，需要变更或解除合同的，合同承办单位应当将相关问题及时向分管校领导、校长请示，合同变更按合同立项的程序执行。

3. 合同重大事故速报制度。学校建立合同重大事故速报制度。合同经办人员发现合同发起、谈判、签订、执行、验收等环节出现任何欺诈、串通、伪造、失控、谋私等可能影响学校重大利益的情况，或发现有重大潜在风险情况等，有直接向校党委、校长报告的职责。

4. 合同期满处理。合同期限原则上不超过三年。为避免相关经济活动在合同期满后仍持续发生，导致合同双方产生经济纠纷，合同承办单位经办人应在已签订合同期满前及时通知对方并处理相关事宜。

5. 合同检查。学校党政办公室联合法律事务办公室每年应进行全校合同检查或抽查，并编制全校合同管理年度报告，汇总全校合同签订、执行信息，分析合同管理问题，总结合同管理经验，梳理合同管理制度，识别合同管理风险，培训合同管理人员，提升合同管理水平。

6. 合同支付。学校财务处办理结算业务并进行账务处理时应按照合同规定付款。未按合同条款履约或应签订书面合同而未签订的，财务处有权拒绝付款，并及时向合同归口管理部门通报。

（四）合同履行后续

1. 法律纠纷。因合同履行出现法律纠纷，学校收到诉讼或仲裁的法律文书，由承办单位和法律事务办公室及时向分管校领导汇报，会同财务处、审计处及相关单位等组成法律纠纷处理小组，负责对法律纠纷进行研究和处理。

法律纠纷涉及诉讼或仲裁的，学校法定代表人可以签署授权委托书委托学校相关工作人员或律师参加诉讼和仲裁。法律纠纷涉及的相关单位应当根据法律纠纷处理小组、委托代理人或律师的要求及时提供相关资料和信息，为学校处理法律纠纷提供必要的支持。

2. 越权签订合同的处理。任何单位不得签订经济抵押、担保合同，未经批准不得签订投资合同和借贷合同，严禁未经授权擅自以学校名义对外签订合同。学校法定代表人授权的委托代理人不得超出授权范围对外签订合同。因越权签订合同给学校造成经济损失的，由当事人按实际损失金额承担赔偿责任；学校依据有关规定追究当事人的责任。

任何单位和个人违反本规定的程序擅自以学校名义对外签订合同，给学校造成经济损失的，由当事人按实际损失金额承担赔偿责任；学校依据有关规定追究当事人的责任。

3. 处罚与表彰。承办单位规避合同审查的行为，未给学校造成经济损失的，对责任人员予以批评教育并责令改正；造成经济损失的，视情况轻重处以警告、记过、记大过、降级、撤职、留用察看直至开除处分，并处或单处相应的经济处罚。

对于在签订、审查、审核和管理合同中失职、渎职，给学校造成经济损失，或者以权谋私，利用合同损害学校利益，签订虚假合同，以及包庇纵容违法、违纪行为和打击报复检举人的有关责任人员，将视其情节轻重，给予其批评教育、诫勉谈话、追究党政责任，造成经济损失的，还要追究其经济责任。构成犯罪的，移交司法机关处理。

未经批准，任何人不得以任何形式泄露合同订立与履行过程中涉及的国家机密、工作秘密或商业秘密。

各相关单位在学校处理法律纠纷的过程中不及时汇报、消极应对或不及时提供必要支持，给学校造成损失的，学校依据有关规定追究当事人的责任。

对在审核、签订、审查、履行和管理合同中成绩显著的、避免或挽回重大经济损失的有关人员，学校将给予表彰或奖励。

第三节　合同业务内部控制操作规程

一、合同业务流程整体概况说明

合同业务流程包含合同订立、合同履行及合同履行后续管理等子流程。本规程适用于地方高校。表 6 -1 是合同业务涉及的一级流程。

表 6 -1　　合同业务流程清单

序号	流程编号	一级流程	二级流程
01	HTGL01	合同签订流程	
02	HTGL02	合同履行流程	
03	HTGL03	合同归档流程	

二、具体流程说明

（一）合同签订流程及说明

合同签订流程旨在明确双方当事人的权利和义务，确保合同的合法性和有效性，为合同的履行提供法律保障，同时促进交易的顺利进行，降低交易风险，并维护双方当事人的合法权益。流程如图 6 -1 和图 6 -2 所示，具体流程说明见表 6 -2。

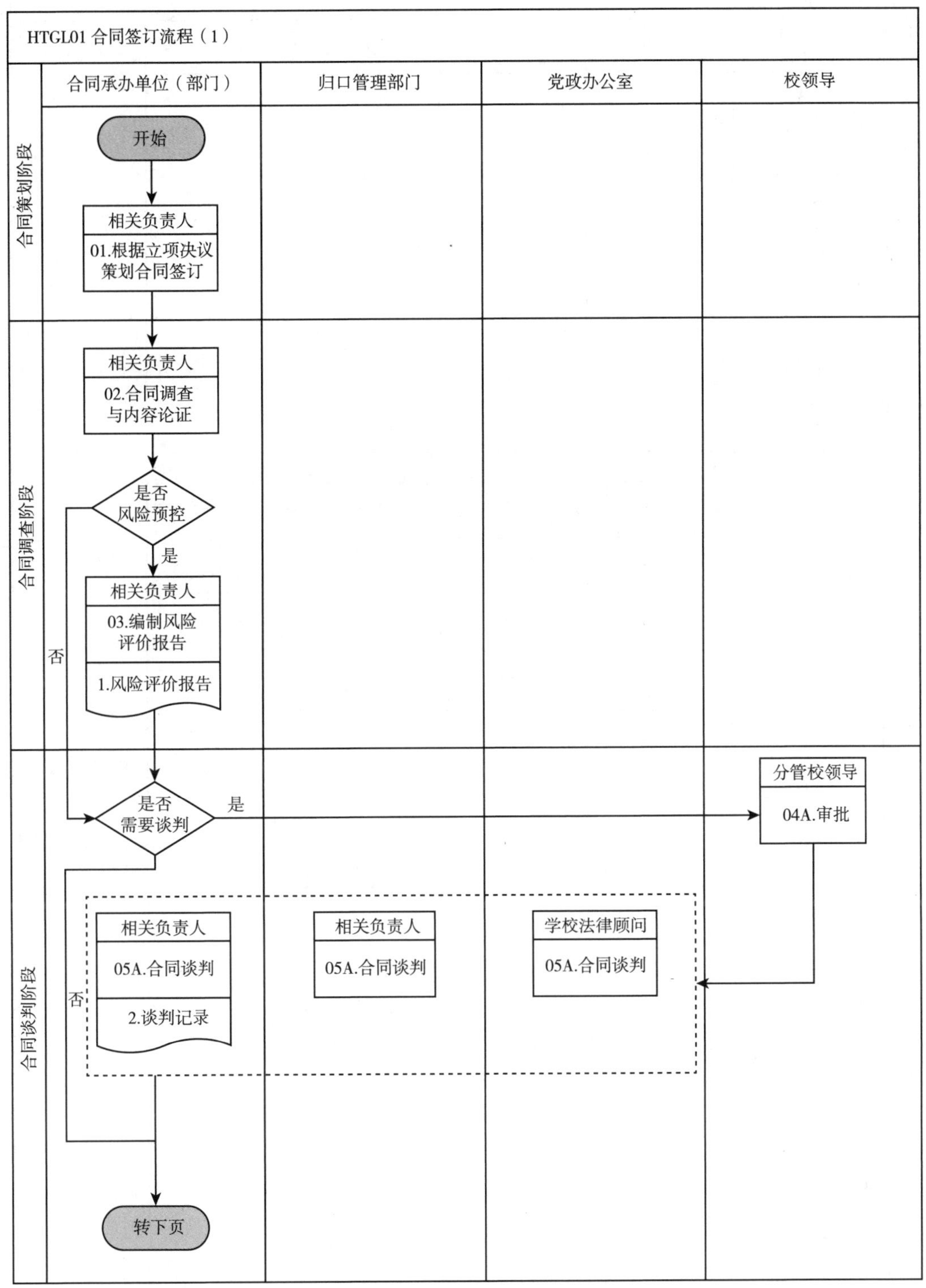
HTGL01 合同签订流程（1）
合同承办单位（部门）
归口管理部门
党政办公室
校领导
合同策划阶段
开始
相关负责人
01.根据立项决议策划合同签订
合同调查阶段
相关负责人
02.合同调查与内容论证
是否风险预控
是
否
相关负责人
03.编制风险评价报告
1.风险评价报告
合同谈判阶段
是否需要谈判
是
否
分管校领导
04A.审批
相关负责人
05A.合同谈判
2.谈判记录
相关负责人
05A.合同谈判
学校法律顾问
05A.合同谈判
转下页

图 6－1　合同签订流程（1）

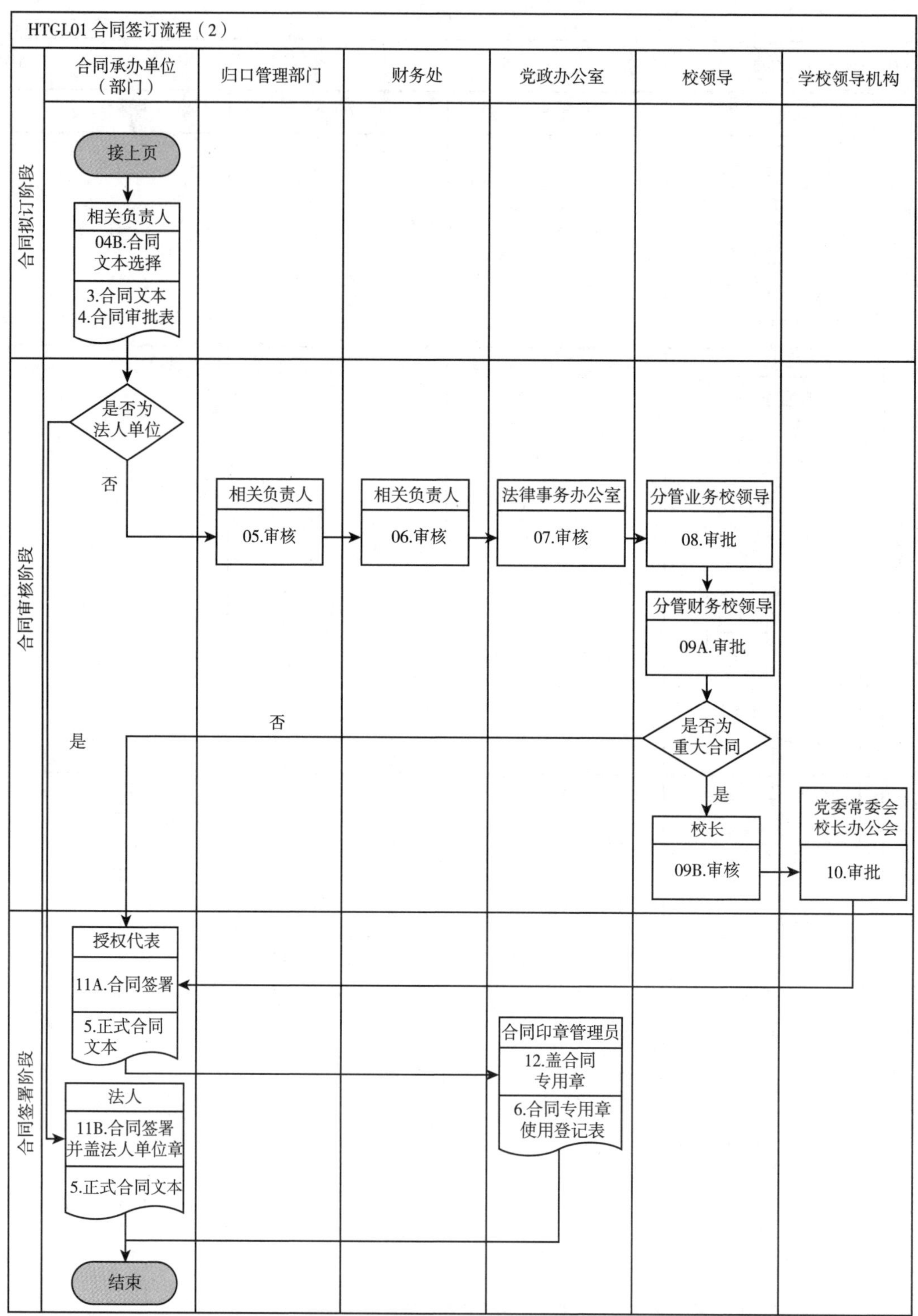
HTGL01 合同签订流程（2）
合同承办单位（部门）
归口管理部门
财务处
党政办公室
校领导
学校领导机构
合同拟订阶段
接上页
相关负责人
04B.合同文本选择
3.合同文本
4.合同审批表
合同审核阶段
是否为法人单位
否
相关负责人
05.审核
相关负责人
06.审核
法律事务办公室
07.审核
分管业务校领导
08.审批
分管财务校领导
09A.审批
是否为重大合同
否
是
是
校长
09B.审核
党委常委会
校长办公会
10.审批
合同签署阶段
授权代表
11A.合同签署
5.正式合同文本
合同印章管理员
12.盖合同专用章
6.合同专用章使用登记表
法人
11B.合同签署并盖法人单位章
5.正式合同文本
结束

图6-2　合同签订流程（2）

表6-2　合同签订具体流程说明

序号	步骤说明	输出文档
01	合同承办单位根据党委常委会或校长办公会的立项决议策划合同签订工作	
02	合同承办单位对合同向对方进行调查，对合作事项进行必要论证	
	判断是否需要对于合同进行风险预控	
03	如果需要进行风险预控，合同承办单位编制风险评价报告	风险评价报告
	如果不需要预控，进行谈判判断	
	判断是否需要进行谈判	
04A	如果需要谈判，合同承办单位向主管校领导汇报，主管校领导审批	
05A	合同承办单位组织相关部门进行合同谈判	
	如果不需要谈判，进行合同文本选择	
04B	合同承办单位选择合同文本，填写合同审批表	合同文本 合同审批表
	判断合同承办单位是否为法人单位	
05	如果不是法人单位，归口管理部门审核	
06	财务处审核	
07	法律事务办公室审核	
08	分管业务校领导审批	
09A	分管财务校领导审批	
	判断是否为重大合同	
09B	如果是重大合同，校长审批	
10	经党委常委会或校长办公会研究审批	
11A	合同授权代表签署合同	正式合同文本
11B	如果是法人单位，法人签署合同并加盖单位印章	正式合同文本
12	学校党政办公室合同印章管理员加盖学校合同专用章	合同专用章登记表

（二）合同履行流程及说明

合同履行流程旨在确保合同双方按照约定全面、正确地履行各自的义务，维护双方当事人的合法权益，同时降低交易风险，提高合同履行的效率和质量。流程如图6-3所示，具体流程说明见表6-3。

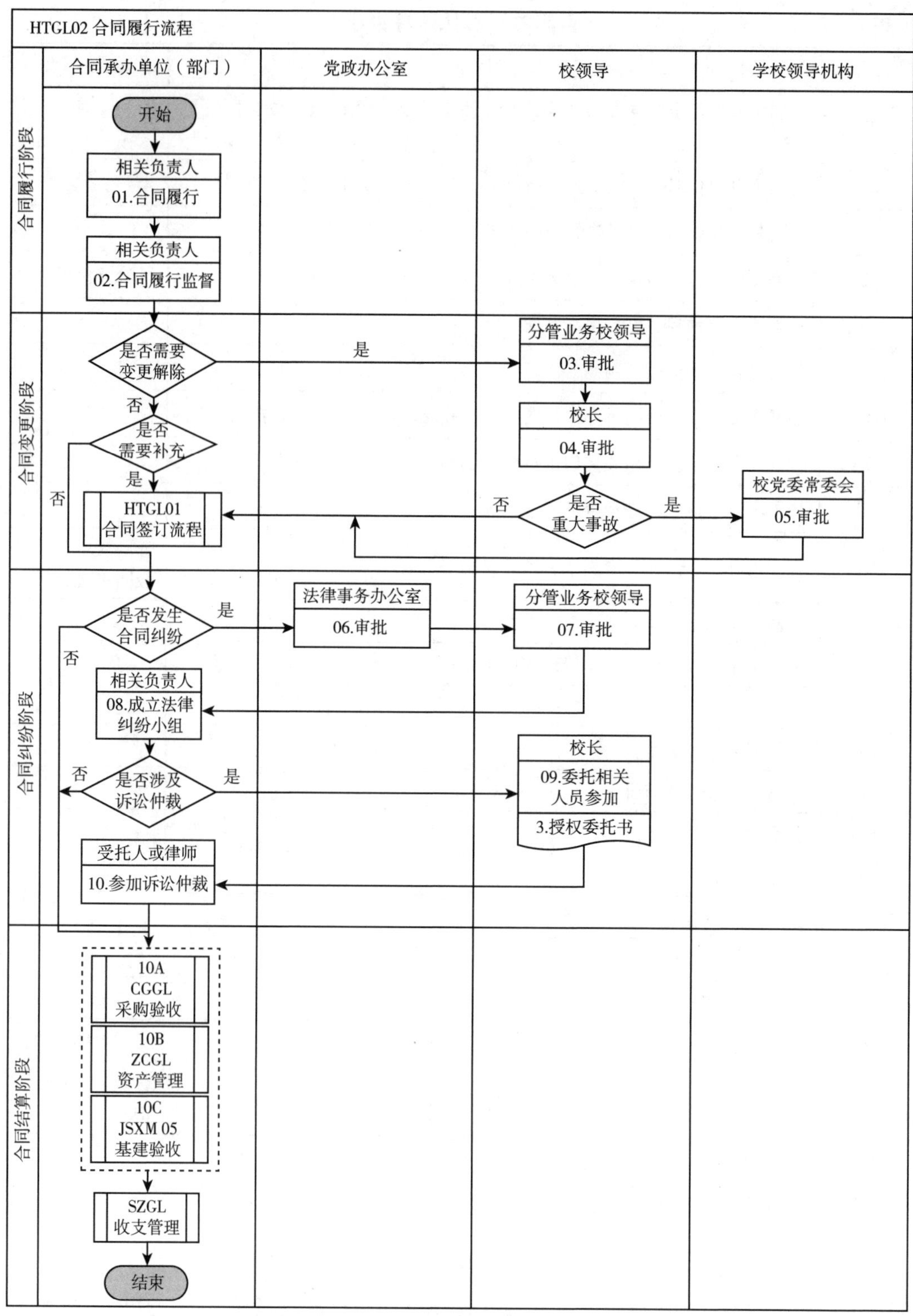
HTGL02 合同履行流程
合同承办单位（部门）
党政办公室
校领导
学校领导机构
合同履行阶段
开始
相关负责人
01.合同履行
相关负责人
02.合同履行监督
合同变更阶段
是否需要变更解除
是
分管业务校领导
03.审批
否
是否需要补充
校长
04.审批
是
否
HTGL01
合同签订流程
否
是否重大事故
是
校党委常委会
05.审批
合同纠纷阶段
是否发生合同纠纷
是
法律事务办公室
06.审批
分管业务校领导
07.审批
否
相关负责人
08.成立法律纠纷小组
校长
09.委托相关人员参加
3.授权委托书
否
是否涉及诉讼仲裁
是
受托人或律师
10.参加诉讼仲裁
合同结算阶段
10A
CGGL
采购验收
10B
ZCGL
资产管理
10C
JSXM 05
基建验收
SZGL
收支管理
结束

图 6－3　合同履行流程

表6－3 合同履行具体流程说明

序号	步骤说明	输出文档
01	合同生效后，合同承办单位全面履行合同义务	
02	合同承办单位对合同履行进行监督	
	判断合同是否需要变更或解除	
03	如果需要变更或解除，报分管业务校领导审批	
04	校长审批	
	判断是否存在合同重大事故	
05	如果存在合同重大事故，报学校党委常委会审批	
	如果不存在合同重大事故，执行 HTGL01 合同签订流程	
	如果不需要变更或解除，判断是否需要补充	
	如果需要补充，执行 HTGL01 合同签订流程	
	如果不需要补充，判断是否发生合同纠纷	
	如果未发生合同纠纷，按照合同约定完成合同结算	
06	如果发生合同纠纷，法律事务办公室审批	
07	分管业务校领导审批	
08	合同承办单位会同财务处、审计处及相关单位等组成法律纠纷处理小组，负责对法律纠纷进行研究和处理	
	判断是否涉及诉讼或仲裁	
	如果不需要诉讼或仲裁，按照合同约定完成合同结算	
09	如果需要诉讼或仲裁，校长委托代理人或律师参加诉讼或仲裁	授权委托书
10	委托人或律师参加诉讼或仲裁，完成后按照诉讼或仲裁结果执行	

（三）合同归档流程及说明

合同归档流程规范合同管理，确保合同文档的完整性、安全性和可追溯性，便于日后查询、借阅和使用，以维护企业的合法权益，降低法律风险。流程如图6－4所示，具体流程说明见表6－4。

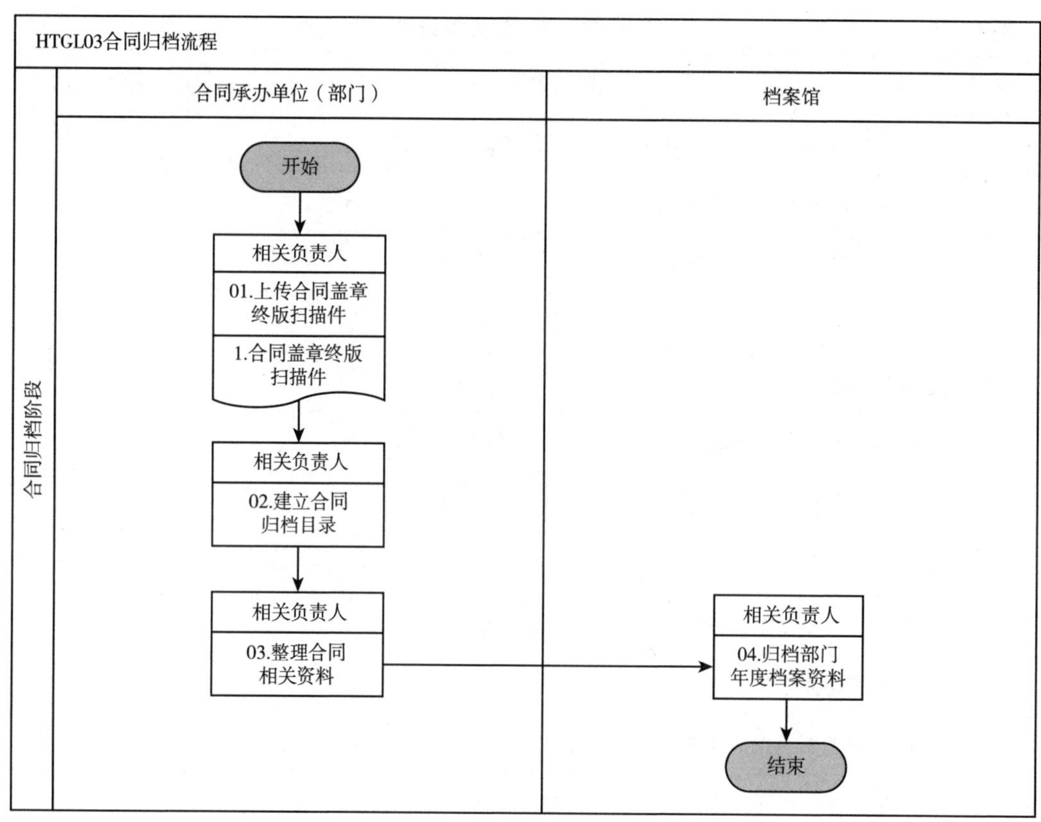

图6－4　合同归档流程

表6－4　合同归档具体流程说明

序号	步骤说明	输出文档
01	合同承担单位均须在合同审批系统内上传合同盖章终版扫描件备案	合同盖章终版扫描件
02	合同承办单位建立合同归档目录	
03	合同承办单位整理合同签订、履行、结算等相关资料	
04	合同承办单位将合同及相关材料归档至档案馆，档案馆接收材料	

第七章

基本建设控制

第一节　基本建设控制概述

基本建设控制是指在建设项目的全过程中，为确保项目按预定目标顺利实施而采取的一系列管理措施和控制手段。其核心目的是通过有效的管理和监督，保障项目的质量、进度、成本和安全，确保建设成果符合相关标准和要求。①

学校应当建立健全建设项目立项、设计与概预算、项目招投标、工程建设、竣工验收与决算等内部管理制度。学校应当合理设置岗位，明确内部相关部门和岗位的职责权限，确保项目建议和可行性研究与项目决策、概预算编制与审核、项目实施与价款支付、竣工决算与竣工审计等不相容岗位相互分离。

学校应当建立与建设项目相关的议事决策机制，重大建设项目应当报经学校集体决策批准，严禁任何个人单独决策或者擅自改变集体决策意见。决策过程及各方面意见应当形成书面文件，与相关资料一同妥善归档保管。学校应当建立项目管理决策及实施责任制度，明确相关部门及人员的责任。

学校应当建立与建设项目相关的审核机制。项目建议书、可行性研究报告、概预算、竣工决算报告等应当由学校内部的规划、技术、财会、法律等相关工作人员或者根据国家有关规定委托具有相应资质的中介机构进行审核，出具评审意见。

一、设计与概预算控制

设计与概预算控制是指在建设项目的实施过程中，通过建立科学规范的设计单位选择机制和概预算管理制度，确保设计方案的合理性及准确性，从而为项目的顺利实施提

① 李忠渝．高校基本建设内部控制存在的问题及对策研究［J］．西南农业大学学报（社会科学版），2007（5）：154－157．

供保障。该控制过程包括对设计单位的选择、设计方案的审核以及概预算的编制与审核等环节，旨在实现资源的合理配置、降低项目风险、控制建设成本，确保工程质量和进度的有效管理。

学校应当建立相应的设计单位选择程序和标准，择优选取具有相应资质的设计单位并签订合同。重大工程项目应采用招投标方式选取设计单位，以确保选择过程的公开、公正和透明。在设计过程控制方面，学校应加强对建设项目设计过程的控制，组织相关部门及专业技术人员对设计方案进行分阶段审核，监督设计工作，确保设计工作符合项目需求和标准，从而有效降低设计变更的风险。此外，学校应当建立建设项目概预算环节的控制制度，对概预算的编制、审核等作出明确的规定；应当组织工程、技术、财会等部门的相关专业人员对编制的概预算进行审核，确保预算的科学性与合理性，为后续的资金使用提供可靠依据。通过这些措施，可以有效控制项目成本，提升建设项目的管理水平。

二、项目招投标控制

项目招投标控制是指在建设项目实施过程中，学校依据国家相关法律法规，组织和管理招标工作，以确保招标过程的公正、公平和透明。该控制过程包括招标的准备、实施和后续评标等环节，旨在通过规范化的招投标程序，保障项目资源的合理配置和有效使用，提高工程质量，降低建设成本，减少腐败和舞弊行为。

学校应当依据国家有关规定组织建设项目招标工作，并接受有关部门的监督。这一过程不仅包括招标公告的发布、投标文件的收集和评审，还需确保招标信息的公开透明，以便于各方参与者的信息对称，提升招标的公平性。此外，为了保护招标过程的公正性，学校应当采取签订保密协议、限制接触等必要措施，确保标底编制、评标等工作在严格保密的情况下进行。在实施招标过程中，学校还应建立完善的评标机制，确保评标工作的客观性和公正性。评标委员会的成员应由相关领域的专业人员组成，并接受培训，以具备评标的专业能力和道德标准，确保评标过程的科学性和合理性。

三、工程建设控制

工程建设控制是指在建设项目实施过程中，通过建立一系列管理制度和监督机制，确保项目按既定目标（如进度、质量和安全）顺利进行的过程。这一控制涵盖了对项目监理、资金使用和变更管理等方面的系统管理，旨在最大程度地减少风险、提高资源利用效率，确保施工质量和安全，最终实现建设目标。

学校应当实行严格的建设项目监理制度。做好建设项目进度、质量、安全的监控，及时发现并纠正建设过程中的问题。针对建设项目的资金管理，学校应当按照审批单位下达的投资计划和预算对建设项目资金实行专款专用，严禁截留、挪用和超批复内容使用资金。财务处应当加强与建设项目承建单位的沟通，准确掌握建设进度，加强价款支付审核，按照规定办理价款结算。实行国库集中支付的建设项目，学校应当按照财政国库管理制度相关规定支付资金。在资金变更管理方面，经批准的投资概算是工程投资的最高限额，如有调整，应当按照国家有关规定报经批准。此外，学校建设项目工程洽商和设计变更应当按照有关规定履行相应的审批程序。所有的洽商和变更都需经过严格的审核，以确保项目的合法性和合规性，避免因变更造成的进度延误和成本增加。

四、竣工验收与决算控制

竣工验收与决算控制是指在建设项目完成后，按照规定的程序和标准，对项目进行最终的验收和决算，以确保项目的完工质量和资金使用的合理性。该控制过程包括组织相关单位进行竣工验收、审核验收结果、办理竣工决算及相关档案管理等环节，旨在确保项目的合法合规性，为后续的资产管理和使用提供依据。

学校应当及时组织设计、施工、监理单位，对建设项目进行竣工验收，对竣工验收进行审核。在验收过程中，需对项目的质量、功能、设备等进行全面检查，确保其符合设计要求和相关标准。只有在验收合格后，项目才能正式进入使用阶段。建设项目竣工后，学校应当按照规定的时限及时办理竣工决算，并根据批复的竣工决算和有关规定办理建设项目档案和资产移交等工作。建设项目已实际投入使用但超时限未办理竣工决算的，学校应当根据对建设项目的实际投资暂估入账，转作相关资产管理。学校应当加强对建设项目档案的管理。做好相关文件、材料的收集、整理、归档和保管工作，确保所有项目资料的完整性和可追溯性。这不仅有助于后续的审核和检查，也为未来类似项目的开展提供了宝贵的参考。

第二节　基本建设内部控制规范

一、基本建设内部控制的目标及任务

为了进一步加强学校基本建设项目管理工作，规范管理行为，保证工程质量、安全施工、按时交工，控制建设投资，提高基本建设项目整体管理水平，学校应根据《中华人民共和国建筑法》《中华人民共和国招标投标法》《工程建设项目招标范围和规模标准

规定》《基本建设财务规则》《行政事业单位内部控制规范（试行）》等国家和主管部门有关规定，并结合自身实际情况，制定基本建设内部控制规范。基本建设内部控制规范主要适用于学校各部门及直属事业单位。

学校基本建设项目管理业务内部控制主要包含基本建设项目立项、设计与概预算、招投标管理、项目实施、项目资金支付、项目后续管理等方面内容。

（一）基本建设内部控制的目标

学校基本建设项目管理内部控制目标是：确保遵守国家有关基本建设项目程序与内容的法律法规；保障基本建设项目的安全性与效率性；确保财务报告及相关信息的真实准确；防范舞弊与预防腐败风险。

1. 确保遵守国家有关基本建设项目程序与内容的法律法规。学校在进行建设项目时，必须严格遵循国家和地方政府制定的相关法律法规。这包括招投标法、建筑法、环境保护法等一系列法律规定。学校应定期进行法律法规的培训，提高相关人员的法律意识，确保其在项目管理全过程中遵循合规要求。此外，学校应建立健全内部审查机制，定期对建设项目的合规性进行检查，确保每个环节都有法律依据，避免因违法操作而产生的风险和损失。

2. 保障基本建设项目的安全性与效率性。学校必须采取有效措施，确保建设项目在实施过程中具备安全性和高效率。这包括制定详细的安全管理制度、确保施工现场的安全措施到位、定期进行安全检查和隐患排查。同时，学校应优化项目的管理流程，合理安排资源，确保项目按时、按质完成。在此过程中，监理单位的作用不可忽视，学校应与专业监理单位紧密合作，确保项目的每一个环节都能达到预期的安全和效率标准。

3. 确保财务报告及相关信息的真实准确。学校在进行基本建设项目管理时，必须确保财务报告与相关信息的真实和准确。这要求财务部门加强对建设项目的财务管理，定期进行财务核算和审计，确保资金使用的透明性和合规性。此外，学校还需建立信息披露制度，及时向相关部门和利益相关者报告项目的进展和资金使用情况。通过透明的财务管理，学校能够增强各方对建设项目的信任，有效降低财务风险。

4. 防范舞弊与预防腐败风险。为了防范舞弊和腐败风险，学校应建立健全内部控制制度和监督机制。这包括对招投标过程的严格监管、对资金使用的审核以及对施工单位的考核等。学校应定期开展反腐败教育，增强全体员工的廉洁意识和法律意识，同时，鼓励内部举报，建立匿名举报机制，确保任何舞弊和腐败行为都能被及时发现和处理。通过这些措施，学校可以有效降低腐败风险，维护建设项目的公正性和透明性。

综上所述，学校基本建设项目管理的内部控制目标不仅是为了遵循法律法规，更是为了提高项目的安全性和效率性，确保财务报告的准确性，并有效防范舞弊与腐败风险。这些目标的实现将有助于提升学校建设项目的管理水平，促进资源的有效配置和使用。

（二）基本建设内部控制的任务

学校基本建设项目管理内部控制主要任务是：贯彻执行国家有关法律、行政法规、方针政策；依法、合理、及时地筹集和使用建设资金，做好基本建设资金的预算编制、执行、控制、监督和考核工作；加强基本建设管理，严格项目审批程序，确保项目质量；有效节约建设资金，控制建设成本，提高投资效益；认真落实绩效评价工作，及时评价学校的项目建设的效率与效果。

1. 贯彻执行国家有关法律、行政法规、方针政策。学校必须全面理解并遵循国家和地方政府在基本建设领域的相关法律法规和政策方针。这包括建设工程的招投标规定、安全生产标准、环境保护要求等。学校应定期组织法律法规培训，增强相关工作人员的法律意识和政策理解，确保他们在日常工作中能够自觉遵守。此外，学校还应建立法律法规信息更新机制，及时获取和传达与基本建设相关的新法律法规，确保建设项目始终处于合规状态。

2. 依法、合理、及时地筹集和使用建设资金。学校应依法依规筹集建设资金，制订合理的资金使用计划，确保资金能够及时到位并有效使用。这包括对建设资金的预算编制、执行和控制。预算编制时，学校需要根据项目的实际需求和市场情况，合理设定各项费用，确保资金分配的科学性。在执行过程中，财务部门应加强对资金使用的监督，定期审查资金流向，确保没有超支或挪用现象。通过这些措施，学校能够提高资金使用效率，确保每一笔资金都能用在刀刃上。

3. 加强基本建设管理。学校应建立健全基本建设管理制度，确保每个建设项目都经过严格的审批程序。在项目立项之前，应进行充分的市场调研和可行性分析，确保项目的合理性和必要性。在审批过程中，各类文件和材料必须经过详细审核，以确保项目符合学校的整体发展战略，并在实施过程中严格按照设计和施工规范进行。此举能够有效保障项目的建设质量，确保最终成果符合预期标准。

4. 有效节约建设资金。学校应在项目实施过程中，关注成本控制与资金节约，通过优化设计方案、提高施工技术、合理安排施工进度等方法，降低不必要的开支。同时，学校应加强对各项费用的监控，定期对成本进行分析和评估，及时发现和纠正成本超支的情况。此外，积极引入竞争机制，选择性价比高的承包单位，也能有效控制建设成本，提高投资效益，从而实现更高的资金回报。

5. 认真落实绩效评价工作。学校应建立健全项目绩效评价机制，定期对建设项目的实施情况进行综合评估。这包括对项目的进度、质量、成本、效益等各个方面进行全面分析，及时发现问题并提出改进建议。通过对项目的绩效进行认真评价，学校能够总结经验教训，识别最佳实践，为今后类似项目的实施提供参考和指导。此外，绩效评价还可为决策提供依据，确保后续项目的科学规划和合理实施。

在工程基本建设项目管理过程中，应加强基本建设管理处与相关外部主体或部门之间的沟通协调，针对勘察、造价、设计、施工、监理、审计、绩效评价等外部服务委托机构，建立有效沟通及监督机制，督促尽职尽责履行约定义务。同时，应加强与内部相关部门之间的信息交流，明确职责分工，理顺工程基本建设项目管理业务与预算、支出、采购、合同、资产业务之间关联，确保工程基本建设项目管理运行环节有序衔接。其中，采购与招标管理中心应加强外部服务委托机构的招投标管理，择优选取可行性研究报告编制单位、采购代理机构以及造价咨询机构等项目前期需要政府采购的项目；财务处应切实做好工程基本建设项目的预、决算编报以及预付款和进度款的支付管理；学校领导机构应严格审核工程基本建设项目合同的相关法律条例的规范完整；资产管理处应配合基本建设管理处，做好工程基本建设项目的验收、资产登记等后续管理工作；审计处负责项目工程量清单和计价、标底、招标控制价审核，项目结算审核（由上级主管部门安排审核的项目除外）。对重点工程项目应实施跟踪审计。

二、组织架构及职责分工

学校基本建设项目管理业务内部控制组织架构包括学校领导机构、基本建设管理处、财务处、采购与招标管理中心、审计处、资产管理处。

（一）学校领导机构

学校领导机构包括校长办公会议和党委常委会是基本建设项目管理的最高决策机构，主要职责如下。

1. 按“三重一大”要求决策和审批基本建设项目相关事项。

2. 其他重大事项。

（二）基本建设管理处

基本建设管理处为基本建设项目的归口管理部门，负责对基本建设项目进行全过程的监督管理、协调指导工作，其主要职责包括：负责贯彻落实国家及主管部门的政策法规、规范标准和制度规定，组织制定单位基本建设项目管理制度；负责组织基本建设项目的勘察设计并组织项目方案评审、施工图会审工作；负责工程设计变更的审核工作；负责单位基本建设项目的工程造价管理，包括所有基本建设项目的估（概）算、预算、结（决）算的初步审核工作；负责组织基本建设项目的勘察、设计、监理、施工单位、材料设备的招标工作以及负责权限范围内的项目设计、造价、勘察、监理等服务商的技术审查、年度考核等管理工作；负责组织编制基本建设项目开工报告（含开工许可证）；负责基本建设项目的施工、服务、物资设备采购合同的签订和归档、款项支付的审查工作；参与基本建设项目的工程管理，负责组织基本建设项目的竣工验收工作；负责基本建设项目进度登记与过程档案保管；负责处理与基本建设项目相关的其他事宜。

（三）其他相关部门

其他各相关部门为基本建设项目支持机构，主要职责：财务处按照职责，负责基本建设项目的预算管理、资金管理、决算管理、账务处理、收入管理等；采购与招标管理中心负责确定可行性研究报告编制单位、采购代理机构、外部审计单位以及其他外部咨询机构；资产管理处负责及时对完工项目进行基本建设项目资产登记与转固；审计处负责项目工程量清单和计价、标底、招标控制价审核，项目结算审核（由上级主管部门安排审核的项目除外），对重点工程项目应实施跟踪审计；其他部门根据需要参与基本建设项目的方案审查、控制、监督等。

三、基本建设项目立项管理

工程基本建设项目立项管理主要包括提出项目立项申请、项目建议书编审、可行性研究报告编审。基本建设项目必须进行立项，无立项项目不予实施。

（一）提出项目立项申请

学校应依据国家和项目主管部门的有关文件规定和学校发展规划（产业政策、发展战略、经营计划等），研究提出基本建设项目的立项申请（投资意向），并编写申请报告。

（二）项目建议书编审

基本建设管理处应按照国家或项目主管关于项目建议书的编制要求，组织编写工程基本建设项目建议书。其中，项目建议书的主要内容有：项目提出的必要性和依据；建设规模和建设地点；资源情况、建设条件；投资估算和资金筹措；项目的进度安排；经济效果和投资效益的初步分析。

项目建议书编制完成由学校财经工作领导小组进行审核，重大项目由教代会审议，根据金额大小的标准判断是否提交学校校长办公会议和党委常委会进行审定；金额较小的项目由校长审批；金额居中的项目提交学校校长办公会议审定，金额巨大的项目提交常委党委会审定，完后提交主管部门进行审批。

（三）可行性研究报告编审

基本建设项目应当编制可行性研究报告。可行性研究报告未经批准，不得开展下一环节的工作。

基本建设管理处应依据项目建议书批复，负责协助采购与招标管理中心招标选定或委托具有相关专业资质的工程咨询机构编制项目可行性研究报告。编制可行性研究报告应当遵循国家有关法律、法规和项目主管部门有关规定，内容及深度应达到国家、行业和项目主管部门规定的标准。

可行性研究报告的主要内容包括：项目概括；项目建设的必要性；项目建设选址及建设条件论证；建设规模和建设内容等规划设计方案；项目外部安全、保密环节；环保措施；消防；节能、节水；总投资估算与资金来源；投资效益分析；项目建设周期及工程进度安排；勘察、设计、施工、监理以及重要设备、材料等具体采购活动的具体招标范围（全部招标或部分招标）、招标组织形式（委托招标或自行招标）、招标方式（公开招标或邀请招标）、结论、附件等。

项目可行性研究报告的编制内容与项目建议书批复内容有重大变更的，应重新报批项目建议书。

学校财经工作领导小组对可行性研究报告进行审核，并上报学校领导、外部相关部门、项目主管部门审批。根据金额大小的标准判断是否提交学校校长办公会议和党委常委会进行审定；金额较小的项目由校长审批，金额居中的项目提交学校校长办公会议审定，金额巨大的项目提交常委党委会审定，完后提交主管部门进行审批。项目主管部门、财政部门、发改部门审批未通过，则需交由基本建设管理处根据可行性报告编制要求重新编制。经批准的项目可行性研究报告，其投资主体、建设规模、场址选择、工艺技术、投资估算与经济评价等内容发生重大变化的，或批准超过两年未开展实质性工作的，应按照审批权限重新报批或取消。

基本建设项目立项可按项目类别的不同分类进行细化，建设内容简单、投资规模较小的项目，可以直接编报可行性研究报告，或者合并编报项目建议书。

四、基本建设项目设计与预算管理

（一）项目设计

工程基本建设项目确立后，建设单位应委托有相应资质的设计单位，按照批准的项目建议书和可行性研究报告的要求，开展项目设计。项目设计主要包括规划设计方案、初步设计和施工图设计。

1. 确定规划设计方案。工程基本建设项目规划设计方案由具有相关专业资质的设计单位进行编制。其中，规划设计方案应主要包括建设规模、建设标准，建筑物外部造型、内部布局，工艺技术路线，主要技术经济指标等要素。

规划设计方案需经过基本建设管理处审核及学校领导机构审批，并根据审批权限报由外部相关部门和主管部门进行审批。规划设计方案应充分论证，必要时主管部门可要求有关单位进行多种方案的比较分析，或组织有关专家对规划设计方案进行论证审核。

2. 初步设计。工程基本建设项目初步设计需根据经批准的可行性研究报告以及项目规划设计方案，由设计单位编制。初步设计应明确拟建项目在指定地点和规定期限内建设的技术可行性和经济合理性，确定主要技术方案、工程总造价和主要技术经济指标。

其中，初步设计主要包括：(1) 设计说明书、总平面图和建筑物、构筑物以及公用设施、管线图纸；(2) 材料、设备需求清单；(3) 工程概算文件，以及城市规划管理部门的批准文件（规划许可证、正式用地手续等），基本建设项目与市政、公用、供电、电信、消防、环保等部门的协议文件或配合方案等有关材料；(4) 基本建设项目的勘察、专项设计、施工、监理以及重要设备、材料等采购活动的具体招标范围（全部招标或部分招标）、招标组织形式（委托招标或自行招标）、招标方式（公开招标或邀请招标）。

初步设计需根据审批权限经过基本建设管理处审核及学校领导机构的审批，之后报项目主管部门审批备案。设计单位在初步设计过程中编制的工程概算应由财经工作领导小组进行财务、技术等方面的综合审核，并根据相关权限交由学校领导机构进行审批。初步设计概算与可行性研究报告中的投资估算的出入不得大于10%，否则将对项目进行重新决策。初步设计阶段批准的概算即为工程投资的最高限额，未经批准，不得随意突破。确因规模发生变化、使用功能调整、装修和设备标准提高等因素造成投资突破概算时，须按规定程序报批。经批准调整概算投资的项目，要同时调整年度预算。

初步设计审批通过后，将确立的基本建设项目纳入学校项目库，并报备财政部门、发改部门项目储备库，作为编制年度投资计划的重要依据。

3. 施工图设计。基本建设管理处通过招标选定具有相应资质的设计单位按照批准的初步设计进行施工图设计，造价咨询单位根据施工图设计和已批准的施工图纸、现行预算定额、费用定额和材料、设备等资源价格，确定工程预算造价。基本建设管理处应保持与设计单位的良好沟通，双方应根据实际情况对施工图进行优化，根据审批权限提交学校领导机构和相关政府部门进行审批。

（二）预算管理

1. 年度投资计划。财政部门将满足如下条件的项目纳入年度投资计划（预算）：(1) 规划设计方案已经审定；(2) 初步设计已经批准，概算投资已确定，并已列入项目储备库；（3）除财政预算内投资外，其他投资已经基本落实。年度投资计划应根据投资总量统筹兼顾，综合平衡，按项目进度合理安排。

2. 学校预算编制。学校需在上年进行编制研究需求并向项目主管部门申报、审批；经审批的项目于上年末由财政部门下达投资计划，学校据此编制预算。

学校根据项目概算、建设工期、年度投资和自筹资金计划、以前年度项目各类资金结转情况等，由基本建设管理处配合财务处编制项目预算，提出项目财政资金预算建议数（一上），按照规定程序经项目主管部门审核汇总报财政部门；根据财政部门下达的预算控制数（一下）编制预算草案（二上），由项目主管部门审核汇总报财政部门，经法定程序审核批复（二下）后执行。

项目资金预算应当纳入项目主管部门的部门预算或者国有资本经营预算统一管理。列入部门预算的项目，一般应当从项目库中产生。预算批复后，学校应当细化项目预算，分解项目各年度预算和财政资金预算需求。预算编审结束后，基本建设管理处应对施工图设计和施工预算进行校对和审核，整理相关资料留存归档，以备基本建设项目的具体实施。

五、基本建设项目招投标管理

基本建设项目招投标管理主要包括具体招标及合同签订管理。学校应依法并依据可行性研究报告审批时核准的招标内容和招标方式组织招标采购，确定具有相应资质和能力的中标单位并与中标单位订立合同，并严格履行合同。

（一）基本建设项目招标

1. 招标范围。参照《必须招标的工程项目规定》执行。

2. 招标步骤。

（1）招标项目按照国家有关规定需要履行项目审批手续的，基本建设管理处应当先履行审批手续，取得批准。

（2）招标代理机构应当根据招标项目的特点和需要编制招标文件。招标文件应当包括招标项目的技术要求、对投标人资格审查的标准、投标报价要求和评标标准等所有实质性要求和条件以及拟签订合同的主要条款。国家对招标项目的技术、标准有规定的，招标代理机构应当按照其规定在招标文件中提出相应要求。招标文件履行完学校规定的审核程序后方可公开发布。

（3）项目招标前，基建管理处应按学校有关规定，对于需要进行工程量清单和计价、标底、招标控制价审核的项目，向审计处提出审核申请。审计处根据项目情况，自行或委托具有相应资质的造价咨询单位开展工程量清单和计价、标底、招标控制价审核工作，并将结果反馈基建管理处。

（4）委托具有相应资质的招标机构代理招标。

（二）基本建设项目合同订立

在基本建设项目管理过程中，学校须加强合同管理机制，其设计、施工、工程监理及其他采购活动要依法订立合同。合同签订前必须经由法律部门或委托专业律师进行严格审核，所签订合同应采取统一、规范的合同范本，各类合同要有明确的质量要求、履约担保和违约处罚条款。

（三）明确管理责任

学校基本建设项目全体工作人员须在主管部门组织下与施工单位、监理单位等项目管理单位签订基本建设项目管理责任书和廉政责任书，做到“随做随签，及时报备；加强学习，抓好自律；加强监督，抓好他律”，明确决策程序和项目执行中的责任、权利和义务，明确反腐倡廉的要求和措施，并严格按照基本建设项目管理责任书和廉政责任书的条款对项目建设情况进行监督。

六、基本建设项目实施管理

基本建设管理处应明确项目责任人，建立健全项目实施管理制度。具体包括开工管理、具体实施管理、项目变更管理及竣工验收管理。项目责任人应及时向基本建设管理处负责人报告项目建设过程中的设计变更、建设进度、概算控制等情况，必要时报学校领导机构、项目主管部门审批。

（一）基本建设项目开工

基本建设管理处组织完成基本建设项目各项准备工作。具备开工条件后，由施工单位编制开工报告，经监理单位和基本建设管理处审核后，及时提交主管部门，开工报告批准后即可进行项目施工。

项目开工应具备下列条件：

1. 已完成项目审批手续（开工许可证）。
2. 已落实年度投资计划（预算）（预算批复表）。
3. 已完成全部施工图设计与复审（项目施工图）。
4. 已完成施工和监理招标投标工作（招投标文件、服务采购合同）。
5. 已完成现场已“三通一平”。

（二）进度、质量和安全控制

工程施工前，基本建设管理处组织与施工单位签订安全协议书，保证施工安全；在施工过程中，基本建设管理处要在施工过程中派专员监督，施工单位提交基本建设项目进度登记表，基本建设管理处据此编制学校内部的基本建设项目台账。基本建设管理处（项目负责人）定期监督施工单位是否将基本建设项目分包、转包情况，施工单位进行分包应报经学校领导机构及相关部门审核审批。

基本建设管理处应委托具有相应资质的工程监理单位，对项目建设进行工程监理。在监理过程中，监理单位编写工程日志，共同对项目全过程进行进度控制、质量控制和安全控制，并接受质量、安全、环保部门的监督检查，督促对监督检查发现的问题及时进行整改。

（三）基本建设项目变更

工程变更必须按规定的程序和审批权限进行论证及审批，除建筑基础因深度发生变化引起的变更以勘察设计单位确认的结果为准，其他变更原则上严格遵守“先论证，后批准；先批准，后变更；先变更，后施工”的规定，但应保证与招标约定的风险范围不发生重复，对于涉及变更增加金额较大的、结构形式改变、设计方案的更改等较大变更应组织相关会议（校长办公会、党委常委会），经会议讨论通过后方可执行。变更提议方包括基本建设管理处、设计单位、施工单位、监理单位。为了保证工程的按期完成，变更提议单位应充分预计论证、审批时间，提前做好变更申请的报批工作。变更文件应及时办理。结算审核开始实施后，补报变更资料无效。

1. 变更分类。

（1）设计原因引起的变更。

①新的图纸或者设计变更单（招标图纸发出后的设计调整）。

②图纸会审中各方达成共识的调整。

③优化设计引起的变更。

④分项工程深化设计后引起的变更。

⑤装饰装修工程中设计对局部效果的调整。

⑥由其他原因引起的设计调整。

⑦原图纸暂定基础深度及形式引起的变更。

（2）现场条件或施工工艺变化引起的变更。

①现场技术（为保证安全、质量、进度、形象）变更。

②外部施工条件要求的变更。

③改变施工工艺标准。

④涉及专项工程的施工方案。

（3）政策性原因引起的变更。

①执行监管部门提出的整改。

②执行新的或修订原有的国家规范、行业规程的强制规定引起的变更。

③政策调整引起的变更。

④合同规定有歧义引起的变更。

（4）规模、功能、档次、风格等项变化以及其他原因引起的变更。

2. 变更的工作程序。

（1）变更提议方按程序提交书面文件，文件包含变更的具体范围、内容、理由、方案及增减费用预算和对工期影响等。

（2）监理单位和基本建设管理处对变更申请文件进行审核，并根据需要组织各相关单位或有关专家对变更申请进行论证。

（3）对于因规模、功能、档次、风格等项变化引起的变更，如变更的预算金额超出基本建设管理处审批权限，基本建设管理处填写变更审批表，进行逐级审批。

（4）基本建设管理处将审批后的变更文件发给监理单位和造价审核单位，监理单位收到批准的变更文件后同时发给施工单位并监督施工单位依照变更文件进行施工。

（5）施工单位完成变更任务后在 14 天内向基本建设管理处提交变更项目决算书，逾期以造价审核单位提供的决算书为准。

（6）施工单位在工程竣工结算时，将变更文件及决算书一并报基本建设管理处，并由学校委托造价审核单位进行审核。

（7）经造价审核单位审定的金额将作为此条变更的上限，施工单位结算送审时不应超过此价格。

3. 变更的审批权限。若预算增加金额较小的由基建管理处审批，变更金额居中的由主管业务校领导、财务处长、分管财务校领导、校长审批，变更金额较大的由校长办公会审批，变更金额巨大的由党委常委会审批。

4. 变更的责任划分。由于施工单位施工不当或施工错误造成的变更费用，由施工单位承担。对工期、质量、投资效益造成影响的，学校有权依据相关合同规定要求施工单位给予赔偿。由于设计单位设计错误或缺陷造成的变更费用，以及由此采取的补救措施，如返修、加固、拆除所发生的费用，由设计单位承担相应责任。若设计单位为施工单位规避投标风险（不平衡报价）而更改原设计，全部责任由设计单位承担，学校有权依据相关合同规定要求设计单位赔偿因上述原因造成的损失。由监理单位造成损失的，学校有权根据监理合同约定，扣减监理单位一定的服务费。由学校工作人员随意要求施工单位更改原设计或为施工单位规避投标风险（不平衡报价）而更改原设计，并造成损失的，视情节及损失金额大小，给予责任人员一定的罚金或行政处分。

（四）基本建设项目现场签证

1. 签证分类。

（1）清单漏项（招标文件另有约定的除外）。

（2）清单量偏差（招标文件另有约定的除外）。

（3）分包界面不清晰引起的相关工程量的增减。

（4）量的变化，现场实测实量。

（5）材料代换引起的签证。

（6）零星工程引起的增量。

（7）机械台班认定。

2. 签证范围。

（1）因设计变更导致已施工的部位需要拆除。

（2）施工过程中出现的未包含在合同中的各种技术措施处理。

（3）在施工过程中，由于施工条件变化、地下状况（土质、地下水、构筑物及管线等）变化，导致工程量增减、材料代换或其他变更事项。

（4）基本建设管理处在施工合同之外，委托施工单位施工的零星工程。

（5）合同规定需实测工程量的工作项目。

（6）其他原因引起的并经各方确认有必要签证的事项。

3. 现场签证办理的原则。

（1）一单一算原则：施工单位应遵循一个现场签证单编制一份预算。如果签证内容简单，也可以一份预算对应多个签证单，但是该预算书内应根据不同签证单的内容分别列项。

（2）完工确认原则：当现场签证完工后，基本建设管理处甲方代表（专业工程师）和造价工程师、监理工程师在完工后 48 小时内签字确认，如属隐蔽工程，必须在其覆盖之前签字确认。

（3）权力限制原则：学校对现场签证管理实行严格的权限规定，不在权限范围之内的签字一律无效；签证在甲方代表（专业工程师）和造价工程师共同签字且基本建设管理处盖章后方为有效。

4. 现场签证的时限要求。

（1）正常签证应“先审批后施工”，对于需要签证的项目施工单位必须在 7 天内提出书面签证报告申请和相应的预算书，报监理单位和基本建设管理处审核，逾期不予认可。

（2）特急签证应“边审批边施工”，但必须在开工后 7 天内办妥全部手续。

5. 现场签证的工作程序。

（1）对于正常签证，按以下工作程序办理。

①施工单位根据基本建设管理处的要求（施工单位应在签证中注明理由），提出书面签证报告申请，报监理单位和基本建设管理处审核。

②基本建设管理处组织施工单位、监理单位、造价审核单位共同查看现场，并对签证工程量进行确认，签证中应注明意见，并标明是否与标内工程量重复。

③对于因材料代换和零星工程引起的签证，基本建设管理处根据审批权限，履行审批手续。

④审批通过后，施工单位向基本建设管理处提交由施工单位和监理单位签字、盖章的现场签证文件，并附现场施工彩色照片，并进行编号，编号应连续。

⑤现场签证文件在基本建设管理处甲方代表（专业工程师）和造价工程师签字、基本建设管理处盖章后，由基本建设管理处发给监理单位和造价审核单位，基本建设管理处留存一份。

⑥施工单位完成变更任务后在 14 天内向基本建设管理处提交变更项目决算书，逾期以造价审核单位提供的决算书为准。

⑦施工单位在工程竣工结算时，将变更文件及决算书一并报基本建设管理处，并由学校委托造价审核单位进行审核。

⑧经造价审核单位审定的金额将作为此条变更的上限，施工单位结算送审时不应超过此价格。

（2）对于特急签证，施工单位需立即执行，同时提出办理现场签证的需求，填写现场签证单并附相应预算书。办理程序参照正常签证程序办理。

6. 现场签证审批权限。

（1）由于学校改变使用功能导致变更等情况，若预算增加金额较小的由基本建设管理处审批；金额居中的由主管业务校领导、财务处长、分管财务校领导、校长审批；金额较大的由校长办公会审批；金额巨大的由党委常委会审批。

（2）由于设计缺陷等原因导致变更等情况，由基本建设管理处进行审批。

所有签证文件原则上只签方案和工程量但应注明对价格有影响的相关依据，如规格、品牌、厚度等相关信息，监理单位及建设单位应有相关审核意见并加盖公章及签字，涉及价格的应注明为暂定价，最终价格以结算审核审定为准。现场签证文件应及时办理。结算审核开始实施后，补报签证资料无效。

七、基本建设项目竣工验收

施工单位施工完成，并按合同规定达到竣工验收条件后，由施工单位按照合同要求进行初步自检；自检合格后，施工单位向监理机构提交工程竣工报验单以及基本建设项目竣工图，监理机构对其完成工程进行全面检查；经监理机构审核通过的，监理机构签署工程竣工报验单，并上报学校基本建设管理处进行验收。

学校基本建设管理处组织勘察、设计、施工、监理单位以及工程质量监督部门等对工程进行验收，分别汇报合同履行情况和建设各环节执行法规、标准的情况；同时，对基本建设项目进行实地检查，必要时征求验收组专家意见。另外，学校根据项目需要，组织环保、消防、人防、规划等相关监督部门进行验收或检测并出具验评报告，并提交项目主管部门审批。工程验收合格后，建设单位组织编制验收评价报告，并由施工、监理、建设单位共同签署。

项目验收后，基本建设管理处根据项目验收情况填写项目进度登记表，对基本建设项目进行跟踪管理，同时，对验收环节相关文件材料进行收集、整理、归档。

八、基本建设项目资金支付

财务部门应统一负责基建财务管理工作，指定专人（基建财务岗）负责基本建设项目财务工作，严格按照批准的概预算建设内容，做好账务设置和账务管理，建立健全内部审批程序，严格按照财政管理的有关规定使用工程基本建设项目财政资金，专账管理、专款专用。

（一）资金支出范围

基本建设项目款项支出主要包括建设安装工程投资、设备投资、待摊投资和其他投资支出。其中，待摊投资支出包括管理费、可行性研究报告编制费、勘察费、设计费、监理费等支出，管理费用支出进一步包括工资、社保、办公费、差旅费、劳动保护费、技术图书资料费、印花税、业务招待费、施工现场津贴、竣工验收费和其他管理性质开支。

（二）项目管理费支付审批管理

学校对项目管理费所涉及支出事项实行分类管控，严格按照国家及学校关于开支范围、开支标准、事前申请、报销审核审批权限及相关单据要求使用相关资金。具体审批权限参照大额支出审批制度逐级审批，审批通过后，交财务处付款。各级次最终审批权限如下。

1. 单项支出金额较小：部门负责人。
2. 单项支出金额居中：分管财务校领导、校长。
3. 单项支出金额较大报校长办公会议研究同意，由党政办公室签署决议、盖章，校长签批。

4. 单项支出金额巨大，报党委常委会研究同意，由党政办公室签署决议、盖章，校长签批。

（三）工程款支付审批管理

1. 预付款支付管理。开工报告审核通过后，施工单位按照合同规定提出预付款申请，填写工程预付款支付申请表，附合同协议书、履约保函、预付款保函、施工进度计划、资金使用计划。经基本建设管理处相关工程管理人员、档案管理员、部门负责人审核后，由基本建设管理处财务管理岗填写大额支出申请审批单，按照大额支出审批流程进行审批后，根据相关规定和合同约定，综合考虑项目财政资金预算、建设进度等因素执行（资金支付岗）。

2. 进度款支付管理。施工单位根据合同约定和项目实际进度填写施工进度审核表，附工程款计量支付报表，经监理单位和基本建设管理处相关工程管理人员审核后，由基本建设管理处提交工程造价机构进行造价审核。审核完成后，施工单位填写工程款支付证书，经监理单位和基本建设管理处相关工程管理人员确认后，由基本建设管理处财务管理岗填写大额支出申请审批单，按照大额支出审批流程审批后，根据国库集中支付制度有关规定和合同约定，综合考虑项目财政资金预算、建设进度等因素执行（资金支付岗）。同时，财务处（预算管理岗）要对工程价款结算过程进行跟踪管理，采用技术手段定期分析预算控制状态，严格资金支付手段，督促工程及时结算。

3. 工程质量保证金返还。当竣工决算后，支付工程竣工进度款时，基本建设管理处应保留不超过3%的工程质量保证（保修）金，待工程交付使用质保期（一般为一年）到期后清算。工程质量保证金返还应满足以下条件：（1）基本建设项目已通过验收，并与施工单位签订《工程质量保修书》；（2）施工单位已按照合同要求履行应尽义务；（3）施工单位相关资料已通过基本建设管理处审核验收；（4）缺陷责任期限已满。申请返还时，施工单位填写工程质量保证金返还支付申请表、校内使用部门回访单，将工程质量保证金返还支付证书提交基本建设管理处进行审核；审核通过后，财务处按照工程款支付审批管理，按照国库集中支付制度办理付款手续。

财务处按照“收支业务”具体规定进行工程款结算审批支付，及时进行账务处理；财务处对工程竣工价款结算环节相关文件材料进行收集、整理、归档。

九、基本建设项目后续管理

（一）结算审核与竣工决算

1. 结算审核。学校审计处应负责组织对竣工验收工程项目进行结算审核。根据项目建设资金性质，接受上级或自行委托具有相应资质及业绩的外部审计机构承担项目结算审核业务。审计处要及时反馈竣工结算审核结果报告，并对审核报告负责登记、归档。

2. 竣工决算。在项目竣工后 3 个月内，财务处应组织完成竣工财务决算的编制工作，按照要求编入部门决算或者国有资本经营决算。其中，建设周期长、建设内容多的大型项目，单项工程竣工具备交付使用条件的，可以编报单项工程竣工财务决算，项目全部竣工后应当编报竣工财务总决算。学校领导机构依据国家法律、法规的规定及时审核竣工决算，并报主管部门及财政部门审批、批复。

项目竣工财务决算是正确核定项目资产价值、反映竣工项目建设成果的文件，是办理资产移交和产权登记的依据，包括竣工财务决算报表、竣工财务决算说明书以及相关材料（包括可行性研究报告、初步设计、概算调整及其批准文件；招投标文件；历年投资计划；经财政部门审核批准的项目预算；工程合同、工程结算、竣工结算审核报告等有关资料；有关的财务核算制度、规定；其他有关资料）。

（二）项目绩效评价

建设工作完成后，基本建设管理处组织以学校为主体，协调监理单位、施工单位，以及主要材料和设备供应单位编写基本建设项目总结报告，分析建设过程中各方的成绩和问题，提出改进意见。

学校应建立项目绩效评价机制，对项目的立项决策、设计、施工、竣工验收及运营全过程进行系统回顾和综合评价，主要包括：对项目建设成本、工程造价、投资控制、达产能力与设计能力差异、偿债能力、持续经营能力等实施绩效评价，根据管理需要和项目特点选用社会效益指标、财务效益指标、工程质量指标、建设工期指标、资金来源指标、资金使用指标、实际投资回收期指标、实际单位生产（营运）能力投资指标等评价指标。

基本建设项目绩效评价分为学校对项目自我评价和委托工程咨询机构对项目独立评价。其中，项目建设部门作为绩效评价主体，负责组织学校收集相关资料，于项目竣工验收后 180 天内完成项目自我评价并出具基本建设项目自我评价报告，报学校领导机构审核。

另外，学校应根据主管部门要求判断是否自行聘请外部工程咨询机构进行绩效评价。若主管部门组织进行绩效评价，建设单位需提供评价工作需要的有关项目资料，配合主管部门及有关工程咨询机构开展项目绩效评价。若主管部门不组织绩效评价，学校应自行通过服务采购选择外部工程咨询机构进行独立评价。在选择工程咨询机构时，应考虑机构的独立性，不得是该项目的项目建议书、可行性研究报告、初步设计文件的编制、审查或评估评审单位，参与绩效评价及报告编制人员不得是该项目的决策者和前期咨询、设计和评估评审者。最终，工程咨询机构形成基本建设项目绩效评价报告，提交政府主管部门审核。对于绩效评价结果，学校应及时组织分析、讨论，提出改进意见并落实整改措施。

（三）项目移交与资产登记

经竣工验收，固定资产达到预定可使用状态后，交付资产管理处，由资产管理处安排使用。验收合格的基本建设项目，参建各方应提供相关资产清单并办理资产移交手续，包括：竣工验收报告；批准的项目建议书、初步设计及概算、施工图、竣工图；设备技术说明书；竣工决算、竣工决算审计报告；设备设施试运行报告；工程质量合格文件；其他有关审批、修改、调整、检验的文件和各种技术资料。

工程竣工验收后，按照规定及时组织交接项目资产，资产管理部门登记资产台账，同时，财务处根据批复的决算进行入账登记。项目移交与登记应满足以下条件：

1. 项目确认达到各项设计指标。
2. 完成环境保护、安全设施、消防、职业病防护设施等专项验收。
3. 取得工程质量监督报告、项目完整竣工决算审计报告。
4. 项目建设档案完整、准确，并经验收合格。
5. 根据有关规定和项目类别应具备的其他条件。

基本建设项目已实际投入使用但超时限未办理竣工决算的，学校应当根据对基本建设项目的实际投资暂估入账，转作相关资产管理。

（四）资料归档管理

学校应制定基本建设项目档案管理制度，建立健全基本建设项目档案、对基本建设项目档案实行集中统一管理。基本建设项目的档案归档应与项目建设同步，及时收集、整理、归档从项目筹划到竣工验收各环节的文件资料；基本建设管理处应在竣工移交完成后 90 日内形成完整的项目档案并分别向当地城建档案馆和学校档案馆各移交一套完整档案，必要时报送项目主管部门。

十、监督与责任

学校对基本建设项目进行全过程监督，依法接受学校、个人对基本建设项目在审批、建设过程中违法违规行为的投诉和举报，相关监督结果在授权审批后按照有关规定进行查处。为切实提高廉政建设，学校应建立追责机制，对工作责任心不强、执行本规定不力、工作失职渎职，并有违反本规定行为的个人实行责任追究；责任追究与过错责任相适应，实事求是，违规违纪必追责。有稍微违反行为的，给予批评教育，诫勉谈话，责令作出书面检查；情节较为严重的，调整职务、解聘或解除劳动合同；发生严重违规行为的，追究法律责任。

第三节　基本建设内部控制操作规程

一、基本建设项目业务流程整体概况说明

基本建设项目业务流程包含工程基本建设项目立项、工程设计与概预算、工程招标、工程建设、工程竣工验收等子流程。本规程适用于地方高校。表 7－1 是基本建设项目业务涉及的一级流程和二级流程。

表 7－1　　基本建设项目流程清单

序号	类别	流程编号	一级流程	二级流程
01	JSXM01 基本建设项目立项流程	JSXM01	工程立项	
02		JSXM01.01		项目建议书编制
03		JSXM01.02		可行性研究报告编制
04	JSXM02 基本建设项目设计与概预算流程	JSXM02	工程设计与概预算	
05		JSXM02.01		工程规划设计方案
06		JSXM02.02		工程初步设计与概算
07		JSXM02.03		工程施工图设计与预算
08	JSXM03 基本建设项目招投标	JSXM03	工程招标	
09	JSXM04 基本建设项目实施	JSXM04	工程建设	
10		JSXM04.01		预付款支付
11		JSXM04.02		施工流程
12		JSXM04.03		进度款支付
13		JSXM04.04		项目变更
14		JSXM04.05		工程项目审计
15	JSXM05 基本建设项目后续管理	JSXM05	工程竣工流程	
16		JSXM05.01		工程竣工验收流程
17		JSXM05.02		竣工决算流程
18		JSXM05.03		项目绩效评价流程

二、具体流程说明

（一）工程立项流程及说明

工程立项流程确保项目在技术、经济和社会各方面具备可行性，通过科学决策和精细计划，为项目的顺利实施奠定基础，保障项目的成功执行和预期目标的实现。流程如图7-1所示，具体流程说明见表7-2。

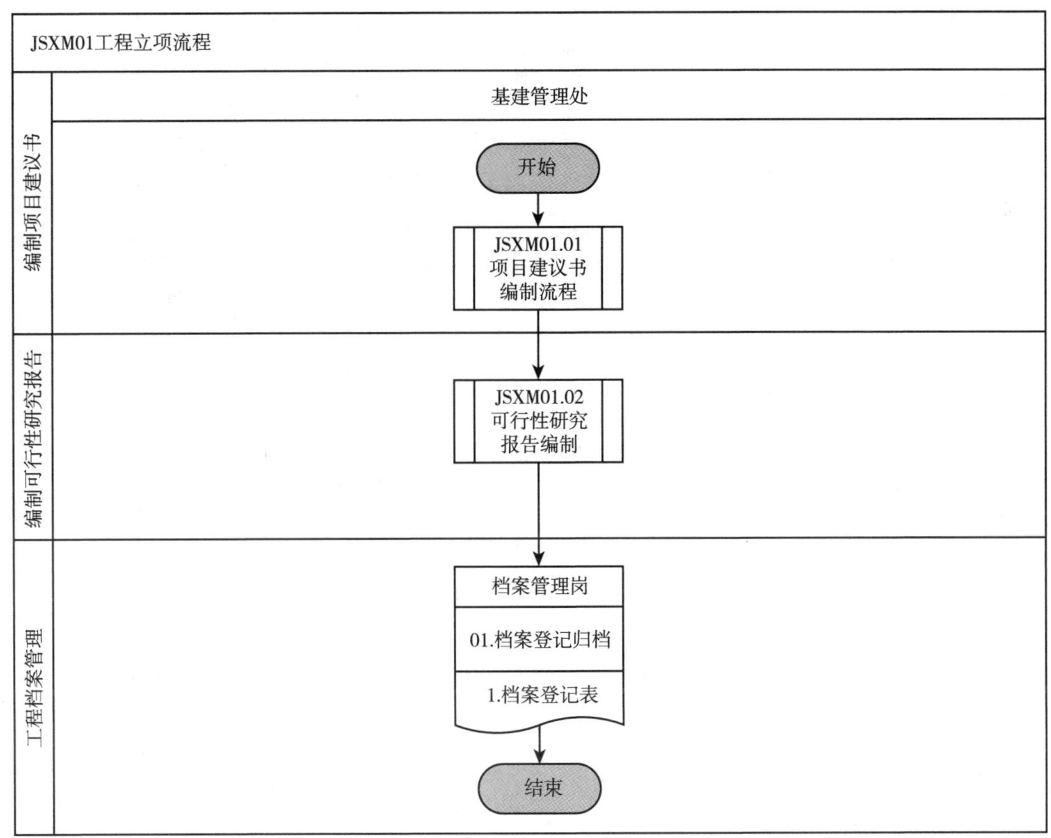

图7-1　工程立项流程

表7-2　　工程立项具体流程说明

序号	步骤说明	输出文档
	项目建议书编制流程	
	可行性研究报告编制流程	
01	档案管理岗登记归档	

1. 项目建议书编制。项目建议书编制流程是指业务部门提出工程需求意向，经过各级领导层审批后，并撰写详细计划的过程。流程如图 7 -2 所示，具体流程说明见表 7 -3。

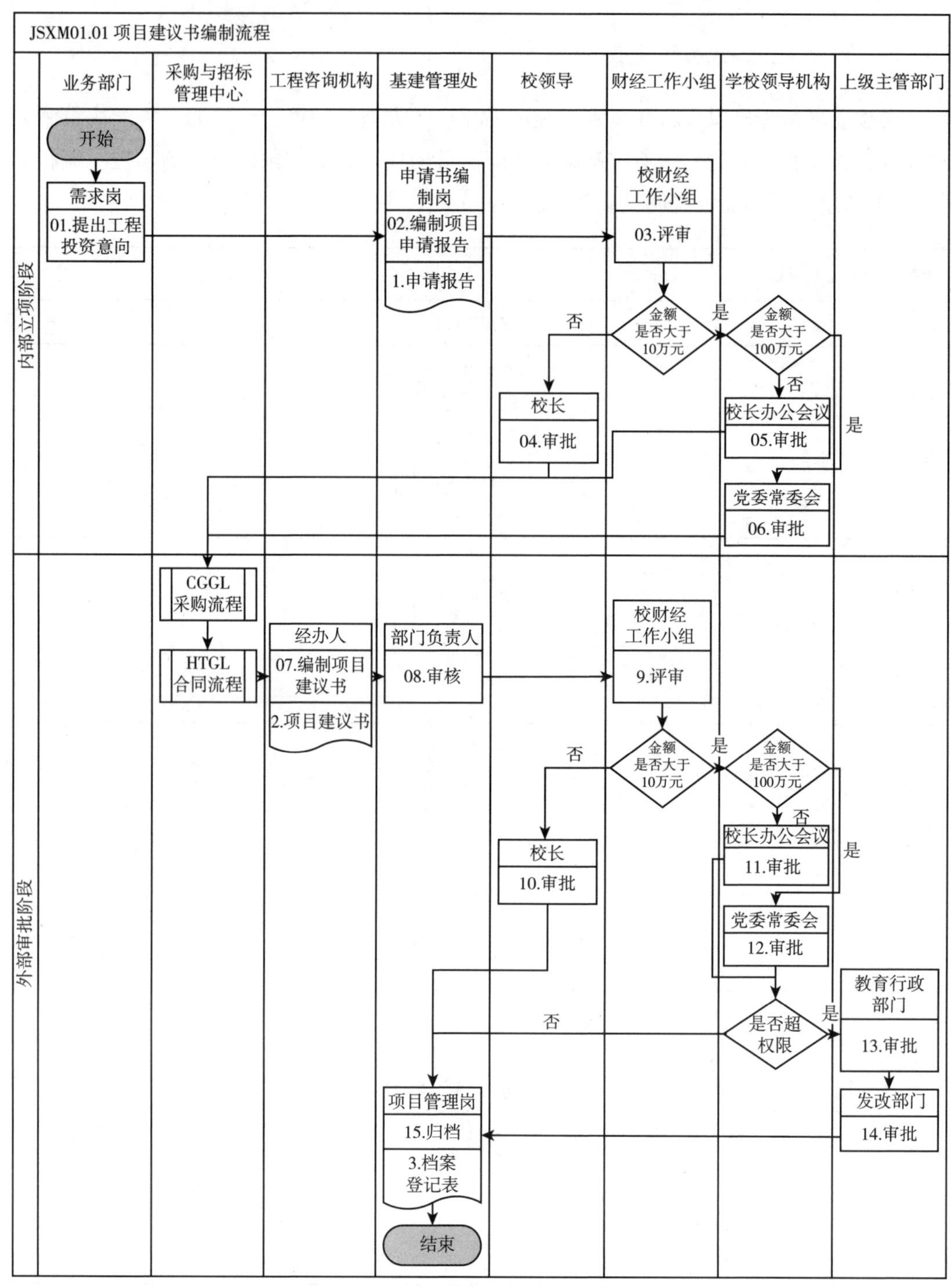

图 7 -2　项目建议书编制流程

表 7-3　　项目建议书编制具体流程说明

序号	步骤说明	输出文档
01	业务部门需求岗提出工程需求意向	
02	基本建设管理处项目申请书编制岗撰写项目申请报告	项目申请报告
03	项目建议书编制完成由校财经工作领导小组审核	
	判断金额是否大于 10 万元	
04	10 万元以下项目由校长审批，通过后由基本建设管理处提出采购服务申请	
	判断金额是否大于 100 万元	
05	10 万～100 万元项目，由校长办公会议审批项目申请报告，通过后由基本建设管理处提出采购服务申请	
06	100 万元以上项目，由党委常委会审批项目申请报告，通过后由基本建设管理处提出采购服务申请	
	转入采购流程和合同流程	
07	工程咨询机构经办人编制项目建议书	项目建议书
08	基本建设管理处部门负责人审核	
09	校财经工作领导小组审核	
	判断金额是否大于 10 万元	
10	10 万元以下项目，由校长审批	
	判断金额是否大于 100 万元	
11	10 万～100 万元项目，由学校校长办公会议审批项目建议书，若超越权限提交外部主管部门	
12	100 万元以上项目，由学校党委常委会审批项目建议书，若超越权限提交上级主管部门	
13	教育行政部门审批，审批通过后提交发改部门	
14	发改部门审批	
15	基本建设管理处项目管理岗归档保管相关文件	档案登记表

2. 可行性研究报告编制。可行性研究报告编制流程是指基本建设管理处提出购买可行性研究报告需求，经过审核后进入采购流程和合同流程，涉及外部机构评审和校内各级领导层审批后，最终提交至上级主管部门和发改部门审批的过程。流程如图 7-3 所示，具体流程说明见表 7-4。

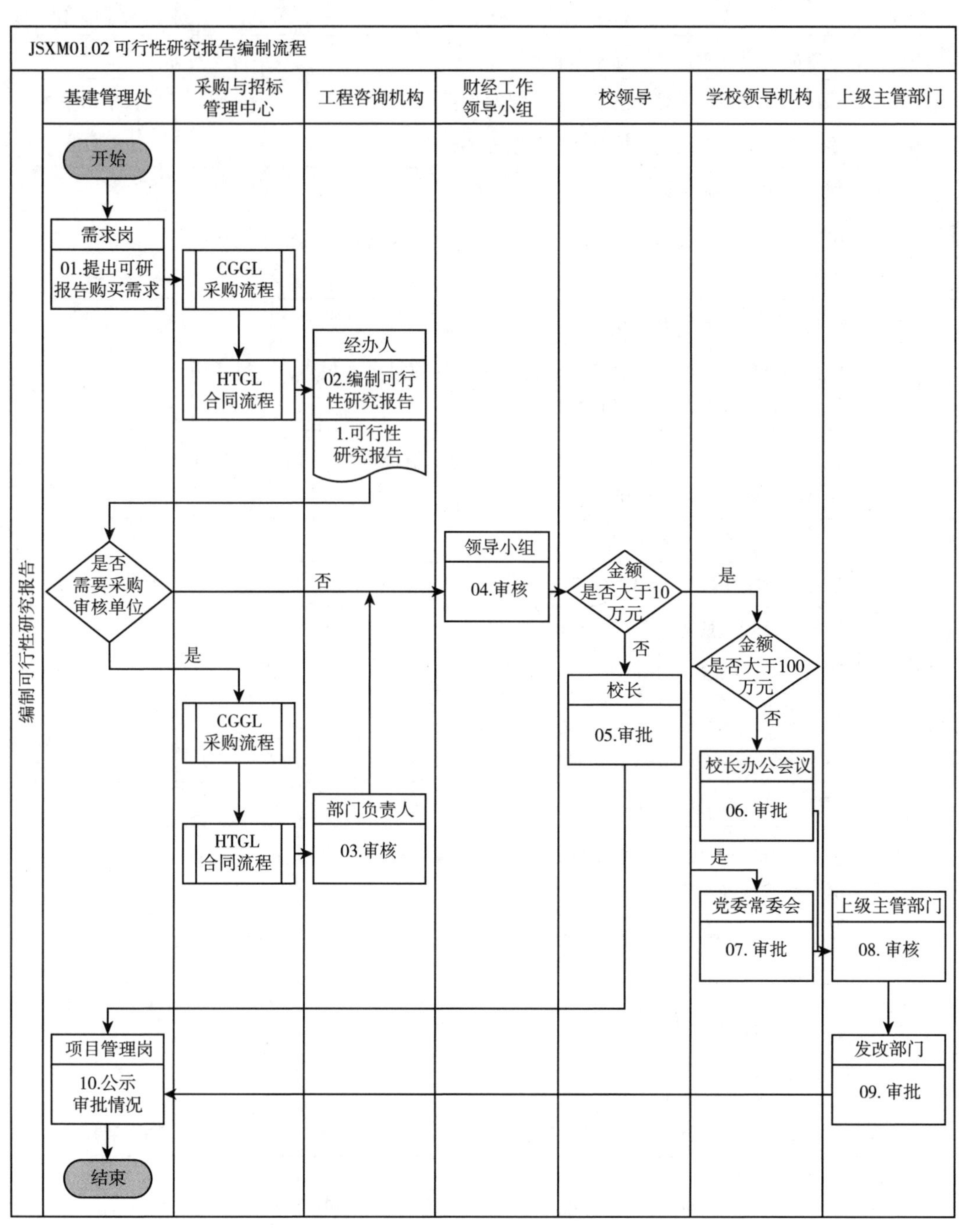

图 7－3　可行性研究报告编制流程

表7-4 可行性研究报告编制具体流程说明

序号	步骤说明	输出文档
01	基本建设管理处向采购与招标管理中心提出购买可行性研究报告需求	
	采购审核单位，转入采购流程和合同流程	
02	通过政府购买服务委托外部机构编制可行性研究报告，判断是否需要委托外部机构评审	可行性研究报告
	转入采购流程和合同流程	
03	学校若需要采购审核单位，则进入采购管理流程及合同管理流程，通过政府购买服务委托外部机构审核可行性研究报告	
04	校财经工作领导小组对可行性研究报告进行审核	
	判断金额是否大于10万元	
05	10万元以下项目，由校长审批	
06	10万~100万元项目，由学校校长办公会议审批项目可行性研究报告后，上交上级主管部门	
07	100万元以上项目由学校党委常委会审批可行性研究报告后，上交上级主管部门	
08	学校对口的上级主管部门审核，审核通过提交至发改部门	
09	发改部门审批可行性研究报告	
10	基本建设管理处项目管理岗公示审批情况	

（二）工程设计与概预算流程及说明

工程设计与概预算流程是指根据项目要求，进行工程设计规划与预算估算的过程，包括确定设计方案、编制预算、审核批准等阶段，以确保工程实施的可行性和经济性。流程如图7-4所示，具体流程说明见表7-5。

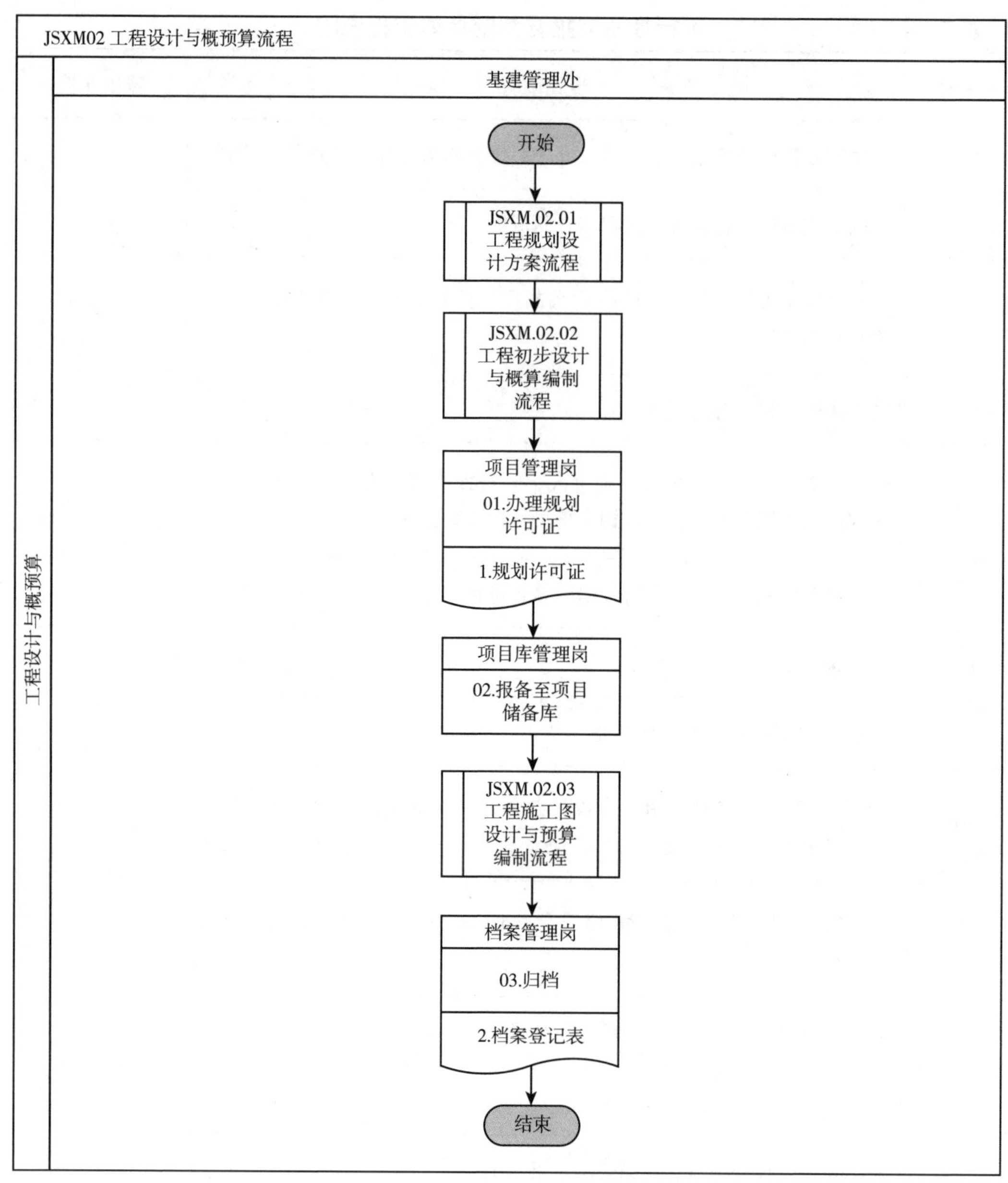

图7－4　工程设计与概预算流程

表7－5　　工程设计与概预算具体流程说明

序号	步骤说明	输出文档
	进入工程规划设计方案流程	
	进入工程初步设计与概算编制流程	
01	基本建设管理处项目管理岗办理规划许可证，土地许可证等文件	规划许可证

续表

序号	步骤说明	输出文档
02	基本建设管理处项目库管理岗将确立的基本建设项目纳入学校项目库，并报备财政部门、发改部门项目储备库，作为编制年度投资计划的重要依据	
	工程施工图设计与预算流程	
03	基本建设管理处档案管理岗整理相关资料留存归档，以备基本建设项目的具体实施	档案登记表

1. 工程规划设计方案。基本建设管理处项目管理岗向采购与招标管理中心提出设计单位的采购需求，采购工程规划设计单位并转入采购管理和合同管理流程。设计单位经办人编制规划设计方案，经项目管理岗审核后提交至学校分管校领导审批，最终由上级主管部门审批通过，确保符合要求的工程规划和设计方案得以实施。流程如图 7－5 所示，具体流程说明见表 7－6。

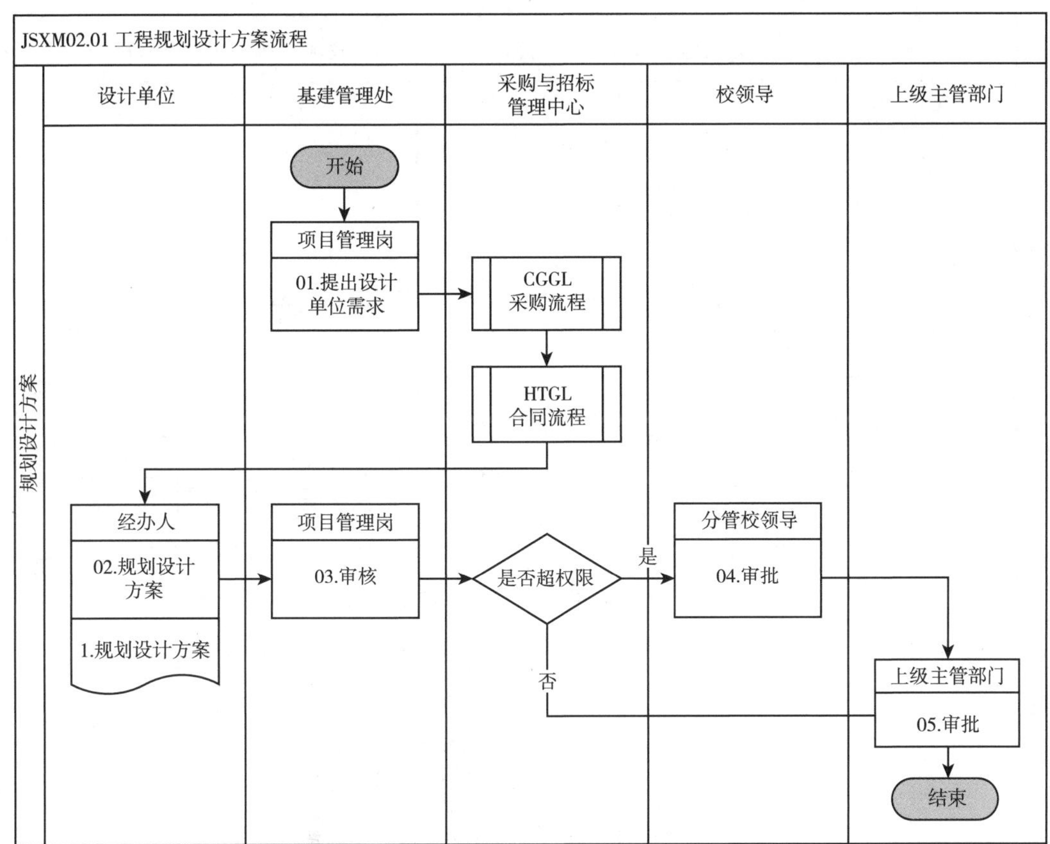

图 7－5　工程规划设计方案流程

表 7-6　　工程规划设计方案具体流程说明

序号	步骤说明	输出文档
01	基本建设管理处项目管理岗向采购与招标管理中心提出设计单位的采购需求	
	采购工程规划设计单位，转入采购管理流程及合同管理流程	
02	设计单位经办人编制规划设计方案	规划设计方案
03	基本建设管理处项目管理岗审核规划设计方案，提交至分管校领导	
04	学校分管校领导按权限审批规划设计方案	
05	学校提交上级主管部门审批规划设计方案	

2. 工程初步设计与概算编制。工程初步设计与概算编制流程涵盖了设计单位经办人编制初步设计方案并提交基本建设管理处审核，经过分管校领导批准或上报外部主管单位审批后，进行工程概算编制，提交至校财经工作领导小组审核，最终由分管校领导审批。流程如图 7-6 所示，具体流程说明见表 7-7。

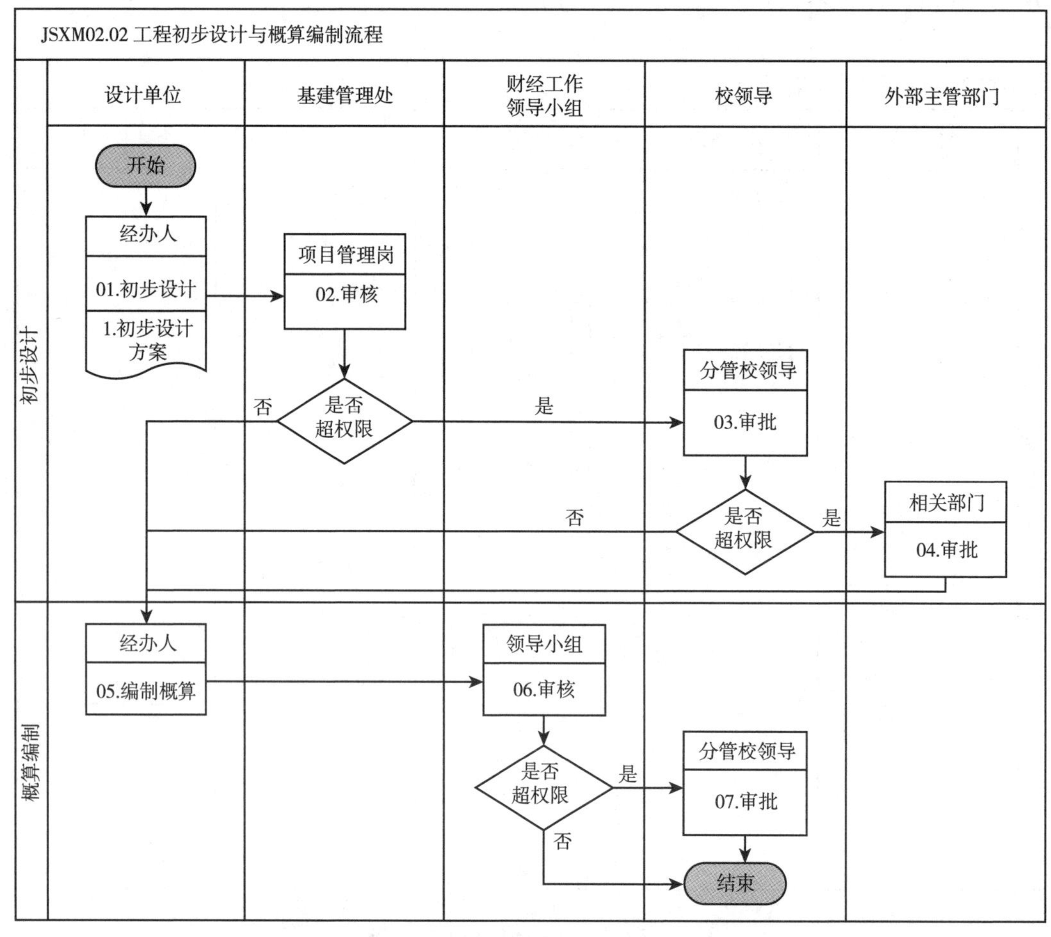

图 7-6　工程初步设计与概算编制流程

表 7 – 7　　工程初步设计与概算编制具体流程说明

序号	步骤说明	输出文档
01	设计单位经办人编制初步设计方案，编制后提交基本建设管理处	初步设计方案
02	基本建设管理处项目管理岗审核初步设计方案，若超权限须提交至分管校领导	
03	分管校领导根据权限审批初步计划方案，若超权限需上报外部主管单位相关部门审批	
04	外部相关部门审批初步设计方案	
05	初步设计方案经审核审批通过后，设计单位经办人编制工程概算，并提交至校财经工作领导小组	
06	校财经工作领导小组对工程概算的财务方面进行审核，并提交至分管校领导	
07	分管校领导对工程概算进行审批	

3. 工程施工图设计与预算编制。工程施工图设计与预算编制流程涵盖了设计单位经办人依据初步设计制定施工图，与基本建设管理处项目管理岗共同优化后上报分管校领导审批。审批过程中，若涉及超权限，需向相关部门上报审批。外部相关部门进行审批后，财务处投资计划编制岗编制年度投资计划并进行预算编审，最终由项目管理岗对施工图设计和施工预算进行校对和审核。流程如图 7 – 7 所示，具体流程说明见表 7 – 8。

（三）工程招标流程及说明

工程招标流程包括提出工程施工和监理采购需求、准备招标文件、开展审核工作、接受审计意见进行整改、签订责任书、归档等步骤。流程如图 7 – 8 所示，具体流程说明见表 7 – 9。

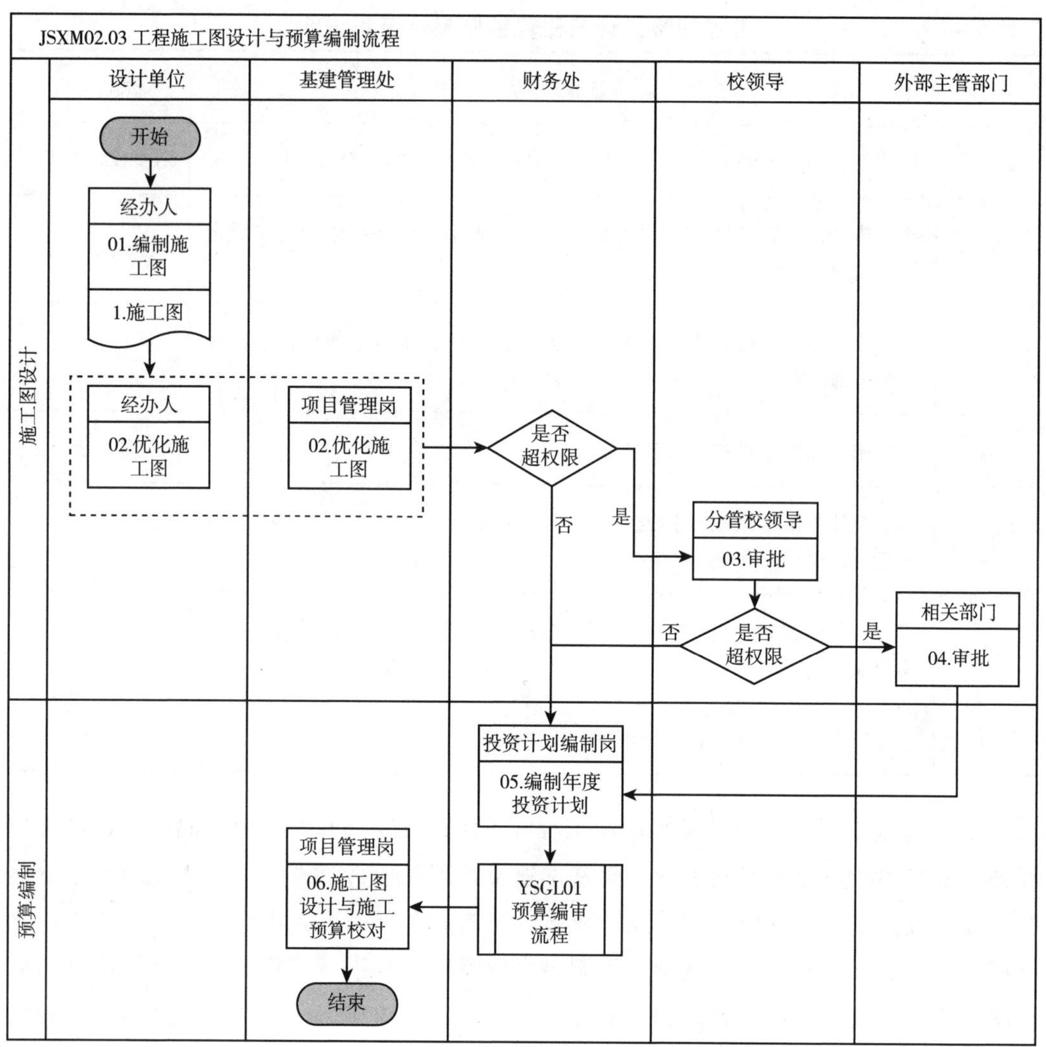

图 7-7　工程施工图设计与预算编制流程

表 7-8　工程施工图设计与预算编制具体流程说明

序号	步骤说明	输出文档
01	设计单位经办人按照初步设计进行施工图设计	施工图
02	设计单位经办人与基本建设管理处项目管理岗人员沟通，共同优化施工图，并上报分管校领导	
03	分管校领导根据权限进行审批，若超权限需上报相关部门	
04	外部相关部门根据权限进行审批	
05	财务处投资计划编制岗编制基本建设项目的年度投资计划	
	转入预算编审流程	
06	项目管理岗对施工图设计和施工预算进行校对和审核	

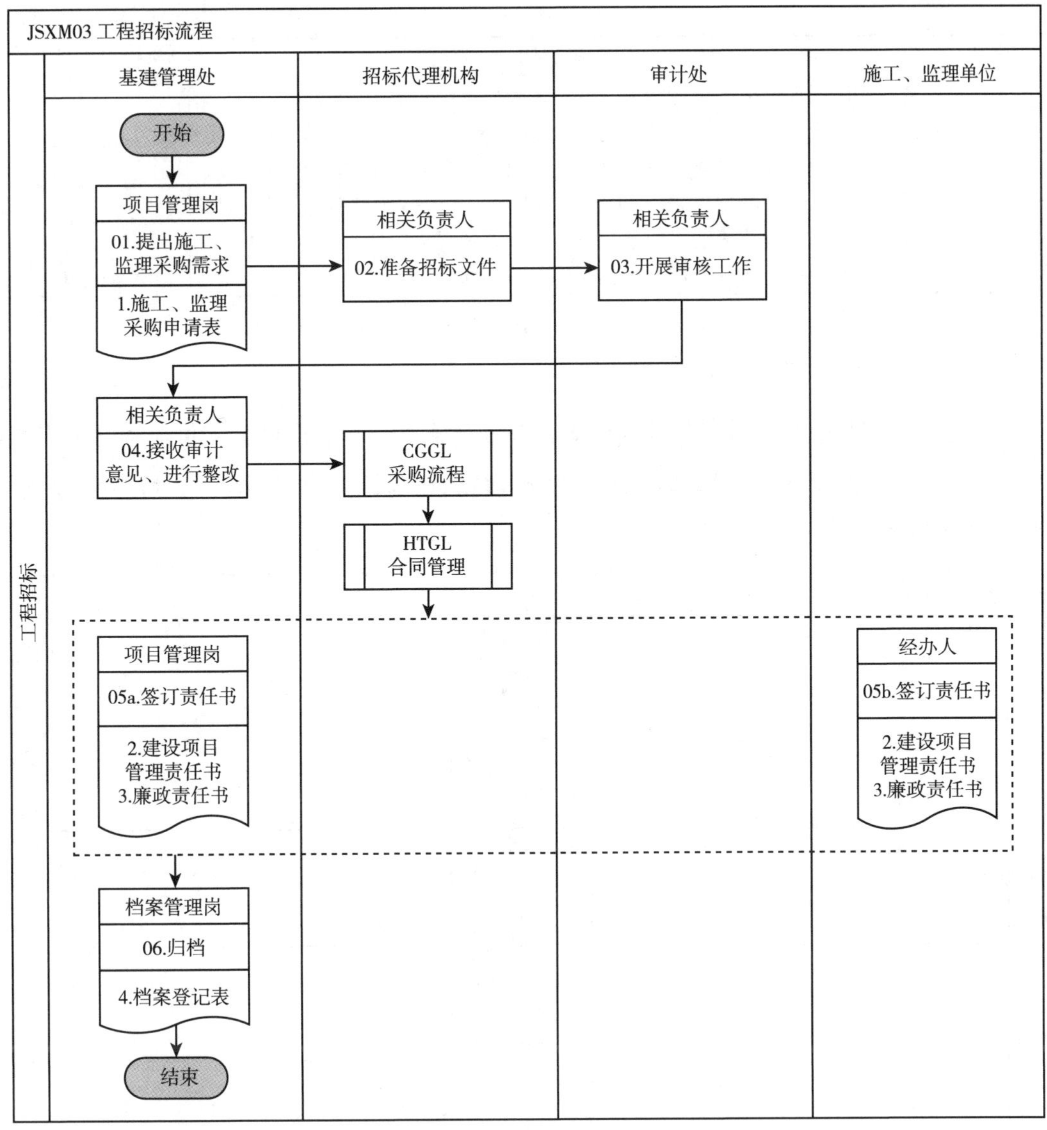

图 7－8　工程招标流程

表 7－9　　工程招标具体流程说明

序号	步骤说明	输出文档
01	基本建设管理处项目管理岗向采购与招标管理中心提出项目施工、监理的采购需求	采购申请表
	采购工程施工单位和监理单位转入采购管理流程及合同管理流程	
02	招标代理机构根据招标项目的特点和需要编制招标文件	
03	基本建设管理处向审计处提出审核申请，审计处进行审计，并将审计结果反馈	

续表

序号	步骤说明	输出文档
04	基本建设管理处接受审计结果，并将采纳情况反馈至审计处	
05	基本建设管理处项目管理岗与施工、监理单位经办人共同签订基本建设项目管理责任书和廉政责任书，明确决策程序和项目执行中的责任、权利和义务，明确反腐倡廉的要求和措施，并严格按照基本建设项目管理责任书和廉政责任书的条款对项目建设情况进行监督	基本建设项目管理责任书、廉政责任书
06	基本建设管理处档案管理岗将合同档案归档保管	档案登记表

（四）工程建设流程及说明

工程建设流程包括进入预付款支付流程、工程施工流程、进度款支付流程、工程变更流程，最后由基本建设管理处档案管理岗归档项目文件。流程如图 7－9 所示，具体流程说明见表 7－10。

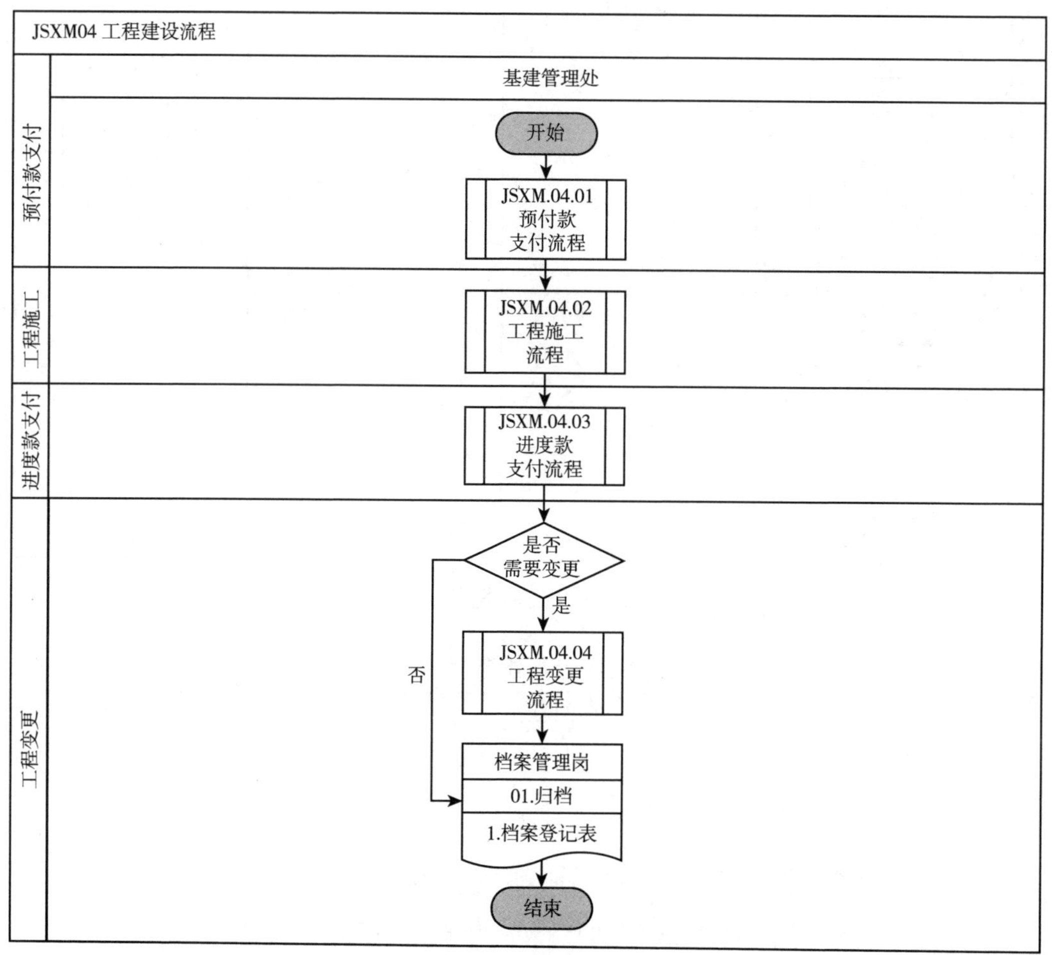

图 7－9　工程建设流程

表 7 – 10　　工程建设具体流程说明

序号	步骤说明	输出文档
	进入预付款支付流程	
	进入工程施工流程	
	进入进度款支付流程	
	进入工程变更流程	
01	基本建设管理处档案管理岗归档项目文件	档案登记表

1. 预付款支付。预付款支付流程包括准备工作并编制开工报告、审核报告金额、根据金额分级审批、提出预付款申请、审核并签发支付证书、填写大额支出审批单等步骤。流程如图 7 – 10 所示，具体流程说明见表 7 – 11。

2. 施工流程。施工单位与基本建设管理处签订安全协议书并开始正式施工，施工单位提交项目进度登记表。在施工过程中，基本建设管理处派专员进行监督，并根据监督情况编制基本建设项目台账。同时，在监理过程中，基本建设管理处与监理单位合作编写工程日志，共同进行项目进度、质量和安全控制。流程如图 7 – 11 所示，具体流程说明见表 7 – 12。

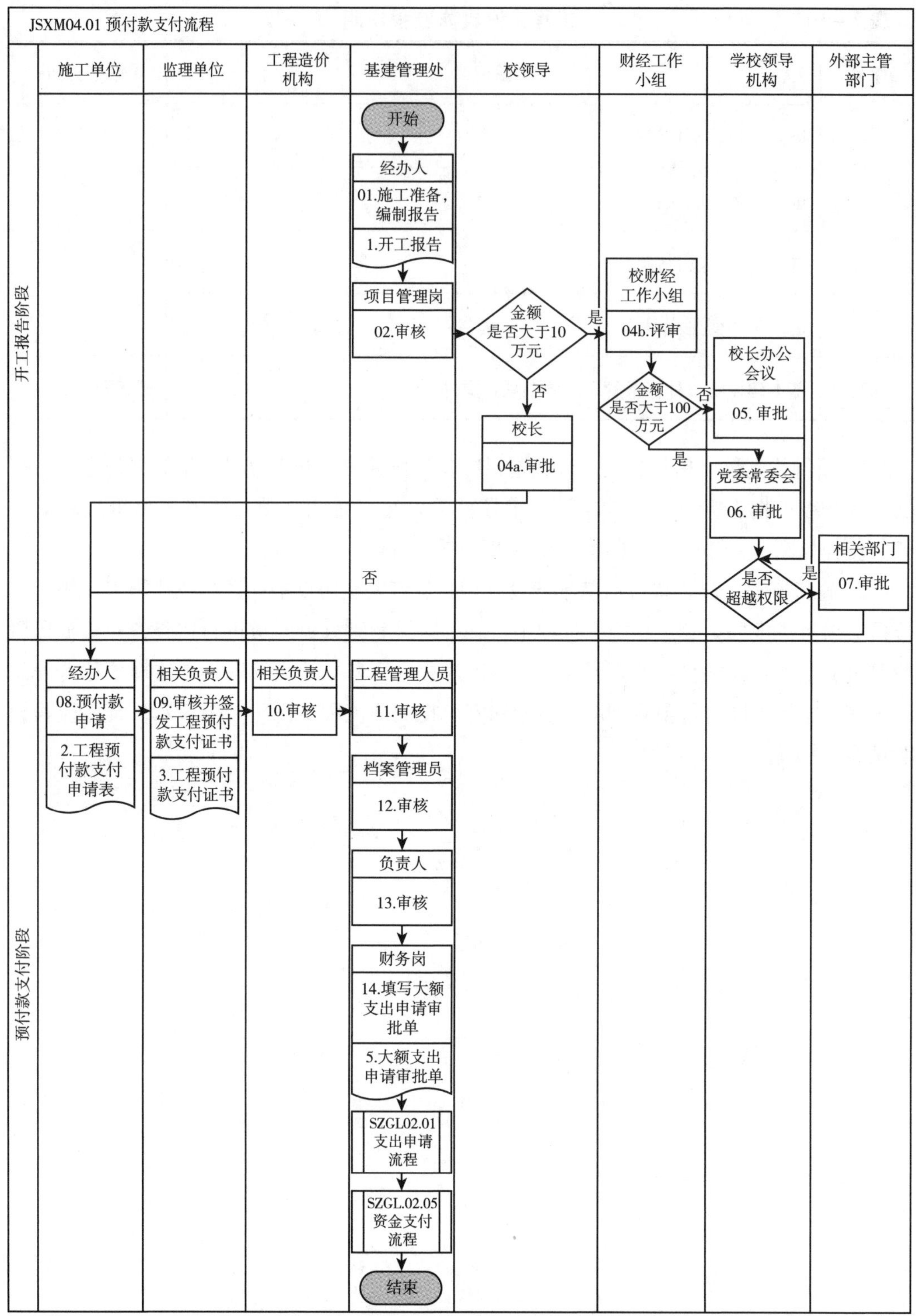

图 7-10　预付款支付流程

表 7－11 预付款支付具体流程说明

序号	步骤说明	输出文档
01	基本建设项目经办人组织完成基本建设项目各项准备工作；具备开工条件后，由基本建设项目归口管理部门组织编制开工报告（含取得的开工许可证）	开工报告
02	基本建设管理处项目管理岗审核开工报告	
	判断金额是否大于 10 万元	
03	10 万元以下项目，由校长审批	
04	10 万元以上（含 10 万元）项目，由校财经工作领导小组评审	
	判断金额是否大于 100 万元	
05	10 万～100 万元项目，由学校校长办公会议审批项目建议书，若超越权限提交外部主管部门	
06	100 万元以上项目，由学校党委常委会审批项目建议书，若超越权限提交上级主管部门	
07	外部主管部门审批开工报告	
08	开工报告审核通过后，施工单位按照合同规定提出预付款申请，填写工程预付款支付申请表，附合同协议书、履约保函、预付款保函、施工进度计划、资金使用计划	工程预付款支付申请表
09	监理单位根据施工合同进行审核，签发工程预付款支付证书	
10	工程造价机构进行审核	
11	基本建设管理处相关工程管理人员审核	
12	档案管理员审核	
13	部门负责人审核	
14	由基本建设管理处财务管理岗填写大额支出申请审批单	大额支出申请审批单
	进入支出申请流程	
	进入资金支付流程	

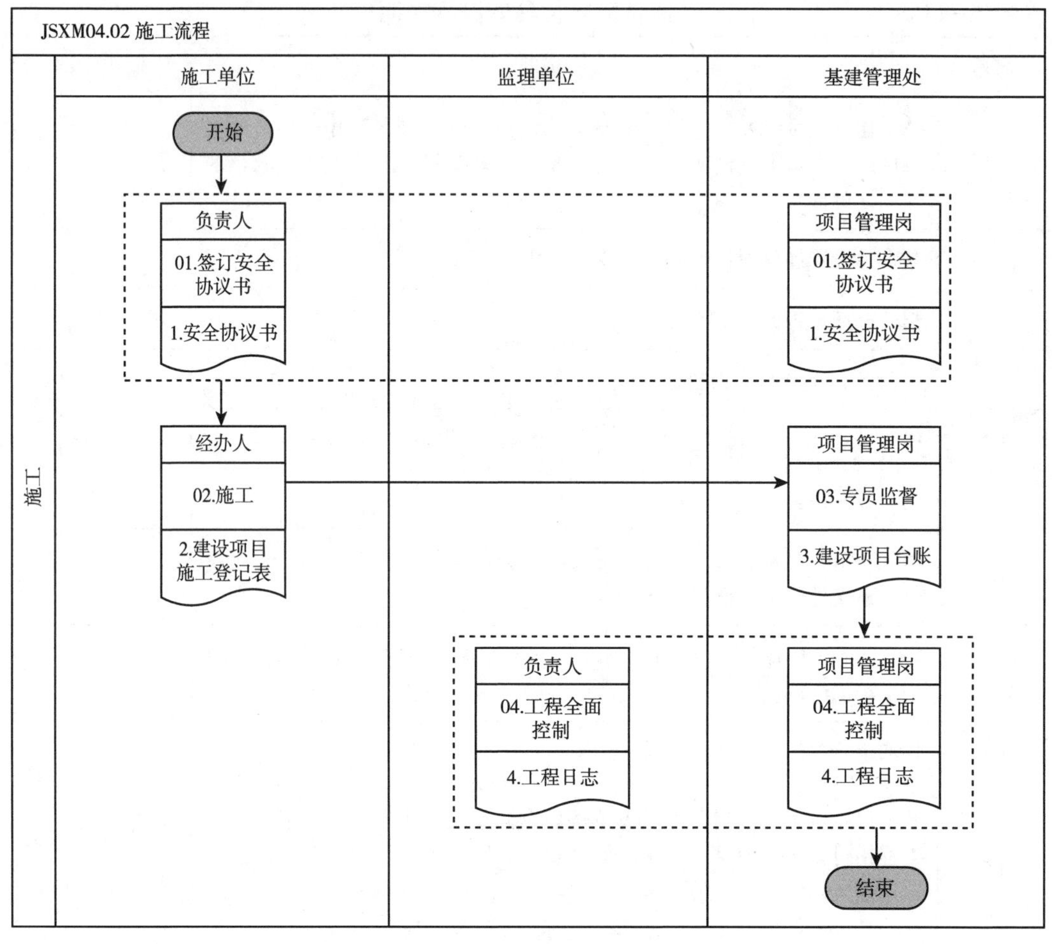

图 7－11　施工流程

表 7－12　施工具体流程说明

序号	步骤说明	输出文档
01	施工单位与基本建设管理处共同签订安全协议书，保证施工安全	安全协议书
02	施工单位正式施工建设，施工单位提交基本建设项目进度登记表	基本建设项目进度登记表
03	施工过程中派专员监督，基本建设管理处据此编制学校内部的基本建设项目台账	基本建设项目台账
04	在监理过程中，基本建设管理处与监理单位共同编写工程日志，共同对项目全过程进行进度控制、质量控制和安全控制	工程日志

3. 进度款支付。施工单位根据合同约定和实际进度填写施工进度审核表，并提供工程款计量支付报表。监理单位和基本建设管理处的相关工程管理人员对进度和款项进行审核，然后基本建设管理处提交工程造价机构进行造价审核。工程造价机构审核后，施工单位填写工程款支付证书，监理单位和基本建设管理处确认后，财务管理岗填写大额支出申请审批单，进入资金支付流程。流程如图 7－12 所示，具体流程说明见表 7－13。

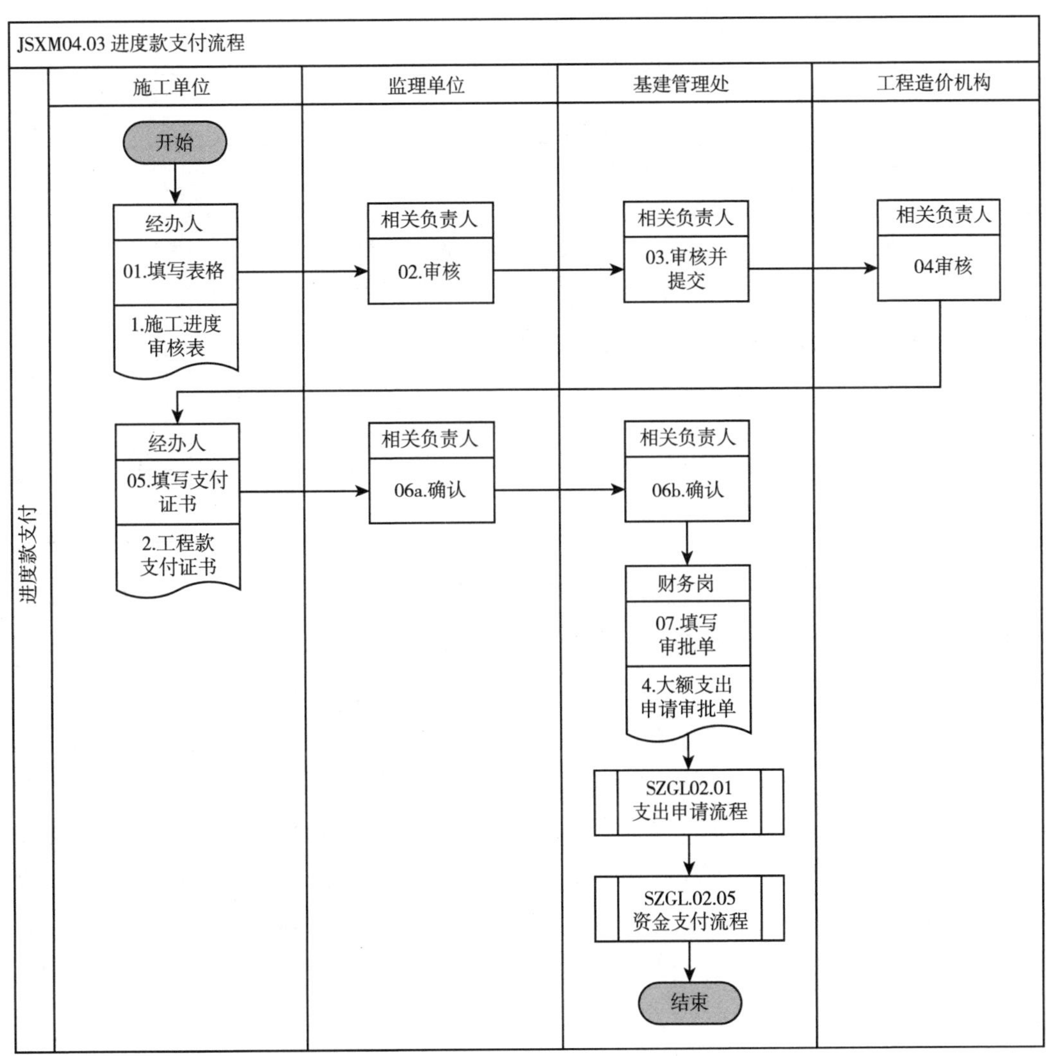

图 7－12　进度款支付流程

表 7 –13　　进度款支付具体流程说明

序号	步骤说明	输出文档
01	施工单位根据合同约定和项目实际进度填写施工进度审核表，附工程款计量支付报表	施工进度审核表
02	监理单位和基本建设管理处相关工程管理人员审核	
03	基本建设管理处提交工程造价机构进行造价审核	
04	工程造价机构进行审核	
05	施工单位填写工程款支付证书	工程款支付证书
06	监理单位和基本建设管理处相关工程管理人员确认	
07	基本建设管理处财务管理岗填写大额支出申请审批单	大额支出申请审批单
	进入支出申请流程	
	进入资金支付流程	

4. 工程变更。工程变更流程包括变更提议、审核、审批和结果确认。变更提议方提交书面文件，监理单位和基本建设管理处审核，根据金额分级审批。批准后的文件发给相关单位，施工单位完成变更后提交决算书，最终由造价审核单位审核确认。流程如图 7 –13 所示，具体流程说明见表 7 –14。

5. 工程项目审计。审计处审计需求岗提出委托工程咨询机构进行项目审计需求，填制审计采购申请表，进入采购管理和合同管理流程。外部审计机构承接审计业务，编制基本建设项目审核报告。如果学校不需要外部审计，审计处审计需求岗组织进行项目审计工作，编制基本建设项目审核意见。财经工作领导小组对审核报告或审计意见进行审核，审计需求岗对内容信息进行反馈与公开。流程如图 7 –14 所示，具体流程说明见表 7 –15。

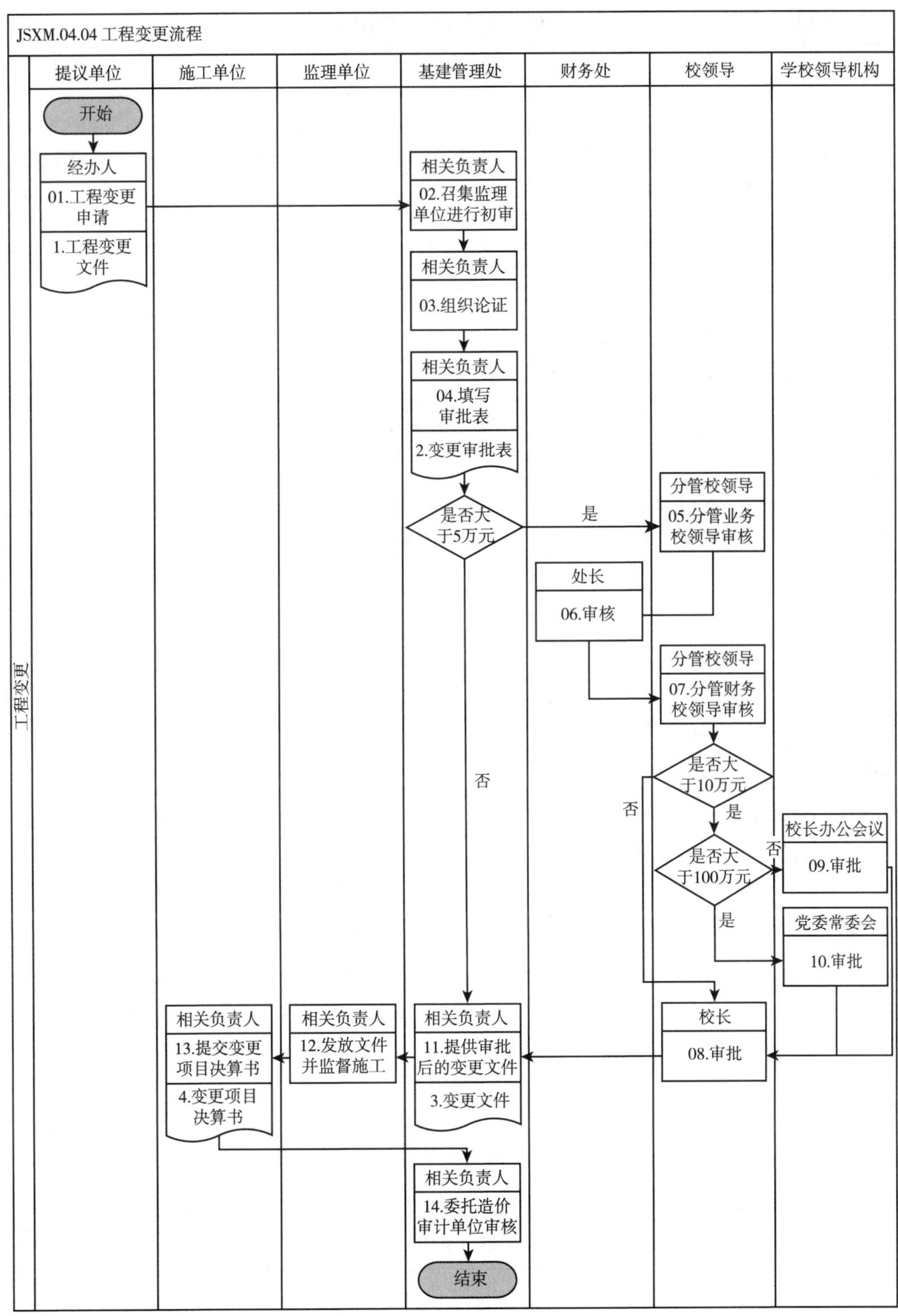
JSXM.04.04 工程变更流程
工程变更
提议单位
施工单位
监理单位
基建管理处
财务处
校领导
学校领导机构
开始
经办人
01.工程变更申请
1.工程变更文件
相关负责人
02.召集监理单位进行初审
相关负责人
03.组织论证
相关负责人
04.填写审批表
2.变更审批表
是否大于5万元
是
否
分管校领导
05.分管业务校领导审核
处长
06.审核
分管校领导
07.分管财务校领导审核
是否大于10万元
否
是
是否大于100万元
否
是
校长办公会议
09.审批
党委常委会
10.审批
校长
08.审批
相关负责人
11.提供审批后的变更文件
3.变更文件
相关负责人
12.发放文件并监督施工
相关负责人
13.提交变更项目决算书
4.变更项目决算书
相关负责人
14.委托造价审计单位审核
结束

图 7－13　工程变更流程

表 7－14　　工程变更具体流程说明

序号	步骤说明	输出文档
01	变更提议方按程序提交书面文件，文件包含变更的具体范围、内容、理由、方案及增减费用预算和对工期影响等。变更提议方包括基本建设管理处、设计单位、施工单位、监理单位	工程变更文件
02	监理单位和基本建设管理处对变更申请文件进行审核	
03	基本建设管理处根据需要组织各相关单位或有关专家对变更申请进行论证	
	变更金额是否超过权限	
04	如变更的预算金额超出基本建设管理处审批权限，基本建设管理处填写变更审批表，进行逐级审批	设计变更审批表
	判断变更金额是否大于 5 万元，若金额在 5 万元以下，由基建管理处审批；若金额在 5 万元以上，报分管业务校领导审核	
05	分管业务校领导审核	
06	财务处长审核	
07	分管财务校领导审核，判断变更金额是否大于 10 万元，若金额在 10 万元以下，报校长审批；若金额在 10 万～100 万元，报校长办公会审批；若金额大于 100 万元，报党委常委会审批	
08	校长审批	
09	校长办公会审批	
10	党委常委会审批	
11	基本建设管理处提供审批后的变更文件发给监理单位和造价审计单位	变更文件
12	监理单位收到批准的变更文件后同时发给施工单位并监督施工单位依照变更文件进行施工	
13	施工单位完成变更任务后在 14 天内向基本建设管理处提交变更项目决算书，逾期以造价审计单位提供的决算书为准	变更项目决算书
14	施工单位在工程竣工结算时，将变更文件及决算书一并报基本建设管理处，并由学校委托造价审核单位进行审核	

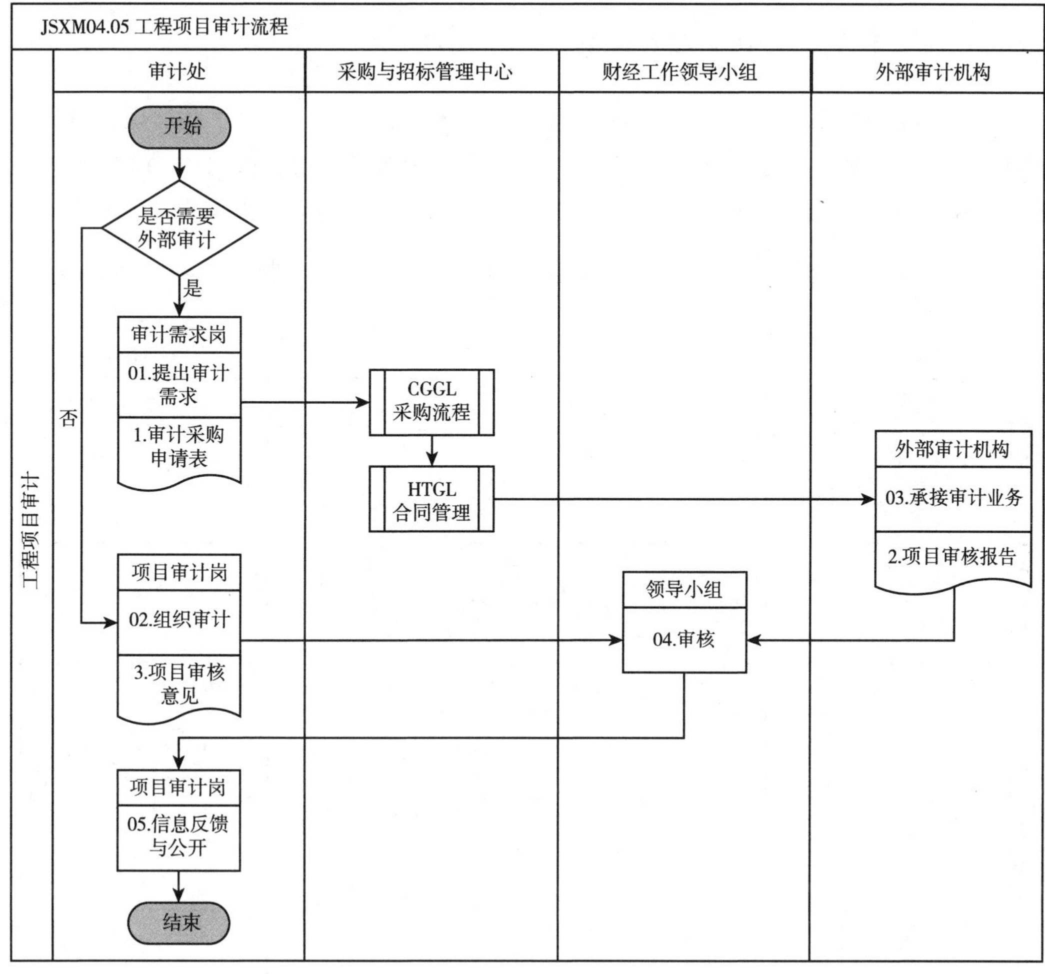

图 7－14　工程项目审计流程

表 7－15　　工程项目审计具体流程说明

序号	步骤说明	输出文档
01	学校若不具备进行项目审计能力，审计处审计需求岗应提出委托工程咨询机构对项目进行项目审计，填制审计采购申请表	采购申请表
	进入采购管理流程及合同管理流程	
02	外部审计机构承接审计业务，编制基本建设项目审核报告	基本建设项目审核报告
03	如果学校不需要外部审计，审计处审计需求岗应组织基本建设项目审计工作，编制基本建设项目审核意见	基本建设项目审核意见
04	财经工作领导小组对审核报告或审计意见进行审核	
05	审计处审计需求岗对审核报告或审计意见的内容信息进行反馈与公开	

（五）工程竣工验收流程及说明

工程竣工验收流程包括项目总结报告编写、绩效评价、资产移交手续办理、项目登记和档案归档整理，最终将电子版档案报送主管部门等步骤。流程如图 7 - 15 所示，具体流程说明见表 7 - 16。

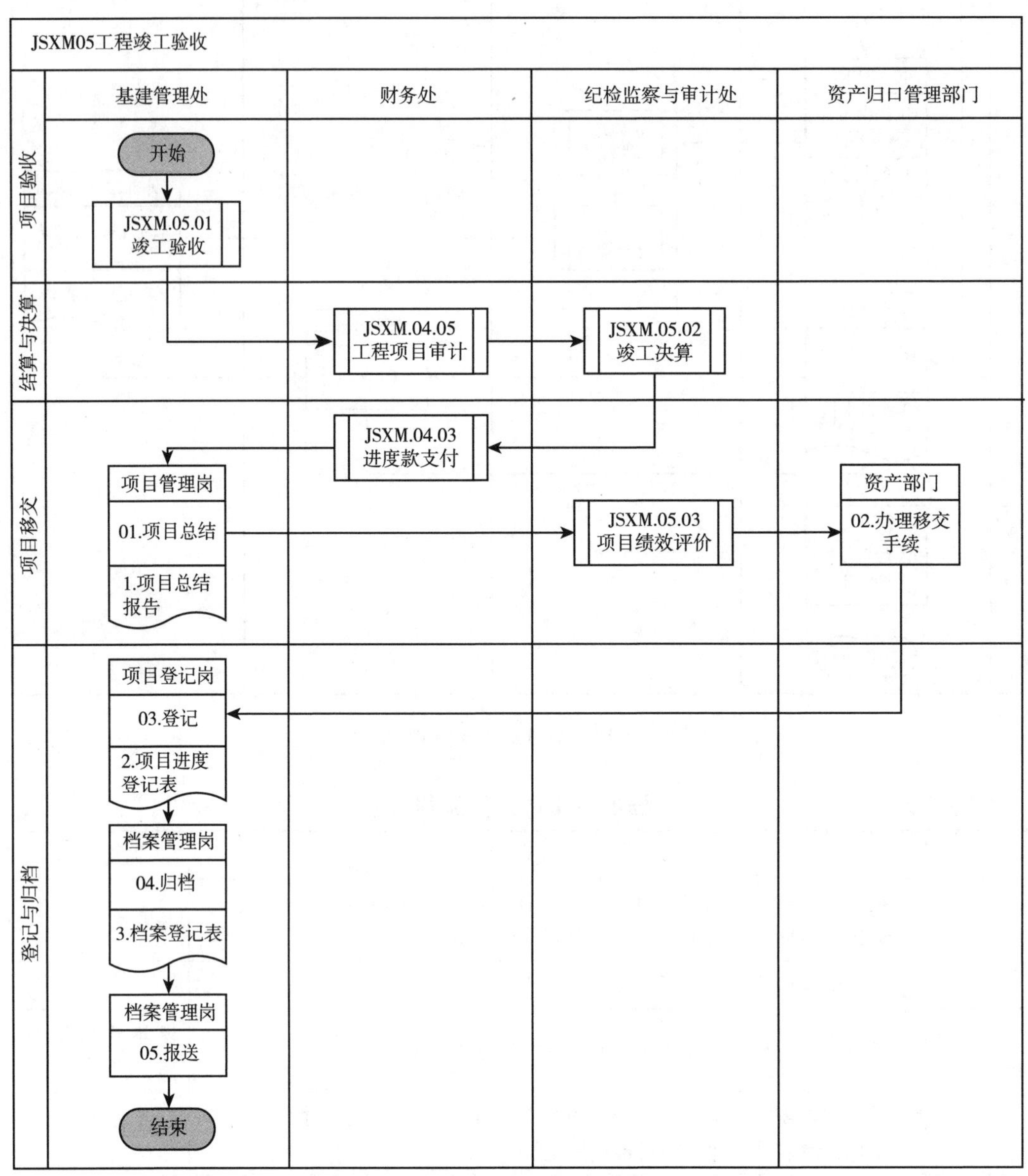

图 7 - 15　工程竣工验收流程

表 7－16　　工程竣工验收具体流程说明

序号	步骤说明	输出文档
	进入给工程竣工验收，工程项目审计，竣工决算和进度款支付流程	
01	基本建设管理处项目管理岗负责组织编写基本建设项目总结报告，分析建设过程中各方的成绩和问题，提出改进意见	基本建设项目总结报告
	转入项目绩效评价流程	
02	资产管理归口部门办理资产移交手续，将基本建设项目登记资产台账	
03	基本建设管理处项目登记岗及时对基本建设项目转固定资产情况进行登记	项目进度登记表
04	基本建设管理处档案管理岗对基本建设项目档案进行归档、登记、整理	档案登记表
05	基本建设管理处档案管理岗将基本建设项目档案（电子版）报送项目主管部门	

1. 工程验收。工程验收流程包括施工单位自检、项目验收申请、监理单位审核、项目实地检查、领导审批、相关部门验收或检测、上级主管部门审批、编制验收报告、签署验收书、填写进度登记表，最终进行档案归档整理等步骤。流程如图 7－16 所示，具体流程说明见表 7－17。

2. 竣工决算流程。竣工决算流程包括施工单位组织决算编制、与造价咨询公司和监理公司审核、基本建设管理处负责人审批、财经工作领导小组审核、分管校领导审批，最终进行档案归档整理等步骤。流程如图 7－17 所示，具体流程说明见表 7－18。

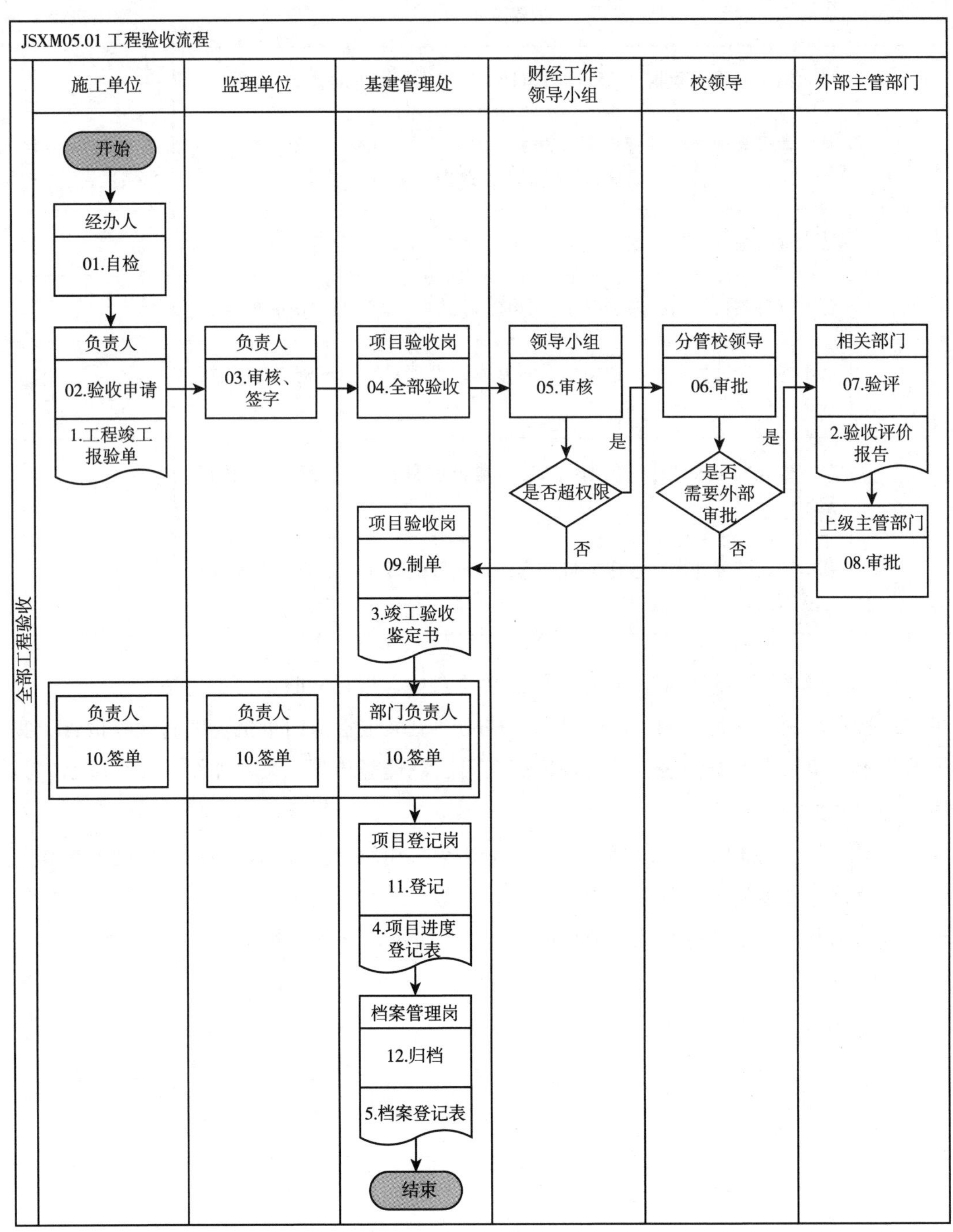
JSXM05.01 工程验收流程
全部工程验收
施工单位
监理单位
基建管理处
财经工作领导小组
校领导
外部主管部门
开始
经办人
01.自检
负责人
02.验收申请
1.工程竣工报验单
负责人
03.审核、签字
项目验收岗
04.全部验收
领导小组
05.审核
是否超权限
是
否
分管校领导
06.审批
是否需要外部审批
是
否
相关部门
07.验评
2.验收评价报告
上级主管部门
08.审批
项目验收岗
09.制单
3.竣工验收鉴定书
负责人
10.签单
负责人
10.签单
部门负责人
10.签单
项目登记岗
11.登记
4.项目进度登记表
档案管理岗
12.归档
5.档案登记表
结束

图 7－16　工程验收流程

表 7－17 工程验收具体流程说明

序号	步骤说明	输出文档
01	施工单位经办人对项目建设情况自检	
02	施工单位项目负责人提出项目验收申请	工程竣工报验单
03	监理单位负责人执行竣工验收审核，审核通过后签字	
04	基本建设管理处项目验收岗对基本建设项目进行实地检查，必要时征求验收组专家意见	
05	财经工作领导小组严格执行全部工程竣工验收审核审批流程，若超权限需上报分管校领导	
06	分管校领导根据权限严格执行全部工程竣工验收审批流程，若需要外部审批则报送至相关部门	
07	根据项目需要，组织环保、消防、人防、规划等相关监督部门进行验收或检测并出具验评报告，并提交上级主管部门审批	验收评价报告
08	上级主管部门执行全部项目验收审批程序	
09	对全部工程验收合格后，基本建设管理处项目验收岗组织编制竣工验收报告	竣工验收报告
10	施工、监理、建设单位共同签署交工验收书	
11	基本建设管理处项目登记人员在项目验收后，根据全部工程验收情况填写项目进度登记表	项目进度登记表
12	基本建设管理处档案管理岗对基本建设项目档案进行归档、登记、整理	档案登记表

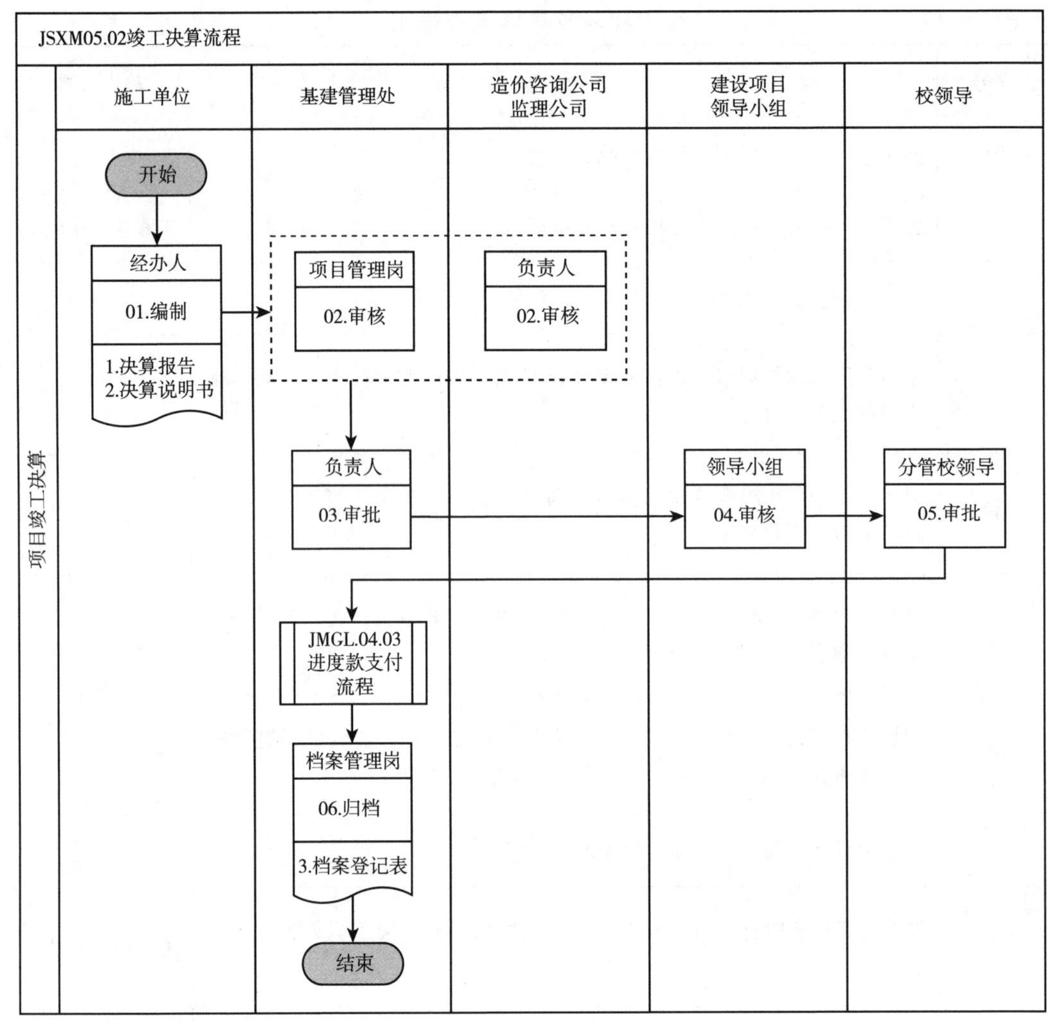

图7－17　竣工决算流程

表7－18　竣工决算具体流程说明

序号	步骤说明	输出文档
01	在项目竣工后3个月内，施工单位决算编制岗应组织完成竣工财务决算的编制工作	决算报告 决算说明书
02	基本建设管理处会同造价咨询公司和监理公司对决算进行审核	
03	基本建设管理处负责人进行审批后，提交财经工作领导小组	
04	财经工作领导小组审核审批后，提交分管校领导	
05	分管校领导审批	
06	基本建设管理处档案管理岗对基本建设项目档案进行归档、登记、整理	档案登记表

3. 工程项目绩效评价。工程项目绩效评价流程包括编写自评报告、核查、审核、外部评价、委托外部机构进行评价、分析讨论、提出改进意见、整改措施，最终对项目档案进行归档整理并上报学校等步骤。流程如图 7－18 所示，具体流程说明见表 7－19。

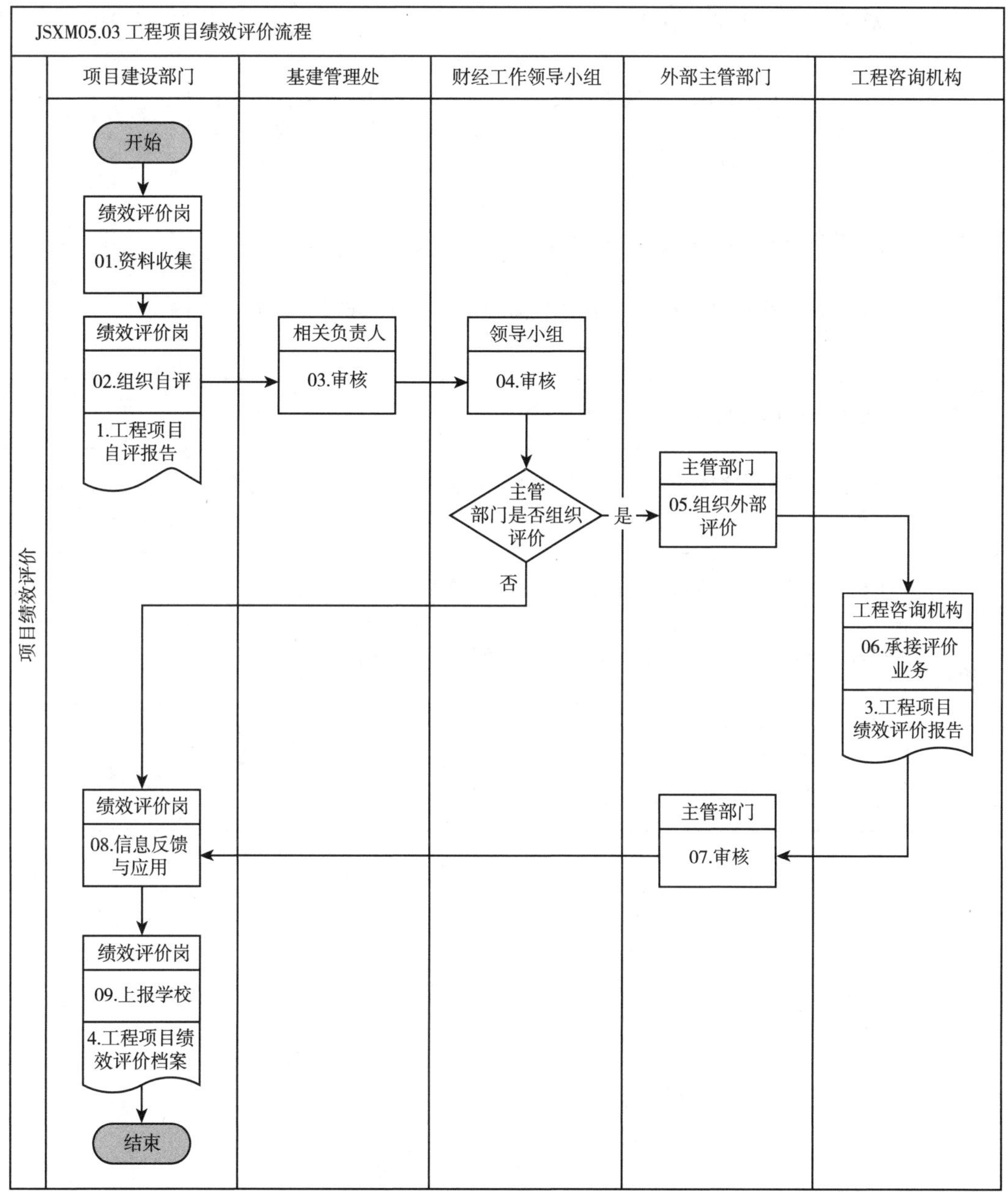

图 7－18　工程项目绩效评价流程

表 7－19　　工程项目绩效评价具体流程说明

序号	步骤说明	输出文档
01	项目管理岗组织编写基本建设项目总结报告，分析建设过程中各方的成绩和问题，提出改进意见	基本建设项目总结报告
02	绩效评价岗对项目的立项决策、设计、施工、竣工验收及运营全过程进行系统回顾和综合评价，竣工验收后 180 天内完成项目自我评价并出具基本建设项目自评报告	基本建设项目自评报告
03	基本建设管理处对自评报告进行核查	
04	财经工作领导小组审核，若外部主管部门（教育厅）组织评价则上报上级主管部门	
05	上级主管部门（教育厅）组织外部评价	
06	委托外部工程咨询机构进行绩效评价，形成基本建设项目绩效评价报告	基本建设项目绩效评价报告
07	上级主管部门（教育行政部门，财政部门）审核	
08	绩效评价岗及时组织分析、讨论绩效评价结果，提出改进意见并落实整改措施	
09	绩效评价岗对工程项目档案进行归档、登记、整理，并按照地方高校专项经费管理办法中的绩效评价要求上报学校	档案登记表

第八章

资产管理控制

第一节　资产管理控制概述

资产管理控制是指在学校内部对各类资产（如货币资金、实物资产、无形资产等）的管理和监督过程，以确保资产的安全性、完整性和有效性。资产管理控制的目标包括优化资产配置、提高资产使用效率、降低资产管理风险，并确保资产的合法合规使用。

学校应对货币资金、实物资产、对外投资、无形资产和软件资产进行分类管理，建立健全资产内部管理制度。学校应当合理设置岗位，明确相关岗位的职责权限，建立严格的授权批准制度，建立对资产业务的监督检查制度，建立责任追究制度，确保资产安全和有效使用。

一、货币资金管理的控制

货币资金管理控制是指在学校内部对货币资金的筹集、使用、流动和监控过程进行有效管理和监督，以确保资金的安全性、流动性和效益最大化。此管理控制的主要目标是合理配置和使用货币资金，防范资金风险，确保资金的合规流动，从而支持组织的整体财务健康和可持续发展。学校应建立健全货币资金管理岗位责任制，合理设置岗位，不得由一人办理货币资金业务的全过程，确保不相容岗位相互分离。

1. 出纳不得兼管稽核、会计档案保管和收入、支出、债权、债务账目的登记工作。

2. 严禁一人保管收付款项所需的全部印章。财务专用章应当由专人保管，个人名章应当由本人或其授权人员保管。负责保管印章的人员要配置单独的保管设备，并做到人走柜锁。

3. 按照规定应当由有关负责人签字或盖章的，应当严格履行签字或盖章手续。

学校应当加强货币资金的核查控制，指定不办理货币资金业务的会计人员定期和不定期抽查盘点库存现金，核对是否账实相符、账账相符。对调节不符、可能存在重大问题的未达账项应当及时查明原因，并按照相关规定处理。学校加强对银行账户的管理，严格按照规定的审批权限和程序开立、变更和撤销银行账户，严格执行银行账户对账程序。

二、实物资产管理的控制

实物资产管理控制是指对学校内所有实物资产的采购、存储、使用和处置进行有效管理与监督，以确保资产的安全性、完整性和使用效率。学校应当加强对实物资产的管理，对资产实施归口管理，明确相关部门和岗位的职责权限，确保办理资产业务的不相容岗位相互分离。

学校应当建立实物资产管理的岗位责任制度，明确资产使用和保管责任人，落实资产使用人在资产管理中的责任。贵重资产、危险资产、有保密等特殊要求的资产，应当指定专人保管、专人使用，并规定严格的接触限制条件和审批程序。强化对实物资产的验收入库、领用、发出、盘点、保管、处置及清查等关键环节的管控。学校应当建立资产业务的授权批准制度，明确授权批准的方式、程序和相关控制措施，规定审批人的权限、责任以及经办人的职责范围和工作要求。

学校应当建立资产台账，加强资产的实物管理。学校应当定期清查盘点资产，确保账实相符。财务、资产管理、资产使用等部门或岗位应当定期对账，发现不符的，应当及时查明原因，并按照相关规定处理。学校应当建立资产信息管理系统，做好资产的统计、报告、分析工作，实现对实物资产的动态管理。

三、无形资产管理的控制

无形资产管理控制是指对学校内所有无形资产（如专利、商标、著作权、品牌价值等）的获取、使用、评估和保护进行系统管理与监督，以确保其价值最大化和合法合规使用。

学校应当加强对专利权、商标权、著作权、土地使用权、非专利技术、商誉等无形资产的管理，防止无形资产随意流失和被盗用，保护学校无形资产的完整。通过对无形资产的有序管理，强调无形资产与其他资源的搭配、组合，促使学校无形资产价值和量的转化，达到产生其应有社会效益和经济效益的目的。

四、对外投资管理的控制

对外投资管理控制是指对学校在境外或境内对其他企业或项目进行投资的过程进行有效规划、监控和评估，以确保投资的合规性、安全性和收益最大化，同时防范投资风险。学校根据国家有关规定加强对外投资管理。

1. 合理设置岗位，明确相关岗位的职责权限，确保对外投资的可行性研究与评估、对外投资决策与执行、对外投资处置的审批与执行等不相容岗位相互分离。

2. 学校对外投资，应当由学校领导班子集体研究决定。

3. 加强对投资项目的追踪管理，及时、全面、准确地记录对外投资的价值变动和投资收益情况。

4. 建立责任追究制度。对在对外投资中出现重大决策失误、未履行集体决策程序和不按规定执行对外投资业务的部门及人员，应当追究相应的责任。

五、软件资产管理的控制

软件资产管理控制是指对学校内所有软件资产的采购、使用、维护和处置进行系统化管理和监督，以确保软件的合法合规使用、优化成本、提高效率，并降低软件相关的风险。它包括软件许可证管理、版本控制、合规审计以及使用情况监测等方面，旨在确保软件资产的最大化利用和信息安全。

学校应当加强对软件资产的管理。应建立健全软件资产管理岗位责任制，合理设置岗位，不得由一人办理软件资产配置、领用、盘点、审批等业务的全过程，确保办理软件资产业务的不相容岗位相互分离。应当建立对软件资产业务的监督检查制度，明确监督检查机构或人员的职责权限，定期和不定期地进行检查。

1. 学校配置办公通用软件资产，应当遵循安全性、适用性、经济性和正版化的原则。不得配置非正版软件。

2. 学校配置办公通用软件资产，原则上遵循以下实物量标准：每台计算机配置一个操作系统软件授权（许可）、一个办公软件授权（许可）、一个防病毒软件授权（许可）、采用网络授权（许可）、用户授权（许可）等方式配置的，应当低于上述标准。

3. 学校配置的办公通用软件，最低使用年限为 5 年，已达到规定的最低使用年限但仍有实用价值的，应当继续使用。

4. 学校办公通用软件出现下列情形的，可以申请报废：

（1）已达到规定的最低使用年限，且无法继续使用的。

（2）未达到规定的最低使用年限，因技术进步等原因无法继续使用的。

（3）未达到规定的最低使用年限，因计算机硬件报废，预装的操作系统软件无法继续使用的。

学校办公通用软件资产的报废，应当经单位内部技术部门鉴定，严格履行资产处置报批手续。

5. 对于未列入本标准范围，学校因工作确需配置的其他软件，应当遵循安全性、适用性、经济性和正版化的原则进行配置，不得配置与工作无关的各类软件。

第二节　资产管理内部控制规范

一、资产管理内部控制的目标及任务

为了加强对地方高校（以下简称学校）资产内部控制管理，保证资产安全完整，学校应提高资产使用效益，根据《中华人民共和国会计法》《中华人民共和国印章管理办法》《现金管理暂行条例》《行政单位国有资产管理暂行办法》《行政事业单位内部控制规范（试行）》等法律法规制定资产管理内部控制规范。规范主要适用于学校各部门及直属事业单位。资产包括货币资金、实物资产、无形资产和对外投资。

（一）资产管理内部控制目标

学校资产管理内部控制目标主要有：确保各类资产安全、完整；确保各类资金的使用符合国家法律法规及学校内部规章制度的规定；提高各类资产使用效率效果；确保各类资产的配置、使用、变动信息真实、准确和完整。

1. 确保各类资产安全、完整。资产的安全和完整性是组织运营的基础。我们需要建立健全的资产管理制度，对各类资产进行全面的盘点和评估，定期检查和维护，以防止资产损坏、丢失或被盗。同时，应加强对资产使用的监督，确保在使用过程中遵循规定，保障资产的物理和信息安全，确保其在任何时候都能够有效支持组织的运营。

2. 确保各类资金的使用符合国家法律法规及学校内部规章制度的规定。资金的使用应严格遵循国家有关法律法规和学校的各项内部规章制度，以确保资金使用的合法性和合规性。这包括对资金申请、审批、使用和报销等环节的规范管理，定期进行财务审计和监督检查，确保资金流向透明、合理，避免出现违规和浪费现象，保障资金的有效利用。

3. 提高各类资产使用效率效果。提高资产使用效率是实现资源最大化利用的重要目

标。我们需要通过科学的资产配置、合理的使用计划和有效的维护策略，确保各类资产能够在最佳状态下运行。同时，应定期评估资产的使用效果，通过数据分析和绩效评估，发现和解决资产使用中的问题，推动持续改进，从而提升整体运营效率。

4. 确保各类资产的配置、使用、变动信息真实、准确和完整。资产的配置、使用和变动信息的真实性、准确性和完整性是资产管理的核心。我们应建立完善的信息管理系统，记录所有资产的详细信息，包括采购、配置、使用、维护和处置等情况，并确保这些信息及时更新和存档。定期进行数据核对和审计，确保信息的可靠性，为决策提供支持，并有效防范资产管理中的风险。

（二）资产管理内部控制主要任务

1. 加强对货币资金的管理，建立健全货币资金管理岗位责任制，建立对货币资金业务的监督检查制度，定期和不定期地进行检查。

2. 加强对实物资产和无形资产的归口管理，强化对实物资产的验收入库、领用、发出、盘点、保管、处置及清查等关键环节的管控，同时做好资产的统计、报告、分析工作。

3. 加强对对外投资的保值、增值及风险防范管理，确保投资行为的科学性、合理性，提高投资的经济效益。

4. 加强对专利权、商标权、著作权、土地使用权、非专利技术、商誉等无形资产的管理，防止无形资产流失。

5. 建立资产管理处与财务处、采购与招标管理中心、基本建设管理处、党政办公室等业务部门之间的协同机制，理顺资产管理业务与预算、收支、采购、合同、基本建设项目业务之间的关联，确保资产管理整体运行环节有序衔接。其中，财务处应切实做好购置资产的预算及处置资产的相关收入核算工作；采购与招标管理中心应做好购置资产的验收管理；基本建设管理处应做好工程项目验收工作，以确保资产管理处及时登记资产；党政办公室配合财务处审核投资合同的合法合规。

二、组织架构及职责分工

学校资产业务内部控制组织结构包括资产管理处、资产归口部门、资产使用部门、财务处和审计处。

（一）资产管理处

资产管理处是学校资产管理的职能部门，其对应的主要职责为：贯彻落实国家国有资产管理的法律法规要求，制定学校国有资产管理规章制度，并组织实施和监督检查；负责建立学校房屋及构筑物、仪器设备、家具等固定资产的实物总账和分类、分户明细账，并定期与财务处核对；按国家政策法规和学校管理规定，组织学校固定资产的分配、调剂、处置等相关工作；负责学校国有资产对外投资、出租、出借和担保等事项的管理工作，会同财务处实施国有资产收益的监管工作；负责组织办理学校国有资产的资产评估、资产清查、统计报告等基础管理工作；负责督促和指导各归口管理部门建立和完善国有资产管理办法及使用效益评价；负责会同各归口管理部门监督、检查校内各资产使用单位国有资产管理、维护和使用情况。

（二）资产使用部门

资产使用部门是学校资产管理的日常保管、使用部门，其对应的主要职责为：设置专人保管领用的资产，保证所领用资产的安全、完整；建立资产运行管理档案，制订日常维修和修理计划，并定期检查以消除风险。

（三）财务处

财务处是学校资产管理的核算部门，其主要职责为：据资产需求编报预算，据当年资产实际增减情况编报决算；统一办理各银行账户的开立、变更、撤销手续，负责银行账户以及库存现金的使用和管理；财务印章的使用和保管。

审计部门按政策规定和学校要求对资产管理情况进行审计监督。学校应切实加强资产岗位管理，结合学校组织架构设置及实际业务管控需要，明确资产管理处、财务处为主要责任管理部门，科学设置岗位，合理划分岗位职责，并确保实现出纳与稽核、会计档案保管和收入、支出、费用、债权、债务账目登记岗相分离，相关申请的编制和审核等不相容岗位相分离。

三、货币资金管理

货币资金是指学校所拥有的现金、银行存款和其他货币资金。地方高校货币资金管理分为库存现金管理、银行账户管理、财务印章管理等。

（一）库存现金管理

1. 现金出纳的不相容岗位。学校现金保管的责任人为出纳人员。出纳人员应与稽核岗、会计档案保管岗和收入、支出、费用、债权、债务账目登记岗相分离，确需出纳人员办理上述工作的，可指定其他人员定期进行复审和监督。

2. 设置“现金日记账”。由出纳人员根据收付款凭证，按照业务发生顺序逐笔登记。每日终了，应当计算当日的现金收入合计数、现金支出合计数和结余数，并将结余数与实际库存数核对，做到账款相符。

3. 现金限额的管理。超过限额的现金应由出纳人员送存银行。经核定的库存现金限额，学校必须严格遵守。需要增加或减少库存现金限额的，应当向开户银行提出申请，由开户银行核定。

4. 月底对库存现金进行盘点。财务处会计岗进行监盘，并编制现金盘点表，盘盈盘亏出纳均需查明其产生的原因，并给出处理建议。财务处会计审核盘点差异报告，上报至财务处负责人进行审批，进行账务处理。在盘点结束后，会计档案管理岗进行归档。

5. 库存现金的清查盘点。学校应建立现金清查制度，定期和不定期对库存现金情况进行清查盘点，重点盘点项目如下。

（1）账款是否相符。学校出纳人员每日和每月终了对现金的盘点，根据“现金日记账”的合计数，结出库存现金余额，并与库存现金实有数核对，做到账款相符。财务处负责人应随机抽查盘点库存现金实际数和日记账，加强监督。若发现账款不符，应及时查明原因，并作相应处理。若是由一般工作失误造成的，可由学校相关负责人按照规定作出处理；若属于违法行为，应依法移交相关部门处理。

（2）有无白条抵库。学校会计人员在支出现金时必须以发票、收据等正规的付款凭证为依据，不能通过欠条或白纸来顶替库存现金。尤其在会计人员进行工作交接时，必须要按照相应的规定和程序办理交接工作，按移交清册进行交接，坚决杜绝白条抵库现象。

（3）有无私借挪用公款。学校工作人员如因工作需要借用现金的，应填写借款单，经其所在部门负责人和财务处负责人审批后方能支取，且借出现金应严格在规定时间内送还。

（4）有无账外资金。学校会计人员应当定期对学校的实物资料、收入、支出、银行对账单、银行账户、往来账等进行核对，避免以存货溢余、虚假应付账款、隐瞒账户等形态存在的账外资产。

（二）银行账户管理

学校银行账户包括基本账户和零余额账户，不得开立除基本账户和零余额账户之外的银行账户。学校银行账户管理过程包括开立、变更和撤销银行账户。

1. 开立程序。

（1）提出申请。学校银行账户开立由财务处根据学校银行账户历史情况及有关基本户开户的相关规定提出开户申请，填写开立银行账户申请报告、开立银行账户申请表。

开立银行账户申请报告应详细说明学校的基本情况和申请开户的理由，包括新开账户的名称、用途、使用范围，开户依据或开户理由，相关证明材料清单及其他需要说明的情况等。

（2）审核申请。由财务处负责人、学校分管领导对开户申请进行审核，主要审核开户申请的要件是否齐全，包括账户的名称、用途、使用范围，开户依据或理由，相关证明材料清单及其他需要说明的情况等。审核通过后报上级主管部门，上级主管部门及时对报送的开户申请进行合规性审核，对同意开设的银行账户签发开立银行账户批复书。

（3）办理开户。学校财务处持财政部门签发的开立银行账户批复书，按照中国人民银行账户管理的有关规定，到相关银行办理开户手续。

（4）备案。开户成功后，由财务处填写财政部统一规定的银行账户备案表，到相应批准开户的财政部门和各级主管单位备案。

2. 变更程序。学校应当根据银行账户变更类型执行相应的变更程序。

（1）主管单位发生变更的，应在变更后 3 个工作日内填制学校主管单位变更登记表，报相应财政部门和各级主管单位备案。

（2）需要延长账户使用期的，应提前提出申请并分别报财务处负责人、学校分管领导审核，主要审核对账户延长使用期的申请是否合理，审核通过后报相应上级主管部门审批。审批期间，按原账户使用期执行。

（3）因特殊需要变更开户银行的，应按规定将原账户撤销，按银行账户开立的相关规定重新办理开户，并进行备案，将原账户的资金余额（包括存款利息）如数转入新开账户。

3. 撤销程序。学校因银行账户使用期满、机构改革、开立一年内没有发生资金往来业务等原因确需撤销银行账户的，由财务处提出撤销申请，经学校领导及财政部门审核批准后，由相关银行进行销户手续，学校财务处进行账户登记并将撤销结果报送上级主管单位及相应批准开户的财政部门备案。

4. 银行存款日记账。学校应当按开户银行和其他金融机构的名称和存款种类，分别设置银行存款日记账，由出纳人员根据收付款凭证逐笔按顺序登记，每日终了结出余额。出纳人员不得从事银行对账单获取、银行存款余额调节表的编制等工作。

5. 银行账户对账。会计至少每月核对一次银行存款日记账与银行对账单，编制银行存款余额调节表，确保银行存款账面余额和银行对账单余额调节相符，若银行存款账面余额和银行对账单余额调节不符，按以下办法处理。

（1）发现记账错误的，应上报财务处负责人，查明原因后进行处理、改正。

（2）因收付款结算凭证在学校和银行之间传递需要时间，由此造成的记账时间不同，可通过银行存款余额调节表调节相符。

6. 零余额账户管理。财务处应当加强对零余额账户的管理，建立对零余额账户支付业务的监督检查制度，明确监督检查机构或人员的职责权限，定期和不定期地进行检查。对零余额账户的管理内容主要包括：

（1）记账人员应与核对、档案保管等岗位人员严格分离，不得由一人办理零余额账户业务的全过程，确保零余额账户业务不相容岗位相分离。

（2）健全零余额账户用款额度支出的授权批准手续，并严格执行，对过程中的审批行为严格控制，避免越权审批。

（3）每月定期核对零余额账户与银行对账单，确保二者授权支付明细一致。

7. 银行账户审核。审计部门按照国家有关规定和学校要求对资金管理情况进行监督。

（三）财务印章管理

财务印章包括财务印鉴（由财务专用章和法人名章组成）、发票专用章、收费专用章、财务处公章、财务工作人员个人名章。学校财务印章管理包括申请、启用、保管和使用财务印章。

1. 申请刻制。财务印鉴、发票专用章、收费专用章、财务处公章的刻制应持学校公函到公安部门指定的经批准并颁发特种行业营业执照的刻章单位刻制。因财务印鉴、发票专用章、收费专用章、财务处公章损坏或人员变更等原因需要重新刻制的，须经财务处负责人批准，并将原印章封存。

2. 财务印章启用。启用新印章（包括更换新印章）需经过学校发文报相关部门备案后，才能启用。新印章启用以后原有印章作废，属上级单位刻制的印章，原印章应交回上级单位封存或者销毁；属自行刻制的，应移交档案室封存或者销毁。

3. 财务印章保管。财务印章的管理应遵循“专职专管，相互牵制，监督使用”的原则。

（1）财务印章要妥善保管，不得随意放置。财务专用章、收费专用章、发票专用章由指定的出纳人员保管，法人名章由会计科科长保管，财务处公章由财务处负责人负责保管，其他财务人员的个人名章原则上由自己保管。

（2）财务印鉴任何时间均不能由同一人保管；保管财务专用章、收费专用章、发票专用章的人员不得保管各类收费票据。

（3）财务处要设立印章保管登记簿。保管印章人员因事请假，要按规定办理转交手续。印章长期转交须经财务负责人批准，不得随意转交他人，不得把财务印鉴转交给同一人。印章的交接必须进行登记，交接人必须签字，并注明交接时间。

4. 财务印章使用范围。

（1）财务印鉴用于开具支票，办理各种银行业务。

（2）收费专用章用于开具“行政事业单位资金往来结算票据”及“非税收入统一收据”的业务。

（3）发票专用章用于开具各类涉税发票的业务。

（4）财务专用章、财务处公章用于财务处对外出具的各种文件、财务证明、财务报表等相关业务。

（5）财务人员个人名章，主要用于证明个人处理的相关会计业务。

5. 财务印章使用要求。

（1）对外出具银行票据加盖财务印鉴的，必须以会计人员制作的记账凭证为依据。

（2）因出具各类证明，需要加盖财务专用章、财务处公章、法人名章的，需经财务负责人批准。

（3）对外申报专项经费（含科研经费）、项目验收等，需要加盖财务印章的，须持相关职能处室出具的用印申请，经财务负责人批准后使用。

（4）出纳人员收讫款项后，方可加盖收费专用章或发票专用章。款项暂未到账需预借票据的，经办人需履行借票据手续后，出纳人员才可在票据上加盖收费专用章或发票专用章。

6. 财务印章的保管责任。

（1）财务印鉴保管人员加盖印鉴章时，必须认真审查付款项业务的真实性和合理性，保证收款单位信息、金额与记账凭证一致，确保学校资金安全。

（2）印章保管者有权拒绝对不合规定的、不规范的业务加盖印章。

（3）未经授权或批准，不得随意使用财务印章，不得在空白介绍信或稿纸、白纸上盖各种财务印章。凡私盖、乱盖章者一经发现给予严厉惩处；造成经济损失的，根据金额大小追究相应的经济及法律责任。

（4）已停用的财务印章应立即停止使用并清理封存。

（5）财务印章保管人员应妥善保管和使用印章，不按规定保管和使用印章所产生的一切后果由印章保管人员负责。

四、实物资产管理

实物资产包括存货和固定资产等。学校存货是指在开展业务活动及其他活动中为耗用而储存的资产。学校的存货主要包括产成品、在产品、低值易耗品等；学校的固定资产是指为满足自身开展业务活动或其他活动需要而控制的，使用年限超过 1 年（不含 1 年）、单位价值在规定标准以上，并在使用过程中基本保持原有物质形态的资产，以及单位价值虽未达到规定标准，但是使用年限超过 1 年（不含 1 年）的大批同类物资。学校的固定资产主要包括设备、房屋、办公家具等。

学校实物资产管理包括实物资产配置、使用与维修、清查盘点和处置等关键环节的管控。

（一）配置管理

1. 资产配置标准。学校的资产配置主要包括办公与业务用房、公务用车、办公家具、办公设备等。

（1）办公与业务用房的相关配置标准。

①面积标准、建设标准和装修标准：按照《关于进一步严格控制党政机关办公楼等楼堂馆所建设问题的通知》和国家发展改革委等部门制定的党政机关办公用房建设标准等规定执行。

②维修标准：按照《中央国家机关办公用房维修标准》等规定执行。

③租用或购置标准：依照办公与业务用房建设标准执行。对于租赁的办公与业务用房，原则上不允许进行整体改造，只能进行满足办公需要的局部改造。

（2）一般公务用车。根据各单位内设机构、主要职能和人员编制等情况配备，按照《中共中央办公厅 国务院办公厅关于印发〈党政机关公务用车配备使用管理办法〉的通知》等规定执行，要优先配备国产自主品牌车辆，符合节能、环保要求。未经批准，一律不得配备进口车辆。

（3）办公家具。办公家具的配置应按照中央、省及学校相关，充分考虑办公布局，符合简朴实用要求，不得配置豪华家具，不得使用名贵木材。具体标准参见中央行政单位通用办公家具配置标准表。

（4）办公设备。办公设备包括信息化办公设备、电器设备和其他设备等，按照机构职能、人员编制的一定比例和规定价格、性能规格进行配置，未达到规定使用年限不得更新。信息化办公设备的配置必须符合国家有关部门关于安全保密的相关规定，涉密岗位的信息化办公设备须经过安全检查后方可配备使用。具体标准参见中央行政单位通用办公设备配置标准表。

2. 资产配置申请。学校资产配置应当坚持保障需要、节俭适用、节能环保、从严控制的原则。各部门有下列情形之一的，可以申请配置资产。

（1）新增机构或人员编制的。

（2）增加工作职能和任务的。

（3）现有资产按规定处置后需要配置的。

（4）现有资产无法满足工作需要的其他情形。

3. 资产配置方式。学校的资产配置方式主要包括购置、调剂、租赁、受赠等。凡能通过调剂方式解决的，原则上不得购置。

4. 配置流程。

（1）业务部门提出配置申请，提交申请表，申请表上应详细填写拟购买实物资产的名称、拟使用人、数量、要求与技术规格等相关内容；申请表经使用部门负责人签字确认后由业务归口主管部门进行审核，相关负责人审批，经批准后办理配备事宜。

（2）若所申请的资产能够通过调剂获得，则根据申请，按照调剂流程，从现有学校资产中调剂配发，资产管理处资产管理岗进行资产账务信息调整，由会计岗进行财务处理。

（3）若所申请的资产没有库存并且不能调剂，经业务归口主管部门申请采购经费，财务处负责人审核，采购与招标管理中心进行采购流程，业务归口主管部门将购置实物资产的发票、合同、验收报告等相关材料交资产管理处资产管理岗办理实物资产入账手续，由业务归口主管部门办理资产领用发放手续，由财务处会计岗对新增实物资产进行账务处理、登记账簿等工作。

（二）调剂管理

学校的资产调剂指学校各部门之间进行实物资产调剂，由资产调出部门资产管理岗填写调拨审批表，明确实物资产的名称、规格/型号、固定资产编号、原使用人、现使用人等信息，资产调出部门经办人、负责人审核通过后资产调入部门审核实物资产的名称、规格/型号、固定资产编号、原使用人、现使用人等信息的准确性，经手人及负责人签字确认，交由业务归口主管部门经办人、负责人审核，允许实物资产调拨后，资产管理处资产管理岗调整实物资产账务信息，业务归口主管部门资产管理岗办理实物资产的调剂手续办理手续，财务处视情况进行账务处理。

（三）使用与维修管理

1. 领用登记。由专人对资产的领用进行登记，填写实物资产使用登记表，记录资产的编号、名称、使用人等信息。资产使用部门也应设置专人对所领用的资产进行日常记录。

2. 保证资产的完整安全。资产使用人需爱护所用资产，维护资产的安全完整，贵重或危险的实物资产以及有保密等特殊要求的实物资产，应当指定专人保管、专人使用。各部门或个人不得随意对实物资产进行拆改，如确有需要，须申请报批后由专人操作。

3. 资产使用人变更。资产使用部门和使用人员如需变更资产使用地点和使用人，必须经资产管理处审核。实物资产使用人在调离工作岗位前，必须提前 3 个工作日办妥资产交接手续，经资产使用部门负责人、资产管理处负责人签章后，人事部门方予办理调离手续。未办理资产交接或出具虚假报告造成资产流失的，追究相关人员责任。

4. 实物资产维修分日常修理、大修理以及更新改造。日常维修是指为保持资产处于正常运行状态的修理，不增加资产的经济利益，也不提高资产的效率；大修理是指为恢复资产的性能，对其进行大部分或全部的修理，大修理应按规定间隔期进行；更新改造是指以新的技术对原有资产进行改造，改造按采购流程办理。

5. 维修流程。业务归口主管部门负责各所辖资产的日常维修维护工作。使用部门资产管理岗定期检查实物资产情况，判断是否需要进行零星维修或批量维修：若实物资产需要维修，零星维修由业务归口主管部门处理，批量维修由业务归口主管部门报分管校领导审批，如果批量维修需要后续支出，则按照采购相关规定执行，若不需后续支出，由业务归口主管部门资产管理岗负责联系维修，财务处会计岗视情况进行账务处理。

（四）清查盘点管理

1. 资产清查的对象。学校每年进行资产清查，此外如有下列情况之一的，学校还应当进行资产清查。

（1）国家专项工作要求进行清查的。

（2）进行重大改革或机构进行调整的。

（3）遭受重大自然灾害等不可抗力造成资产严重损失的。

（4）会计信息严重失真或者国有资产出现重大流失的。

（5）会计政策发生重大变更，资产核算方法发生重要变化的。

（6）上级部门认为应当进行资产清查的其他情形。

2. 资产清查工作的内容及程序。学校资产清查工作的主要内容有学校基本情况清查、账务清理、财产清查等。实物资产定期清查于每年底进行，不定期清查则根据实际需要临时安排。

（1）学校应当成立清查小组，具体负责实物资产清查事宜。

（2）账账核对。资产清查小组将资产实物账和财务账进行账账核对，并记录。

（3）进场清查。清查小组按通知约定时间进场，对需清查各部门所管理和占用的实物资产进行现场查点，并对盘点结果签字确认。

（4）形成清查报告。清查小组根据现场查点的实物资产与其实物账逐一进行核对，编写实物资产盘点明细表，对盘盈盘亏实物资产作进一步核实，查明原因，最后形成实物资产清查报告，阐明实物资产清查情况及初步处理意见，呈报分管领导或国有资产管理领导小组审核通过后，报主管部门审批，发现存在盘盈盘亏的，查明原因并处理，财务处会计岗进行相应账务处理。资产管理处做好归档工作。

（5）账务处理。财务处根据批复的资产清查盘点报告按财务相关规定和程序进行相应会计处理，使实物账与财务账保持一致，确保账账相符、账实相符。

（五）处置管理

实物资产处置方式。实物资产处置是指学校实物资产产权转移或者注销的行为，主要方式包括无偿转让、出售、出租、出借、出让、置换、对外捐赠、报损、报废等。

1. 处置范围。学校资产处置范围包括：闲置资产；报废、淘汰的资产；所有权或使用权转移的资产；盘亏、呆账及非正常损失的资产；已超过使用年限无法使用的资产；依照国家有关规定需进行资产处置的其他情形。

2. 处置程序。处置实物资产，由使用部门上报待处置资产的名称、规格、条形码编号、数量、处置原因等资料，并填写处置审批单，使用部门负责人初步审核实物资产处置相关资料，业务归口主管部门资产管理岗判断待处置资产是否为正常处置，视情形组织技术部门鉴定确认，业务归口主管部门负责人审核后，报资产管理处。资产管理处资产管理岗审核待处置实物资产相关资料，资产管理处负责人审核形成意见，报请分管校领导进行审核，并经由国有资产管理领导小组审批，校长办公会议或党委常委会审批后形成处置结果，资产管理处依照国家相关规定进行实物资产的处置工作，财务处会计岗对处置的实物资产进行收入处理后账务处理。

若该资产未到使用期限，则应由技术鉴定部门进行鉴定确认，并出具鉴定报告，交由资产分管校领导审核，审核通过后由校长办公会议或党委常委会审核，资产管理处进行相关的报废报损工作。财务处凭审批文件或处置批复调整有关资产、资金科目，按收入流程对收入进行账务处理。资产管理处在实物资产管理台账和卡片上作变更，以示注销。

3. 处置收入。学校国有资产处置收入包括变卖收入、置换收入和报损报废的残值变价收入等。资产处置收入应当按政府非税收入管理的规定，实行“收支两条线”管理。财务处应当按照财务管理制度，如实反映和缴纳国有资产处置收入，不得隐瞒、截留、挤占、坐支和挪用。

五、无形资产管理

学校的无形资产是指控制的没有实物形态的可辨认非货币性资产，学校的无形资产主要包括专利权、商标权、著作权、土地使用权、非专利技术、商誉等。学校无形资产管理的主要任务是：完善管理体制，建立健全各项规章制度；明晰产权关系，实施产权管理；规范无形资产处置行为，保障无形资产的安全和完整；促进无形资产的开发和使用，提高无形资产的经济效益；监管经营性无形资产保值增值。

（一）无形资产配置管理

1. 配置方法。使用部门申请增配无形资产，需提交地方高校资产申请表，由经办人、负责人审核，业务归口主管部门资产管理岗对配置更新申请进行审核、审批，经批准后，由业务归口主管部门办理无形资产配备事宜，判断所申请的无形资产是否能够通过调剂配置。若能够调剂，则依据调剂流程进行调剂；若不能通过调剂配置，业务归口主管部门申请采购经费，财务处负责人审核，采购与招标管理中心进行采购流程，业务归口主管部门将购置无形资产的发票、合同、验收报告等相关材料交资产管理处资产管理岗办理无形资产入账手续（地方高校资产入库凭证），业务归口主管部门办理无形资产领用发放手续，财务处会计岗对新增无形资产进行账务处理、登记账簿等工作。

2. 无形资产价值。无形资产的基本价值，按下列原则确定。

（1）原始产生并取得的专有技术、取得专利授权的技术、拥有著作权或使用权的作品（含计算机软件），根据取得时实际发生的支出，包括研制（完成）成本、注册费或申请费等所有实际发生的费用确定。

（2）以受让的方式取得的无形资产，根据受让所发生的总支出，包括支付的价款、登记费等确定。

（3）以受赠的方式取得的无形资产，根据受赠时该无形资产的市场公允价及因受赠而履行必要手续的费用支出等确定。

（4）土地使用权形成的无形资产，根据土地出让合同所约定的土地使用权出让金及所有相关费用支出等确定。

（5）商业信誉形成的无形资产，根据其市场评估价值确定。

（6）学校享有的其他无形资产，根据形成时支出的所有费用确定。

（7）按前款原则确定的无形资产的基本价值，为学校无形资产的账面价值。

（二）无形资产使用及处置管理

学校无形资产所有权，除依照法律规定不得转让的，均可以对外许可使用、转让或作为投资。学校无形资产的对外使用许可，采取普通许可、排他许可或独占许可的方式。

1. 各部门的职责。资产管理处负责将使用部门或个人的申请资料、使用证书等相关资料进行登记、存档，以备查询。业务归口主管部门对各部门或个人无形资产的使用情况进行监督，发现问题及时处理。

使用学校无形资产的部门或个人，要严格按照规定填写资产年度报告，做到内容完整，数字准确。同时，对无形资产的变动、结存情况和使用效益作出分析说明。

业务归口主管部门按照学校及上级有关部门规定的时间和要求，编报学校无形资产汇总表及分析说明，向学校领导、上级主管部门和财政部门报告，为制定学校发展规划及编制学校财务预算提供决策依据。

获许可使用学校无形资产的被许可使用人（受让人），未经学校授权或同意，不得再许可（转让）他人使用。

2. 收费标准。业务归口主管部门会同相关部门进行协商，共同确定关于无形资产使用的收费标准，对使用部门或个人征收合理的费用。

3. 无形资产使用流程。使用部门资产管理岗定期检查无形资产情况，判断是否需要进行更新维护或者批量更新维护。若无形资产需要更新维护，零星更新维护由业务归口主管部门处理，批量更新维护由业务归口主管部门报分管校领导审批。若需要后续支出，按采购相关规定执行，若不需后续支出，由业务归口主管部门资产管理岗负责联系更新维护，资产管理处资产管理岗办理无形资产更新的入账手续，财务处会计岗视情形进行账务处理。

4. 无形资产处置流程。处置无形资产，由使用部门上报待处置无形资产的名称、数量、处置原因等资料，并填写地方高校资产处置审批单，使用部门负责人初步审核无形资产处置相关资料，业务归口主管部门资产管理岗判断待处置无形资产是否为正常处置，视情形组织技术部门鉴定确认，由业务归口主管部门负责人审核，对于限额以上无形资产处置，报送分管校领导进行审批，资产管理处资产管理岗审核待处置无形资产相关资料，资产管理处负责人审核，并报分管校领导进行审核，再由国有资产管理领导小组审批，形成意见后报请校长办公会议或党委常委会审批，资产管理处依照国家相关规定进行无形资产的处置工作，财务处会计岗对处置的无形资产进行收入处理后账务处理。

（三）管理、监督及奖惩制度

业务归口主管部门负责无形资产保护、监督和管理工作，任何部门、个人都有权监督有关无形资产的法律、法规的执行情况，有责任劝阻、制止和举报违反规定的人员和行为。对侵犯学校无形资产、违反有关法律与规定的校外单位、个人，资产管理处配合有关部门以国家法律、法规为武器进行处理，依法保护学校的利益不受侵害。

无形资产的使用单位，有下列行为之一的，业务归口主管部门有权责令其改正，并按管理权限，追究主管领导和直接责任人的责任：

1. 不如实进行产权登记、填报资产统计报表，隐瞒真实情况者。

2. 对用于经营投资的资产不认真进行监督管理，不履行投资者权益、收缴财产收益的；未履行职责，放松无形资产管理，造成严重后果的。

3. 不按规定权限使用无形资产的。

4. 对上级有关部门布置的任务不认真完成或者完成不及时者。

六、软件资产管理

学校软件资产是指用于满足学校办公和教学基本需要的软件，包括操作系统软件、办公软件（用于文字、表格等公文处理）和防病毒软件。学校配置办公、教学通用软件资产，应当遵循安全性、适用性、经济性和正版化的原则，不得配置非正版软件。

（一）基本原则

学校配置办公通用软件资产，应当遵循以下原则：学校已经集中采购正版操作系统和办公软件，不得另行采购用于办公电脑和教学电脑的正版操作系统和办公软件。在采购计算机硬件时，不得包含预装的操作系统软件价格。

（二）申请报废

学校办公、教学软件出现下列情形的，可以申请报废：

1. 已达到规定的最低使用年限，且无法继续使用的。

2. 未达到规定的最低使用年限，因技术进步等原因无法继续使用的。

3. 未达到规定的最低使用年限，因计算机硬件报废，预装的操作系统软件无法继续使用的。

学校办公、教学软件资产的报废，应当经业务归口主管部门鉴定，严格履行资产处置报批手续。

因工作确需配置的其他软件，应当遵循安全性、适用性、经济性和正版化的原则进行配置，不得配置与工作无关的各类软件。

七、资产报告

学校资产管理实行报告制度。资产报告是指学校年度终了，根据资产管理、预算管理等工作需要，在日常管理基础上编制报送的反映学校年度资产占有、使用、变动等情况的文件，包括学校资产报表、填报说明和分析报告。

学校应当严格按照国家资产管理和有关财务、会计的相关制度规定，遵循“资产管理与预算管理相结合、资产管理与财务管理相结合、实物管理与价值管理相结合”的原则，完善资产管理内部控制体系，做好各项资产的日常管理及会计核算工作，做到账表、账账、账证、账实相符，保证资产报告数据的真实准确完整。

（一）资产报表

学校的资产报表是指学校在会计核算、资产盘点基础上对账簿记录进行加工编制而成的报表，反映学校资产占有、使用、变动等总体情况以及房屋、土地、车辆、大型设备等重要资产信息。资产报表数据应当真实、准确、完整，表内数据、表间数据、本期与上期数据、资产与财务数据应当相互衔接。

（二）填报说明

学校资产报表填报说明是对资产报表编报相关情况的说明，主要内容包括：

1. 对数据填报口径等情况的说明。
2. 对数据审核情况的说明。
3. 对账面数与实有数、账面数与财务会计报表数据差异情况的说明。
4. 其他需要说明的情况。

（三）分析报告

学校的分析报告应当以资产和财务状况为主要依据，对资产占有、使用、变动情况，以及资产管理情况等进行分析说明，主要内容包括：

1. 学校的基本情况。
2. 资产情况分析，包括资产总量、分布、构成、变动情况及原因分析，与学校履行职能和促进事业发展相关的主要资产的配置、使用、处置等情况，国有资产收益规模及其管理情况。
3. 资产管理工作的成效及经验。
4. 资产管理工作存在的问题及原因分析。
5. 加强学校国有资产管理工作的建议。
6. 其他需要报告的事项。

资产报告编制完毕后，于规定时间内上报财政部门或主管部门。

（四）资产登记档案

学校应当建立资产登记档案，并严格按照财政部门的要求作出报告，建立和完善资产管理信息系统，对国有资产实行动态管理。

八、监督与责任

资产管理内部监督。审计处按照国家有关规定和学校要求对固定资产管理情况进行监督。学校应建立追责机制，过错与责任人相适应，实事求是，违规违纪追责。

第三节 资产管理内部控制操作规程

一、资产管理流程整体概况说明

资产管理流程包含货币资金管理、实物资产管理、无形资产管理和软件资产管理等子流程。本规程适用于地方高校。表 8－1 是资产管理业务涉及的一级流程和二级流程。

表 8－1　资产业务流程清单

序号	类别	流程编号	一级流程	二级流程
	ZCGL01 货币资金业务管理流程	ZCGL01	货币资金管理	
01		ZCGL01.01	库存现金盘点	
		ZCGL01.02	银行账户管理	
02		ZCGL01.02.01		银行账户开立
03		ZCGL01.02.02		银行账户变更
04		ZCGL01.02.03		银行账户撤销
05		ZCGL01.02.04		银行账户对账
06		ZCGL01.03	财务印章管理	

续表

序号	类别	流程编号	一级流程	二级流程
	ZCGL02 实物资产业务管理流程	ZCGL02	实物资产管理	
07		ZCGL02. 01		实物资产配置流程
08		ZCGL02. 02		实物资产调剂流程
09		ZCGL02. 03		实物资产使用与维修流程
10		ZCGL02. 04		实物资产清查盘点流程
11		ZCGL02. 05		实物资产处置流程
	ZCGL03 无形资产业务管理流程	ZCGL03	无形资产管理	
12		ZCGL03. 01		无形资产配置、外购流程
13		ZCGL03. 02		无形资产使用流程
14		ZCGL03. 03		无形资产处置流程
	ZCGL04 软件资产业务管理流程	ZCGL04	软件资产管理	
15		ZCGL04. 01		软件资产配置流程
16		ZCGL04. 02		软件资产维护、更新流程

二、具体流程说明

（一）货币资金管理流程及说明

1. 库存现金管理。库存现金管理确保现金的安全、完整与合理使用，提高资金使用效率，防止现金流失、被盗或滥用，同时满足日常经营对现金的需求，保持现金流的稳定和畅通。流程如图 8 -1 所示，具体流程说明见表 8 -2。

2. 银行账户管理。

（1）银行账户开立。银行账户开立方便企业进行资金收付、存储和转账等交易活动，确保资金的安全、便捷和高效流通，同时满足企业经营管理、税务申报和融资等方面的需求。流程如图 8 -2 所示，具体流程说明见表 8 -3。

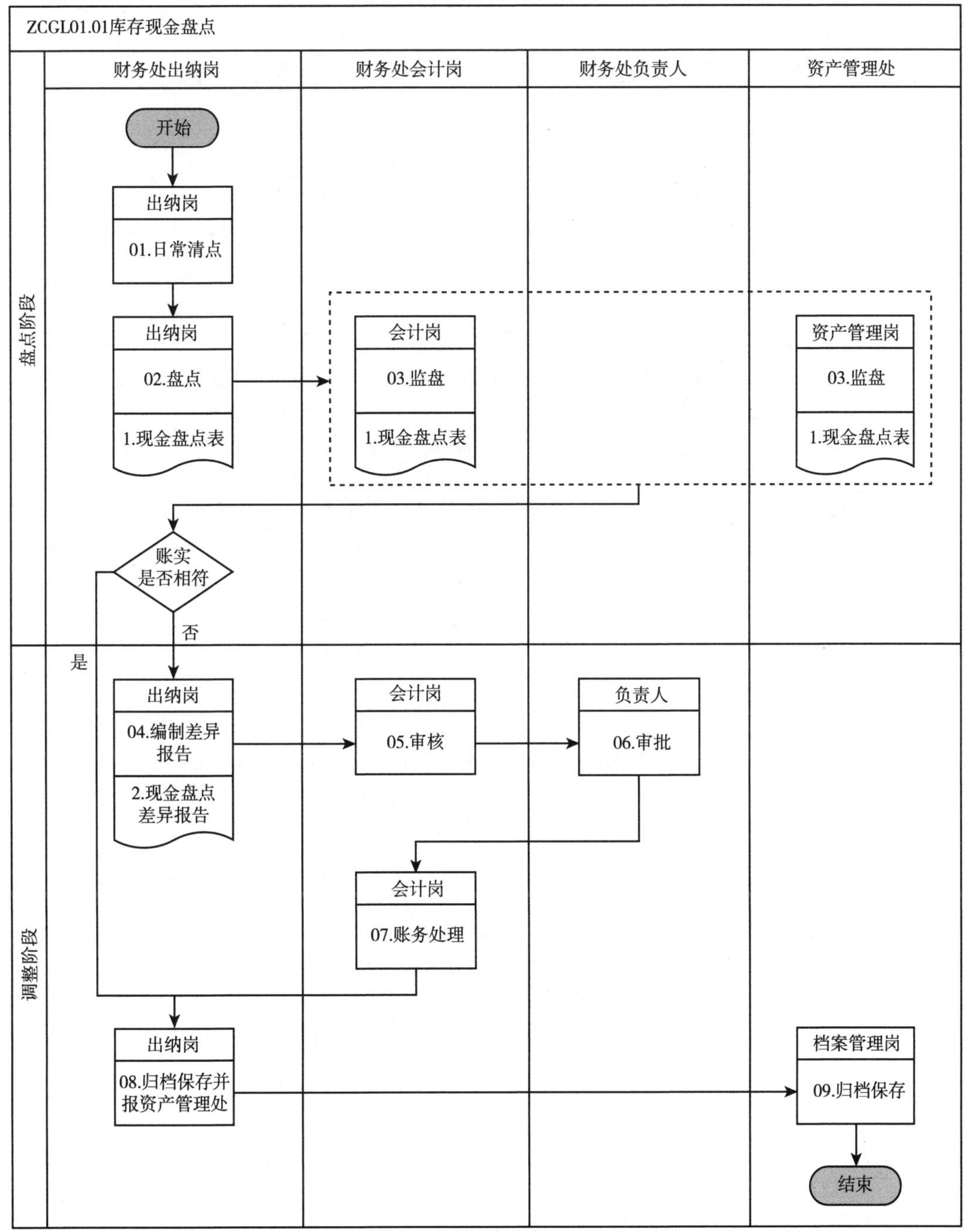

图 8－1　库存现金管理流程

表 8 – 2　　库存现金管理具体流程说明

序号	步骤说明	输出文档
01	出纳每天下班前对当天库存现金进行盘点，根据盘点结果核对库存现金日记账余额，做到账实相符	
02	出纳每月对库存现金进行盘点，根据盘点结果编制库存现金盘点表，在库存现金盘点表上签字	库存现金盘点表
03	财务处会计岗进行监盘，主要关注现金盘点过程的规范性以及现金记录的准确性。盘点结束，会计在库存现金盘点表上签字	库存现金盘点表
04	学校应建立现金清查制度，定期和不定期对库存现金情况进行清查盘点，重点盘点项目如下：（1）账款是否相符。（2）有无白条抵库。（3）有无私借挪用公款。（4）有无账外资金。若盘点过程中发现账实不符，出纳应查明其产生的原因，并给出处理建议。对于记账错误引起的差异，建议修改记账凭证或编制新的调整记账凭证；对于人为原因造成的资金损失，要追究相关责任人的责任。原则上长款归公，短款由出纳和会计查明原因，由责任人进行赔偿	现金盘点差异报告
05	现金盘点审核岗对现金盘点差异报告进行审核，主要关注差异的大小、差异的原因是否正确，并签字确认	
06	财务处负责人对盘点结果进行审批，主要关注现金盘点表、现金盘点差异报告的编写是否规范，是否有相关人员的签字确认，盘点结果是否真实、完整，盘点发现的长、短款情况是否属实，原因是否查明，处理意见是否合理	
07	会计岗根据现金盘点表、现金盘点差异报告的审批结果，需要进行账务处理的，提交会计依据会计准则及批示进行处理	
08	在盘点结束后，出纳对现金盘点表、现金盘点差异报告进行归档保存，以供审计备查	
09	档案管理岗归档保存	

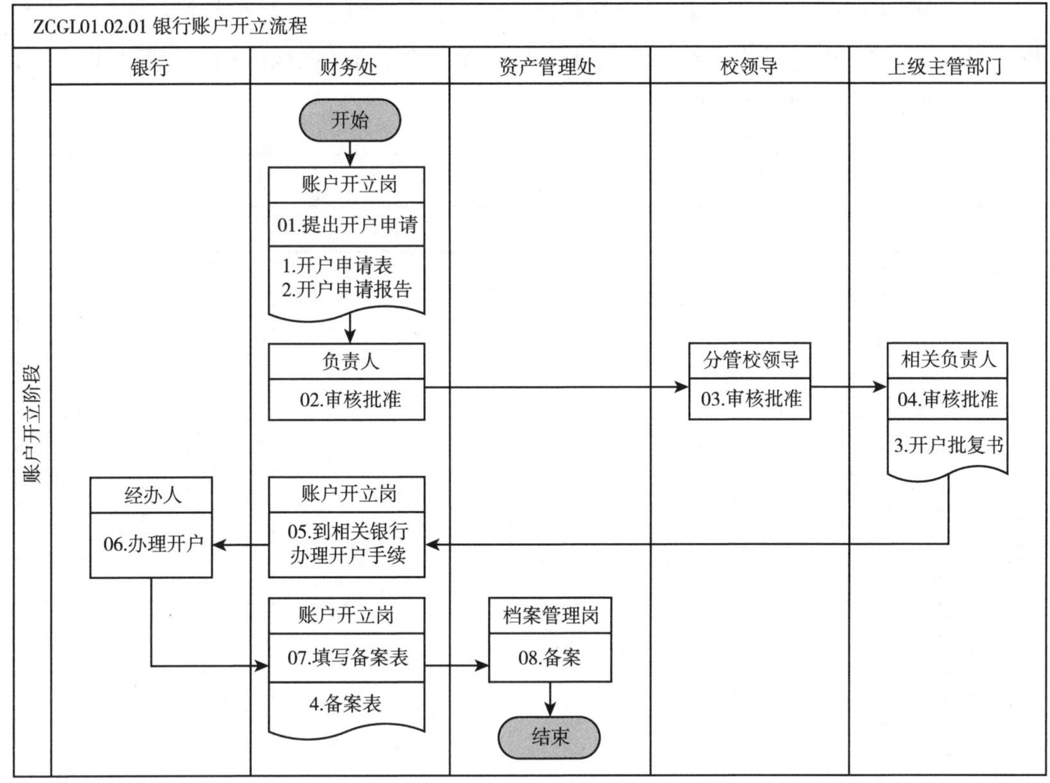

图 8－2　银行账户开立流程

表 8－3　　银行账户开立具体流程说明

序号	步骤说明	输出文档
01	提出开户申请，填写“开立银行账户申请报告”“开立银行账户申请表”。“开立银行账户申请报告”应详细说明学校的基本情况和申请开户的理由，包括新开账户的名称、用途、使用范围，开户依据或开户理由，相关证明材料清单及其他需要说明的情况等	开立银行账户申请表 开立银行账户申请报告
02	财务处负责人对开户申请进行审核，并提交至分管校领导	
03	分管校领导对开户申请进行审并上报上级主管部门批	
04	上级主管部门相关负责人及时对报送的开户申请进行合规性审核，对同意开设的银行账户签发开立银行账户批复书	开立银行账户批复书
05	财务处账户开立岗持上级主管部门签发的开立银行账户批复书，按照中国人民银行账户管理的有关规定，到相关银行办理开户手续	
06	相关银行办理开户	
07	开户后，填写财政部统一规定的银行账户备案表	银行账户备案表
08	档案管理岗进行备案	

（2）银行账户变更。银行账户变更是为了适应学校在经营、业务或个人事务上的变化，确保银行账户信息的准确性和有效性，保障资金的安全和顺畅流通。流程如图8-3所示，具体流程说明见表8-4。

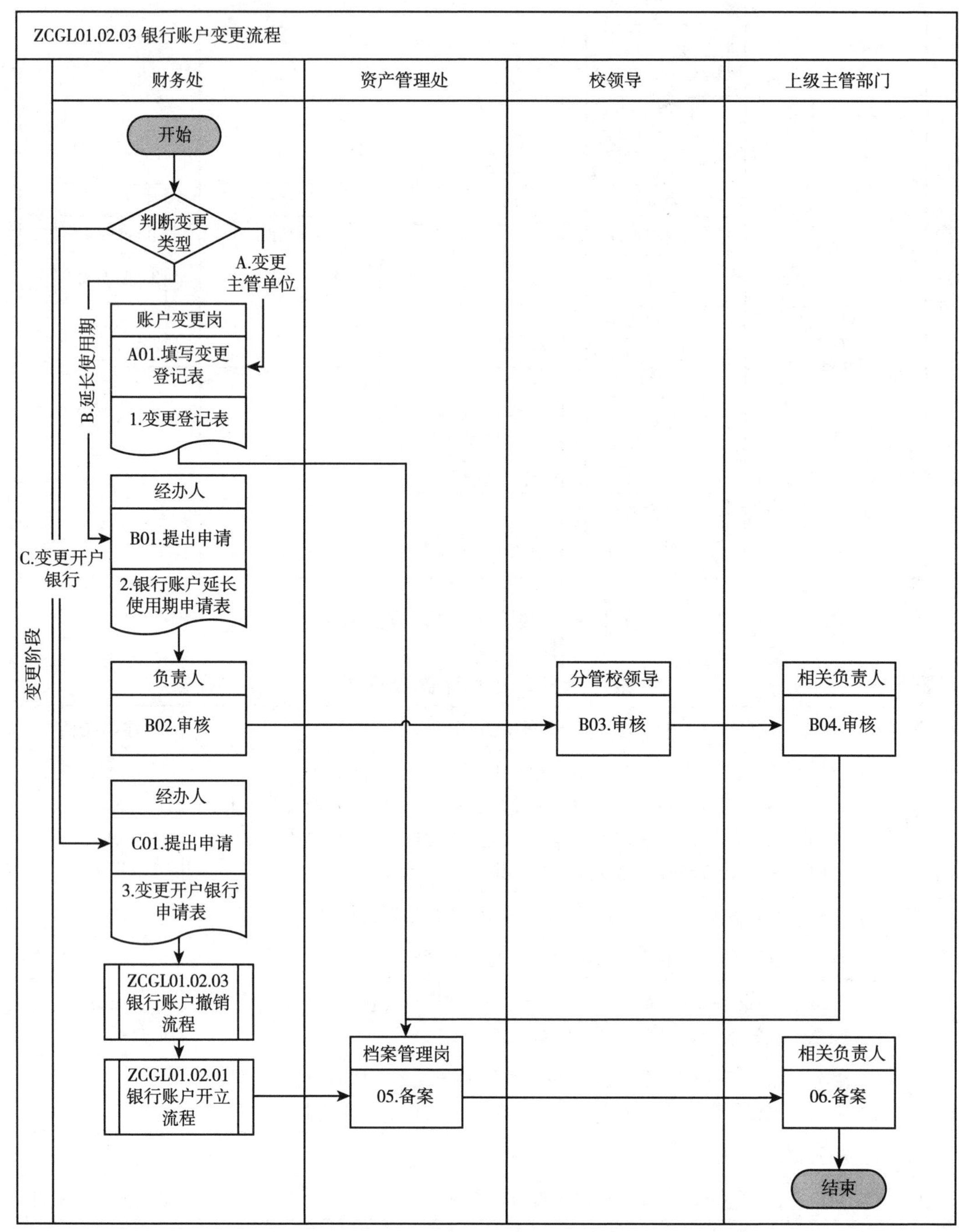

图8-3　银行账户变更流程

表 8-4　银行账户变更具体流程说明

序号	步骤说明	输出文档
	判断银行账户信息变更类型 A. 变更主管单位名称 B. 延长使用期 C. 变更开户银行	
A01	主管单位发生变更的，应在变更后填制银行账户主管单位变更登记表，附软盘报上级主管部门和各级主管单位备案	银行账户主管单位变更登记表
B01	确需延长账户使用期的，由经办人提前提出申请，填写银行账户延长使用期申请表，并由财务处负责人审核	银行账户延长使用期申请表
C01	确需变更开户银行的，应按规定填写变更开户银行申请表，后执行银行账户撤销和开立流程的相关审批手续	变更开户银行申请表
B02	财务处负责人对申请变更开户银行进行审核，后报分管校领导	
B03	分管校领导对申请变更开户银行进行审核，后报上级主管部门	
B04	上级主管部门相关负责人对申请延长账户使用期合理性进行审批	
05	财务处相关负责人送到上级主管部门和各级主管单位备案	
06	相关负责人进行备案	

（3）银行账户撤销。银行账户撤销流程可以确保账户内的资金得到妥善处理，避免资金流失或滥用，同时清理不再需要的账户，减少管理成本和风险。流程如图 8-4 所示，具体流程说明见表 8-5。

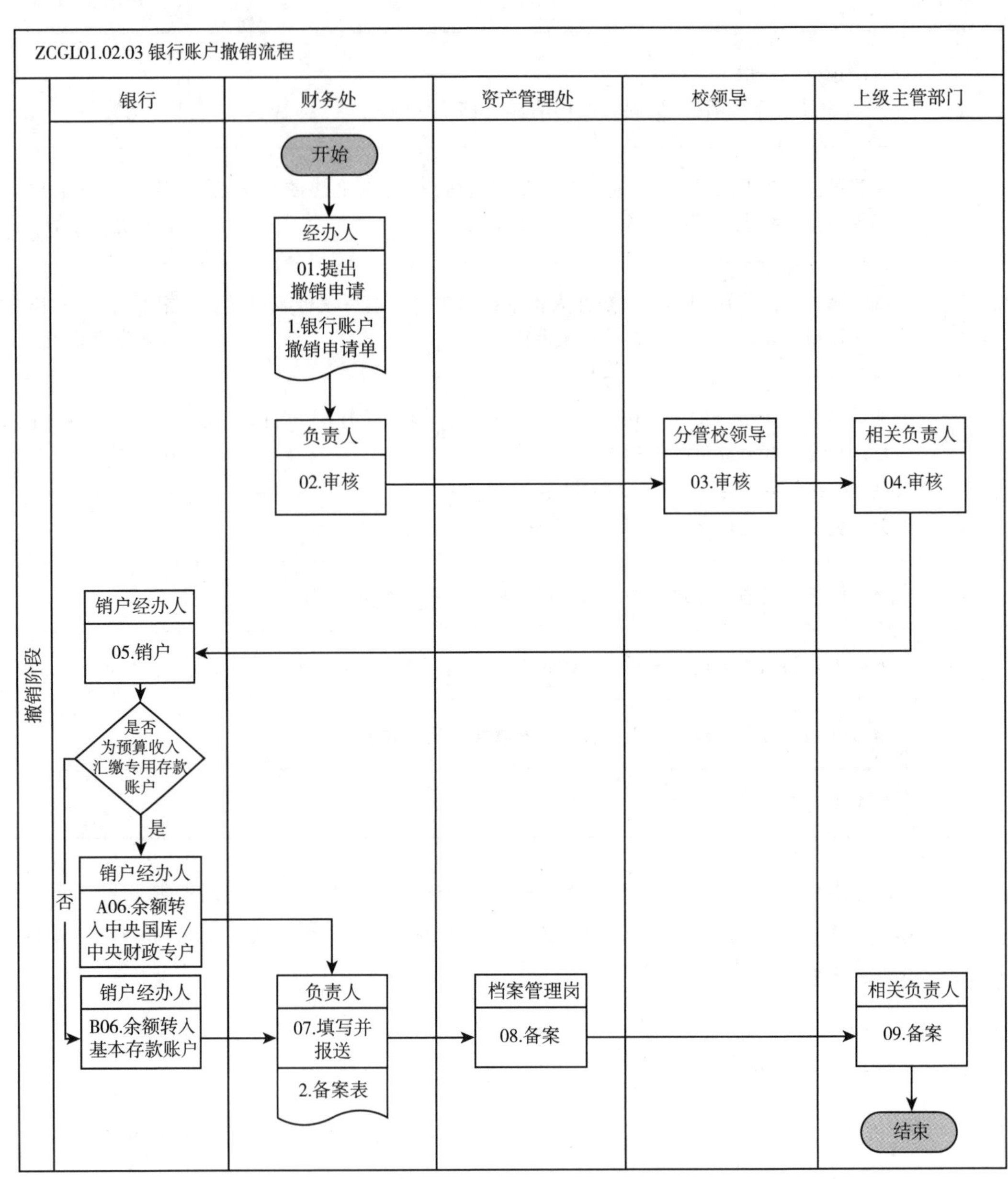

图 8－4　银行账户撤销流程

表 8－5　　银行账户撤销具体流程说明

序号	步骤说明	输出文档
01	由于银行账户使用期满或者按规定开设的银行账户，在开立后一年内没有发生资金往来业务等原因撤销银行账户时，需由撤销申请人提出撤销申请，填写银行账户撤销申请单	银行账户撤销申请单
02	财务处负责人对撤销申请进行审核，并提交至分管校领导	
03	分管校领导对撤销申请进行审核，并上报至上级主管部门	
04	报经上级主管部门审批	
05	销户经办人到银行办理销户手续	
06	学校银行账户使用期满撤户时预算收入汇缴专用存款账户的资金余额按规定缴入国库或财政专户，其他账户资金余额转入学校基本存款账户，销户后的未了事项纳入基本存款账户核算	
07	财务处相关负责人填写财政部统一规定的银行账户备案表	银行账户备案表
08	将银行账户备案表附电子版报送到上级主管部门和各级主管单位备案	
09	相关负责人进行备案	

（4）银行账户对账。银行账户对账是确保银行账户余额和交易记录的准确性，及时发现和纠正错误或异常情况，保障资金安全。流程如图 8－5 所示，具体流程说明见表 8－6。

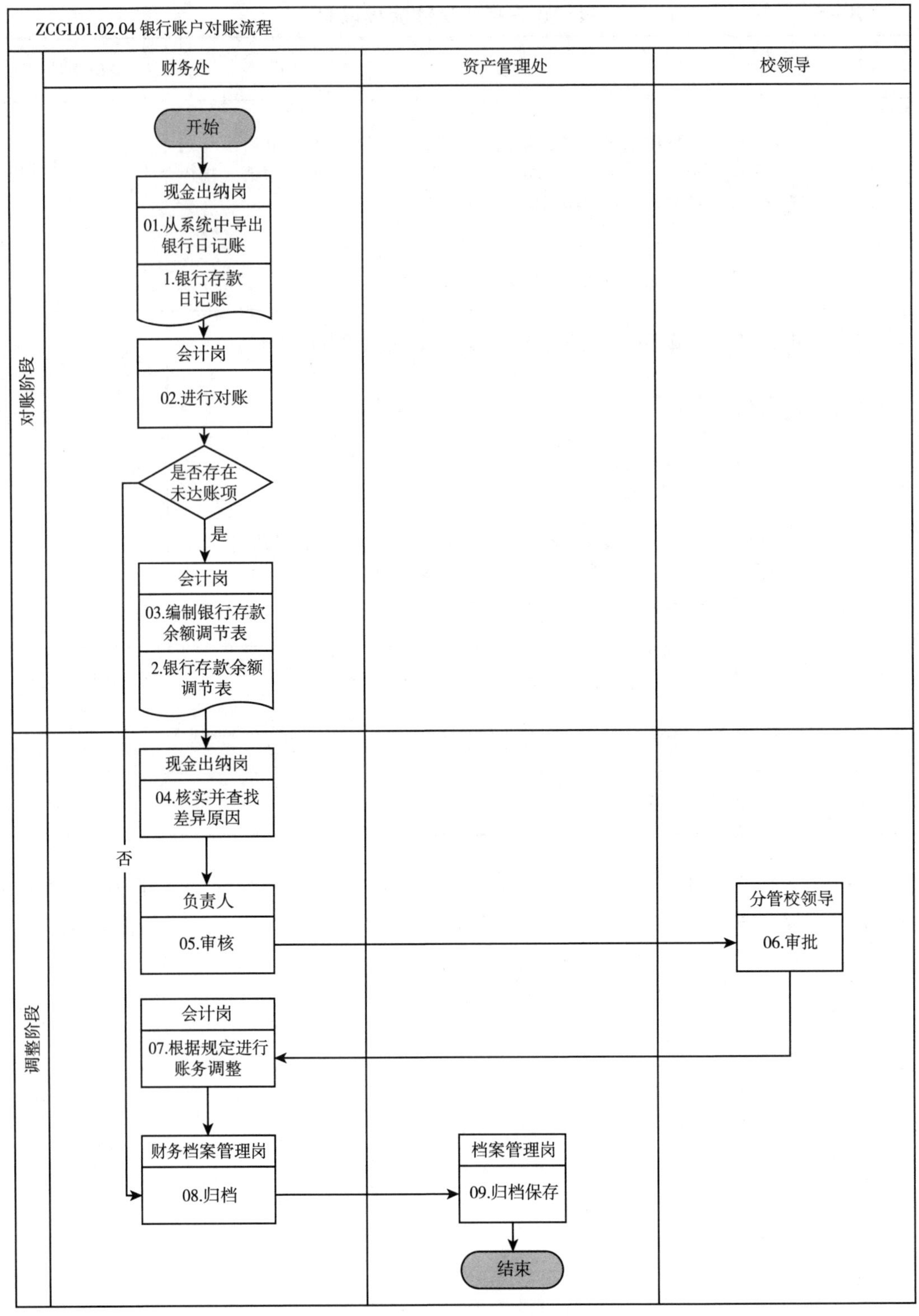

图 8－5　银行账户对账流程

表 8-6　　银行账户对账具体流程说明

序号	步骤说明	输出文档
01	现金出纳岗每月从财务系统中导出财务系统内的银行日记账	银行存款日记账
02	会计将银行存款对账单与银行日记账进行逐笔核对，主要关注账户资金往来的日期、金额、票据号、用途等信息是否准确，并判断是否存在未达账项	
03	对于存在未达账项或需要调整内容的账目，会计根据对账结果编制银行存款余额调节表，内容主要体现中心各账户资金状况，列示出未达账项的详细内容（日期、金额、票据号、用途等），及产生原因	银行存款余额调节表
04	现金出纳岗核实及查证银行对账单、财务系统内的银行日记账未平衡的原因	
05	财务处负责人对于未达账项及差异原因进行审核，关注未达账项的合理性，并提交至分管校领导	
06	分管财务领导审核	
07	会计对于需要进行账务调整的，依据会计准则及批示进行处理	
08	财务档案管理岗将本次银行存款对账管理的相关资料整理汇总，并做好归档保存工作	
09	档案管理岗归档保存	

3. 财务印章管理。财务印章管理规范财务印章的使用和管理，确保印章的安全、合规和高效运行，防范印章被盗用、滥用或误用等风险。流程如图 8-6 所示，具体流程说明见表 8-7。

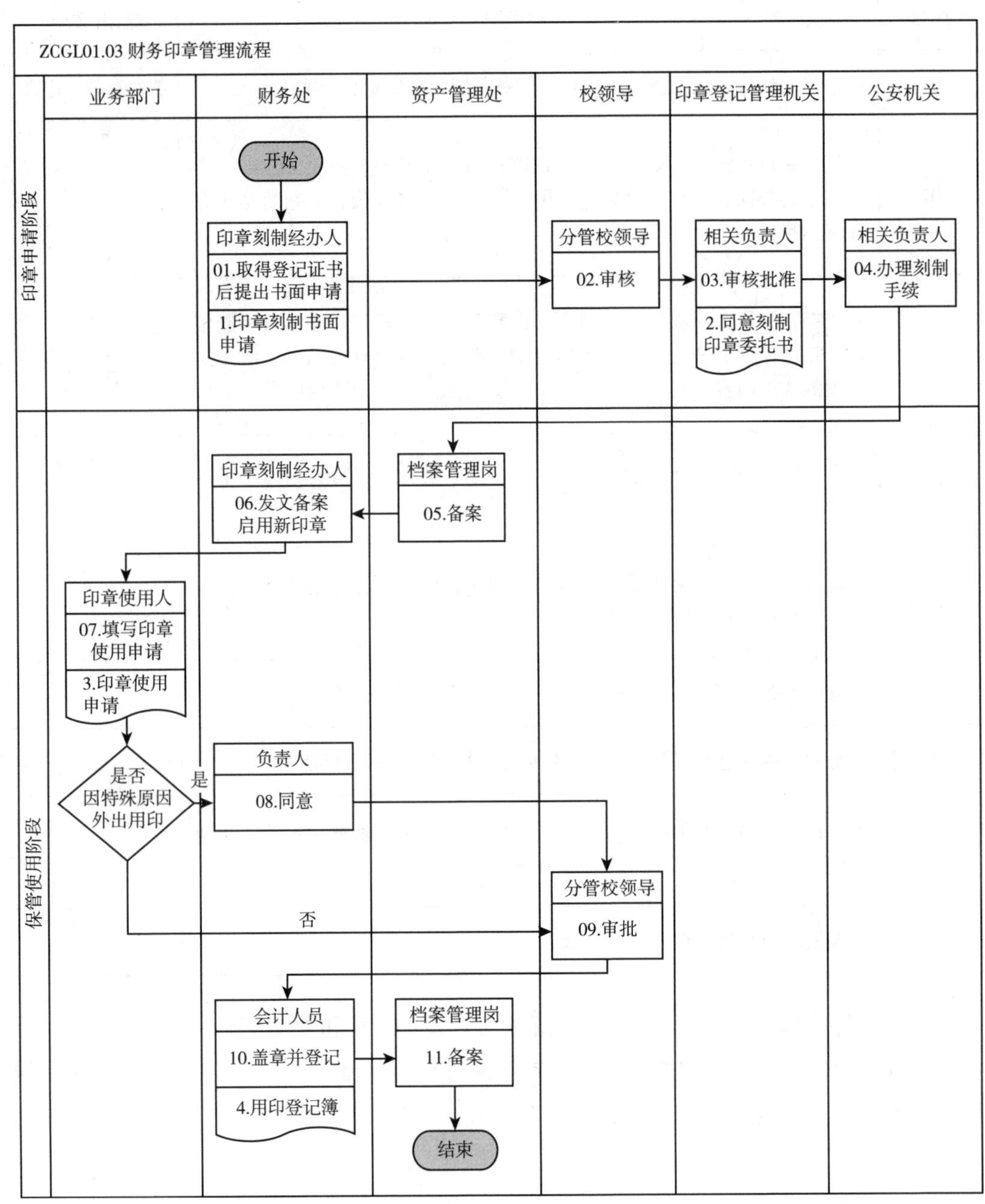

图 8-6　财务印章管理流程

表 8-7 财务印章管理具体流程说明

序号	步骤说明	输出文档
01	印章的刻制需由财务处向分管校领导提出书面申请，并提交至分管校领导	印章刻制书面申请
02	分管校领导审核印章刻制的合理性，上报印章登记管理机关	
03	经登记管理机关核准后，发放同意刻制印章委托书	同意刻制印章委托书
04	持同意刻制印章委托书到公安机关办理刻制手续	
05	档案管理岗进行备案	
06	印章刻制经办人发文备案启用新印章	
07	学校相关人员使用印章时，应填写印章使用申请，说明使用印章理由	印章使用申请
08	印章使用应在学校内部进行，不可随意印模外出用印。因特殊原因确需外出用印的，需经财务处负责人同意后方可带出	
09	印章使用申请需要经过分管校领导审批	
10	经过审批后，连同需要使用印章的文件一同交与会计人员盖章。应建立用印登记簿，使用印章需履行登记手续，以便备查	用印登记簿
11	档案管理岗进行备案	

（二）实物资产管理流程及说明

1. 实物资产配置。实物资产配置指的是优化实物资产的配置和使用，确保实物资产能够高效、合理地服务于学校的运营和发展需求。流程如图 8-7 所示，具体流程说明见表 8-8。

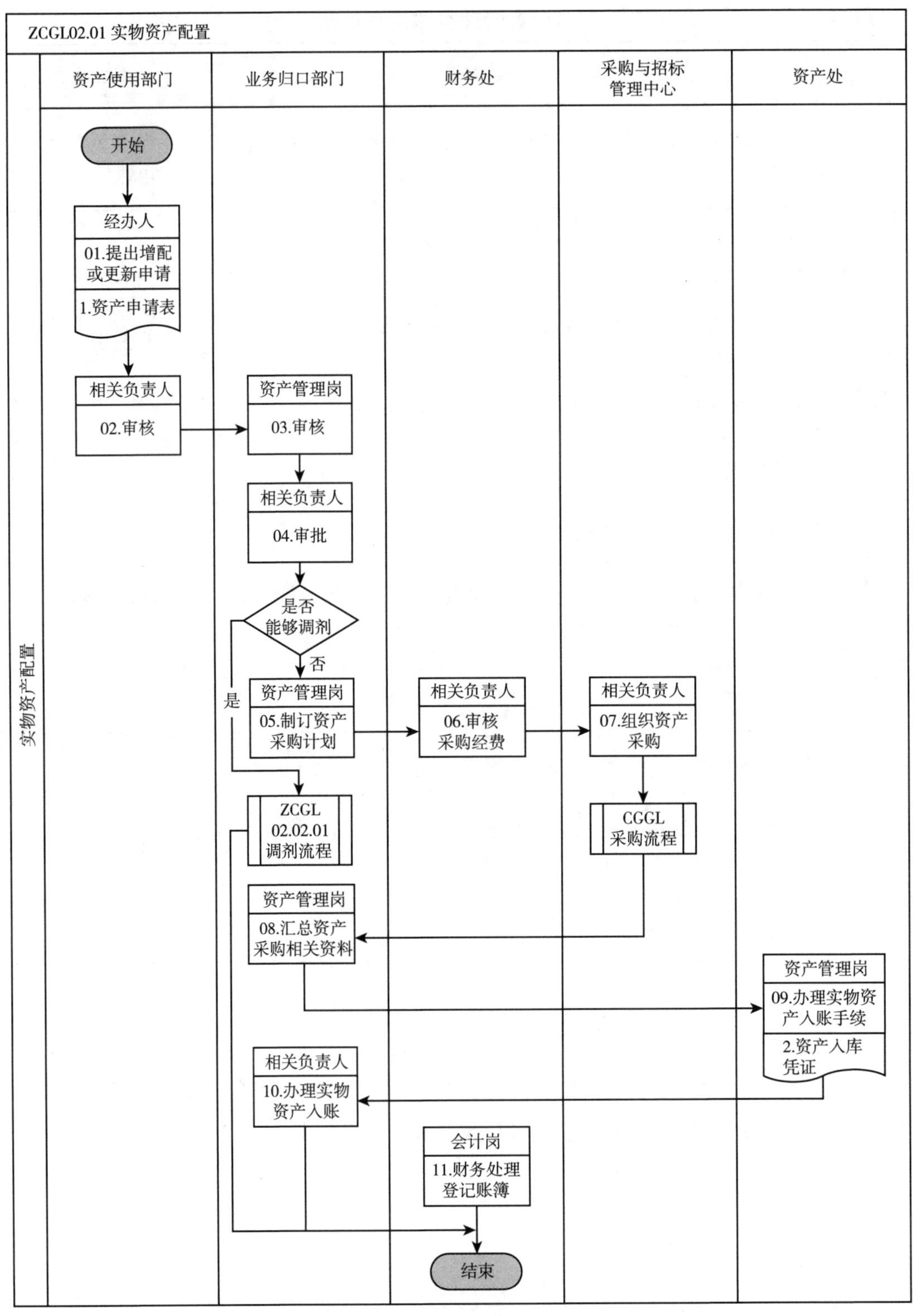

图 8-7　实物资产配置流程

表 8 -8　　实物资产配置具体流程说明

序号	步骤说明	输出文档
01	使用部门申请增配或更新实物资产	地方高校资产申请表
02	使用部门经办人、负责人审核	
03	业务归口主管部门资产管理岗对配置更新申请进行审核	
04	业务归口主管部门负责人审批	
05	经批准后，由业务归口主管部门办理配备事宜	
	判断所申请的实物资产是否能够通过调剂配置	
	若能够调剂，则依据调剂流程进行调剂	
06	若所申请的资产不能通过调剂配置，业务归口主管部门申请采购经费	
07	财务处负责人审核	
08	采购与招标管理中心进行采购流程，业务归口主管部门将购置实物资产的发票、合同、验收报告等相关材料交资产管理处资产管理岗	
09	资产管理处资产管理岗办理实物资产入账手续	地方高校资产入库凭证
10	业务归口主管部门办理资产领用发放手续	
11	财务处会计岗对新增实物资产进行账务处理、登记账簿等工作	

2. 实物资产调剂。实物资产调剂是通过合理的资产再分配，优化资产配置，提高资产使用效率，减少闲置和浪费，实现资源的合理配置和利用。流程如图 8 -8 所示，具体流程说明见表 8 -9。

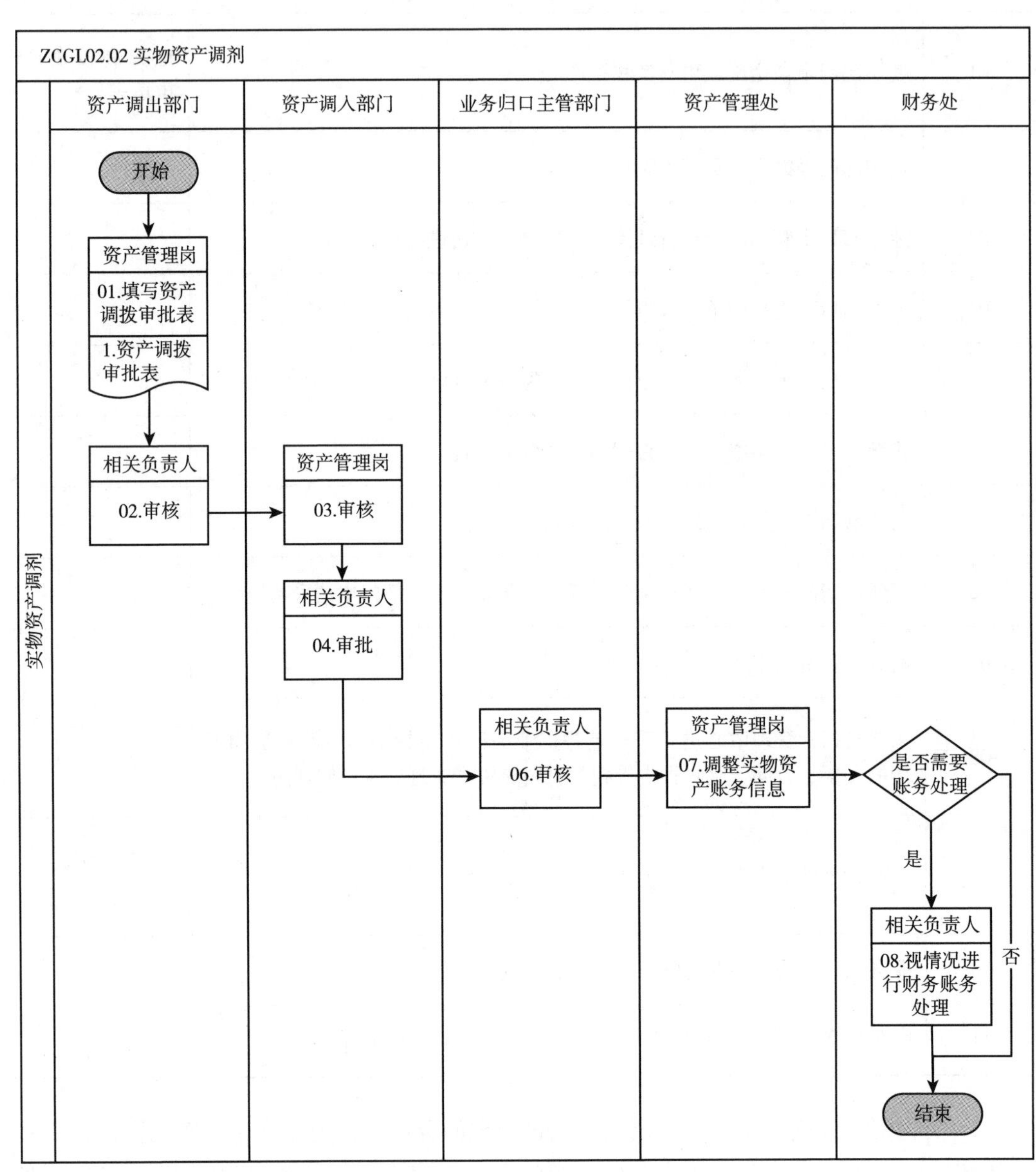

图 8-8　实物资产调剂流程

表 8 -9　实物资产调剂具体流程说明

序号	步骤说明	输出文档
01	资产调出部门资产管理岗填写资产调拨审批表	地方高校资产调拨审批表
02	资产调出部门经办人、负责人审核	
03	资产调入部门经办人审核实物资产名称、规格型号、数量、调剂原因等的准确性	
04	资产调入部门负责人审核	
05	业务归口主管部门经办人、负责人审核，允许实物资产调拨后	
06	资产管理处资产管理岗调整实物资产账务信息	
07	业务归口主管部门资产管理岗办理实物资产的调剂手续	
08	财务处视情形进行账务处理	

3. 实物资产使用与维修。实物资产使用与维修确保实物资产在日常运营中得到有效利用，同时通过及时的维修和保养，延长资产的使用寿命，提高资产使用效率。流程如图 8 -9 所示，具体流程说明见表 8 -10。

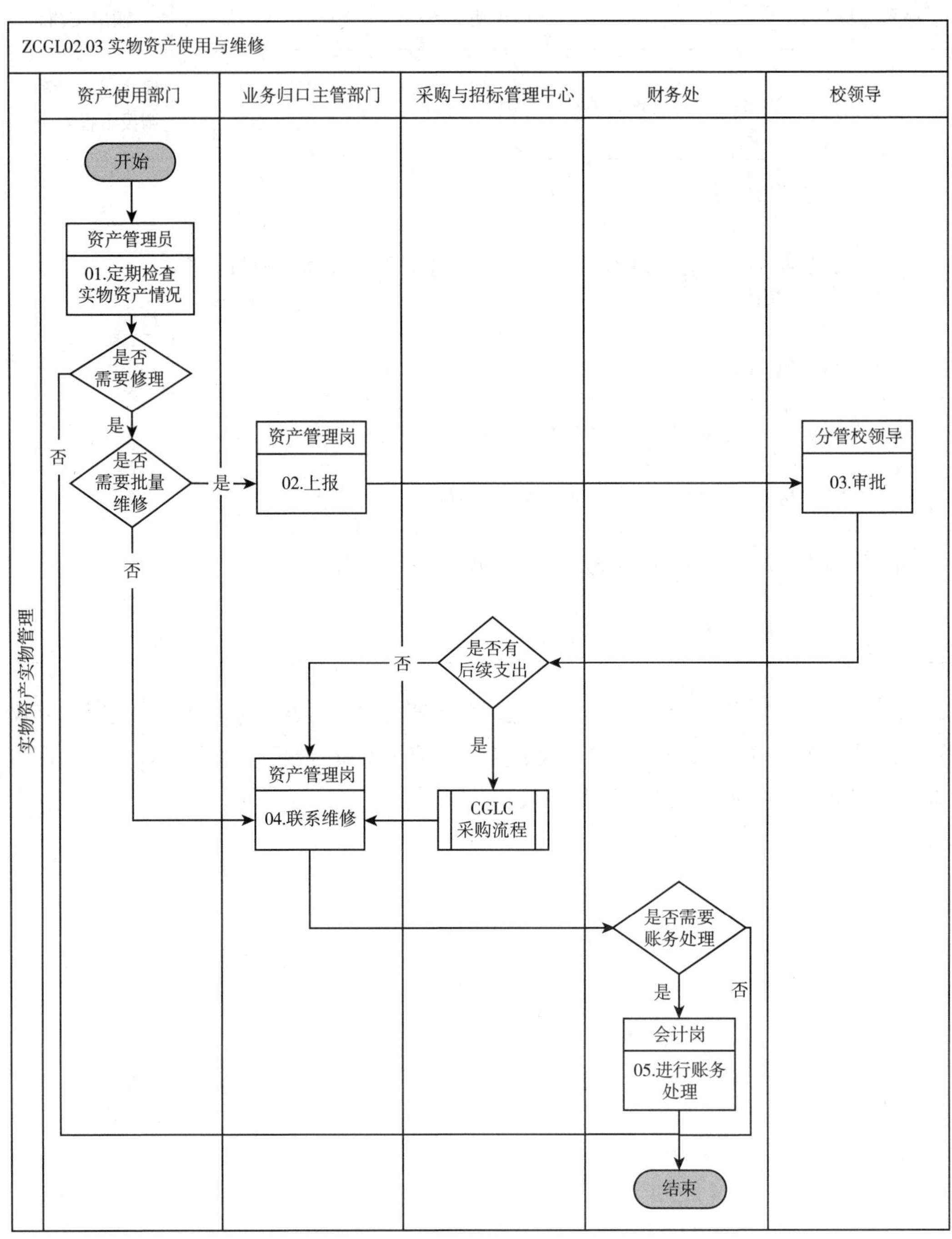

图 8-9　实物资产使用与维修流程

表 8-10 实物资产使用与维修具体流程说明

序号	步骤说明	输出文档
01	使用部门资产管理岗定期检查实物资产情况，判断是否需要进行维修	
	判断是否需要零星维修	
	判断是否需要批量维修	
02	若实物资产需要维修，零星维修由业务归口主管部门处理	
03	批量维修由业务归口主管部门报分管校领导审批	
	判断是否需要后续支出	
	若需要后续支出，按采购相关规定执行	
04	若不需后续支出，由业务归口主管部门资产管理岗负责联系维修	
05	财务处会计岗视情形进行账务处理	

4. 实物资产清查盘点。实物资产清查盘点通过全面盘点和清查，查找管理漏洞，优化资源配置，防止资产流失，并为财务管理和资源分配提供准确可靠的数据支持。流程如图 8-10 所示，具体流程说明见表 8-11。

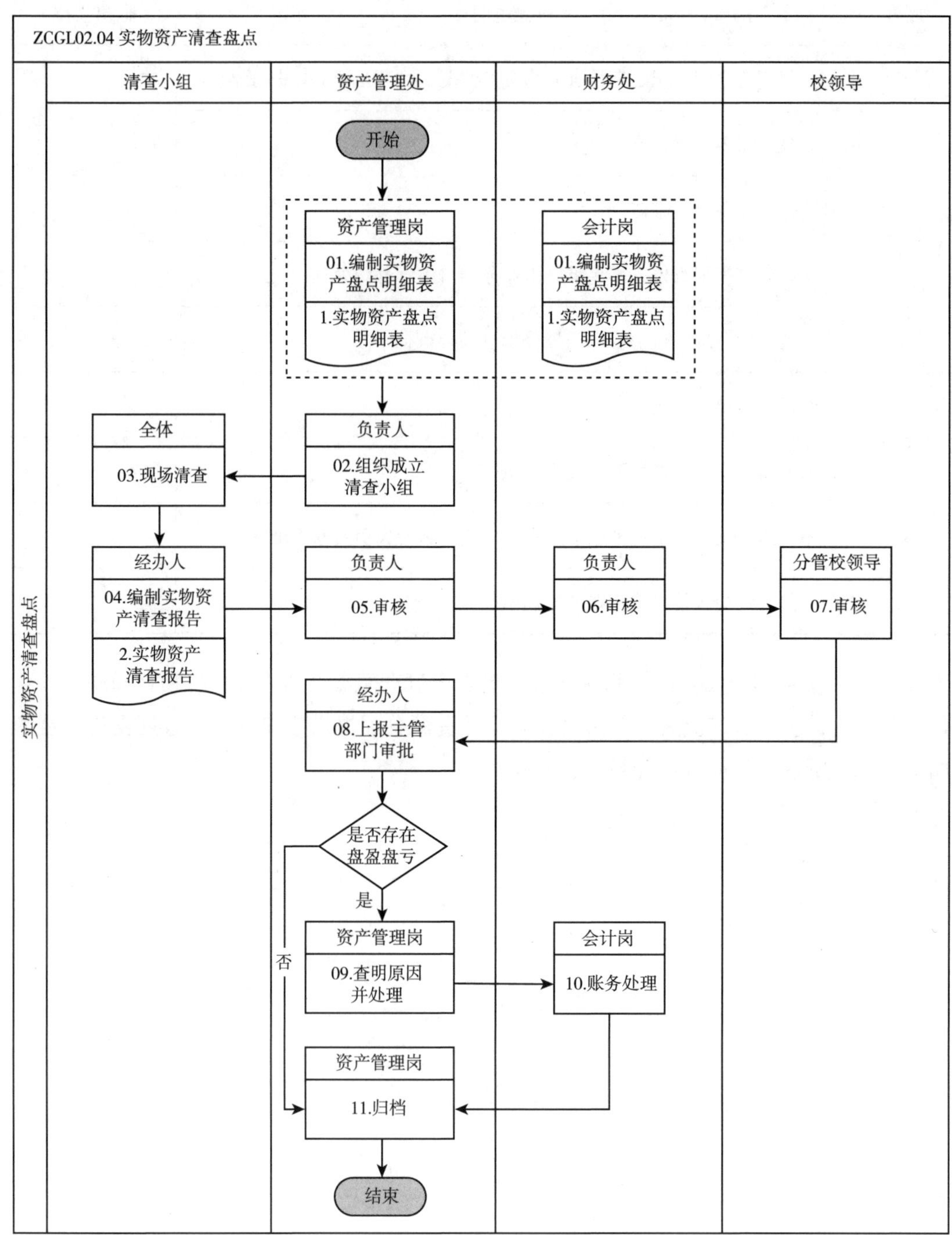

图 8 –10　实物资产清查盘点流程

表 8－11　　实物资产清查盘点具体流程说明

序号	步骤说明	输出文档
01	资产管理处资产管理岗与财务处会计岗核对资产实物账和财务账，编制实物资产盘点明细表	实物资产盘点明细表
02	资产管理处组织成立资产清查小组，清查小组成员由资产管理处、财务处及相关部门派员组成，具体负责实物资产实物清查事宜	
03	资产清查小组进行现场清查，核对资产实物数量，在实物资产盘点明细表上签字确认	
04	资产清查小组根据账账核对结果和实物盘点结果编制实物资产清查报告。出现盘盈/亏的，分析差异原因，并对盘盈/亏资产提出处理初步处理建议	实物资产清查报告
05	资产管理处负责人审核实物资产清查报告的真实性、盘盈/亏资产处理意见的合理性，并在资产清查报告上签字确认	
06	财务处负责人审核实物资产清查报告的真实性、盘盈/亏资产处理意见的合理性，并在资产清查报告上签字确认	
07	学校相关领导审核实物资产清查报告的真实性、盘盈/亏资产处理意见的合理性，并在资产清查报告上签字确认	
08	资产管理处资产管理岗报上级主管部门审批	
09	如果存在盘盈盘亏的情况，资产管理岗查明原因并进根据审批后固定资产清查报告对盘盈/亏资产进行处理	
10	财务处会计岗根据资产盘盈盘亏原因进行账务处理	
11	资产管理处资产管理岗整理归档相关资料	

5. 实物资产处置。实物资产处置通过规范、高效的流程管理，确保实物资产在不再需要或无法使用时能够被合理、合法地处理，以实现资产的最大化价值回收。流程如图 8－11 所示，具体流程说明见表 8－12。

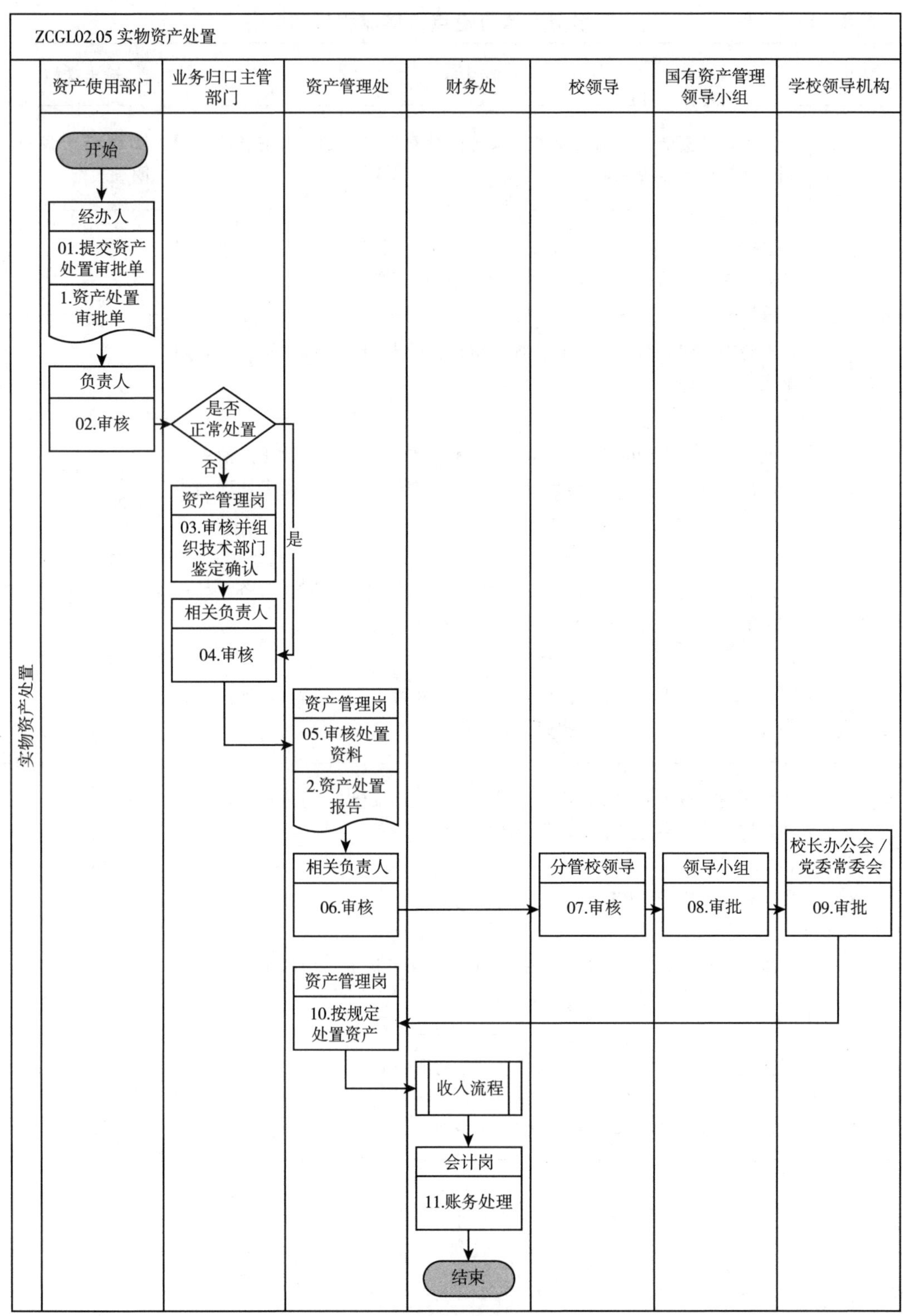

图 8－11　实物资产处置流程

表 8－12　　实物资产处置具体流程说明

序号	步骤说明	输出文档
01	处置实物资产，由使用部门上报待处置资产的名称、规格、条形码编号、数量、处置原因等资料，并填写资产处置审批单	地方高校资产处置审批单
02	使用部门负责人初步审核实物资产处置相关资料	
03	业务归口主管部门资产管理岗判断待处置资产是否为正常处置，视情形组织技术部门鉴定确认	
04	业务归口主管部门负责人审核后，报资产管理处	
05	资产管理处资产管理岗审核待处置实物资产相关资料	资产处置报告
06	资产管理处负责人审核	
07	分管校领导进行审核	
08	国有资产管理领导小组审批	
09	校长办公会议或党委常委会审批	
10	资产管理处依照国家相关规定进行实物资产的处置工作	
11	财务处会计岗对处置的实物资产进行收入处理后账务处理	

（三）无形资产管理流程及说明

1. 无形资产配置、外购。无形资产配置、外购管理通过合理配置和有效外购无形资产，如专利、商标、著作权等优化资产结构。流程如图 8－12 所示，具体流程说明见表 8－13。

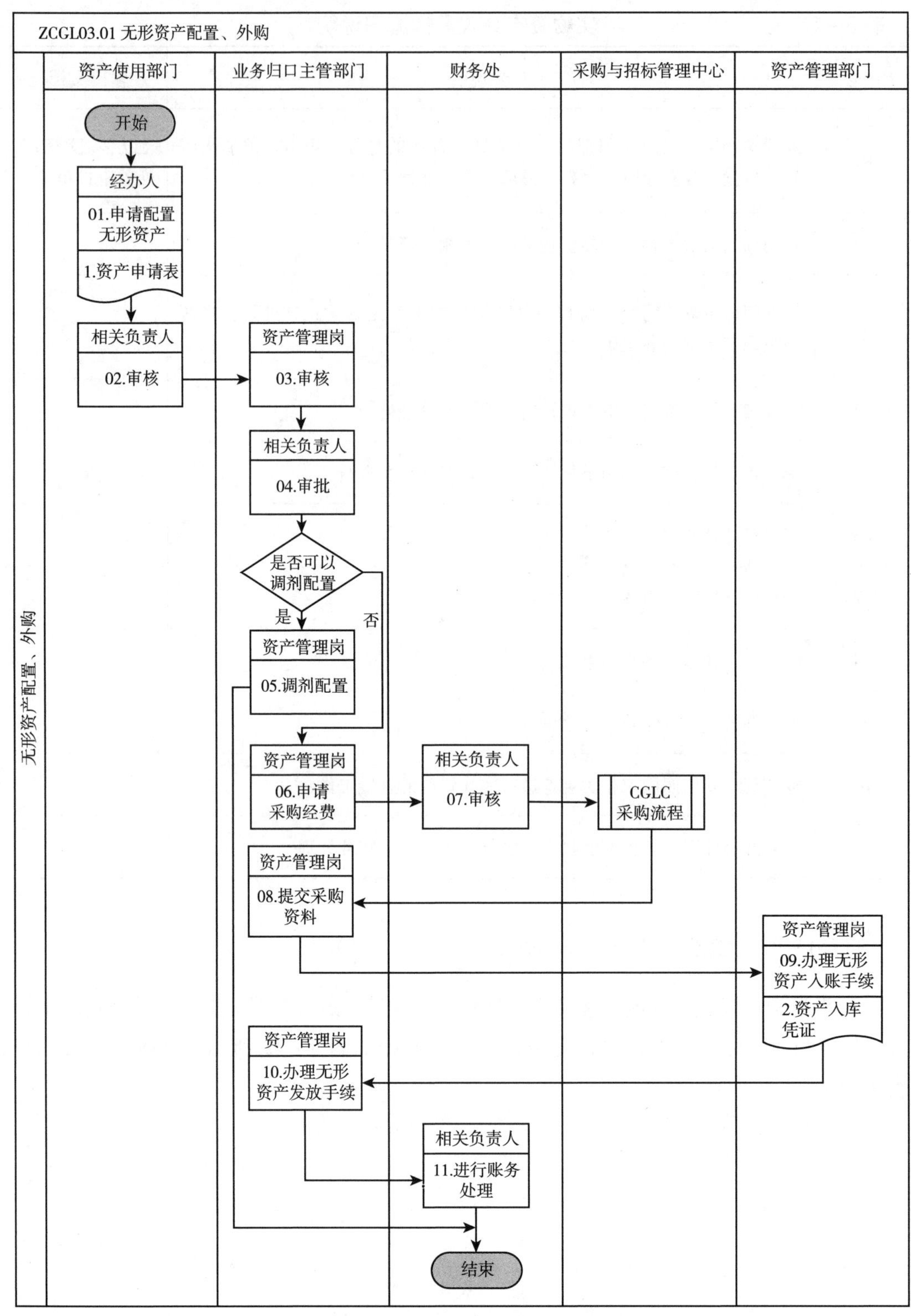

图 8－12　无形资产配置、外购流程

表 8－13　　　　无形资产配置、外购具体流程说明

序号	步骤说明	输出文档
01	使用部门申请增配无形资产	地方高校资产申请表
02	使用部门经办人、负责人审核	
03	业务归口主管部门资产管理岗对配置更新申请进行审核	
04	业务归口主管部门负责人审批	
	判断所申请的无形资产是否能够通过调剂配置	
05	若能够调剂，业务归口主管部门依据调剂流程进行调剂	
06	若不能够调剂，业务归口主管部门申请采购经费	
07	财务处负责人审核	
	采购与招标管理中心进行采购流程	
08	业务归口主管部门将购置无形资产的发票、合同、验收报告等相关材料交资产管理处资产管理岗	
09	资产管理处资产管理岗办理无形资产入账手续	地方高校资产入库凭证
10	业务归口主管部门办理无形资产领用发放手续	
11	财务处会计岗对新增无形资产进行账务处理、登记账簿等工作	

2. 无形资产使用。无形资产使用管理确保无形资产得到充分、合理、有效的利用，同时保障无形资产的安全、完整和合规使用。流程如图 8－13 所示，具体流程说明见表 8－14。

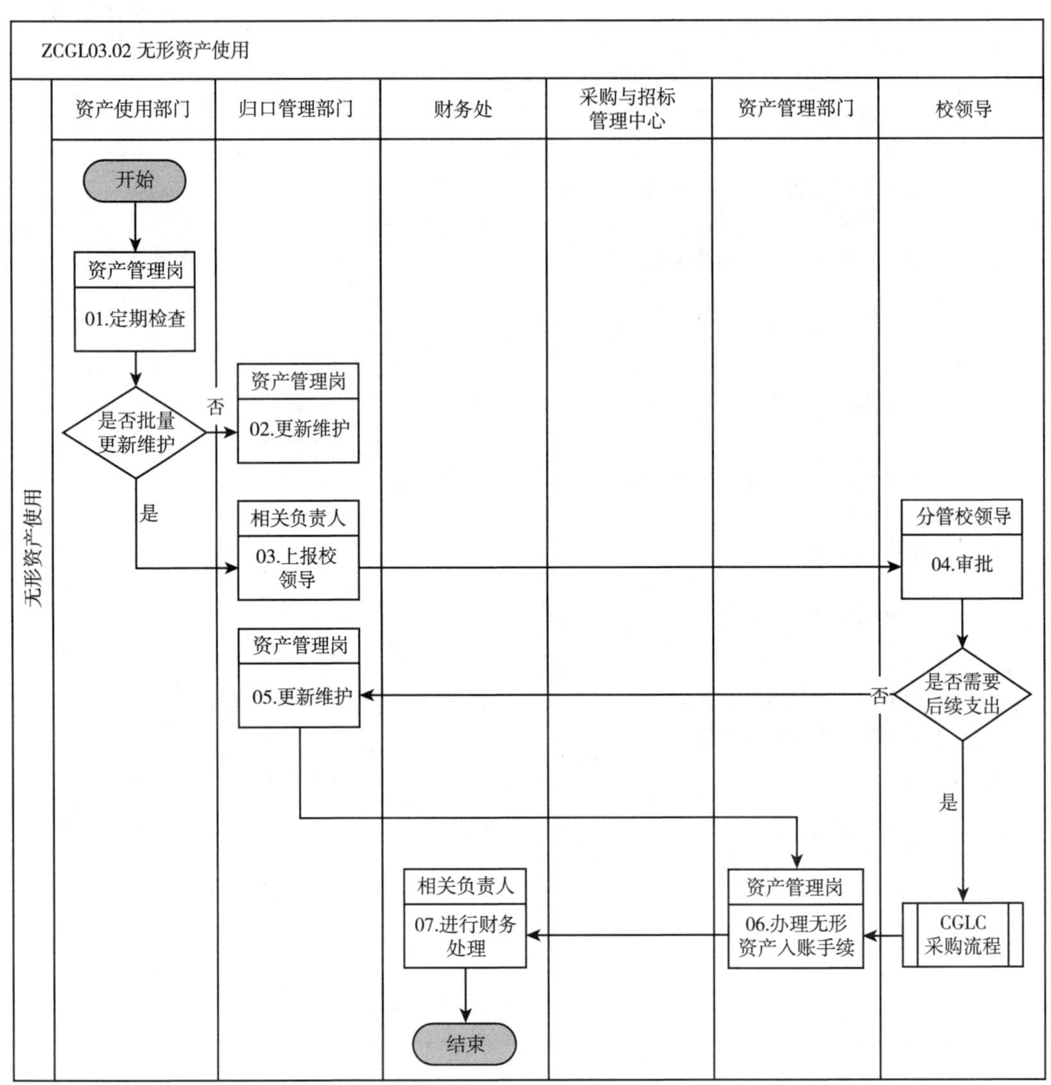

图 8－13　无形资产使用流程

表 8－14　无形资产使用具体流程说明

序号	步骤说明	输出文档
01	使用部门资产管理岗定期检查无形资产情况，判断是否需要进行更新维护	
	判断是否需要更新维护	
	判断是否需要批量更新维护	
02	若无形资产需要更新维护，零星更新维护由业务归口主管部门处理	
03	批量更新维护由业务归口主管部门报分管校领导审批	
04	分管校领导审批	
	判断是否需要后续支出	
	若需要后续支出，按采购相关规定执行	
05	若不需后续支出，由业务归口主管部门资产管理岗负责联系更新维护	
06	资产管理处资产管理岗办理无形资产更新的入账手续	
07	财务处会计岗视情形进行账务处理	

3. 无形资产处置。无形资产处置确保合理、合法地处理不再使用或无法产生经济效益的无形资产，实现资产的最大化价值回收。流程如图 8－14 所示，具体流程说明见表 8－15。

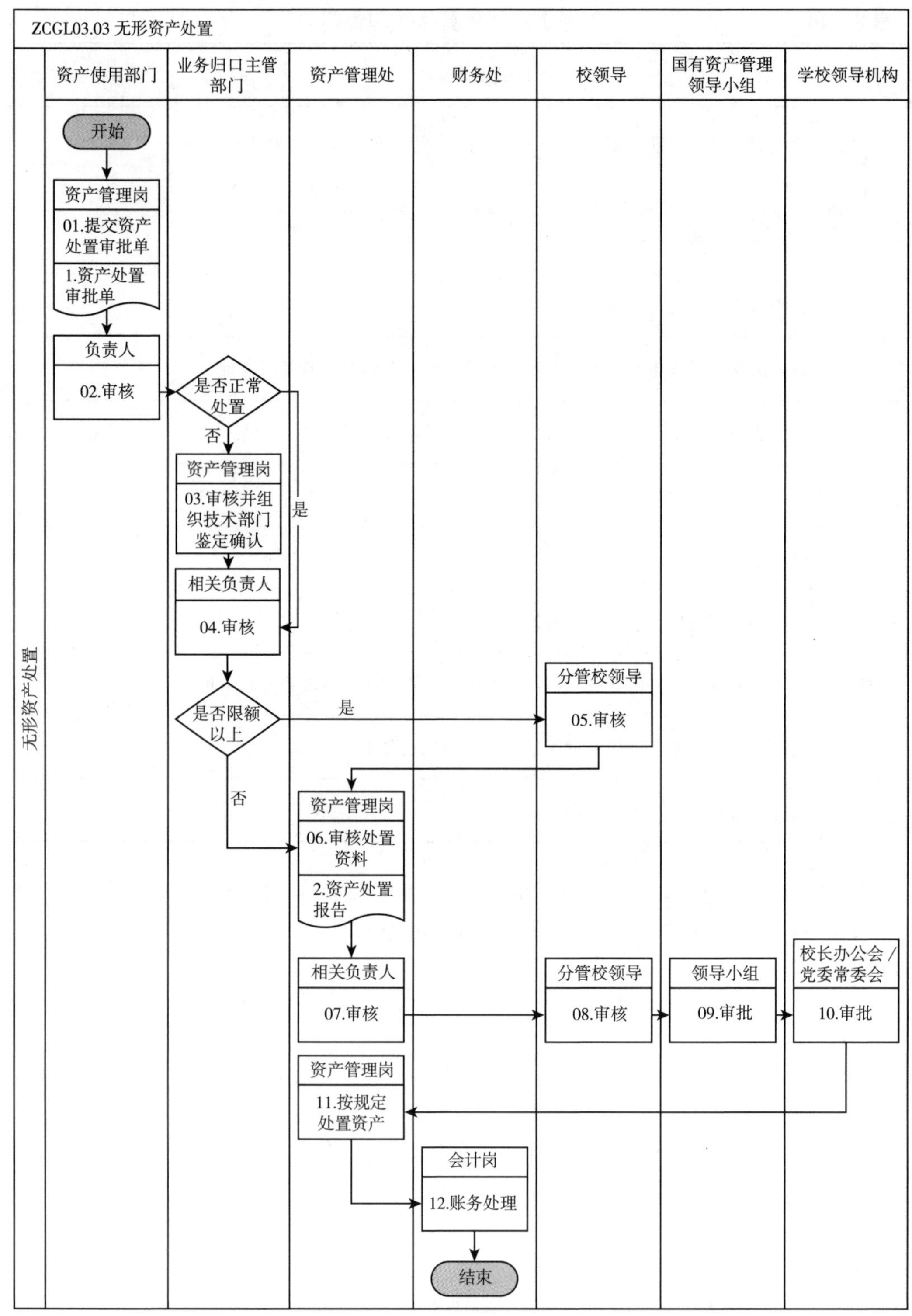

图 8－14　无形资产处置流程

表 8－15 无形资产处置具体流程说明

序号	步骤说明	输出文档
01	处置无形资产，由使用部门上报待处置无形资产的名称、数量、处置原因等资料，并填写资产处置审批单	地方高校资产处置审批单
02	使用部门负责人初步审核无形资产处置相关资料	
	业务归口主管部门资产管理岗判断待处置无形资产是否为正常处置	
03	如非正常处置，业务归口主管部门组织技术部门鉴定确认	
04	如正常处置，业务归口主管部门负责人审核	
05	对于限额以上无形资产处置，报送分管校领导进行审批	
06	资产管理处资产管理岗审核待处置无形资产相关资料	资产处置报告
07	资产管理处负责人审核	
08	分管校领导进行审核	
09	国有资产管理领导小组审批	
10	校长办公会议或党委常委会审批	
11	资产管理处依照国家相关规定进行无形资产的处置工作	
12	财务处会计岗对处置的无形资产进行收入处理后账务处理	

（四）软件资产管理流程及说明

1. 软件资产配置。软件资产配置能够优化软件资产配置，提高软件使用效率，降低成本，并确保软件使用的合法性和安全性。流程如图 8－15 所示，具体流程说明见表 8－16。

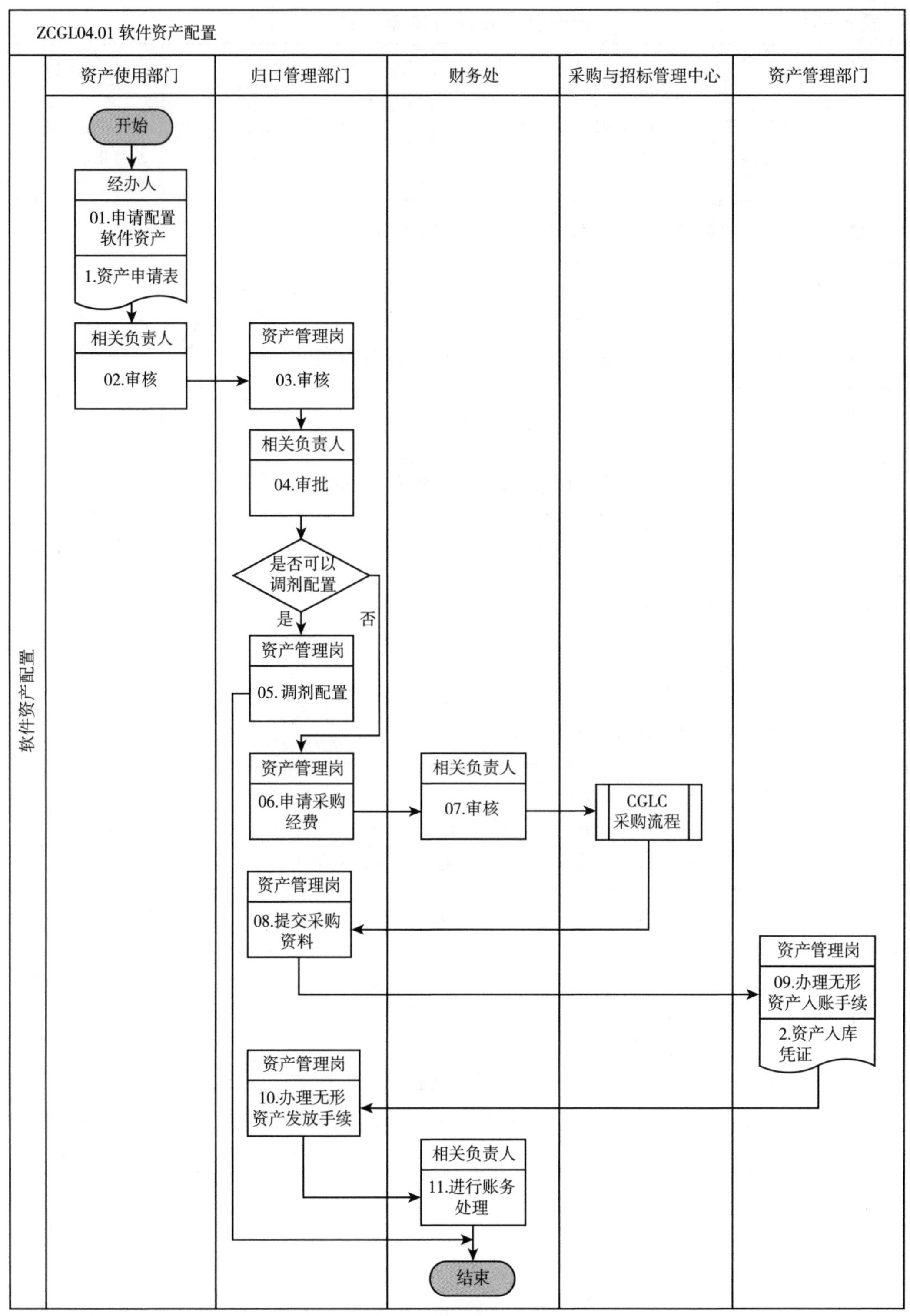

图 8－15　软件资产配置流程

表 8 – 16　　软件资产配置具体流程说明

序号	步骤说明	输出文档
01	使用部门申请增配软件资产	地方高校资产申请表
02	使用部门经办人、负责人审核	
03	业务归口主管部门资产管理岗对配置更新申请进行审核	
04	业务归口主管部门负责人审批	
	判断所申请的软件资产是否能够通过调剂配置	
05	若能够调剂，业务归口主管部门依据调剂流程进行调剂	
06	若不能够调剂，业务归口主管部门申请采购经费	
07	财务处负责人审核	
	采购与招标管理中心进行采购流程	
08	业务归口主管部门将购置软件资产的发票、合同、验收报告等相关材料交资产管理处资产管理岗	
09	资产管理处资产管理岗办理软件资产入账手续	地方高校资产入库凭证
10	业务归口主管部门办理软件资产领用发放手续	
11	财务处会计岗对新增软件资产进行账务处理、登记账簿等工作	

2. 软件资产维护、更新。软件资产维护、更新确保软件资产的安全、稳定和高效运行，通过及时的维护和更新，修复软件漏洞，提升软件性能。流程如图 8 – 16 所示，具体流程说明见表 8 – 17。

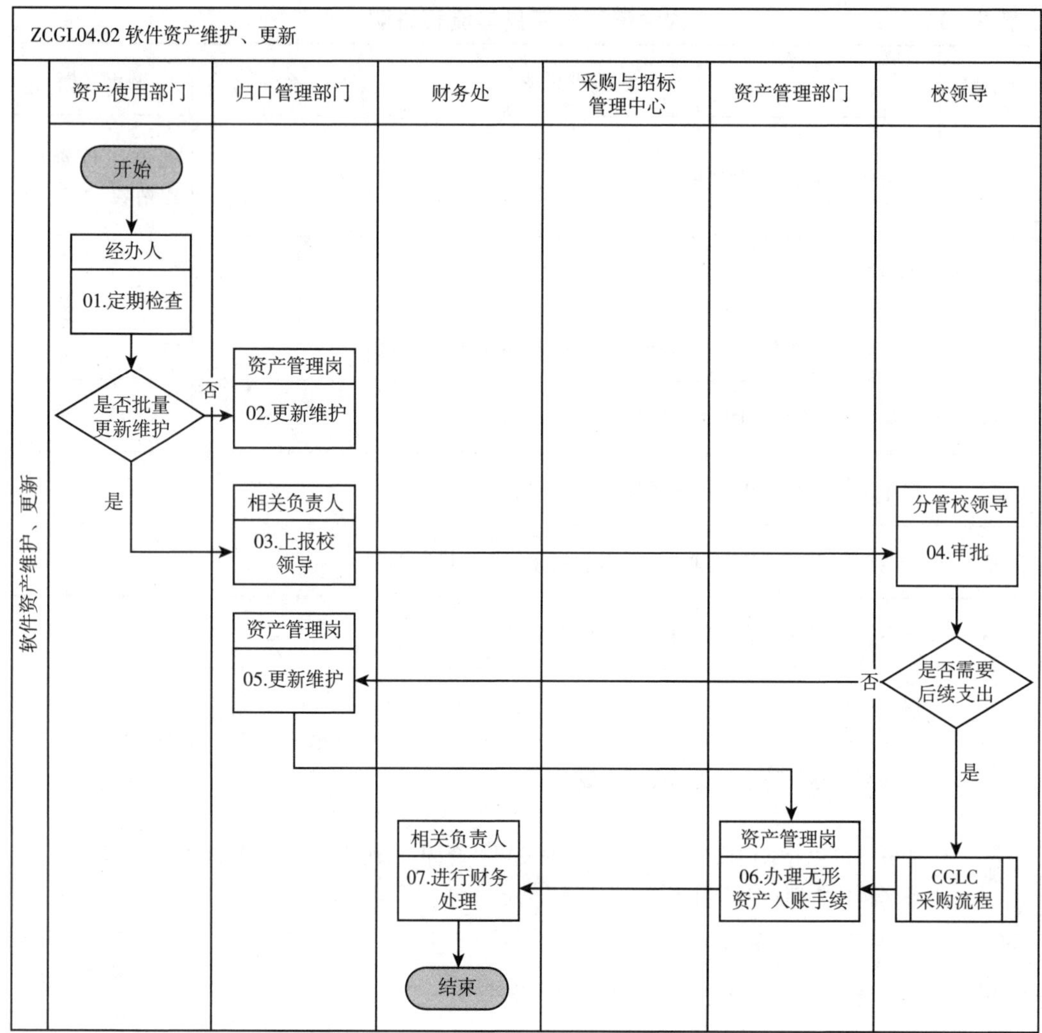

图 8－16　软件资产维护、更新流程

表 8－17　　软件资产维护、更新具体流程说明

序号	步骤说明	输出文档
01	使用部门资产管理岗定期检查软件资产情况，判断是否需要进行更新维护	
	判断是否需要更新维护	
	判断是否需要批量更新维护	
02	若软件资产需要更新维护，零星更新维护由业务归口主管部门处理	
03	批量更新维护由业务归口主管部门报分管校领导审批	
04	分管校领导审批	

续表

序号	步骤说明	输出文档
	判断是否需要后续支出	
	若需要后续支出，按采购相关规定执行	
05	若不需后续支出，由业务归口主管部门资产管理岗负责联系更新维护	
06	资产管理处资产管理岗办理软件产更新的入账手续	
07	财务处会计岗视情形进行账务处理	

第九章

学科建设控制

第一节　学科建设控制概述

学科建设控制是指在高等教育和科研机构中，通过系统化的管理和协调，确保各学科领域的健康发展和优化配置的过程。其核心目标是提升学科的整体水平、增强学科的竞争力和影响力，以实现高质量的教学和科研成果。学科建设控制不仅包括对学科发展的战略规划和资源配置，也涵盖对学科发展过程中各项活动的监督、评估和调整。学校学科建设管理业务主要包括学科建设项目、学位授权点建设、学科梯队建设、高等教育研究四个部分。

一、学科建设项目控制

学科建设项目控制是指学校在学科建设过程中，通过规范的管理流程和制度，确保各项建设项目的有效实施和资源的合理利用。这包括对项目的立项、绩效考核、验收等环节的全面管理，以实现学科建设的目标，提高科研和教学的质量。

学校应当加强学科建设项目管理规范，履行立项、绩效考核与验收流程。学科建设项目纳入学校年度预算管理，项目预算实行专项评审。学科建设工作领导小组负责协调解决建设资金投向、使用和管理中的重大问题，学科建设办公室承担日常协调管理工作。要建立明确的立项流程，确保每个项目在启动之前都经过充分的论证和审查，符合学校的发展战略和资源配置。同时，项目绩效考核和验收是保障项目质量的重要环节，学校应制定相应的考核标准和验收程序，及时评估项目的进展和成果。这些项目纳入学校的年度预算管理，确保资金的合理分配和使用。预算的审批应实施专项评审，确保资源的高效利用。为了更好地解决建设资金投向、使用和管理中的重大问题，学校应成立学科建设工作领导小组，负责协调各项工作。日常的协调和管理工作则由学科建设办公室负责，确保各项建设活动的顺利进行。

二、学位授权点建设控制

学位授权点建设控制是指学校在设立和管理学位授权点的过程中，针对拟建学位点进行材料审核、立项和评审，确保学位点的规范性和合理性，以维护学位授予的质量和学校的学术声誉。

学校应加强学位授权点建设，注重拟建学位点材料审核，及时上报学校学位评定委员会、校长办公会议。学校需要对拟建学位点的申请材料进行全面审查，确保其符合学术标准和发展需求。审核的内容包括学位点的设置背景、培养目标、课程体系及师资力量等。完成审核后，及时将相关材料上报学校学位评定委员会和校长办公会议进行进一步审议。通过这一系列的控制措施，学校能够确保新设学位点的质量，维护学位授予的规范性和权威性，为学生提供优质的教育服务。

三、学科梯队建设控制

学科梯队建设控制是指学校在学科人才队伍建设过程中，对各层级人才的推荐、审核和选拔进行管理，以形成合理的人才梯队，推动学科的可持续发展。

学校应加强学科梯队建设，学科发展规划处会同人事处、科研处等职能部门对各单位推荐的学科梯队各层级人才初选人员进行资格审查，及时上报学科建设工作领导小组、校学术委员会和校长办公会议审议。通过这样的控制机制，学校能够有效地识别和支持优秀人才，建立起层次分明、结构合理的学科人才梯队，推动学科的整体发展。

四、高等教育研究控制

高等教育研究控制是指学校在高等教育相关课题的管理过程中，通过对课题的申报、过程管理和结项管理，加强对研究活动的监督与支持，以促进高质量的教育研究成果的产出。

学校应加强高等教育课题管理，学科发展规划处组织专家对课题申报书进行初审，确保申报的课题具有科学性、可行性和创新性。初审完成后，及时上报校长办公会议。学科发展规划处应注重课题的过程管理和结项管理。在课题实施过程中，学科发展规划处应注重对课题的过程管理，定期检查课题进展，提供必要的支持与指导。同时，对课题的结项管理也至关重要，确保研究成果的有效总结与推广。通过这一系列措施，学校能够提升高等教育研究的质量，推动教育理论与实践的创新发展。

第二节　学科建设内部控制规范

一、学科建设内部控制的目标及任务

学科建设项目主要通过加强人才培养、师资队伍建设、科学研究、社会服务与文化传承创新、国际交流与合作五个方面建设，牵引相关学科优化方向、提升队伍水平、增强科研创新能力和人才培养能力。为加强学校学科建设项目管理，推动学科建设项目管理的科学化、规范化和制度化，规范学科建设项目管理流程，根据国家和省市有关规定，结合学校实际情况，制定学科建设内部控制规范。学科建设项目管理业务内部控制主要包含学科建设项目申报、立项、过程管理、绩效考核与监督等方面。

（一）学科建设内部控制的目标

学科建设项目管理业务内部控制目标是确保遵守上级有关学科建设项目管理文件规定；保障学科建设项目管理的规范性和高效性。

（二）学科建设内部控制的任务

学科建设项目管理内部控制主要任务是贯彻执行国家有关法律、行政法规、方针政策；依法、合理、及时地筹集和使用学科建设项目资金，做好学科建设项目资金的预算编制、评议、审核、上报、使用和绩效考核工作；加强学科建设项目管理，严格学科建设项目审批程序，确保项目质量；认真落实绩效评价工作，及时评价学校的学科建设项目建设成效。

在学科建设项目管理过程中，应加强学科发展规划处与相关主管部门及各学科之间的沟通协调，建立有效沟通及监督机制，督促各学科尽职尽责完成学科建设项目规划。同时，应加强与相关职能部门之间的信息交流，明确职责分工，理顺学科建设项目管理业务与规划、预算、支出、绩效考核等业务之间关联，确保学科建设项目管理运行各环节有序衔接。

二、组织架构及职责分工

学校学科建设项目管理业务内部控制组织架构包括学科建设工作领导小组、学科发展规划处。

（一）学科建设工作领导小组

学科建设工作领导小组是学科建设项目管理的决策机构，主要职责是：组织和协调学校制定学科建设项目总体规划；全面负责学科建设项目的规划制定、经费统筹、资源调配和相关重大问题审议；对学科建设项目成效进行评估。

（二）学科建设办公室

学科建设办公室负责全校学科建设项目的制度建设、组织协调和监督执行等工作，主要职责是：组织立项申报、项目建设督查、组织项目检查与项目验收等工作；组织全校学科进行年度预决算上报和年度自评检查；负责全校学科建设进展信息汇总报送和学科建设项目档案管理。

三、学科建设管理业务具体工作要求

（一）学科建设项目立项管理

学科建设项目立项管理主要包括编审项目申报书、提出项目立项申请。建设项目必须进行立项，无立项项目不予实施。

1. 项目申报书编审。学科建设项目应当编写项目申报书。项目申报书未经批准，不得开展下一环节的工作。

项目申报书应当遵循国家有关法律、法规和项目主管部门有关规定，内容及深度应达到项目主管部门的有关规定。其中，项目申报书的内容包括项目概况、项目建设的必要性和可行性、项目建设周期及进度安排、项目绩效目标、经费预算及来源和项目建设保障措施等。

项目申报书上报学科建设办公室汇总后，由学科建设工作领导小组对立项项目的建设内容、预算进行初审，上报财经工作领导小组评审后，上报学校领导机构审核，校级项目经批准后即可提出项目立项申请；省级以上项目经批准后按照相应项目管理办法统一上报，获审核通过后行文立项，批复下达项目任务书。

2. 提出项目立项申请。校级项目经学校领导机构批准后由学科建设办公室提出立项申请，省级以上项目应依据相应项目管理办法由学科建设办公室提出学科建设项目的立项申请，其中，立项文件批复与上报的项目申报书不一致的，还需重新提交项目申报书，经学科建设工作领导小组、校财经工作领导小组、校级领导机构评议审核后，由学科建设办公室提出学科建设项目的立项申请。

（二）学科建设项目实施管理

学科建设办公室应明确项目责任人，建立健全学科建设项目实施管理制度。具体包括项目组织管理、项目变更管理、项目经费管理及项目绩效考核、验收管理。项目责任人应及时向学科发展规划处负责人报告项目建设过程中的预算变更、建设进度等情况，必要时报学科建设工作领导小组、财经工作领导小组、学校领导机构、项目主管部门审批。

1. 学科建设项目组织管理。项目组织管理以申报书为依据，明确目标任务，加强顶层设计，分解建设项目，强化推进措施，落实实施责任。学校成立由校长牵头，分管校领导具体负责，相关职能部门、单位负责人及项目负责人参加的学科建设工作领导小组，负责学校内部的学科建设项目制度建设、组织协调、项目申报和监督执行等工作。同时，充分发挥专家对项目实施的学术指导、专业咨询与科学评价作用。

2. 学科建设项目经费管理。学科建设项目经费须纳入学校年度预算管理，项目资金来源包括省财政专项资金、学校自筹资金以及其他渠道资金；项目支出主要用于人才培养、师资队伍建设、科学研究、社会服务与文化传承创新、国际交流与合作等方面。

学科建设项目预算实行专项评审，由学科建设工作领导小组提出综合评审意见，报校财经工作领导小组评审后，提交校领导机构审批。学科建设工作领导小组负责协调解决建设资金投向、使用和管理中的重大问题，学科建设办公室承担日常协调管理工作。

3. 项目绩效考核、验收管理。每年度结束，由各学科建设项目所在单位按文件规定将项目建设年度进展情况、任务完成情况、经费使用情况等有关资料向学科建设工作领导小组汇报，并随时接受学校及上级有关部门的监督和审查。

学科建设项目完成后，各项目建设单位向学校提交项目总结验收报告，学科发展规划处依据建设项目申报书中的内容，组织建设项目进行验收考核工作，省级以上项目按照文件要求接受上级主管部门对项目的验收。具体流程如下。

（1）学科建设项目负责人根据项目申报书中的内容，逐一核查建设目标任务的完成、相关措施的落实情况，对建设期工作进行总结并形成总结验收报告，报项目所在单位初审。

（2）项目建设单位对验收总结报告进行审核，并形成学科建设总结报告书面审核意见。

（3）学科发展规划处组织专家进行综合验收考核。

（4）省级以上项目的考核材料，还需按照文件要求，提交项目主管部门审定。

在项目执行过程中，除不可抗拒因素外，由于主观原因造成损失的，按有关规定对责任人予以处罚。

（三）学科建设项目经费使用

学科建设项目经费严格按照批准的预算和经费管理有关规定执行，学校财务处按项目独立设置专项、单独核算，专款专用，用于学科和学位授权点的管理、建设和评估等支出。

1. 经费支出范围。学科建设项目经费主要用于立项学科提高学术水平、队伍建设、科学研究、研究生培养、学术交流、平台建设等所必需的各项支出。经费使用的范围应严格按照财政厅、教育厅和学校批准的预算计划书的具体支出项目，主要包括基本业务费、学术会议费、差旅费、专家咨询费、国际合作与交流费、仪器设备费、劳务费、出版与版面费、人才引进与培养费、研究生创新培养费以及其他应当支出的学科建设经费。

2. 经费使用管理。

（1）建设项目所在学科是项目的具体实施者，对该项目预算的编制和项目资金的使用、管理、绩效负责。

（2）学校对上一年度学科建设项目经费检查、绩效考核合格后，下达当年经费指标。各项目单位在核定的各学科建设项目经费预算内执行。

（3）学科建设项目经费的使用按照省财政国库集中支付的有关规定执行并接受教育厅、财政厅对经费使用的事前、事中和事后审核监管。

（4）各项目的每笔支出单据由经办人、项目建设单位负责人签字，并送学科发展规划处审核、登记方可办理下一步的报销流程。大额支出，按学校规定执行。

（5）除项目管理办法或项目有关合同另有规定外，凡使用学科建设项目经费购置的设备，均属于学校固定资产，必须纳入学校资产统一管理，按照学校有关规定，办理资产登记手续。

（6）根据上级有关规定，下列费用学校将不予以支付：不符合国库集中支付规定的支出；审批手续不全的支出；与学科建设无关的支出；不符合项目预算的支出；原始凭证不合法或不真实的支出；擅自扩大支出范围或提高开支标准的支出；其他不符合学科建设和经费管理办法规范的支出。

（7）各项目所在单位应当强化预算约束，严格按照下达的项目经费预算及规定的经费开支范围办理支出，并建立健全各种费用开支的原始资料登记和材料消耗、统计盘点制度，做好预算与财务管理的各项基础性工作。

（四）学科建设项目后续管理

学校应制定学科建设项目档案管理制度，建立健全学科建设项目档案、对学科建设项目档案实行集中统一管理。学科建设项目的归档应与学科项目建设同步，及时收集、整理、归档从项目申报书到结项验收各环节的文件资料；学科发展规划处应按照学校档案馆的有关规定，及时将学科建设项目档案移交档案馆存档。

四、监督与责任

各项目单位要建立绩效目标管理机制，加强过程管理，实行项目绩效考核制度。为确保学校学科建设专项经费的有效使用，必须加强经费使用的过程管理。

学科发展规划处对学科建设项目经费的合法、合规情况、使用进度、绩效等工作进行检查指导和把关。学校财务部门对每笔经费支出是否符合财务相关管理规定进行审核。学科建设工作领导小组对经费使用总体方向及预算调整、变更进行监督和把关。学校审计部门对经费预算执行情况进行审计。学校纪检、监察部门对经费使用过程中出现的违纪、违法问题进行查处。

第三节　学科建设内部控制操作规程

一、学科建设管理流程概况说明

发展规划作为一种战略性、前瞻性、导向性的公共政策，在我国行政事业单位管理中具有十分重要的引领地位。学校学科建设管理是指在学校统一领导下，学科建设管理部门协同其他相关部门、院系，认真总结和全面评估学校前期学科建设的实施情况，并准确识别学校发展转型中与学科建设相关的关键问题，通盘考虑，统筹协调，因地制宜，科学论证，以解决长远问题的办法规划解决问题的路径，研究确定未来较长一段时期学科建设的发展目标和发展战略，制定校级学科建设整体规划、一级学科建设规划、二级学科建设规划等，确定一批重点建设任务，并付诸实践，促进创新人才培养，以服务于国家重大战略需求和经济社会发展。表9－1是学科建设管理业务涉及的一级流程、二级流程和三级流程。

表 9-1　　学科建设管理流程清单

序号	类别	流程编号	一级流程	二级流程	三级流程
	GHGL01 学科建设管理流程	GHGL01	学科建设管理		
01		GHGL01.01		学科建设项目管理流程	
02		GHGL01.02		学位授权点建设管理流程	
03		GHGL01.03		学科梯队管理流程	
04		GHGL01.04		高等教育课题管理流程	
		GHGL01.05		学科项目考察验收管理流程	
05		GHGL01.05.01			学科项目年度汇报管理流程
06		GHGL01.05.02			学科项目完成后验收管理流程

二、具体流程说明

（一）学科建设项目管理流程

学科建设项目管理流程确保学科建设项目按时、按质、按量完成，提升学科的整体水平和核心竞争力，为人才培养、科学研究和社会服务提供坚实的基础和支持。流程如图 9-1 所示，具体流程说明见表 9-2。

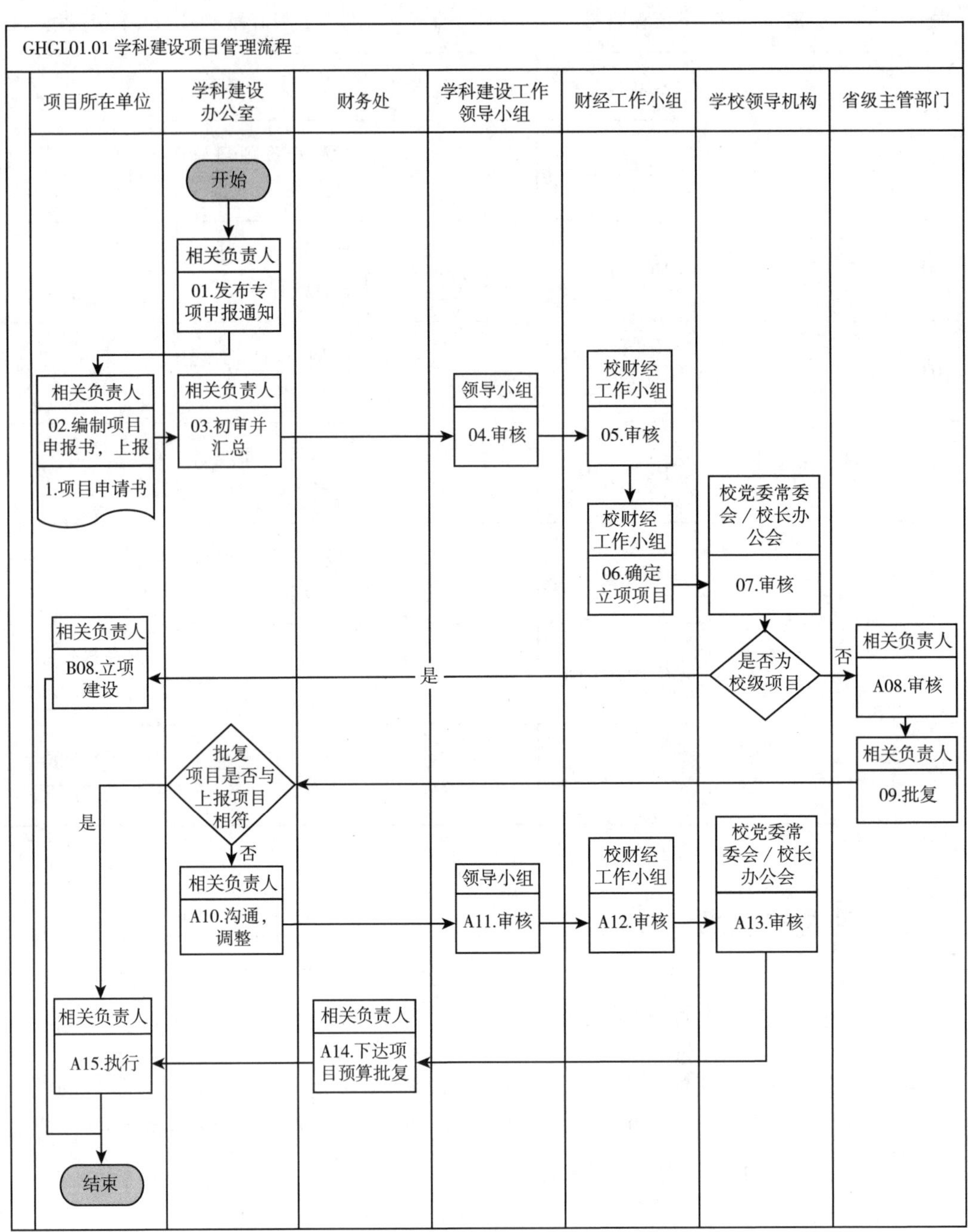

图 9-1 学科建设项目管理流程

表 9－2　　学科建设项目管理具体流程说明

序号	步骤说明	输出文档
01	学科建设办公室发布专项申报通知	
02	省级以上项目及学校项目内各项目所在单位根据项目实施办法，按要求组织编制项目申报书，上报学科建设办公室	项目申请书
03	学科建设办公室初审并汇总	
04	学科建设工作领导小组审核	
05	财经工作领导小组审核	
06	财经工作领导小组确定立项项目并上报校长办公会议	
07	校党委常委会或校长办公会议审核	
	是否为校级项目	
A08	省主管部门审核通过行文立项，批复下达项目任务书	
B08	校级项目可以立项建设	
09	学校根据省主管部门下达的学科建设项目批复各单位的建设项目	
	批复项目与上报项目是否相符	
A10	批复项目与上报项目不符，学科建设办公室需与各单位沟通并对项目进行相应的调整	
B10	批复项目与上报项目相符，各单位按批复的项目和预算执行	
A11	学科建设工作领导小组审核	
A12	财经工作领导小组审核	
A13	校长办公会议审议	
A14	财务处下达项目预算批复	
A15	各单位按批复的项目和预算执行	

（二）学位授权点建设管理流程

学位授权点建设管理通过系统的规划、实施、监控和评估，确保学位授权点建设的质量、效率和效果，提升学位授权点的整体水平和竞争力。流程如图 9－2 所示，具体流程说明见表 9－3。

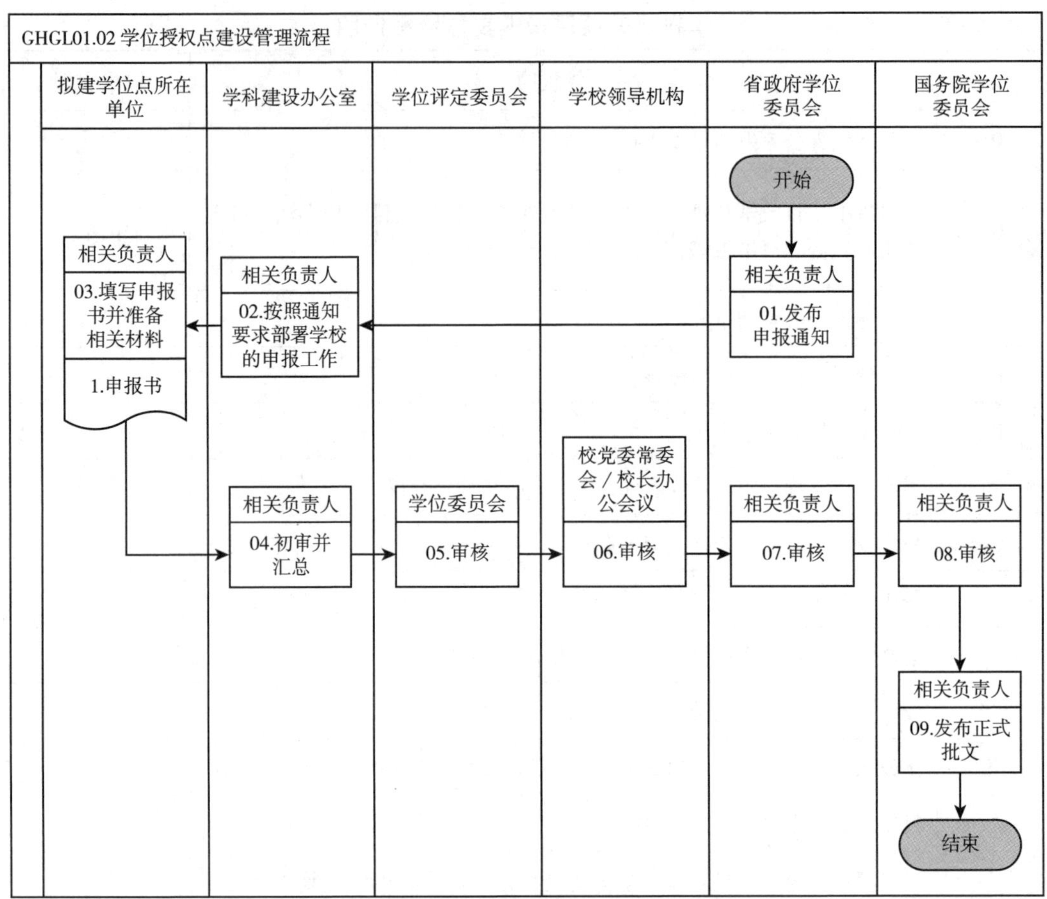

图 9-2　学位授权点建设管理流程

表 9-3　学位授权点建设管理具体流程说明

序号	步骤说明	输出文档
01	省人民政府学位委员会发布申报通知	
02	学科建设办公室根据国家和省学位授权主管部门发布的实施办法，布置全校的学位授权点申报工作	
03	拟建学位点所在单位根据国家和省学位授权主管部门发布的实施办法，按要求填写申报书并准备相关材料	申报书
04	学科建设办公室初审并汇总	
05	学位评定委员会审核	
06	校党委常委会或校长办公会议审核	
07	省人民政府学位委员会审核	
08	国务院学位委员会审核	
09	国务院学位委员会发布正式批文	

（三）学科梯队建设管理流程

学科梯队建设管理通过系统的规划、选拔、培养、评估和管理，构建和优化学科梯队结构，确保学科梯队成员的能力和素质与学科发展需求相匹配，提升学科的整体实力和创新能力。流程如图 9－3 所示，具体流程说明见表 9－4。

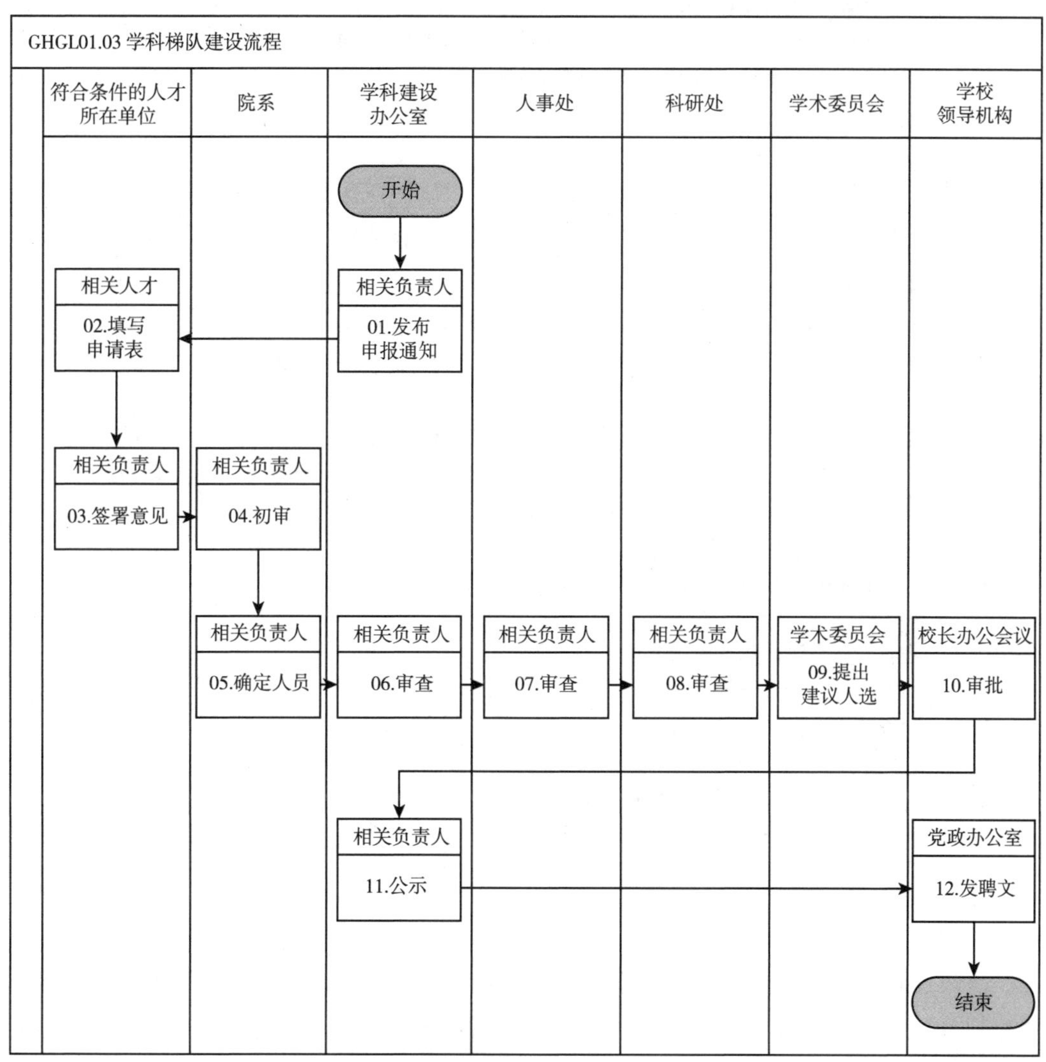

图 9－3　学科梯队建设管理流程

表 9-4　　学科梯队建设管理具体流程说明

序号	步骤说明	输出文档
01	学科建设办公室发布申报通知	
02	符合学术队伍各层级人才（学科带头人、学术带头人、学术骨干）条件并能履行其职责的教师向学科点所在的学院提出申请（对于跨学院的二级学科点，申请人向自己所在的学院提出申请），或由本部门推荐，填写申请表并提供教学、科研等原始证明材料	申请单
03	人才所在学院签署意见	
04	学科点所在学院（系、部）初审	
05	学科点所在学院（系、部）确定初选人员	
06	学科建设办公室对各学院（系、部）推荐的初选人员进行资格审查	
07	人事处对各学院（系、部）推荐的初选人员进行资格审查	
08	科研处对各学院（系、部）推荐的初选人员进行资格审查	
09	学校学术委员会研究讨论，提出建议人选名单	
10	校长办公会议对建议人选名单审批	
11	学科建设办公室对建议人选名单公示	
12	党政办公室对审批通过并公示后的建议人选，正式发布聘任文件	

（四）高教课题管理流程

高教课题管理流程确保高等教育研究课题从选题论证、申请立项、组织开题、实施计划到总结结题等全过程得到规范、有序、高效的管理。流程如图 9-4 所示，具体流程说明见表 9-5。

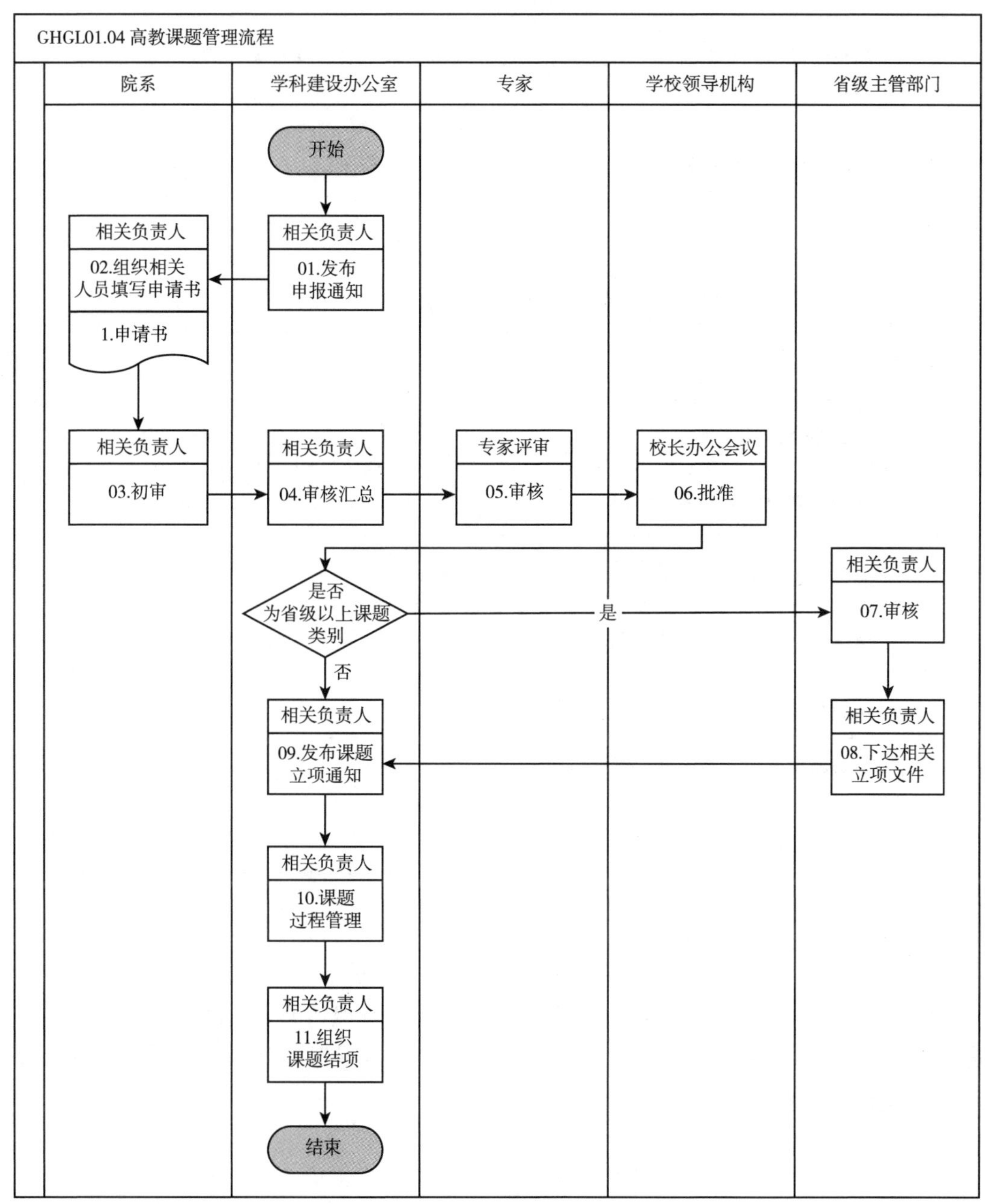

图 9－4　高教课题管理流程

表9-5　　高教课题管理具体流程说明

序号	步骤说明	输出文档
01	学科建设办公室根据有关文件要求发布省级以上课题及校级课题申报通知	
02	学院按要求组织相关人员填写申请书	申请书
03	学院相关负责人初审	
04	学科建设办公室组织专家审核并汇总	
05	专家评审	
06	校长办公会议批准	
07	是否为省级以上课题	
	省级以上课题，省级主管部门相关负责人审核	
08	省级主管部门行文下达立项文件	
09	学科建设办公室发布课题立项通知	
10	学科建设办公室负责课题的过程管理	
11	学科建设办公室按照文件要求组织课题的结项工作	

（五）学科项目考察验收管理流程

1. 年度汇报管理流程。年度汇报管理流程确保学科项目能够按照既定目标顺利推进，并不断优化项目管理和资源配置，提高学科项目的整体效益和水平。流程如图9-5所示，具体流程说明见表9-6。

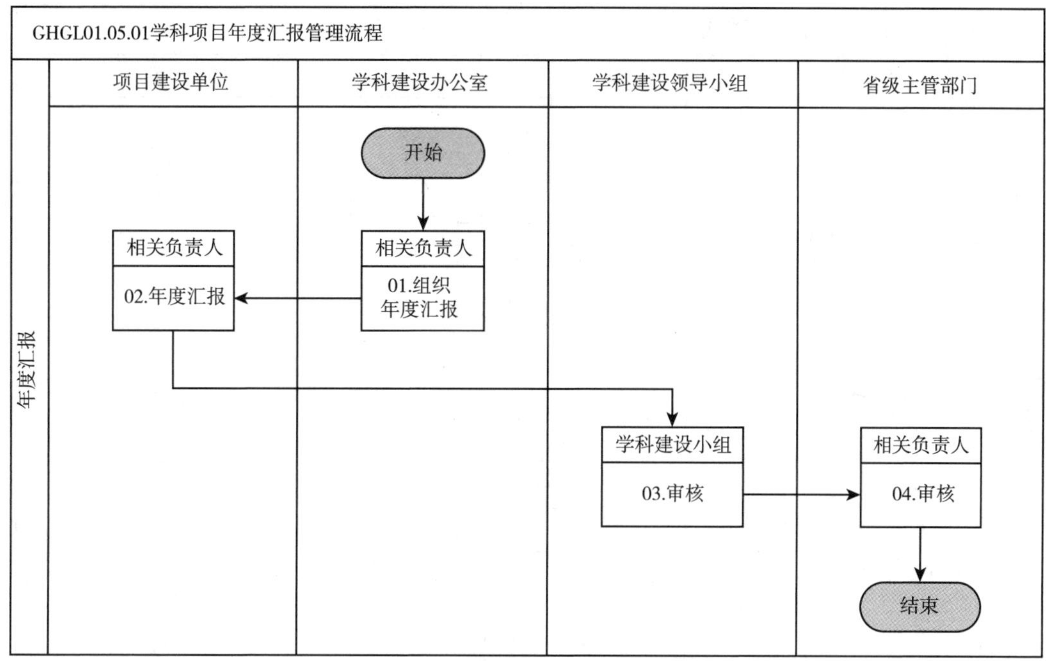

图9－5　年度汇报管理流程

表9－6　　年度汇报管理具体流程说明

序号	步骤说明	输出文档
01	学科建设办公室组织年度汇报	
02	各学科建设项目所在单位按文件规定进行年度汇报	
03	学科建设工作领导小组审核	
04	省级主管部门审核	

2. 项目完成后验收管理流程。学科项目完成后验收管理全面评估学科项目是否达到了预定的目标，确保项目的质量和成果符合预期标准，同时总结项目经验，为后续的项目管理提供借鉴。流程如图9－6所示，具体流程说明见表9－7。

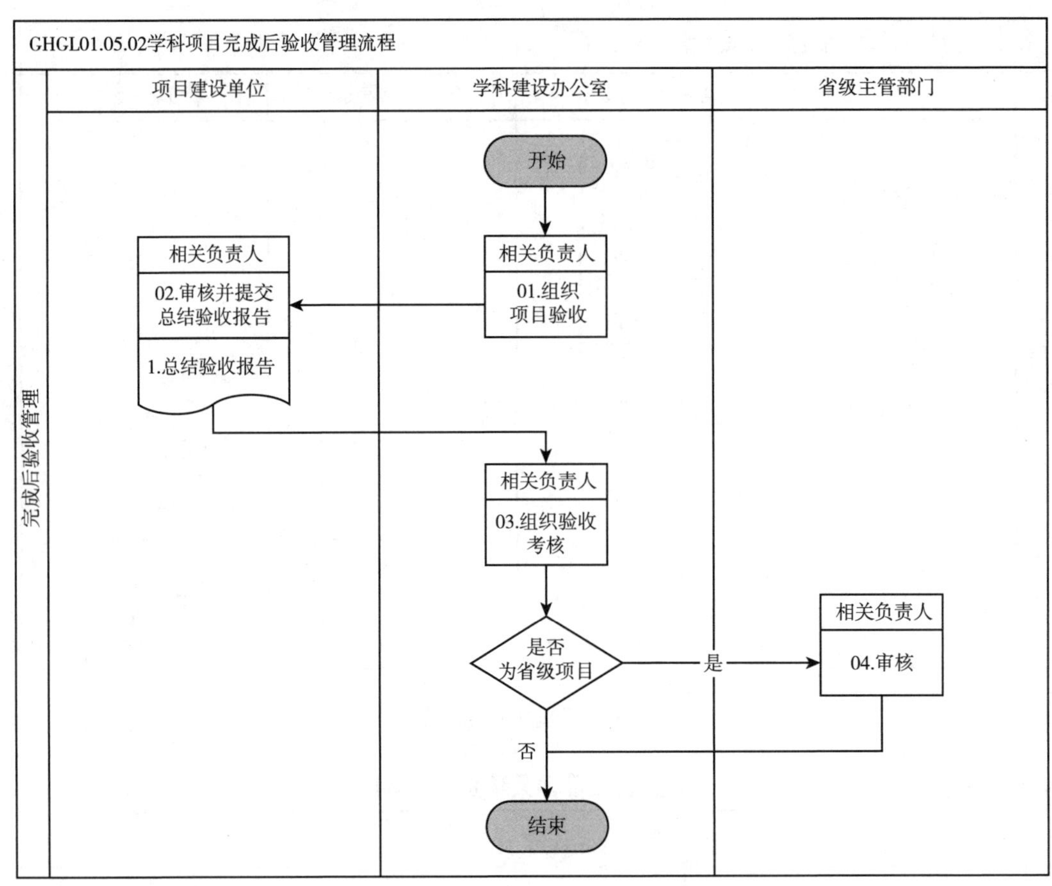

图9－6　项目完成后验收管理流程

表9－7　项目完成后验收管理具体流程说明

序号	步骤说明	输出文档
01	项目完成后，由学科建设办公室组织项目验收	
02	各学科建设项目所在单位按文件规定进行项目审核并提交总结验收报告	总结验收报告
03	学科建设办公室组织验收考核	
	判断是否为省级项目	
04	省级项目由省级主管部门审核	

第十章

科研管理控制

第一节　科研管理控制概述

科研管理控制是指在科研活动中，通过一系列的管理措施和控制机制，对科研项目的计划、实施、监控和评估进行系统性管理，以确保科研活动的有效性、规范性和成果的高质量。其核心目的是提升科研工作的效率和效益，保障科研资源的合理配置和使用，促进科研成果的转化与应用。

学校科研管理业务主要包括各单位科研工作统筹与协调、各级各类科研项目管理、科研经费报销与管理、科研成果审核认定与奖励、科研机构管理、学术委员会与教授委员会日常管理、学术活动组织与筹备、科研数据统计与分析、日常科研工作、呈报咨证报告等部分。

一、各单位科研工作统筹与协调控制

各单位科研工作统筹与协调控制是指在学术机构或科研单位内部，为确保科研活动的高效、有序进行，对各科研单位、部门和团队的科研工作进行系统性管理与协调的过程。其核心目标是通过合理的资源配置、有效的沟通与协作机制，实现科研目标的最大化，提升科研成果的质量与数量。

学校应加强各单位科研工作统筹与协调，认真贯彻执行科研工作的方针政策和管理规定。研究制定学校科研工作的中长期发展规划，制定并完善学校科研管理工作的规章制度，建立学校科研管理体制和运行机制，统筹安排各单位科研工作的开展。

二、各级各类科研项目管理控制

各级各类科研项目管理控制是指在科研机构内，针对不同类型和层级的科研项目，

实施全面的管理和控制措施，以确保项目的顺利进行和预期成果的实现。这一过程包括从项目的立项、申报、实施到结题的全生命周期管理，旨在提高科研项目的效率和质量，最大化地实现科研资源的利用和科研成果的转化。

学校应加强各级各类科研项目管理，及时高效地完成各级各类项目的咨询、培育、服务、申报、立项、中期检查、结题等工作。首先，学校应提供全面的项目咨询服务，帮助科研人员明确研究目标和方向。在项目启动之前，组织定期的科研培训和交流活动，提高科研人员的项目申报能力和科研素养，并通过案例分析、专家讲座等形式，让科研人员了解项目申报的各个环节及注意事项。其次，学校应建立规范透明的项目申报流程，并设立专门的项目申报指导小组，提供专业的指导和支持。在项目申报阶段，科研人员可以获得政策解读、数据支持及预算编制等方面的帮助。学校还应对申报材料进行初步审核，确保项目的创新性与可行性，从而增加立项的成功率。在项目实施阶段，学校应确保科研团队获得所需的资源支持，包括资金、设备、实验室条件等。同时，应建立项目管理平台，实时监控项目进度，确保科研计划的有效推进。定期召开项目进展会议，收集各方反馈，及时解决实施过程中遇到的问题，以确保项目按计划顺利进行。对于正在进行的科研项目，学校应设定中期检查的时间节点，定期对项目进展情况进行评估。通过对中期成果的评估，及时发现潜在问题并制定调整方案，确保项目能够根据实际情况进行适应性调整，最终达到预期成果。项目完成后，学校应组织专门的结题评审，审核项目成果的科学性和应用价值，确保项目成果的有效性。同时，学校应建立科研成果的登记和发布机制，及时将成果进行宣传，增强科研成果的社会影响。此外，学校还应建立成果转化机制，鼓励科研成果的实用化与市场化，促进科研与社会需求的紧密结合。在项目管理过程中，学校应对可能影响项目进展的风险因素进行识别与评估，制定相应的应对措施，以减少风险对项目实施的影响，通过建立风险预警机制，及时调整管理策略，确保科研项目的稳定推进。

三、科研经费报销与管理控制

科研经费报销与管理控制是指在科研项目实施过程中，对科研经费的使用、报销及管理进行规范化、系统化的管理和监控。其核心目的是确保科研经费的合理使用、合规性和透明度，提高资金使用效率，防范财务风险，保障科研项目顺利进行，并实现科研成果的最大化。学校应加强科研经费报销与管理，注重下列风险。

1. 管理制度不健全、责任落实不到位，管理混乱，可能导致科研项目经费流失，或被滥用、挪用的风险。

2. 申报立项论证不充分，项目重复申报立项，可能造成项目无法完成，形成资金浪费。

3. 科研合作合同签订不规范、信息虚假、合同条款存在缺陷，可能产生经济损失和法律纠纷。

4. 科研经费到款不及时，影响科研工作进度，可能无法按时完成科研任务，造成后续科研经费不能按合同约定到位。

5. 未按批复的项目预算，或未按合同约定的使用科研项目经费，支出审核不严，项目无法通过验收，可能造成科研经费被收回或减少后续拨款，导致学校信誉受损。

6. 对技术成果及档案保护措施不力，高校合法权益被侵害。

四、科研成果审核认定与奖励控制

科研成果审核认定与奖励控制是指在科研管理过程中，对研究人员所取得的科研成果进行系统性审核、评估和认定，并依据相应的标准和政策给予奖励的管理机制。这一过程旨在鼓励科研创新、提高科研人员的积极性、确保科研成果的有效转化，并促进学术氛围的提升和学科的发展。

学校应加强各级各类科研奖项申报，及时组织各单位对高等学校科学研究优秀成果奖进行申报。学校应加强科研成果的审核认定与奖励，及时登记审核科研管理系统中的科研成果，认定成果等级，组织每年一度的科研奖励工作；建立明确的科研成果审核机制，制定审查标准和流程，确保各类科研成果的真实性、有效性和创新性。审核应包括对成果的科学价值、技术水平、应用前景及社会影响等方面的综合评估。根据科研成果的实际情况，设定不同的认定等级，如优秀、良好、合格等，确保对各类科研成果的合理评价。这一过程需结合学校的科研目标和发展方向，制定相应的评价标准。

五、学术委员会与教授委员会日常管理控制

学术委员会与教授委员会日常管理控制是指针对学校内部的学术委员会和教授委员会，建立系统化的管理机制，确保其日常运行的高效性和规范性。该管理控制包括对会议议题的收集、讨论会议的组织安排，以及相关工作的协调与落实，以提升学术决策的科学性、民主性和有效性。

学校应加强学术委员会、教授委员会的日常运行工作，积极收集委员会会议议题，组织讨论会议及相关工作。学校应建立一个便捷的机制，鼓励各个部门、学院和科研人员主动提交会议议题，确保涵盖广泛的学术问题和需求。这可以通过定期征集、专门邮

箱或在线平台等方式进行，增加议题的多样性和代表性。针对收集到的议题，学校应定期组织讨论会议，确保学术委员会和教授委员会能够及时对相关问题进行深入探讨。会议应提前制定议程，确保讨论有序进行，并记录会议纪要，跟踪落实讨论结果。学校应指定专门的工作人员负责委员会日常工作的协调与管理，包括会议安排、材料准备、信息反馈等，确保各项工作的顺利进行。这有助于提高委员会的工作效率，形成良好的学术氛围。

六、学术活动组织与筹备控制

学术活动组织与筹备控制是指在学校内对各类学术活动的策划、组织和实施进行系统化管理，以确保学术讲座、学术会议、小型学术沙龙等活动的顺利进行。通过科学的管理与筹备，提高学术活动的质量和影响力，促进学术交流与合作。

学校应加强学术活动的组织与筹备，注重各类学术讲座、学术会议、小型学术沙龙的组织、筹备与开展。学校应建立学术活动的策划机制，明确活动的主题、目标和参与对象。可以通过听取各学院的需求和建议，结合学术前沿动态，形成有针对性的学术活动计划。在组织学术活动时，学校应合理配置资源，包括场地、设备、宣传等，确保活动的顺利进行。同时，应提前沟通与协调，避免资源冲突和重复安排。对于即将举行的学术活动，学校应通过多种渠道进行宣传，吸引广大师生参与，提高活动的知名度和影响力。可以利用校内外的宣传平台，如网站、微信公众号、海报等，确保信息覆盖到目标受众。在活动结束后，学校应对活动进行评估，收集参与者的反馈意见，总结经验与不足，为后续学术活动的改进提供依据；定期完善学术活动的相关管理制度，提高组织工作的专业化水平。

七、科研数据统计与分析控制

科研数据统计与分析控制是指对学校内科研活动所产生的数据进行系统化的统计、分析与报告，以确保数据的准确性和时效性。通过科学的数据管理与分析，为学校的科研决策、资源配置和战略规划提供可靠依据，推动科研工作的持续发展。

学校应加强科研数据的统计与分析，及时准确地对数据进行统计、分析与上报。学校应建立完善的科研数据管理系统，集中存储各类科研数据，包括项目立项、经费使用、成果产出等信息，确保数据的完整性和可追溯性。定期对科研数据进行统计和分析，形成系统的科研报告，帮助学校了解科研动态和发展趋势。数据分析应涵盖科研项目的数量、质量、经费使用效率等多个维度，为决策提供参考。统计分析结果应及时向学校管理层和各相关单位汇报，确保科研数据的透明化和共享。通过定期的报告会议或简报，使各部门对科研数据有清晰的了解，增强协同工作意识。建立数据质量监控机制，定期对科研数据进行审核与校验，确保数据的准确性和可靠性。对于发现的数据问题，应及时整改，确保数据统计分析的科学性和有效性。

八、日常科研工作控制

日常科研工作控制是指学校在科研工作日常管理中，制定相关计划、总结、宣传等工作机制，以提高科研工作的系统性、规范性和有效性。通过科学的管理方法，推动科研人员的积极性和创造力，提升学校的整体科研水平。

学校应加强科研日常工作，按年度起草学校科研工作计划、工作总结，撰写各类科研宣传新闻稿件。

学校应按年度制订科研工作计划，明确科研目标、重点任务及工作安排，确保各项科研活动有序进行。年末，应对科研工作的开展情况进行总结，评估目标完成情况，总结经验与教训；积极撰写各类科研宣传新闻稿件，通过校内外媒体宣传学校的科研成果、科研活动及其影响，提升学校的学术声誉和社会影响力。可定期发布科研动态，展示科研团队的工作成就和努力；建立信息反馈机制，收集科研人员对日常科研工作的意见和建议，及时进行调整与改进。这有助于形成良好的科研管理氛围，激励科研人员的创新思维和积极参与。学校应设立相应的激励措施，鼓励科研人员在日常工作中积极探索、勇于创新，通过评比、表彰等方式，增强科研人员的归属感和成就感，促进科研工作的活跃开展。

九、呈报咨证报告控制

呈报咨证报告控制是指学校在科研成果和专家建议的传播与转化过程中，建立系统的呈报机制，以促使科研成果得到有效的社会宣传和推广。通过科学的管理与控制，可以提高科研成果的社会价值和实际应用，为学校的可持续发展奠定基础。

学校应加强呈报咨证报告工作，积极通过各途径呈报咨证报告与专家建议，促进学校科研成果的社会宣传、推广与转化。学校应建立规范的呈报咨证报告机制，明确呈报的内容、流程和责任人，确保科研成果和专家建议能够及时、有效地传达给相关部门和社会公众。可以通过政府部门、行业协会、企业合作等多种渠道，积极推广学校的科研成果，增强其社会影响力。学校应根据不同的受众群体，制定相应的传播策略，提高成果的可接触性。对于具有实际应用价值的科研成果，学校应提供必要的支持和资源，促进其转化为实际应用，可通过校企合作、技术转让等方式，推动科研成果的市场化应用。在科研成果的传播与转化过程中，应定期总结经验，收集反馈信息，评估宣传与转化的效果。根据反馈信息，及时调整宣传策略和转化方式，确保科研成果的有效推广和应用。

第二节　科研管理内部控制规范

一、科研管理内部控制的目标及任务

为规范地方高校科研管理，进一步加强学校建设，鼓励教师积极从事科学研究，学校应根据《全国高校哲学社会科学繁荣计划》《高等学校哲学社会科学繁荣计划专项资金管理办法》等有关文件精神，结合学校实际情况，制定科研管理内部控制规范。科研管理内部控制规范适用于学校所属各部门及直属单位的科研管理工作。科研管理是学校科研工作的全过程管理。其主要内容包括科研项目管理、科研项目资金管理、其他科研工作管理。

（一）科研管理内部控制的目标

学校科研管理的目标是加强应用型大学建设，鼓励教师积极从事科研工作，促进各学科研究方向特色的凝练及科研水平的提高，培养优秀科研人才，获批高层次科研项目，产出高水平科研成果。

1. 加强应用型大学建设。地方高校的科研管理目标之一是加强应用型大学的建设。应用型大学注重实践与理论相结合，强调科研活动的实际应用价值。通过构建与地方经济和社会发展紧密结合的科研体系，学校可以围绕地方需求，开展针对性研究，推动地方经济转型和产业升级。此外，应用型大学还应加强与企业和行业的合作，促进科研成果的快速转化，培养能够满足社会需求的高素质应用型人才，为区域经济发展提供强有力的智力支持。

2. 鼓励教师积极从事科研工作。鼓励教师积极从事科研工作是地方高校科研管理的核心目标之一。学校应通过建立激励机制，提供科研经费、奖励措施和资源支持，激发教师的科研热情。此外，学校还应为教师提供必要的培训和发展机会，帮助他们提升科研能力和水平。通过组织科研讲座、学术交流和研究合作，营造浓厚的科研氛围，让更多教师参与到科研活动中来，形成“人人参与科研”的良好局面，推动学校整体科研水平的提升。

3. 促进各学科研究方向特色的凝练。地方高校应致力于促进各学科研究方向特色的凝练，以提升科研的针对性和有效性。学校应通过调研和分析，明确各学科的优势与特色，结合地方经济、社会和文化发展的需求，确立学科发展的重点方向；在此基础上，鼓励学科团队进行深入研究，形成具有独特学术价值和应用前景的研究方向。学校还应支持跨学科的合作研究，打破学科壁垒，实现资源的最优配置，推动学科之间的互动与融合，提升学校的综合科研实力。

4. 提高科研水平。提高科研水平是地方高校科研管理的又一重要目标。学校应建立系统的科研评价机制，定期评估各学科的科研成果和影响力，通过数据分析发现问题和不足。同时，学校应鼓励教师参与国内外学术交流，提升学术视野和水平；通过引进高层次人才、举办学术研讨会等方式，提高教师的科研能力和团队合作精神。此外，学校应鼓励科研团队承担更多的重大科研项目和课题，提升科研的深度与广度，推动高水平科研成果的产出。

5. 培养优秀科研人才。地方高校应将培养优秀科研人才作为科研管理的重要任务。学校应通过制定系统的人才培养计划，结合学科特点和社会需求，培养具有创新精神和实践能力的科研人才。例如，可以设立科研助理、博士后流动站等形式，为年轻学者提供成长空间和实践机会。学校还应注重科研人员的职业发展，为其提供多元化的职业路径和良好的发展环境，吸引和留住高水平的科研人才。此外，学校应通过师徒制、学术交流等方式，帮助年轻科研人员积累经验，提高其科研能力，培养科研团队的后备力量。

6. 获批高层次科研项目。获得高层次科研项目的批准是地方高校科研工作的重要标志。学校应积极鼓励教师和科研团队申请国家和省级的重大科研项目，建立相应的支持体系，提供项目申请的指导和服务；通过组织项目申报培训、提供项目申请书写的专业指导，帮助教师提高申报成功率。此外，学校还应建立奖励机制，对获得高层次科研项目的教师和团队给予表彰与支持，激励他们在科研工作中不断追求卓越，提升学校的科研声誉和影响力。

7. 产出高水平科研成果。地方高校的最终目标是产出高水平的科研成果，推动学术界和社会的发展。学校应通过建立科研成果转化机制，促进科研成果的应用与推广。例如，可以设立科技成果转化中心，帮助科研人员将研究成果与市场需求对接，推动技术的商业化。此外，学校还应鼓励科研团队在高水平学术期刊上发表论文，参与各类学术活动，提升成果的学术影响力。通过加强对科研成果的宣传和推广，学校可以更好地展示自身的科研实力，推动科研成果的社会价值最大化。

通过以上各项目标的深入实施，地方高校将能够有效提升科研管理水平，促进学校整体的科研发展和社会贡献。

（二）科研管理内部控制的任务

学校科研管理的主要任务包括统筹安排组织申报各级各类科研项目、合理监督科研经费使用、科学制定科研管理制度、积极申报各级各类科研成果奖、筹备组建科研机构、开展学术活动、整理科研数据、报送咨政报告。

1. 统筹安排组织申报各级各类科研项目。学校科研管理的首要任务是统筹安排和组织申报各级各类科研项目。为此，学校应建立一个全面的项目申报体系，明确项目申报的流程和要求，提供详细的指导和支持。学校可以定期举办项目申报培训，帮助教师了解不同项目的申报条件和评审标准。同时，学校应积极收集相关的项目申报信息，包括国家政策、资助机构的信息等，确保所有科研人员都能及时获得最新的申报机会；通过搭建合适的平台和机制，鼓励教师组建科研团队，联合申报重大科研项目，提升申报成功率和竞争力。

2. 合理监督科研经费使用。合理监督科研经费的使用是确保科研活动顺利进行的重要任务。学校应建立健全科研经费管理制度，明确经费使用的各项规定和流程，包括预算编制、审批、使用和结算等环节。定期审查和评估科研经费的使用情况，确保经费使用的合规性和有效性。同时，学校应鼓励科研人员制订详细的经费使用计划，包括各项支出的具体用途和预期效果，提升经费使用的透明度。此外，设立科研经费使用的反馈机制，鼓励科研人员对经费管理提出建议，不断完善和优化经费管理制度，确保科研资金的有效投入。

3. 科学制定科研管理制度。科学制定科研管理制度是确保科研活动有序进行的基础。学校应依据国家政策和地方实际情况，结合学校的特点，制定系统、科学、合理的科研管理制度。这些制度应涵盖科研项目的申请、经费管理、成果管理、学术道德等多个方面，明确各项工作的职责和流程。同时，学校应定期对科研管理制度进行评估与修订，根据实际情况的变化及时调整和优化。此外，学校还应做好科研管理制度的宣传和培训工作，确保全体科研人员都能理解并遵守相关规定，形成良好的科研管理氛围。

4. 积极申报各级各类科研成果奖。积极申报各级各类科研成果奖是提升学校科研声誉的重要举措。学校应建立专门的科研成果奖申报机制，为教师提供申报的指导和支持。可以通过组织培训和交流活动，帮助科研人员了解各类奖项的评选标准和申报程序，提升申报成功率。同时，学校应鼓励和支持科研人员参与国际国内的学术交流，积极展示科研成果，吸引更多的关注与认同。此外，学校应定期统计和总结获奖情况，分析申报的经验与不足，为后续的奖项申报提供参考依据，形成“人人争创优质成果、争取各类奖项”的良好局面。

5. 筹备组建科研机构。筹备组建科研机构是提升学校科研能力的重要步骤。学校应根据各学科的发展需要，结合地方经济和社会发展的需求，规划和筹备相应的科研机构。科研机构的组建应注重学科交叉与合作，鼓励不同学科的科研人员共同参与，形成多学科协作的新模式。同时，学校应为新成立的科研机构提供必要的资金、设备和人员支持，确保其顺利运作。通过组建高水平的科研机构，能够更好地聚集和整合资源，提升科研工作的专业化和系统化水平，推动学校科研工作的深入发展。

6. 开展学术活动。开展学术活动是促进学术交流与合作的重要途径。学校应定期组织各类学术活动，如学术讲座、研讨会、论坛及小型沙龙等，营造浓厚的学术氛围。这些活动不仅为教师提供了展示研究成果的平台，也为教师之间的学术交流搭建了良好的桥梁。学校还应鼓励邀请国内外知名学者参与，提升学术活动的影响力和品质。此外，学校应通过多种方式宣传学术活动，吸引更多师生参与，使学术活动成为学校文化的重要组成部分，推动学术研究的持续发展。

7. 整理科研数据。整理科研数据是提升科研管理水平的重要环节。学校应建立科研数据管理系统，对科研活动中产生的各类数据进行系统收集、整理和存储，以确保数据的完整性和可追溯性。科研数据整理不仅包括项目立项、经费使用、成果产出等信息的收集，还应涵盖科研活动的各个环节，形成完整的科研数据库。通过数据的有效管理，学校可以更好地分析科研发展趋势，评估科研绩效，为后续的科研决策提供有效依据。此外，学校应注重数据的安全管理，确保科研数据的保密性和安全性。

8. 报送咨政报告。报送咨政报告是科研成果向社会转化的重要途径。学校应鼓励科研人员积极撰写咨政报告，将研究成果与政策建议结合起来，为政府决策提供科学依据。学校可以设立专门的咨政报告撰写团队，负责整理和汇总科研成果，形成高质量的咨政报告。此外，学校应积极与地方政府、行业协会等建立合作关系，及时将咨政报告送达相关决策部门，推动科研成果的实际应用。同时，学校应建立反馈机制，收集各方对咨政报告的意见与建议，不断提升咨政报告的质量和影响力，促进学校科研成果的社会价值实现。

通过以上各项任务的有效实施，学校能够全面提升科研管理水平，推动科研工作的深入开展，促进学校的可持续发展与社会贡献。

二、组织架构及职责分工

学校科研管理的组织结构包括党委常委会、校长办公会议、科研处及各学院（系、部）。另有学术委员会对学术问题进行审议，审计部门按国家有关规定和学校要求对科研经费的使用和管理进行监督。

（一）党委常委会与校长办公会议

党委常委会与校长办公会议为学校科研管理最高决策机构，其主要职责包括：制定地方高校科研工作中长期发展规划，审议科研管理文件的起草与修订；审议地方高校不同类型科研项目的申报与获批名单；审批成立科研机构。

（二）学术委员会

学术委员会为科研管理的最高学术机构，其主要职责包括：学科、专业及教师队伍建设规划；科学研究、对外学术交流合作等重大学术规划；自主设置或者申请设置学科专业；教学机构及学术机构设置与调整方案；交叉学科、跨学科协同创新机制的建设方案，学科资源的配置方案；人才培养质量的评价标准及考核办法、学位授予标准及细则、学历教育培养标准；学校教师及其他专业技术职务聘任的学术标准与办法；学术评价规则、学术争议处理规则和学术道德规范；学术委员会专门委员会章程及学院（系、部）教授委员会章程；教学科研成果评价标准与奖励细则；学校认为需要提交审议的其他学术事务。

（三）各学院（系、部）

各学院（系、部）为科研管理工作的具体实施部门，其主要职责包括：根据学校科研工作整体安排，制订本部门科研发展计划；根据科研处相关通知，组织本部门教师申报各级各类科研项目及成果奖；管理和监督其部门及教师承担的科研项目经费，对其使用的真实性、合规性负责。

（四）审计部门

审计部门负责科研经费的审计和监督，按国家和学校要求，定期和不定期对科研经费的使用和管理进行检查或专项审计，监督、检查项目负责人按照项目预算或合同约定在其权限范围内使用经费的情况，确保科研经费合理使用。

三、科研项目管理

（一）纵向科研项目

纵向科研项目，包括国家社科基金各类项目、国家自然科学基金各类项目、国家语委各类项目、全国教育科学规划课题、教育部各类项目（人文社会科学研究一般项目及专项项目）、省市级各类项目。

1. 纵向科研项目的申报。科研处收到各级主管部门的申报文件后，在全校范围内发布项目申报通知。项目负责人撰写申报书，编制经费预算，并将申报材料报送至所在部门。各学院（系、部）科研负责人及科研秘书对申报材料进行初审并汇总，统一报送至科研处。

科研处根据项目主管部门的文件要求，对全校申报材料进行资格审查与汇总。对于有申报限额的科研项目，如国家社科基金项目、高等学校创新人才、创新团队项目等，科研处组织学术委员会专家评审组对符合申报条件的项目进行评审，科研处汇总评审结果同时将申报名单报主管校领导或校长办公会议审批；对于无申报限额的科研项目，科研处将符合申报条件的材料整理后上报主管部门。

2. 纵向科研项目的中期检查与结题。纵向科研项目立项后，科研处发布校内新闻公布立项结果，下拨资金，对立项项目进行管理，督促项目负责人按计划开展研究工作。按照主管部门的通知，组织项目负责人进行中期检查与结题，并做好结题成果的审核与认定、结题材料的登记与报送工作。

（二）横向科研项目

横向科研项目，包括教师与各级政府部门、企事业单位、学术团队、社会团体、国内外高校、研究机构等签订的委托研究、合作研究、技术咨询、技术开发等项目。

横向科研项目由教师与委托或合作方自行商议合同内容，并由科研处申请合同审批流程，经财务处、法律顾问、校领导等分别审批同意后，由项目负责人持合同至党政办公室加盖校合同专用章。横向科研项目按照合同约定时间管理，合同期满后即为结题。

（三）校级科研项目

校级科研项目，包括学校科研基金项目、创新团队项目、出版资助项目三类科研项目。

1. 校级科研项目的申报。科研处在公告通知上发布申报通知，申报人撰写申报书，编制经费预算，并将申报材料报送至所在部门。各学院（系、部）科研负责人及科研秘书对申报材料进行初审并汇总，统一报送至科研处。

科研处根据文件要求，对全校申报材料进行资格审查与汇总，并组织学术委员会项目评审组专家对符合条件的申报项目进行评审，科研处将评审结果上报主管校领导或校长办公会议决定立项名单。会后根据校长办公会议的审议结果发布立项名单。

2. 校级科研项目的中期检查与结题。校级科研项目立项后，科研处发布公告通知，公布立项结果，对立项项目进行管理，督促按计划开展研究工作。并根据项目研究期限组织项目负责人进行中期检查与结题，并做好结题成果的审核与认定、结题材料的登记、结题证书发放与项目资金的发放工作。

（四）科研成果认定与奖励

学校定期开展科研成果的认定与奖励工作。科研处根据工作安排发布校级科研奖励通知。成果所有人以学院为单位按通知要求报送成果原件。科研处对科研成果进行逐一认定，确定奖励等级。如遇特殊情况，根据奖励文件难以认定等级的成果，提请学术委员会专家评审组认定。科研处将确定后的拟奖励名单上报校长办公会议审议。通过后发布奖励结果，进行表彰。奖金由财务处统一发放。

四、科研项目资金管理

（一）科研项目资金分类

1. 纵向项目经费。纵向项目经费指由上级科研主管部门及其他具有科研管理规划职能的部门（主要包括国家及省哲学社会科学规划办、国家自然科学基金委、教育部、省市等有关部门）批准下达的项目资助经费，经费来源为中央或地方财政资金。[①]

2. 横向项目经费。横向项目经费指各级政府部门、企事业单位、学术团体、社会团体委托研究和协作研究项目经费；国内民间基金或个人资助研究的项目经费；境外（含港澳台）的研究基金及高校、研究机构、企业等委托研究和合作研究的国际合作项目经费，经费来源为社会资金。

3. 专项经费。专项经费指上级主管部门专门划拨的科研机构建设经费、专项项目经费等，经费来源为中央或地方财政资金。科研机构建设经费根据主管部门要求由各科研机构按照相关规定使用，用于项目资助的专项经费按纵向项目经费管理。

4. 校级项目经费。校级项目经费指学校预算安排的科研项目资助、配套经费，经费来源为学校资金。

（二）科研项目资金管理与使用

学校科研项目资金管理实行“统一领导、分级管理、责任到人”的管理体制，明确项目负责人、科研处、财务处、审计处、资产管理处、各学院（系、部）等部门的职责

---

① 马尚敏，李卫中．高校科研经费管理内部控制审计重点研究——基于 COSO 内部控制框架［J］．中国内部审计，2015（11）：22－25．

和权限，确保科研项目资金使用权、管理权和监督权的有效行使。

财务处根据到账情况，核实资金来源，通知科研处认领。科研处确认后提交立项申请。财务处设立各项目的财务账号并按立项申请划拨款项。

项目负责人根据项目预算支出项目资金，提交报销单及各类原始凭证并签字。财务处审核各类原始凭证是否符合财务制度。如无误，支付项目资金。

五、其他科研工作管理

（一）制定科研管理制度

学校科研管理制度由学术委员会、教授委员会、科研项目、科研经费、科研奖励、成果转化、科研机构、学术道德与学风建设、预防与处理学术不端等相关管理办法组成。

科研处在起草与修订管理制度前须进行充分的调研和征求意见，调研其他高校，广泛征求校领导、各学院（系、部）负责人、不同群体教师的意见与建议。管理制度由主管科研校领导审核通过后，报校长办公会议审批。根据校长办公会议审议情况修改管理制度并正式发布实施。

（二）申报科研成果奖

科研处收到各级奖项主管部门的申报文件后，在全校范围内发布项目申报通知。成果所有人撰写申报书并将申报材料报送至所在部门。各学院（系、部）科研负责人及科研秘书对申报材料进行初审并汇总，统一报送至科研处。

科研处根据项目主管部门的文件要求，对全校申报材料进行资格审查与汇总。将符合申报要求的材料上报至主管部门。获奖后科研处在校内发布通知，做好成果存档工作。

（三）筹建科研机构

校级科研机构成立由科研处牵头，联合学科发展规划处、研究生处、人事处、国际交流处等部门，根据学校学科建设与科研工作中长期发展规划，确定拟设立科研机构的研究方向及机构名称，在校内遴选科研机构筹建负责人，由党委常委会审定。

由机构筹建负责人提交可行性论证报告并遴选成员。论证报告应包括以下内容：拟成立机构名称、成立宗旨；成立该机构目前已具备的条件和优势，包括研究人员情况、研究方向、研究条件等；发展规划、建设目标及经费预算；内部机构设置等。

科研处备案并报学术委员会审定，通过后由科研处发文公布。科研机构建设期满后由科研处进行评估，根据评估结果确定是否继续支持该机构建设。

（四）召开学术委员会会议

学术委员会会议议题由学术委员会秘书长提出，由主任委员确定。相关职能部门应在学期初向秘书处上报议题计划。提交学术委员会的议题分为直接表决类与审议表决类。

直接表决类议题不需要会前审议，可召开学术委员会会议直接会上表决。议题材料纸质版、电子版，应提前报送至秘书处，由秘书处起草会议议程。审议表决类议题分为审议与表决两个步骤。议题材料纸质版、电子版，应提前报送至秘书处，由秘书处提请学术委员会委员审议并由委员提出反馈意见。秘书处将委员的反馈意见汇总后返给提出议题的相关职能部门，由相关职能部门对议题材料进行修改。上述过程应该在召开学术委员会会议之前完成。

学术委员会会议将对相关职能部门根据委员反馈意见修改后的议题材料进行现场开会表决。表决应当经与会委员 1/2 以上（不含 1/2）同意方可通过。重大事项应当经与会委员 2/3 以上（不含 2/3）同意方可通过。未与会委员不能委托其他委员代为投票表决。秘书处将学术委员会会议表决的结果反馈给议题提出部门并存档。

（五）开展学术讲座

学术讲座分为由科研处主办的学术讲座及各职能部门、学院（系、部）申请的其他学术讲座。

1. 科研处主办的学术讲座。每学期初，科研处向各学院（系、部）征集讲座内容，安排讲座顺序，多渠道向全校发布。主讲人所在部门负责召集基础听众、摄像或录屏，将相关资料交给科研处存档。

2. 其他学术讲座。由申报单位在数字 OA 系统中提出讲座申请，在线填写申请表，由单位负责人、科研处负责人审批。如有涉外人士讲座、讲座内容较为敏感、讲座规模较大，须经国际交流与合作处及党委统战部负责人联合监管、分管校领导审批、意识形态主管部门备案、分管意识形态校领导审批，若有异议，需经学校党委书记审批。经审批同意召开的学术讲座，由科研处或承办单位发布讲座宣传，申请摄像，组织开展讲座，保留相关资料存档。

（六）整理科研数据

科研处使用科研管理系统登记、审核、整理科研数据。教师发表或出版学术成果后，随时登记在科研管理系统中。所在部门科研秘书作为部门初审，检查成果原件，在科研管理系统中审核。所在部门审核无误后，以学院为单位或教师单独持成果原件至科研处审核。科研处审核后教师无法再修改该条科研数据，以备统计。

（七）报送咨政报告

科研处在全校范围内征集咨政报告与专家建议。学校各学院（系、部）、科研机构、教师本人均可以撰写咨政报告并上报至科研处。科研处整理汇总后提交至相关部门。咨政报告获得上级领导批示后，科研处负责存档。

六、科研管理的监督

审计部门负责科研经费的审计和监督，按国家和学校要求，定期和不定期对科研经费的使用和管理进行检查或专项审计，监督、检查项目负责人按照项目预算或合同约定在其权限范围内使用经费的情况，确保科研经费合理使用。

第三节　科研管理内部控制操作规程

一、科研管理流程整体概况说明

地方高校科研项目业务流程包括科研项目管理、科研项目资金管理及其他科研工作管理等子流程。表 10－1 是科研管理业务涉及的一级流程和二级流程。

表 10－1　　科研业务流程清单

序号	类别	流程编号	一级流程	二级流程
	KYXM01 科研项目管理	KYXM01	科研项目管理	
01		KYXM01.01		纵向科研项目管理流程
02		KYXM01.02		横向科研项目管理流程
03		KYXM01.03		校级科研项目管理流程
04		KYXM01.04		科研成果认定与奖励管理流程

续表

序号	类别	流程编号	一级流程	二级流程
	KYXM02 科研项目资金管理	KYXM02	科研项目资金管理	
05		KYXM02.01		科研项目资金管理流程
	KYXM03 其他科研工作管理	KYXM03	其他科研工作管理	
06		KYXM03.01		科研管理制度制定流程
07		KYXM03.02		科研奖项申报管理流程
08		KYXM03.03		筹建科研机构管理流程
09		KYXM03.04		开展学术讲座管理流程
10		KYXM03.05		报送咨政报告管理流程

二、具体流程说明

（一）科研项目管理流程及说明

1. 纵向科研项目管理流程。纵向科研项目管理流程包括发布选题指南、编写预算、提交申请、初审、资格审查、评审、汇总、审批、公示、中期检查、结题审批等环节。流程如图 10 -1 所示，具体流程说明见表 10 -2。

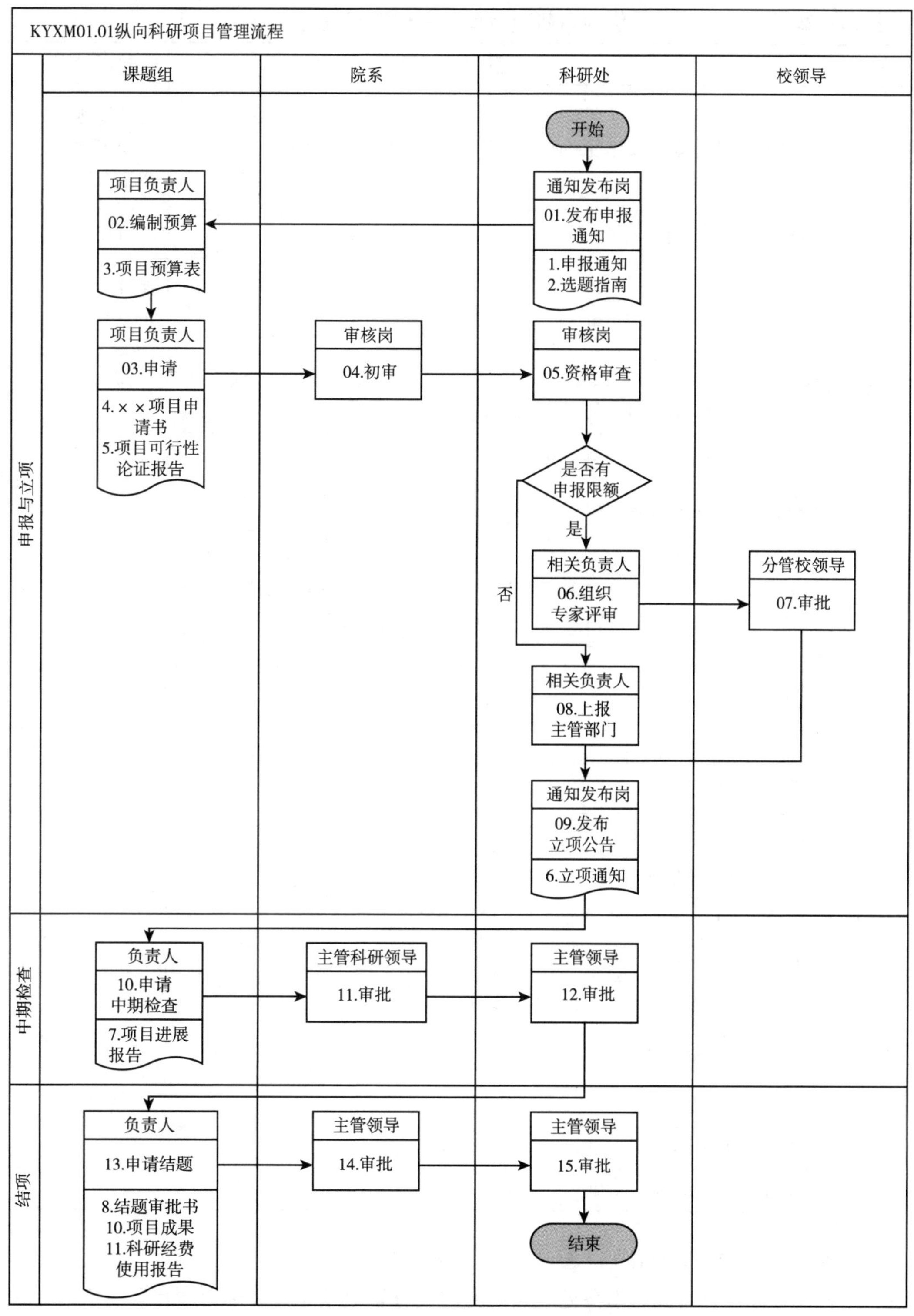

图 10－1 纵向科研项目管理流程

表 10－2　　纵向科研项目管理具体流程说明

序号	步骤说明	输出文档
01	科研处向各学院发布年度纵向科研项目选题指南和申报通知	选题指南 校级科研项目申报通知
02	课题组负责人编写课题预算	项目预算表
03	课题组负责人提交项目申请	科研基金项目申请书项目可行性论证报告
04	学院对申报的材料进行初审	
05	科研处对申报者进行汇总、资格审查	
	科研项目是否有限额申报	
06	立项单位对上报的课题进行评审，对于有申报限额的科研项目，如国家社科基金项目、高等学校创新人才、创新团队项目等，科研处组织学术委员会专家评审组对符合申报条件的项目进行评审	
07	科研处汇总评审结果，同时将申报名单报分管校领导或校长办公会议审批	
08	对于无申报限额的科研项目，科研处将符合申报条件的材料整理后上报主管部门	
09	科研处发布拟立项通知，公示入选项目	立项通知
10	项目负责人申请项目中期检查	项目进展报告
11	学院主管科研领导进行审批	
12	科研处负责人进行审批	
13	项目负责人申请结题	结题审批书 项目成果 科研经费使用报告
14	学院主管科研领导进行审批	
15	科研处主管领导进行审批	

2. 横向科研项目管理流程。横向科研项目管理流程包括商议合同内容、申请合同审批，审批流程涉及科研处、财务处、法律顾问、分管校领导，最终由项目负责人教师加盖公章和党政办公室加盖合同专用章。流程如图 10－2 所示，具体流程说明见表 10－3。

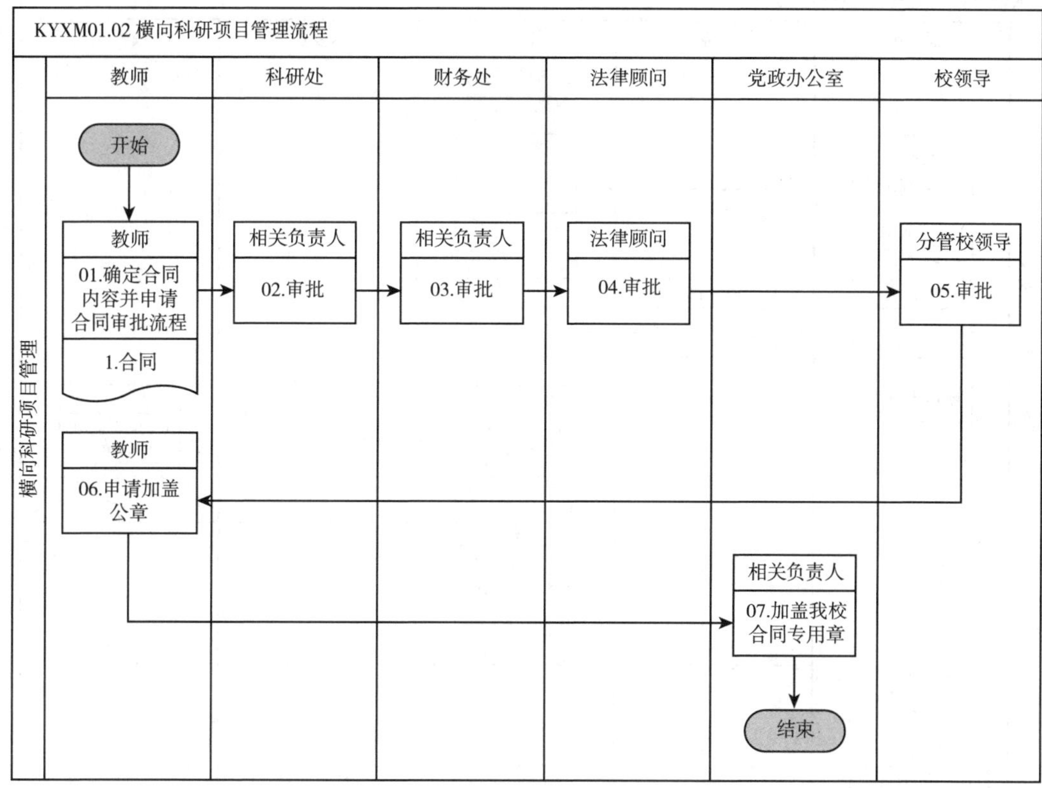

图 10－2　横向科研项目管理流程

表 10－3　横向科研项目管理具体流程说明

序号	步骤说明	输出文档
01	横向科研项目由学校项目负责教师与委托或合作方自行商议合同内容并申请合同审批流程	合同
02	科研处审批	
03	财务处审批	
04	法律顾问审批	
05	分管校领导审批	
06	科研处通知项目负责人教师加盖公章	
07	党政办公室加盖学校合同专用章	

3. 校级科研项目管理流程。校级科研项目管理流程包括发布选题指南、编写预算、提交申请、初审、资格审查、评审、立项决定、公示、中期检查、结题申请、审批、存档等环节。流程如图 10－3 所示，具体流程说明见表 10－4。

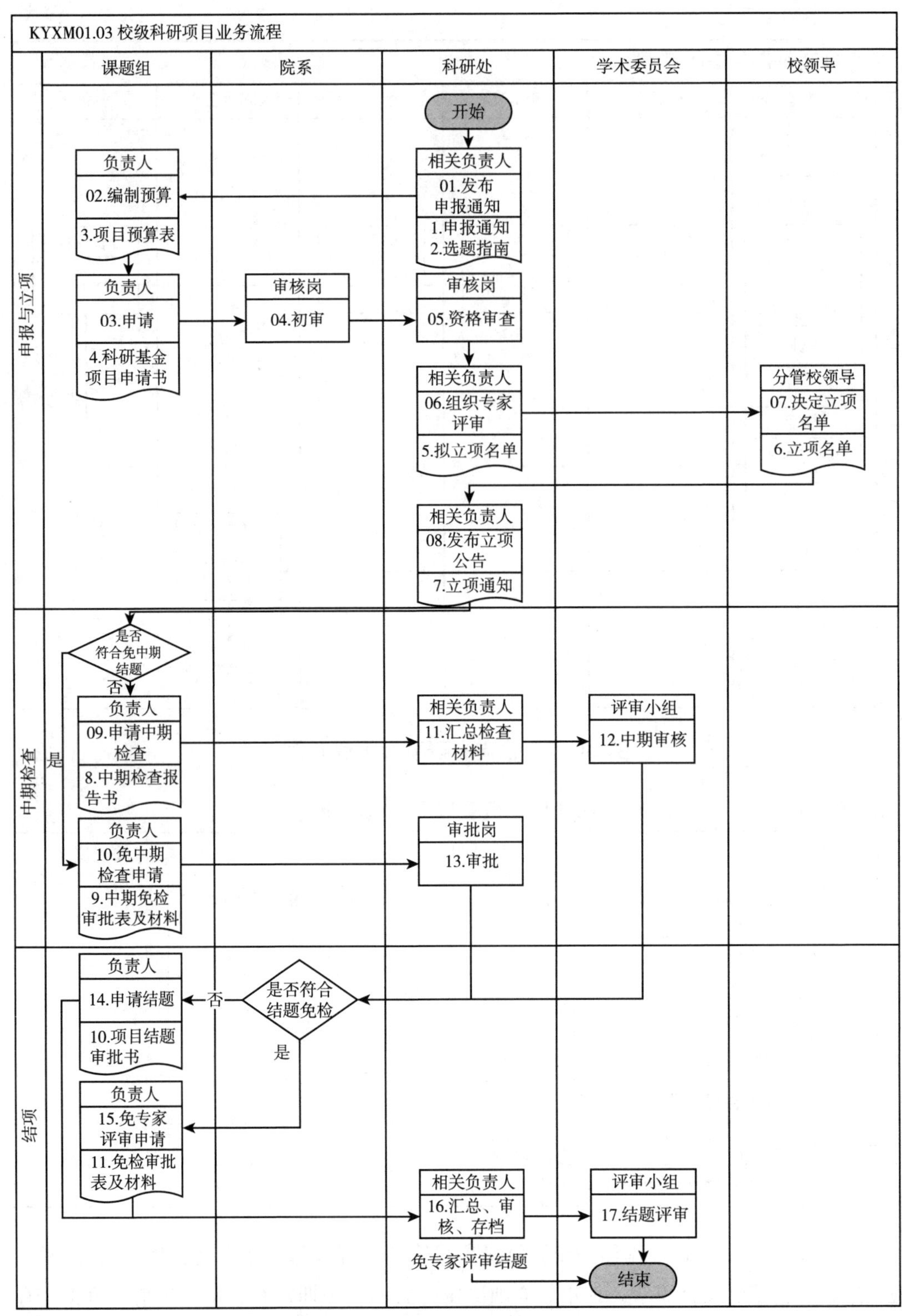

图 10－3 校级科研项目管理流程

表 10 -4　　校级科研项目管理具体流程说明

序号	步骤说明	输出文档
01	科研处向各学院发布年度校级科研项目选题指南和申报通知	选题指南 校级科研项目申报通知
02	课题组负责人编写课题预算	项目预算表
03	课题组负责人提交项目申请	科研基金项目申请书项目可行性论证报告
04	学院对申报的材料进行初审	
05	科研处对申报者进行汇总、资格审查	
06	科研处组织学术委员会项目评审组专家对符合条件的申报项目进行评审	拟立项名单
07	科研处将评审结果上报分管校领导或校长办公会议决定立项名单	立项名单
08	科研处发布拟立项通知，公示入选项目	立项通知
09	项目负责人申请项目中期检查	中期检查报告书
10	项目负责人提交免中期检查申请及材料	
11	学院科研助理对需要进行中期检查的项目进行资料汇总	
12	学术委员会组成的评审小组进行中期评审	
13	对于申请免中期检查的项目，审批是否符合免中期检查要求	
14	项目负责人申请结题	结题审批书
15	项目负责人提出结题免检申请	免检审批表
16	科研处负责人进行汇总、审批、存档	
17	学术委员会评审小组对项目结题进行审批	

4. 科研成果认定与奖励管理流程。科研成果认定与奖励管理流程包括提交成果、审核、成果等级认定、特殊情况处理、专家认定、拟奖励名单上报审议、科研奖励等环节。流程如图 10 -4 所示，具体流程说明见表 10 -5。

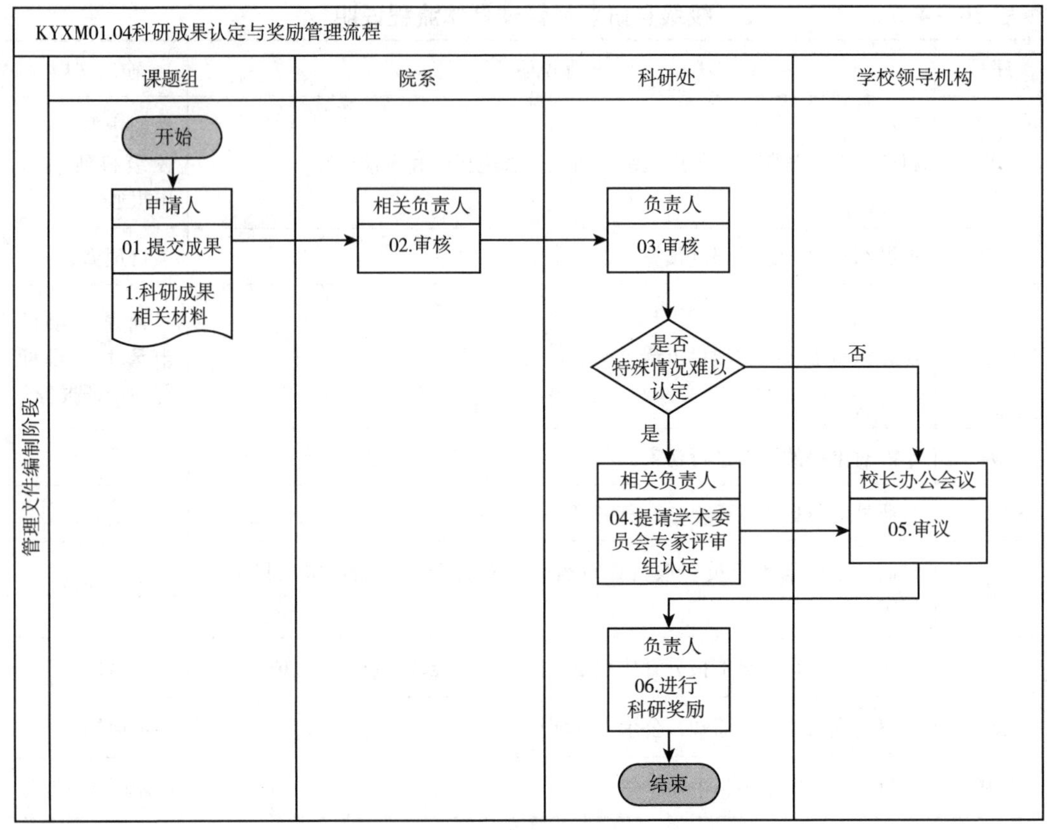

图 10－4　科研成果认定与奖励管理流程

表 10－5　　科研成果认定与奖励管理具体流程说明

序号	步骤说明	输出文档
01	课题组申请人提交科研成果至学院	科研成果相关材料
02	学院成果审核岗审核成果	
03	科研处负责人审核认定科研成果等级	
	是否有特殊情况根据奖励文件难以认定等级的成果	
04	如遇特殊情况根据奖励文件难以认定等级的成果，提请学术委员会及相关专家认定	
05	科研处将确定后的拟奖励名单上报校长办公会议审议	
06	进行科研奖励	

（二）科研项目资金管理流程及说明

科研项目资金管理流程包括核实经费来源、立项申请、设立财务账号、编制预算、支出申请、审核、审批、报销、结算等环节。流程如图 10－5 所示，具体流程说明见表 10－6。

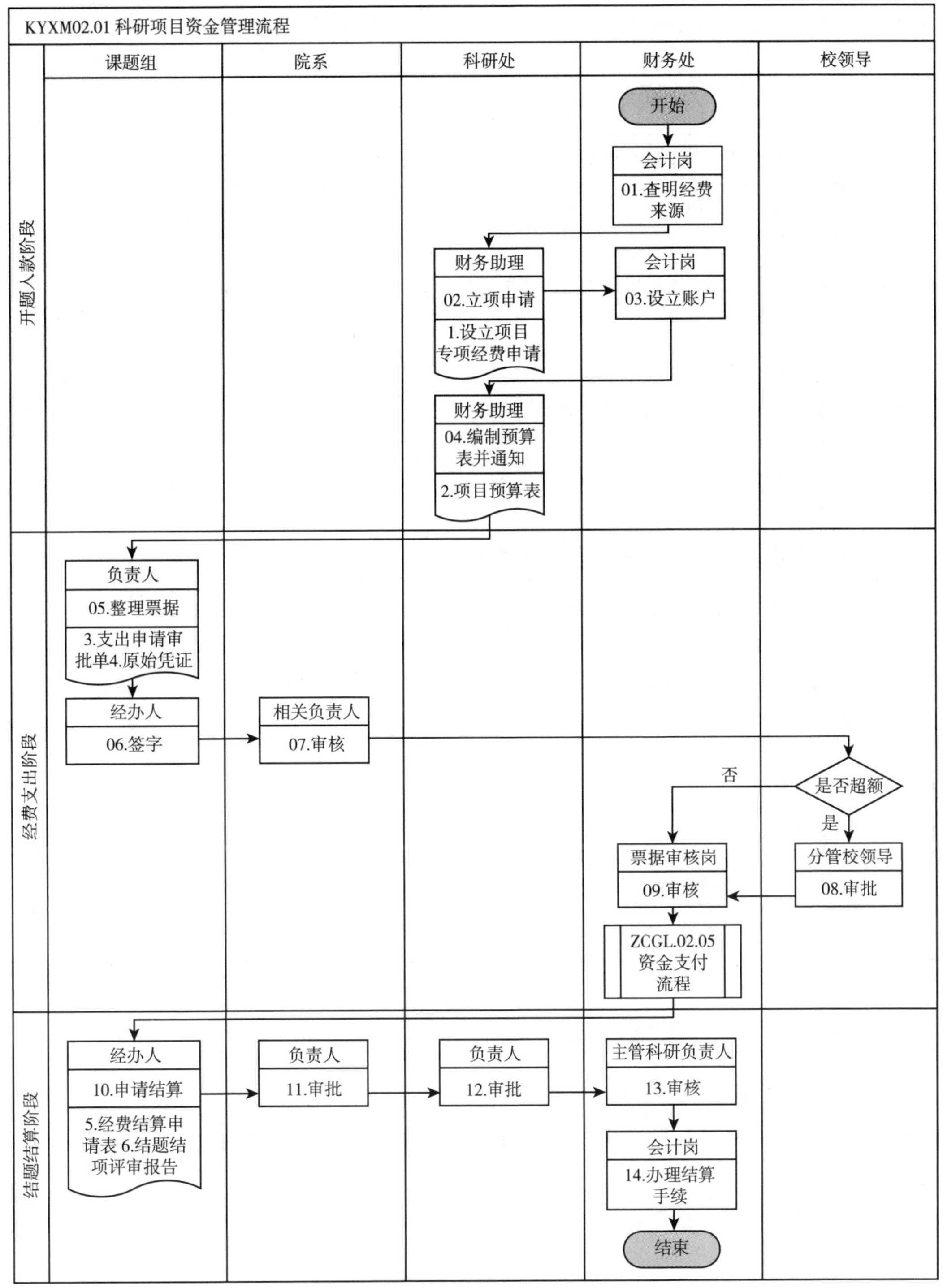

图 10－5　科研项目资金管理流程

表 10－6　　科研项目资金管理具体流程说明

序号	步骤说明	输出文档
01	财务处会计岗根据到账情况，核实经费来源，并通知科研处	
02	科研处进行立项申请	项目专项经费申请
03	财务处会计岗设立财务账号并划拨款项	
04	科研处财务助理编制经费预算报表并通知项目负责人	项目预算表
05	项目负责人提交支出申请表，附相关支出原始凭证等材料	支出原始凭证 支出申请表
06	项目经办人签字	
07	学院相关负责人审批支出申请相关材料	
08	若超出学校财务规定支出额度，需经分管校领导审批，执行大额审批制度	
09	财务处支出审核岗审核相关材料是否符合财务制度	
	办理报销，进入资金支付流程	
10	经办人申请结算并提供项目委托方签署验收意见的结题结项评审报告等相关材料	经费结算申请表 结题结项评审报告
11	学院负责人审批结账申请	
12	科研处负责人审批结账申请	
13	财务处主管科研负责人审核结账申请	
14	会计员办理项目结算手续	

（三）其他科研工作管理流程及说明

1. 科研管理制度制定流程。科研管理制度制定流程包括制定规章制度、主管领导审核、校长办公会议审批和文件发布等环节。流程如图 10－6 所示，具体流程说明见表 10－7。

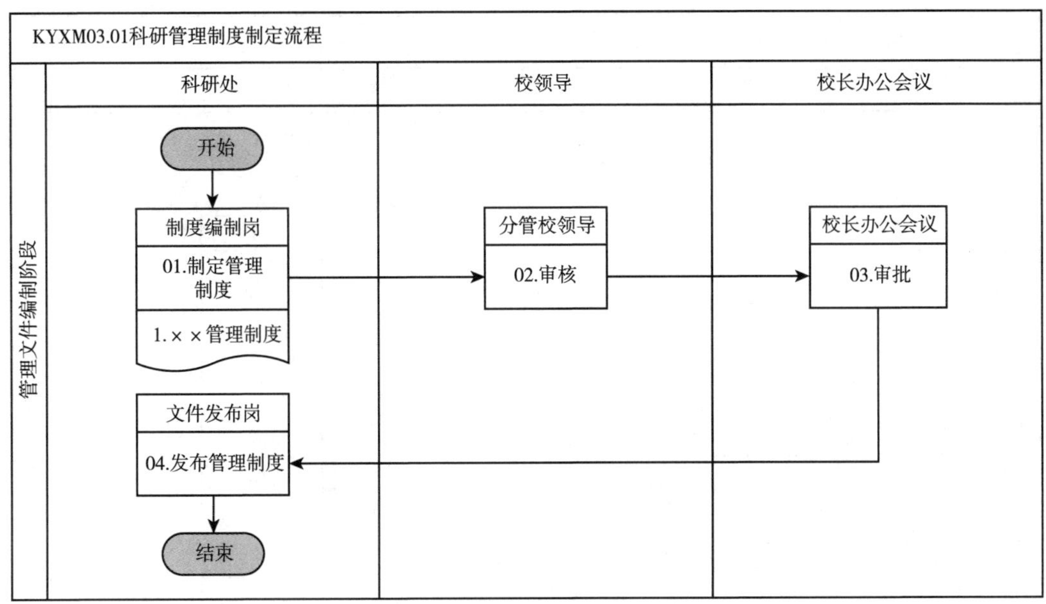

图 10－6　科研管理制度制定流程

表 10－7　科研管理制度制定具体流程说明

序号	步骤说明	输出文档
01	科研处制度编制负责人研究制定、完善科研工作管理相关规章制度	××管理制度
02	主管科研校领导审核	
03	校长办公会议审批	
04	科研处文件发布岗发布相关制度文件	

2. 科研奖项申报管理流程。科研奖项申报管理流程包括发布奖项申报通知、审批、材料收集报送、汇总、报送主管部门等环节。流程如图 10－7 所示，具体流程说明见表 10－8。

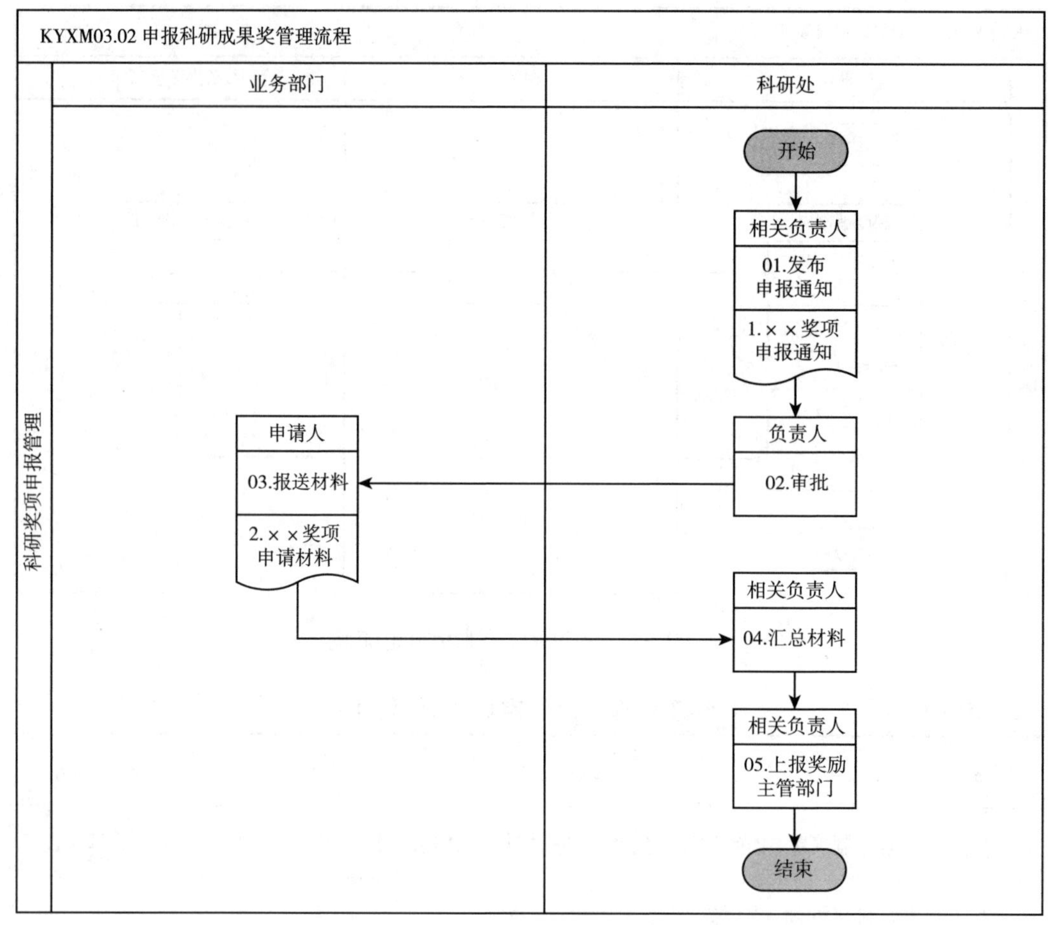

图 10－7　科研奖项申报管理流程

表 10－8　　科研奖项申报管理具体流程说明

序号	步骤说明	输出文档
01	科研处通知发布岗发布奖项申报通知	××奖项申报通知
02	科研处负责人进行审批	
03	业务部门收集、报送材料	××奖项申请材料
04	科研处材料汇总岗汇总上交的材料后向主管部门报送	
05	将符合申报要求的材料上报至主管部门	

3. 筹建科研机构管理流程。筹建科研机构管理流程包括确定研究方向与机构名称、遴选负责人、提交可行性报告、遴选成员、备案、审定、公布通知等环节。流程如图 10－8 所示，具体流程说明见表 10－9。

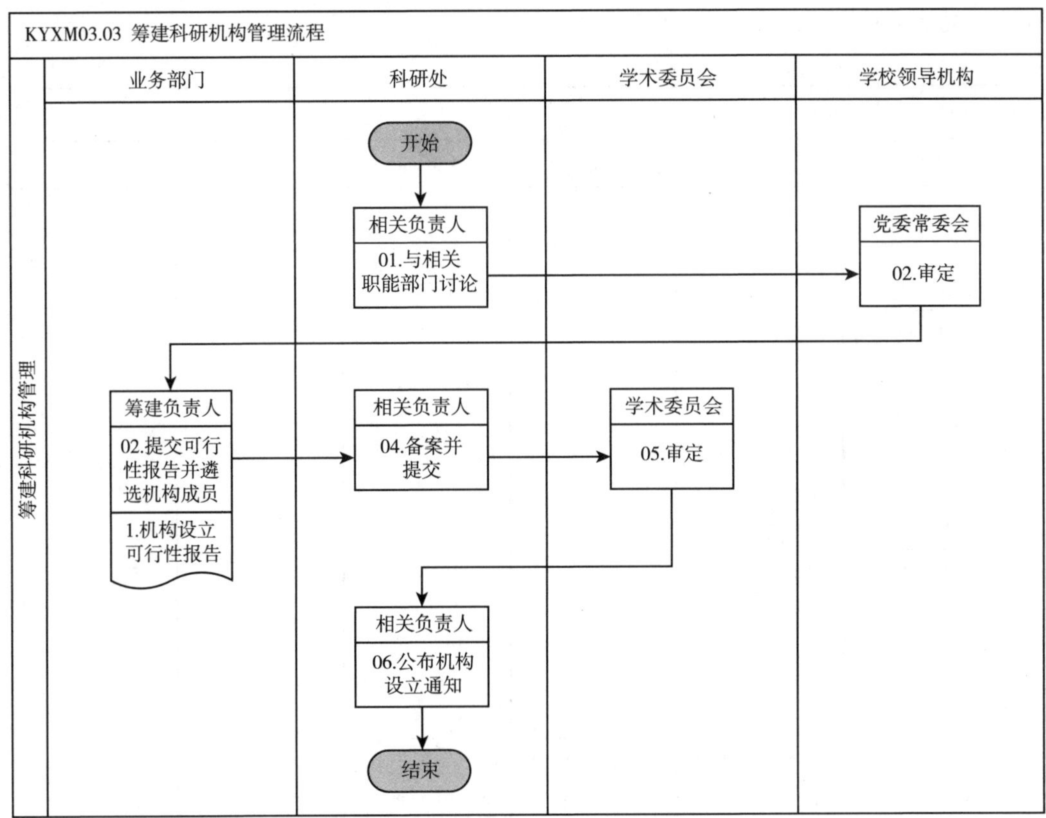

图 10－8　筹建科研机构管理流程

表 10－9　筹建科研机构管理具体流程说明

序号	步骤说明	输出文档
01	校级科研机构成立由科研处牵头，联合学科发展规划处、研究生处、人事处、国际交流处等部门，根据学校学科建设与科研工作中长期发展规划，确定拟设立科研机构的研究方向及机构名称，在校内遴选科研机构筹建负责人	
02	党委常委会审定	
03	筹建负责人提交可行性报告并遴选机构成员	
04	科研处相关负责人备案并提交至学术委员会	
05	学术委员会审定	
06	科研处在校内公布机构设立的通知	

4. 开展学术讲座管理流程。开展学术讲座管理流程包括提出申请、在线填写申请表、单位负责人审批、科研处负责人审批、涉外审批、提交分管领导审批、党委宣传部负责人审批、上报意识形态领导审批、处理异议、最终归档等多个环节。流程如图 10－9

所示，具体流程说明见表10-10。

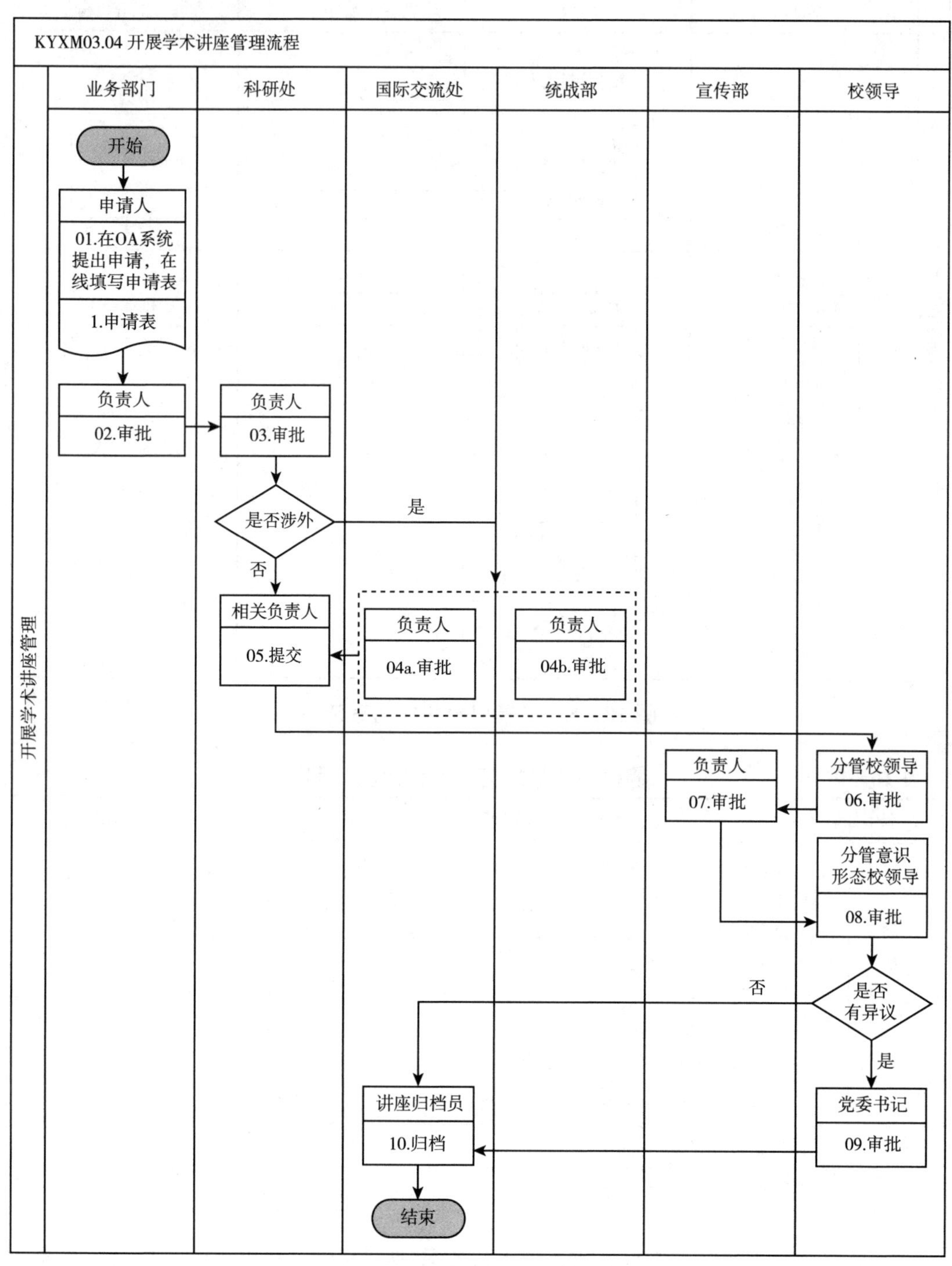

图10-9　开展学术讲座管理流程

表 10－10　　开展学术讲座管理具体流程说明

序号	步骤说明	输出文档
01	申报单位在数字 OA 系统中提出讲座申请，在线填写申请表	申请表
02	申报单位负责人审批	
03	科研处负责人审批	
	讲座是否涉外	
04	若涉外，由国际交流处负责人审批	
05	国际交流处负责人审批后，由科研处相关负责人提交至分管校领导	
06	分管校领导审批	
07	党委宣传部负责人审批	
08	上报分管意识形态校领导审批	
	是否仍有异议	
09	若仍有异议，上报学校党委书记审批	
10	科研处讲座归档员归档	

5. 报送咨证报告管理流程。报送咨政报告管理流程包括征集报告与建议、学校内部撰写与提交、整理汇总、提交市科协等部门、上级部门批示、存档等环节。流程如图 10－10 所示，具体流程说明见表 10－11。

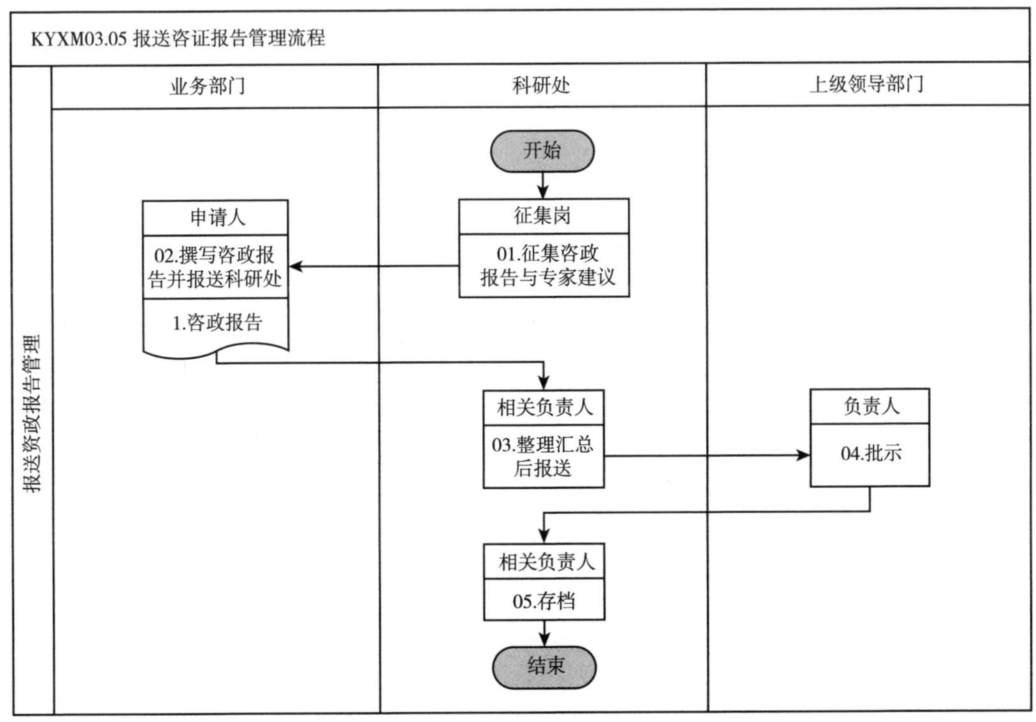

图 10－10　报送咨证报告管理流程

表 10－11　　报送咨证报告管理具体流程说明

序号	步骤说明	输出文档
01	科研处负责人在全校范围内征集咨证报告与专家建议	
02	学校各学院（系、部）、科研机构、教师本人均可以撰写咨政报告并上报至科研处	咨政报告
03	科研处整理汇总后提交至相关部门	
04	上级领导部门批示	
05	科研处负责存档	

第十一章

内部审计业务控制

第一节　内部审计业务控制概述

内部审计业务控制是指在组织内部通过审计活动，对各项业务流程、财务管理、合规性和风险管理等进行系统性审查与评估，以确保组织运营的有效性、效率和合规性。内部审计在这个过程中不仅起到监督和审查的作用，还提供建议和改进措施，以帮助组织优化管理流程和决策，降低风险，提升整体绩效。

学校审计业务主要包括经济责任审计，基建、修缮工程项目审计，科研审计，内部控制审计，审计整改工作。其中，科研审计包括科研经费决算审签、学校自主安排的科研经费审计及按规定必须委托社会中介机构实施的科研经费审计。

经主管审计工作校领导批准，可以向社会中介机构购买审计服务。审计处对中介机构开展的受托业务进行指导、监督、检查和评价，并对采用的审计结果负责。委托审计招标遵循公开、公平、公正和诚实信用的原则，选择社会信誉好、业务质量高、收费价格合理的中介机构。

一、经济责任审计控制

经济责任审计控制是指在学校内部，通过审计活动对各级管理者在经济管理方面的责任进行评估和审计，以确保管理者在使用和管理资金时的合规性和有效性，促进资源的合理配置与使用。

学校应加强经济责任审计建设，注重审计方案的制定，及时向主管领导和审计工作领导小组报批，积极征求被审计人员及所在单位的反馈意见，完善审计报告。这种反馈机制有助于审计人员更全面地了解实际情况，完善审计报告，确保审计结论的准确性和合理性。通过经济责任审计，学校能够有效监督管理者的经济行为，提升财务管理的规范性与效率，促进学校财务资源的合理利用。

二、基建、修缮工程项目审计控制

基建、修缮工程项目审计控制是指学校在基建和修缮工程项目过程中，通过审计活动对工程项目的资金使用、工程质量和管理过程进行监督和评估，以保障工程项目的合法性、合规性与经济性。

学校应加强基建、修缮工程项目审计建设，审计部门应当配备必要的工程、经济等专业人员，对重点工程项目应实施跟踪审计，有效控制并真实反映工程造价，降低工程建设成本，提高投资效益，完善建设工程管理，维护教育部门和单位的合法权益，促进廉政建设。

三、科研审计控制

科研审计控制是指学校对科研项目和经费的管理进行审计，以确保科研经费使用的真实性、准确性和合规性，提升科研管理的透明度和效率。

学校应加强科研审计建设，审计部门应审核决算报表数字是否与财务账簿记录相符，经费收入、支出、结余是否真实、准确和完整，对于科研经费决算报表审签过程中发现的重要问题，审计部门应提出整改建议并上报学校领导及有关部门。

自审的科研经费审计项目实行计划管理，由审计部门、科研处、财务处等相关部门共同研究，综合考虑学校科研经费的使用情况、单项科研项目经费的额度、项目的重要性，提出科研经费审计立项计划，立项的科研经费审计项目，由科研处向审计部门出具审计委托书，审计部门根据审计委托书，开展科研经费审计工作。在审计过程中，审计部门按照规范的审计程序和审计方法实施审计。

按规定必须委托社会中介机构实施的科研经费审计建设，审计部门在国家及上级主管部门指定范围内通过规范程序选择社会中介机构，签订委托审计合同，明确审计范围、内容和要求，并负责协调和解决项目负责人在审计中遇到的困难和问题。

四、内控审计控制

内部控制审计控制是指学校对内部控制系统的有效性进行审计评估，以识别和管理潜在的管理风险，确保内部控制制度的有效运行。

学校应加强内部控制审计建设，内部控制审计应以风险评估为基础，遵循全面性、重点性、客观性原则，对学校组织层面内部控制的设计和运行情况、内部环境要素进行审计，对学校管理风险方面、内部控制要素业务层面进行监督和评价，认定内部控制缺陷，加强内部控制审计结果运用。促进学校完善内部控制制度，有效控制学校管理存在的风险。

五、审计整改控制

审计整改控制是指在审计活动结束后，学校对审计发现的问题进行整改的过程，以确保审计结果得到有效落实，进而提高管理水平和运营效率。学校应强化审计整改，审计整改工作应遵循依法依规、标本兼治、统筹推进、分工协作、及时高效的原则，着力规范权力运行。

被审计部门和单位在收到审计文书后，应认真落实整改，纠正错误，举一反三、完善制度、规范管理、改进工作。加强审计整改工作督办，对超过整改期限仍未完成整改的单位，应及时进行督办。强化审计整改结果运用。对审计结果和审计整改过程中反映的典型性、普遍性、倾向性问题及时进行研究，并将其作为采取有关措施、完善有关制度规定的参考依据。

第二节　内部审计业务内部控制规范

一、内部审计业务内部控制规范要求

为加强学校内部审计工作，提升内部审计工作质量，充分发挥内部审计作用，推动学校教育事业科学发展，学校应根据《中华人民共和国审计法》《中华人民共和国审计法实施条例》《审计署关于内部审计工作的规定》《教育系统内部审计工作规定》及其他有关法律法规，结合自身实际，制定内部审计业务内部控制规范。

内部审计是指对学校及所属单位财政财务收支、经济活动、内部控制、风险管理等实施独立、客观的监督、评价和建议，以促进学校完善治理，实现学校教育事业健康发展的活动。学校应当依照有关法律法规、规定和内部审计职业规范，结合学校实际情况，建立健全内部审计制度，明确内部审计工作的领导体制、职责权限、工作机构、人员配备、经费保障、审计结果运用和责任追究等。学校党委应当加强对内部审计工作的

领导，健全党领导相关工作的体制机制。学校内部审计工作应当接受上级审计机关的业务指导和监督。

二、领导体制和职责权限

学校内部审计工作领导体制包括党委常委会和校长办公会（以下以学校领导机构代称）、审计工作领导小组。

（一）学校领导机构

学校领导机构是内部审计管理的最高决策机构。审计工作领导小组是内部审计的议事协调机构。涉及党委常委会议事范围和内容的审计事项经党委常委会决议，涉及校长办公会议事范围和内容的审计事项经校长办公会决议。

（二）审计工作领导小组

审计工作领导小组主要职责是：审议学校有关审计方面规章制度，报送党委常委会或校长办公会审定；审议学校内部审计方面的重大事项，报送党委常委会或校长办公会审定；听取审议重大项目审计结果报告，报送党委常委会或校长办公会审定；审议审计发现问题整改情况，报送党委常委会或校长办公会审定，推进审计整改工作的有效落实；协调解决审计工作中困难和问题；需要研究的与审计工作有关的其他事项。

三、审计机构和审计人员

审计处为学校设置独立的内部审计机构，履行内部审计职责。审计处在学校党委、主管审计工作校领导的直接领导下开展内部审计工作，对学校党委、主管审计工作校领导负责并报告工作。学校应当保证审计工作所必需的专职人员编制，严格内部审计人员录用标准，合理配备具有审计、财务、经济、法律、管理、工程、信息技术等专业知识的内部审计人员。审计处根据工作需要，经学校批准，可以聘请特约审计人员和兼职审计人员。

学校应当根据内部审计工作特点，完善内部审计人员考核评价制度和专业技术岗位评聘制度，保障内部审计人员享有相应的晋升、交流、任职、薪酬及相关待遇。学校应当支持和保障内部审计人员通过参加业务培训、考取职业资格、以审代训等多种途径接受继续教育，提高专业胜任能力。

审计处和审计人员依法独立履行职责，任何单位和个人不得干涉和打击报复。审计处履行内部审计职责所需经费，应当列入学校预算。审计人员应当严格遵守有关法律法规和内部审计人职业规范，独立、客观、公正地履行职责，保守工作秘密。审计处和审计人员不得参与可能影响独立、客观履行审计职责的工作，不得参与被审计单位业务活动的决策和执行。

经主管审计工作校领导批准，可以向社会中介机构购买审计服务。审计处对中介机构开展的受托业务进行指导、监督、检查和评价，并对采用的审计结果负责。学校应当对认真履职、成绩显著的内部审计人员予以表彰。

审计人员实行回避制度。审计人员办理审计事项，遇有下列情形之一的应当自行回避，被审计单位有权申请审计人员回避：

1. 与被审计单位负责人和有关主管人员之间有姻亲关系的。

2. 与被审计单位或者被审计事项有经济关系的。

3. 与被审计单位或被审计事项有其他利害关系，可能影响公正执行公务的。

审计处负责人的回避，由主管审计工作校领导决定，审计人员的回避，由审计处负责人决定。

四、内部审计职责权限

（一）审计范围

审计处应当按照国家有关规定和学校要求，对学校及所属单位以下事项进行审计：贯彻落实国家重大政策措施情况；发展规划、战略决策、重大措施和年度业务计划执行情况；财政财务收支和预算管理情况；固定资产投资项目情况；内部控制及风险管理情况；资金、资产、资源的管理和效益情况；办学、科研、后勤保障等主要业务活动的管理和效益情况；学校管理的领导人员履行经济责任情况；自然资源资产管理和生态环境保护责任的履行情况；境外机构、境外资产和境外经济活动情况；国家有关规定和学校要求办理的其他事项。

（二）审计处权限

审计处应当协助主管审计工作校领导督促落实审计发现问题的整改工作。审计处具有下列权限：要求被审计单位按时报送审计所需的有关资料、相关电子数据，以及必要的计算机技术文档；参加或列席有关会议，召开与审计事项有关的会议；参与研究有关规章制度，提出制定内部审计规章制度的建议；检查有关财政财务收支、经济活动、内部控制、风险管理的资料、文件和现场勘察实物；检查有关计算机系统及其电子数据和资料；就审计事项中的有关问题，向有关单位和个人开展调查和询问，取得相关证明材料；对正在进行的严重违法违规、严重损失浪费行为及时向单位主要负责人报告，经同意作出临时制止决定；对可能被转移、隐匿、篡改、毁弃的会计凭证、会计账簿、会计报表以及与经济活动有关的资料，经本单位主要负责人批准，有权予以暂时封存；提出纠正、处理违法违规行为的意见和改进管理、提高绩效的建议；对违法违规和造成损失浪费的被审计单位和人员，给予通报批评或者提出追究责任的建议；对严格遵守财经法规、管理规范有效、贡献突出的被审计单位和个人，可以向单位党组织、主要负责人提出表彰建议。

五、审计管理

学校主管审计工作校领导应当定期听取内部审计工作汇报，加强对内部审计发展战略、年度审计计划、审计质量控制、审计发现问题整改和审计队伍建设等重要事项的管理。审计处负责人应当及时向学校主管审计工作校领导报告内部审计结果和重大事项。

审计处应当依照审计法律法规、行业准则和实务指南等建立健全内部审计工作规范，并按规范实施审计。审计处应当根据学校发展目标、治理结构、管理体制、风险状况等，科学合理地确定内部审计发展战略、制订内部审计计划。审计处还应运用现代审计理念和方法，坚持风险和问题导向，优化审计业务组织方式，加强审计信息化建设，全面提高审计效率。审计处应当着眼于促进问题解决，立足于促进机制建设，对审计发现问题做到事实清楚、定性准确，并在分析根本原因的基础上提出审计建议，通过与相关单位合作促进学校事业发展。审计处应当加强自身内部控制建设，合理设置审计岗位和职责分工、优化审计业务流程，完善审计全面质量控制。

六、审计结果运用

学校应当建立健全审计发现问题整改机制，明确被审计单位主要负责人为整改第一责任人，完善审计整改结果报告制度、审计整改情况跟踪检查制度、审计整改约谈制度，推动审计发现问题的整改落实。学校应当建立健全审计结果及整改情况在一定范围内公开制度。

学校对内部审计中发现的典型性、普遍性问题，应当及时分析研究，制定和完善相关管理制度，建立健全内部控制措施；对审计发现的倾向性问题，开展审计调查，出具审计管理建议书，为科学决策提供建议。

审计处应当加强与内部纪检监察、组织人事等部门的协作配合，建立信息共享、结果共用、重要事项共同实施、整改问责、共同落实等工作机制。学校应当将内部审计结果及整改情况作为相关决策、预算安排、干部考核、人事任免和奖惩的重要依据。

学校对内部审计中发现的重大违纪违法问题线索，在向学校党委、主管审计工作校领导报告的同时，应当及时向上级主管部门内审机构报告，并按照管辖权限依法依规及时移送纪检监察机关、司法机关。审计处执行审计任务时可以利用国家审计机关、上级主管部门内审机构和社会中介审计机构的审计结果；审计处的审计结果经主管审计工作校领导批准同意后，可提供给有关部门。

七、内部审计工作具体要求

（一）经济责任审计

经济责任审计是学校审计部门对学校所属单位主要领导人员任职期间其管辖范围内贯彻执行党和国家经济方针政策、决策部署，落实学校工作部署，推动学校和本单位事业发展，管理公共资金、国有资产和国有资源，防控重大风险等有关经济活动应当履行的职责进行审计并进行评价。

经济责任审计对象主要包括：

1. 学校机关部处、教学、科研、教辅及学校直属单位、社会团体的党组织和行政正职领导人员（包括主持工作 1 年以上的副职领导人员，下同）。

2. 校属企业的法定代表人，或者虽不担任法定代表人但实际履行相应职权的董事长（执行董事）、总经理、党组织负责人等企业主要领导人员。

3. 学校设立的一年以上有独立经济活动的临时机构的主要负责人。

4. 学校党委要求进行经济责任审计的其他领导人员。

审计部门对学校所属单位主要领导人员（以下简称领导人员）经济责任的审计，应当在收到组织部门提出的审计委托书后，组织实施。在下达审计通知后，被审计领导人员及其所在单位，以及其他有关单位应当及时、准确、完整地提供与被审计领导人员履行经济责任的有关资料。在实施审计过程中，审计部门要听取被审计领导人员所在单位领导班子成员和领导小组有关成员单位的意见。实施审计后，审计部门出具审计报告。审计部门界定领导人员对其履行经济责任过程中存在的问题应负的责任，按照权责一致原则，根据领导人员职责分工，充分考虑相关事项的历史背景、决策程序要求、实际决策过程、后果和领导人员实际所起的作用等情况，依规依法认定其应当承担的直接责任或者领导责任。

审计部门实施经济责任审计依据《中华人民共和国审计法》《党政主要领导干部和国有企事业单位主要领导人员经济责任审计规定》和有关法律法规的相关规定执行。审计部门在实施经济责任审计过程中，应实事求是、客观公正、廉洁奉公、保守秘密，并应具备与经济责任审计相适应的专业知识、业务能力和工作经验。审计部门对学校有关党政负责人实施经济责任审计，在学校主管领导下进行，受法律保护，任何单位和个人不得拒绝、阻碍，不得打击报复，若有上述情况，按有关党纪政纪严肃处理。

经济责任审计按如下程序进行：

1. 审计部门根据学校组织部门审计委托书编制审计工作方案。

2. 审计部门将审计工作方案报主管领导审批后报审计工作领导小组审议，报学校党委常委会审定后组成审计组并实施审计。

3. 审计部门向被审计领导人员及其所在或者原任职单位送达审计通知书，同时抄送党委组织部、纪委（监察专员办公室）等有关部门。

4. 审计部门应当召开进点会或动员会，安排审计工作有关事项，并进行审计公示。

5. 被审计领导人员及其所在单位以及其他有关单位在接到审计通知书后的规定时间内及时、准确、完整地提供与被审计领导人员经济责任履行情况报告等与履行经济责任有关的资料，并对所提供资料的真实性、完整性负责，并作出书面承诺。

6. 审计组实施审计后向审计部门提交审计报告。

7. 审计部门书面征求被审计领导人员及其所在单位意见。

8. 被审计领导人员及其所在单位自收到审计报告征求意见稿反馈书面意见。

9. 审计组针对被审计领导人员及其所在单位的书面意见，进一步研究和核实，视情况对审计报告征求意见稿作出必要的修改。

10. 审计部门对审计组审计报告进行审核。

11. 审计报告经主管审计工作校领导审批后，按照规定程序提交领导小组审议，党委常委会审定。

12. 审计报告送党委组织部，根据工作需要送纪委（监察专员办公室）等其他部门。审计报告应当送达被审计领导人员及其所在单位。

（二）基建、修缮工程项目审计工作

基建、修缮工程项目的审计由学校审计部门负责组织实施，如果审计力量不足，可以采取委托社会中介机构进行审计的方式，所发生的审计费用按照财政部《基本建设财务管理若干规定》列入建设及修缮成本。基建、修缮工程项目的审计，需进行审计服务

采购的，交由学校采购与招标管理中心按相关规定进行采购。基建、修缮工程项目审计实行经济责任制，工程项目负责人同时为该工程经济责任制负责人，对该工程项目承担直接领导责任和法律责任。

1. 审核方式和审核内容。

（1）工程量清单和计价、标底、招标控制价审核。项目招标前，项目建设部门应按学校有关规定，对于需要进行工程量清单和计价、标底、招标控制价审核的项目，向审计处提出审核申请。审计处根据项目情况，自行或委托具有相应资质的造价咨询单位进行工程量清单和计价、标底、招标控制价审核，并将审核结果反馈项目建设部门。项目建设部门应将审核结果采纳情况和最终的招标控制价反馈审计处，对于结果不予采纳的，应书面说明原因。

（2）结算审核。中标的施工单位所做的工程结算，先由项目管理部门进行初审，初审合格的项目交由学校审计处复核材料后，自行或委托具有相应资质的造价咨询单位进行审核，并将审核结果反馈项目建设部门。

（3）对重点工程项目应实施跟踪审计。为加强工程成本核算的管理，确保工程项目成本及财务收支核算的真实性、合法性，建设项目管理部门不得采取随意混项或分解工程项目内容、拆整为零等方式回避审计，违者将追究其相关责任。

2. 拨付工程进度款及审计费用控制。

施工期间，无论工期长短，拨付工程进度款不得超过审核后预算造价的90%，余款经竣工验收合格后方可结算，有施工合同的按相关条款执行。

委托中介机构进行结算审核的工程项目，项目审减率在10%（不含10%）以内的，该项目审计费由建设单位承担；项目审减率超过10%（含10%）的，则超出部分的审计费由施工单位承担。由施工单位承担的项目审计费应从该施工单位应得工程款中扣除。为确保本条款的实施，项目主管部门在对外签订工程施工合同时，应当增加有关施工单位承担工程项目结算审核费用的条款。

国家审计机关、上级主管部门审计过的项目，学校可按规定利用其审计结果，一般不安排重复审计。

3. 送审要求。

（1）送审工程项目须手续完备、内容完整并严格执行国家基本建设工程有关规定及取费标准，编制依据前后一致，符合客观实际。

（2）送审的基建工程项目应在工程竣工验收后六个月内送审，最长不超过八个月。送审的修缮等工程项目应在工程竣工验收后一个月内送审，最长不超过二个月。各单位需要在指定日期出具审核结果的工程项目，应至少提前一个月报送审计。

（3）送审工程项目资料必须由项目管理部门主要负责人签字，并加盖部门公章，由经办人填写工程项目送审单；所有送审资料必须为有效原件；所有送审资料必须一次性报送。对不按要求送审或送审资料不全的送审项目，学校审计部门不予受理。

（4）审计实施过程中，需要项目管理部门提供补充资料及答疑事项的，项目管理部门必须在10天内予以提供或答复。超过规定日期未提供补充资料或答复的，审计部门将退回所有送审资料。如有特殊情况，需向学校审计部门作出书面说明，并列出送审时间表。未在规定期限内提交完整的结算资料且未作出书面说明的，由此造成的后果由送审单位自行承担。

（5）送审工程项目管理部门要指定专人，协调监理方、施工方指定专人，负责对工程结算材料的报审、核对、现场勘验、谈判、审计报告接收等事宜。

4. 基建、修缮工程项目审计工作程序。

（1）项目建设部门按要求备齐送审材料，提出审核申请。

（2）审计处根据基建、修缮工程项目情况及内部审计力量，决定委托具有相应资质的造价咨询服务机构进行审核。

（3）审计处根据项目情况，实施工程量清单和计价、标底、招标控制价审核和结算审核，对重点工程项目应实施跟踪审计。

（4）自审项目经内部审计人员审计后，由经审人员及审计处负责人签署审计意见后（不出具审计报告），交项目建设部门。

（5）委托外部审计项目送交经政府采购程序入围的、具有相应资质的造价咨询服务机构进行审核。

（6）审计处指定专人办理项目资料移交登记手续，协助、跟踪督促造价咨询服务机构进行审核，并负责组织项目的审计协调工作。

（7）造价咨询服务机构根据审计结果出具审核报告，并与审计处办理项目审核报告交接手续。

（8）造价咨询服务机构提出审计费申请，审计处根据委托合同核对审计费，并将请款资料交由项目建设部门确认并办理审计费支付手续。

（三）科研审计工作

1. 科研经费决算审签要求。

（1）科研项目负责人按照上报决算规定的时间，提前核对经费账目和资产，核实拨款和各类支出情况，并依据科研经费收支明细账和科研经费决算报表编制要求，如实编制科研经费决算报表，由科研项目负责人签字、所在单位负责人签字、科研处负责人审核签字并加盖科研处公章后，报经财务处审核并加盖财务处公章。

（2）科研项目负责人应提前10个工作日，将经费决算报表及固定资产购置清单等相关资料送审计部门。

（3）审计部门收到资料后，对其经费决算进行审查，审核决算报表数字是否与财务账簿记录相符，经费收入、支出、结余是否真实、准确和完整，如发现审签资料不齐全、不准确，应及时通知项目负责人在规定的时间内补充、修正。

（4）经审查后符合有关规定的项目决算报表，审计部门负责人签字并加盖公章，全部资料退回送审人，审签工作结束。

（5）对于科研经费决算报表审签过程中发现的重要问题，审计部门应提出整改建议并上报学校领导及有关部门。

2. 学校自主安排的科研经费审计要求。

（1）自审的科研经费审计项目实行计划管理，由审计部门、科研处、财务处等相关部门共同研究，综合考虑学校科研经费的使用情况、单项科研项目经费的额度、项目的重要性，提出科研经费审计立项计划，立项的科研经费审计项目，由科研处向审计部门出具审计委托书，审计部门根据审计委托书，开展科研经费审计工作。

（2）审计部门根据审计委托书，制定审计实施方案，确定审计重点内容及审计时间安排等。

（3）审计部门在实施审计前，组织召开由科研处、财务处、相关单位及项目负责人参加的审前沟通会，告知计划审计项目，明确审计目的、范围和时限，提出审计要求，布置具体审计事宜。

（4）项目负责人按审计通知书的要求按时报送审计资料，并对提供资料的真实性和完整性负责，审计部门按照规范的审计程序和审计方法实施审计。

（5）审计部门出具审计报告征求意见稿，征求项目负责人及科研处意见；审计部门依据反馈的意见进行复核，向学校提交审计报告，报主管工作的校领导审批。

（6）审计部门向科研处、财务处、相关单位提交审计报告。

（7）项目负责人及相关单位对审计报告中提出的问题，应当认真研究制定整改措施，并按要求进行落实、整改，审计部门有权对落实整改情况进行后续检查，未落实整改的项目不得结题验收并进行通报。

（8）审计部门对科研项目审计资料进行整理、归档。

3. 按规定必须委托社会中介机构实施的科研经费审计要求。

（1）审计部门在国家及上级主管部门指定范围内通过规范程序选择社会中介机构，签订委托审计合同，明确审计范围、内容和要求，并负责协调和解决项目负责人在审计中遇到的困难和问题。

（2）社会中介机构根据合同约定按时提交审计报告征求意见稿，审计处指定专人负责对提交审计报告征求意见稿进行复核，经复核后的审计报告征求科研处、财务处及项目负责人意见，经科研处、财务处及项目负责人确认后，出具正式审计报告一式五份（项目负责人2份、项目所在单位1份、科研处、财务处、审计处各1份）。

（四）内部控制审计工作

内部控制审计是指学校审计处或委托具备资质的中介机构对学校所属各部门、各单位内部控制设计和运行的有效性进行的监督和评价活动。审计处负责对内部控制设计和运行的有效性进行监督和评价，出具客观、公正的审计报告，促进学校完善内部控制制度，有效控制学校管理存在的风险。内部控制审计以风险评估为基础，根据风险发生的可能性和对学校整体或者单个控制目标造成的影响程度，确定审计的范围和重点。内部控制审计应关注串通舞弊、滥用权力、环境变化和资金使用效益等内部控制的局限性。

1. 内部控制审计遵循的原则。

（1）全面性原则。内部控制审计工作应当包括内部控制的设计与运行全过程，涵盖学校及所属部门、单位的各种业务。

（2）重点性原则。内部控制审计应当对学校内部控制全面评价的基础上，关注重要业务单位、“三重一大”业务事项和高风险领域的内部控制。

（3）客观性原则。内部控制审计工作应当准确地揭示业务管理的风险状况，如实反映内部控制设计与运行状况，客观评价内部控制缺陷。

2. 内部控制审计的范围及形式。

（1）内部控制审计的范围。学校及所属单位、部门和校办企业的内部控制设计和运行等均属内部控制审计的对象。

（2）内部控制审计的形式。内部控制审计按其范围划分为全面内部控制审计和专项内部控制审计。全面内部控制审计是针对学校所有业务活动的内部控制，包括内部环境、风险评估、控制活动、信息沟通、内部监督五个要素所进行的全面审计。专项内部控制审计是针对学校内部控制的某个要素、某项业务活动或者业务活动某些环节的内部控制所进行的审计。

①对学校组织层面内部控制的设计和运行情况进行审计。审计处根据《行政事业单位内部控制规范（试行）》相关规定和内部控制手册的内容，对学校组织层面内部控制的设计和运行情况进行审计。

②对学校内部环境要素进行审计。主要关注组织机构的设置；发展战略、年度工作计划的制定和执行；人员队伍建设规划、岗位任职条件及考评机制、人员薪酬激励机制等；形成体现学校发展愿景的单位文化；所承担的人才培养、科学研究、管理服务等方面的履行情况等。

③对学校管理风险方面进行监督和评价。主要对学校管理过程中的风险识别、风险分析、应对策略等进行监督和评价。

④对学校内部控制要素业务层面监督和评价。主要包括预决算管理、收入管理、支出管理、资产管理、采购管理、工程项目管理、合同管理等业务控制活动的监督和评价。

3. 内部控制审计工作程序。

（1）审计处每年按照组织机构的一定比例，制订内部控制审计工作计划，经学校审计工作领导小组审议，报党委常委会批准后实施。

（2）编制审计方案。

（3）组成审计组。

（4）实施现场审查。

（5）认定内部控制缺陷。

（6）汇总审计结果。

（7）编制审计报告上报学校。

4. 内部控制审计的基础。审计处有权要求列入学校年度审计工作计划的被审计单位在规定时限内向审计处提供内部控制自评报告。审计处应当结合被审计单位、部门内部控制自评报告，确定审计内容和重点，实施内部控制审计。审计处可适当吸收学校内部机关熟悉内部控制情况的业务人员参加内部控制审计。

5. 内部控制审计的方法及工作底稿。

（1）内部控制审计的方法包括运用访谈、问卷调查、专题讨论、穿行测试、实地查验、抽样和比较分析等方法，充分收集内部控制设计和运行是否有效的证据。

（2）内部控制审计工作底稿应详细记录实施内部控制审计的内容，包括审计和评价的要素、主要风险点，采取的控制措施、有关征集资料，以及内部控制缺陷认定结果等。

6. 内部控制缺陷的种类。内部控制缺陷包括设计缺陷和运行缺陷，内部控制审计人员应当根据内部控制审计结果，结合相关管理层的自我评价，综合分析后提出内部控制缺陷认定意见，并按照规定的权限和程序进行审核后认定。内部控制缺陷认定按照其性质和影响程度分为重大缺陷、重要缺陷和一般缺陷。重大缺陷是指一个或多个控制缺陷的组合，可能导致学校严重偏离控制目标。重要缺陷是指一个或多个控制缺陷的组合，其严重程度和经济后果低于重大缺陷，但仍有可能导致学校偏离控制目标。一般缺陷是指除重大缺陷、重要缺陷之外的其他缺陷。重大缺陷、重要缺陷和一般缺陷的具体认定标准，由学校审计处根据上述要求确定。

7. 内部控制审计报告及结果。

（1）内部控制审计报告的内容，应当包括审计目标、依据、范围、程序和方法、内部控制缺陷认定以及内部控制设计和运行有效性的审计结论、意见、建议等相关内容。

（2）内部控制审计结果的运用。审计处应向学校党委常委会报告审计结果。内部控制审计结果经党委常委会审议通过后，由被审计单位、部门在规定时限内进行整改，并对学校的内部控制制度作相应的修订。审计处负责监督内部控制报告提出问题的整改情况。

（五）审计整改工作

1. 审计整改工作的原则及责任单位。审计整改工作是指被审计部门和单位在规定期限内，对审计发现的问题采取措施进行纠正和处理的行为。审计整改工作应遵循依法依规、标本兼治、统筹推进、分工协作、及时高效的原则，着力规范权力运行。审计整改工作在学校党委、校长的直接领导下开展，审计处负责检查、督促被审计单位认真落实审计整改。

被审计部门和单位是审计整改主体责任单位，其主要负责人是落实审计查出问题整改工作的第一责任人。已离任的领导干部负有配合原任职单位审计整改工作的责任和义务。被审计部门和单位在收到审计文书后，应认真落实整改，纠正错误，举一反三、完善制度、规范管理、改进工作。

被审计部门和单位应在规定时限内以书面形式向审计处提交审计整改报告（经济责任审计整改报告同时报送组织和人事部门）。对整改报告中未完成整改的事项，被审计单位应向审计处提交后续整改方案，明确整改期限和阶段性目标，并在整改期限内，向审计处提交后续整改措施和结果。

2. 整改报告的内容。

（1）审计整改的总体情况。

（2）根据审计建议已完成的整改事项。

（3）正在整改或尚未整改事项的原因分析及计划完成时间。

（4）加强内部管理和完善相关制度情况。

（5）审计决定的执行情况。

（6）审计移送处理事项的办理情况。

（7）相关证明材料。

（8）其他需要说明的问题。

3. 审计整改工作督办。

审计处对被审计部门和单位开展审计时，应将以往审计整改落实情况作为审计内容之一。审计处应建立完善审计整改台账，实行问题编号、跟踪督促、情况反馈、整改销号的闭环工作机制，随时掌握审计整改动态情况，定期或不定期向学校党委、校长报告审计整改工作。

审计工作领导小组应加强审计整改工作督办，对超过整改期限仍未完成整改的单位，应及时进行督办，需要其他部门协助的，其他部门要积极协助督办。对经督办仍未积极推动整改的、整改未见实效的、拒绝或拖延整改的、虚假整改或整改不到位的，审计工作领导小组应提出问责建议，由学校党委或行政按照有关规定追究相关人员责任。

4. 拒绝或拖延整改的判定。

（1）拒不接受审计处理处罚意见的。

（2）拒不采取审计整改措施的。

（3）拒不配合审计整改检查的。

（4）超过整改期限或经相关单位督办，仍未及时采取整改措施或敷衍应付整改的。

5. 属于虚假整改或整改不到位的判定。

（1）屡审屡犯，反复发生同类问题的。

（2）弄虚作假，隐瞒真相，未实际整改审计查出问题的。

（3）为应付检查，采取临时措施，暂时达到整改要求。

（4）采取的整改措施不符合相关法律法规和财经纪律规定的。

6. 审计整改结果的运用。

（1）纪检监察处负责办理审计查出并移送纪检监察处的涉嫌违纪或者职务违法、职务犯罪问题线索。

（2）组织、人事部门负责运用好审计整改工作结果，将其作为考核、任免、奖惩相关领导干部等的参考依据，同时作为部门或者单位年度绩效考核的参考依据之一。

（3）相关业务部门应当对审计结果和审计整改过程中反映的典型性、普遍性、倾向性问题及时进行研究，并将其作为采取有关措施、完善有关制度规定的参考依据。

八、委托社会中介机构审计

委托社会中介机构审计（以下简称委托审计），指学校审计部门在专业力量不足或者缺乏专业资质的情况下，报经主管校领导批准，将财务收支、经济责任、建设工程等审计业务委托中介机构实施审计的行为。

校内各单位委托审计业务，由审计部门统一归口管理。上级主管部门指定中介机构的，校内相关单位须向审计处备案说明。审计部门根据国家相关规定、年度审计工作计划以及审计力量等情况，确定是否对外委托并报主管校领导批准。委托审计管理工作主要包括提出委托审计项目建议、审核中介机构资质、检查审计质量、协调处理问题、审核审计费用等。

1. 委托中介机构审计的项目。

（1）审计难度大，受现有审计资源、专业技术、法律效应等限制无法独立完成的项目。

（2）基本建设工程及维修改造项目。

（3）政府及上级主管部门有关文件规定，必须由社会审计机构出具有法律效应的审计报告的项目。

（4）经学校研究必须委托审计的项目。

（5）其他有必要委托审计的项目。

2. 委托审计招标。

委托审计必须遵守有关规定。因各种原因不能实行招标的审计项目，按照国家和学校的有关规定办理。任何单位和个人不得限制或者排斥中介机构参加投标，不得以任何方式干涉招投标活动。委托审计招标遵循公开、公平、公正和诚实信用的原则，选择社会信誉好、业务质量高、收费价格合理的中介机构。

受托中介机构应自行完成全部工作任务，不得转包或委托其他中介机构协助完成部分或全部工作，负责全部审计工作质量并出具完整的审计报告。受托中介机构在承担委托项目期间应接受学校审计处的指导和复核，对提供的审计报告和结论承担相应的审计风险和法律责任。按照国家有关财务制度的规定，委托审计费用分别在学校相关工程项目的建设成本或相关经济业务的管理费用中列支。

3. 委托审计程序。

（1）审计部门根据项目具体情况确定委托审计方式申请立项，报主管校领导批准。

（2）委托审计招标代理机构的选定工作按照学校采购与招标管理的规定执行。

（3）由招标代理机构根据审计项目情况选定社会中介机构。

（4）审计处指定专人办理项目资料移交登记手续，协助、跟踪督促中介机构进行审计，并负责组织项目的审计协调工作。

（5）中介机构根据审计结果出具审计报告，审计处将审计报告上报主管校领导审批同意后，与中介机构办理项目审计报告交接手续。

（6）审计处根据委托审计合同计算审计费，办理审计费支付手续。

九、责任追究

（一）被审计单位的责任

被审计单位有下列情形之一的，由学校党委、主管审计工作校领导责令改正，并对直接负责的主管人员和其他直接责任人员进行处理。

1. 拒绝接受或者不配合内部审计工作的。
2. 拒绝、拖延提供与内部审计事项有关的资料，或者提供资料不真实、不完整的。
3. 拒不纠正审计发现问题的。
4. 整改不力、屡审屡犯的。
5. 违反国家规定或者学校内部规定的其他情形。

（二）审计人员的责任

审计处和审计人员有下列情形之一的，由学校对直接负责的主管人员和其他直接责任人员进行处理；涉嫌犯罪的，依法追究刑事责任。
1. 玩忽职守、不认真履行审计职责造成严重后果的。
2. 隐瞒审计查出的问题或者提供虚假审计报告的。
3. 泄露国家秘密或者商业秘密的。
4. 利用职权谋取私利的。
5. 违反国家规定或者学校内部规定的其他情形。

内部审计人员因履行职责受到打击、报复、陷害的，学校党委、主管审计工作校领导应当及时采取保护措施，并对相关责任人员进行处理；涉嫌犯罪的，移送司法机关依法追究刑事责任。

第三节　内部审计业务内部控制操作规程

一、内部审计业务流程整体概况说明

内部审计业务流程包含经济责任审计，基建、修缮工程项目审计，科研审计，科研经费决算审计，委托审计等子流程。本规程适用于地方高校。表 11 -1 是内部审计业务涉及的一级流程、二级流程和三级流程。

表 11 -1　　内部审计业务流程清单

序号	类别	流程编号	一级流程	二级流程	三级流程
01	SJYW01 审计业务流程	SJYW01	内部审计管理总流程		
02		SJYW01.01		经济责任审计管理流程	

续表

序号	类别	流程编号	一级流程	二级流程	三级流程
03	SJYW01 审计业务流程	SJYW01.02		基建、修缮工程项目审计管理流程	
		SJYW01.03		科研审计管理流程	
04		SJYW01.03.01			科研经费决算签审管理流程
05		SJYW01.03.02			学校自主安排的科研经费审计管理流程
06		SJYW01.03.03			按规定必须委托社会中介机构实施的科研经费审计管理流程
07		SJYW01.04		内部控制审计管理流程	
08		SJYW01.05		委托审计管理流程	

二、具体流程说明

内部审计管理流程包括制订年度审计工作计划、审批计划、审计立项、组织实施、编制审计报告、提交审计报告、处理异议、归档等多个环节。流程如图 11－1 所示，具体流程说明见表 11－2。

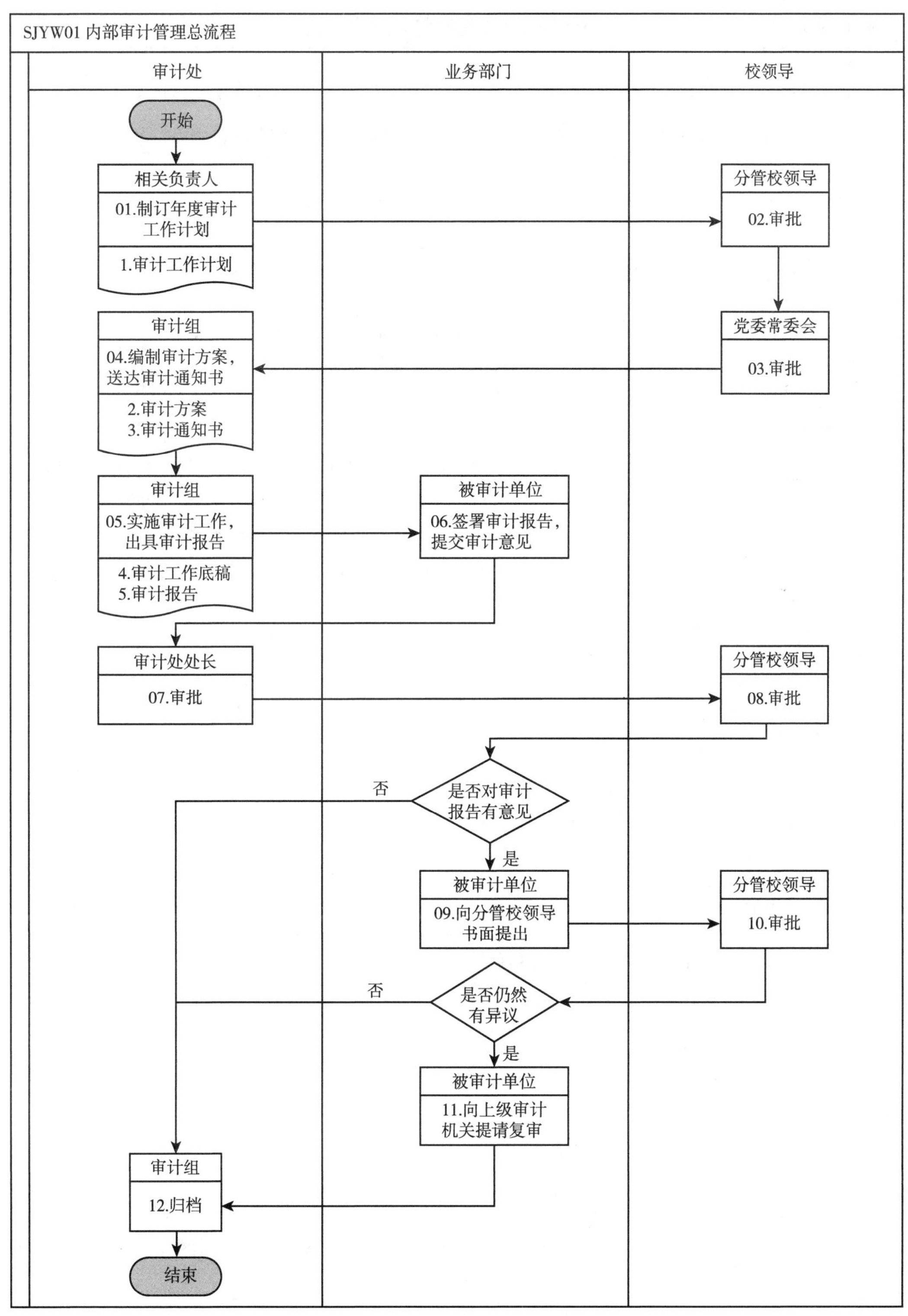

图 11－1 内部审计管理流程

表 11－2　　内部审计管理具体流程说明

序号	步骤说明	输出文档
01	审计处根据学校的中心任务、工作重点和涉及内部审计机构的部署，制订年度审计工作计划	审计工作计划
02	审计处将年度工作计划报经分管校领导审批	
03	党委常委会审批年度工作计划	
04	审计处根据审计计划或学校领导临时交办的审计任务进行审计立项，根据审计立项逐项组织实施，组成审计组，编制审计方案，并向被审计单位发出审计通知书	审计方案 审计通知书
05	审计工作组实施审计工作，编制审计工作底稿，完成审计工作后出具审计报告	审计工作底稿 审计报告
06	审计工作组将审计报告提交被审计单位，被审计单位（或被审人）应在收到审计报告之日起五日内签署审计报告和书面意见	
07	提交审计处处长签署意见	
08	报请分管校领导审批	
	被审计单位是否对审计结论有异议	
09	有异议，则可在收到审计报告之日起十五个工作日内，向分管校领导书面提出	
10	分管校领导审批	
	被审计单位是否对审计结论仍然有异议	
11	有异议，可按规定向上级审计机关提请复审	
12	审计处归档，建立审计档案	

（一）经济责任审计管理流程

经济责任审计管理流程包括审计委托通知、制定审计工作方案、审批方案、审计实施、征求意见、完善报告、审核报告、审批报告等多个环节。流程如图 11－2 所示，具体流程说明见表 11－3。

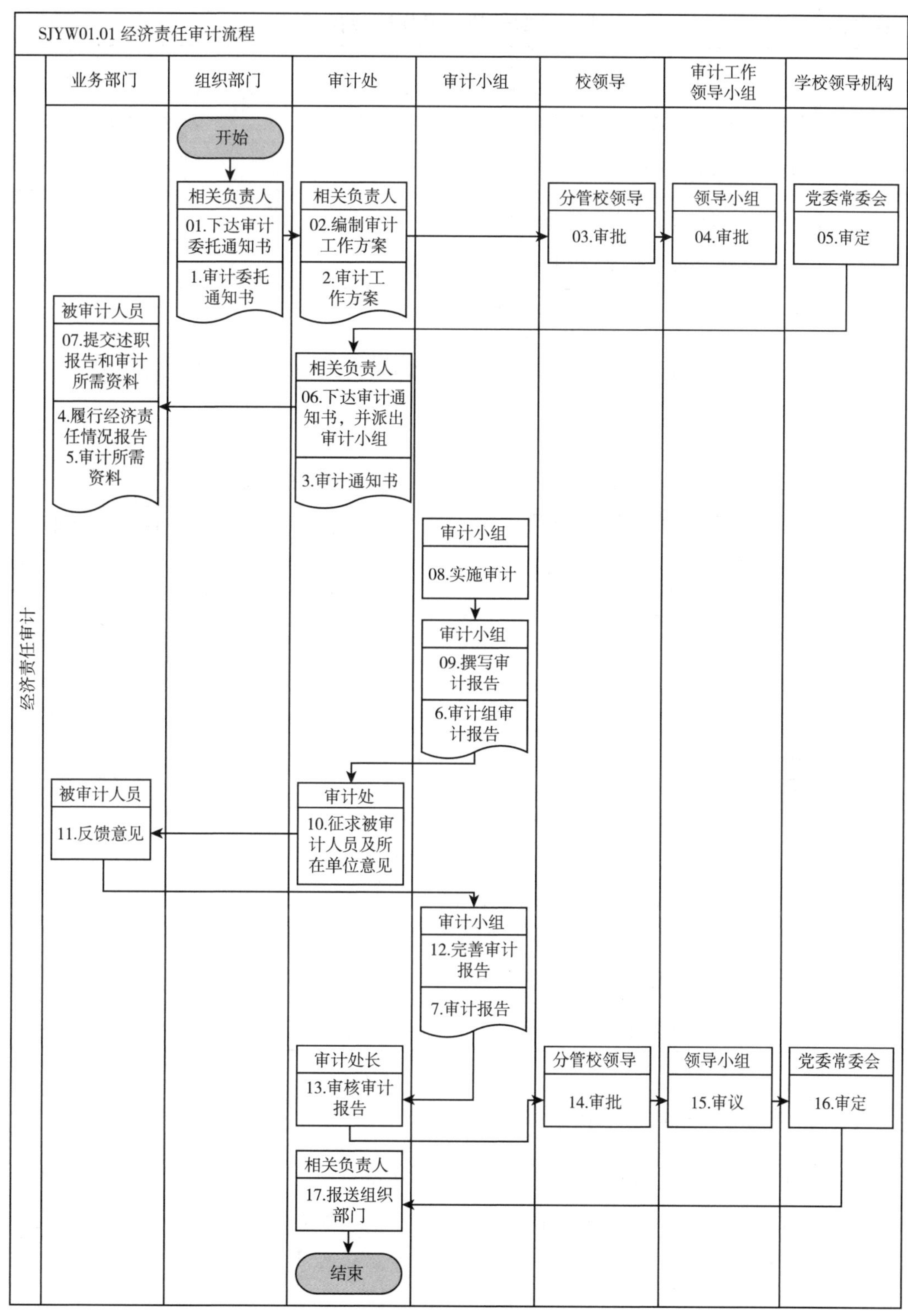

图 11－2　经济责任审计管理流程

表 11 - 3　　经济责任审计管理具体流程说明

序号	步骤说明	输出文档
01	学校组织部门下达审计委托通知书	审计委托通知书
02	审计部门根据学校组织部门审计委托通知书制定审计工作方案	审计工作方案
03	审计部门将审计工作方案报主管领导审批	
04	审计部门将审计工作方案报审计工作领导小组审批	
05	审计部门将审计工作方案报学校党委常委会审定	
06	审计实施 3 日前，审计部门向被审计人员及所在单位下达审计通知书，派出审计组	审计通知书
07	被审计人员及所在单位在接到审计通知书 5 日内，向审计部门提交述职报告及审计所需资料，并承诺其真实性、完整性	履行经济责任情况报告 审计所需资料
08	审计小组实施审计	
09	审计小组撰写审计报告	审计组审计报告
10	征求被审计人员及所在单位意见	
11	被审计人员及所在单位对审计报告初稿反馈意见	
12	审计小组完善审计报告	审计报告
13	审计处长审核审计报告	
14	审计报告报审计工作分管校领导审批	
15	审计报告报审计工作领导小组审议	
16	审计报告报学校党委常委会审定	
17	经审批的审计报告送交组织部门	

（二）基建、修缮工程项目审计管理流程

基建、修缮工程项目审计管理流程包括备齐送审材料、审计部门决定自审或外审、实施审计、委托外部审计、协调审计工作等多个环节。流程如图 11 - 3 所示，具体流程说明见表 11 - 4。

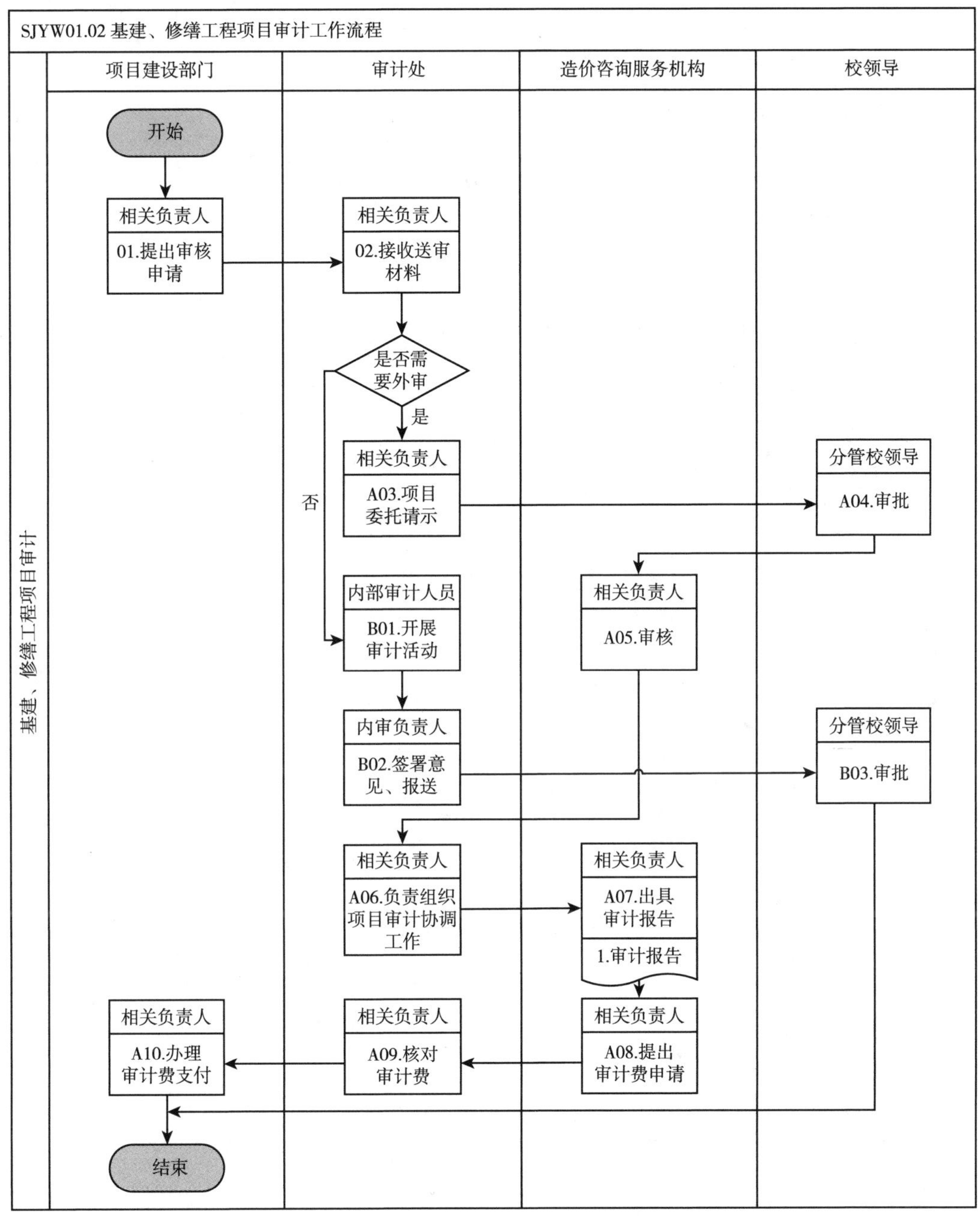

图 11－3　基建、修缮工程项目审计管理流程

表 11－4　　基建、修缮工程项目审计管理具体流程说明

序号	步骤说明	输出文档
01	项目建设部门按要求备齐送审材料，提出审核申请	
02	审计处接收项目建设部门送审材料	
	审计部门根据基建、修缮工程项目情况及内部审计力量，判断自审或委托社会中介机构外审	
A03	审计部门根据项目情况，实施工程量清单和计价、标底、招标控制价审核和结算审核，对于重点项目采取跟踪审计	
A04	项目委托报分管校领导批准	
A05	委托外部审计项目送交经政府采购程序入围的、具有相应资质的造价咨询服务机构进行审核	
A06	审计处指定专人办理项目资料移交登记手续，协助、跟踪督促中介机构进行审计，并负责组织项目的审计协调工作	
A07	造价咨询服务机构根据审计结果出具审计报告，并与审计处办理项目审计报告交接手续	审计报告
A08	造价咨询服务机构提出审计费申请	
A09	审计处根据委托合同核对审计费，并将请款资料交由项目建设部门	
A10	确认并办理审计费支付手续	
B01	若决定自审，经内部审计人员审计	
B02	由经审人员及审计负责人签署审计意见后（不出具审计报告），审核结果报送分管校领导审批	
B03	分管校领导审批，审批后交项目委托部门和项目建设部门	

（三）科研审计管理流程

1. 科研经费决算签审管理流程。科研经费决算签审管理流程包括编制决算报表、签字确认、审核加盖章、送审计部门、审查、提出建议、最终确认符合规定的报表等多个环节。流程如图 11－4 所示，具体流程说明见表 11－5。

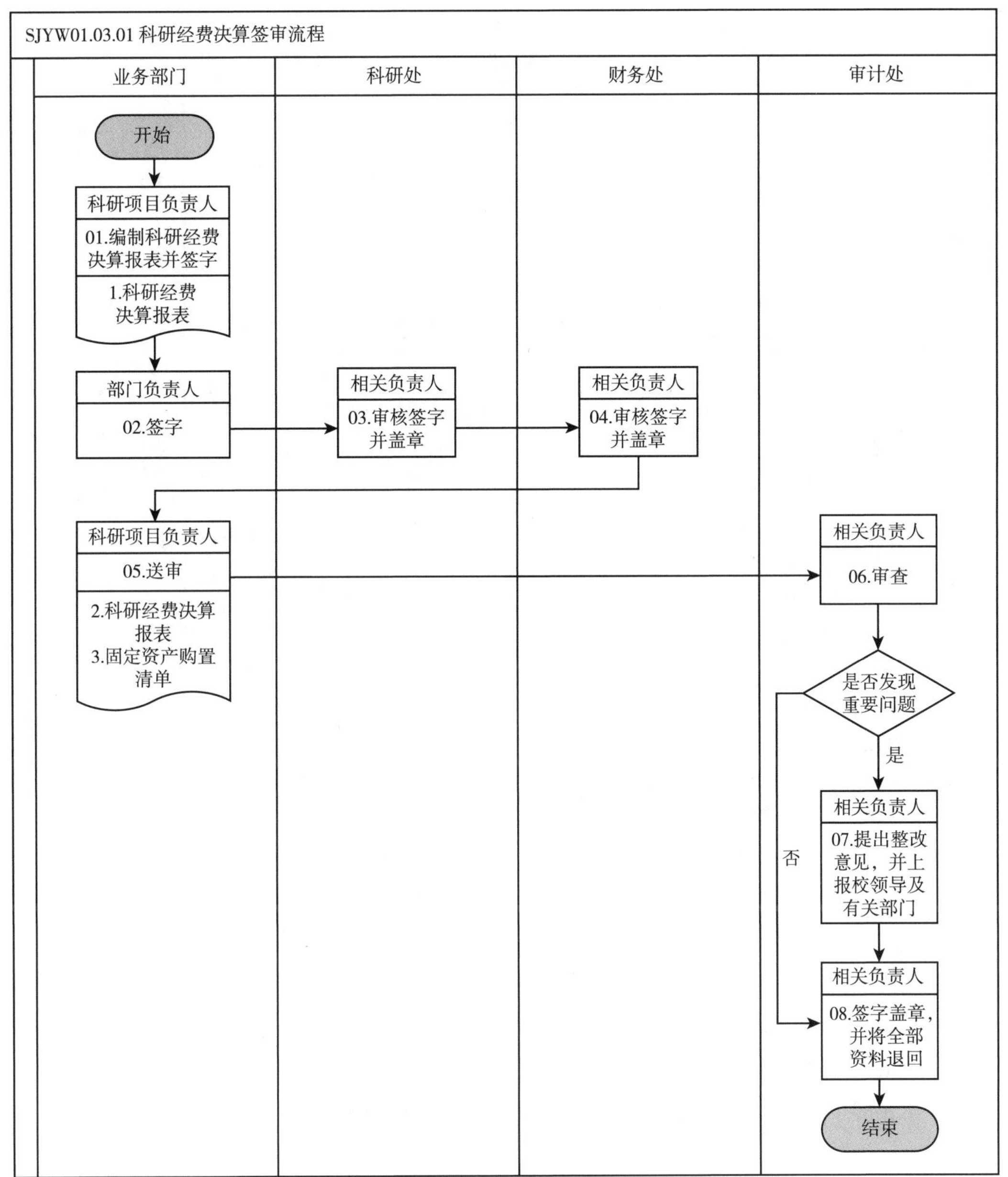

图 11 -4　科研经费决算签审管理流程

表 11 -5　　科研经费决算签审管理具体流程说明

序号	步骤说明	输出文档
01	科研项目负责人按照上报决算规定的时间编制科研经费决算报表，由科研项目负责人签字	科研经费决算报表
02	所在单位负责人签字	
03	科研处负责人审核签字并加盖科研处公章	
04	报经财务处审核并加盖财务处公章	
05	科研项目负责人应提前 10 个工作日，将经费决算报表及固定资产购置清单等相关资料送审计部门	科研经费决算报表 固定资产购置清单
06	审计部门收到资料后，对其经费决算进行审查，审核决算报表数字是否与财务账簿记录相符，经费收入、支出、结余是否真实、准确和完整，如发现审签资料不齐全、不准确，应及时通知项目负责人在规定的时间内补充、修正	
	是否有重要问题	
07	如在签审过程中发现重要问题，审计部门应提出整改建议并上报学校领导及有关部门	
08	经审查后符合有关规定的项目决算报表，审计部门负责人签字并加盖公章，全部资料退回送审人	

2. 学校自主安排的科研经费审计管理流程。学校自主安排的科研经费审计管理流程包括审计立项计划、出具审计委托书、制定审计实施方案、审前沟通、实施审计、出具审计报告等多个环节。流程如图 11 -5 所示，具体流程说明见表 11 -6。

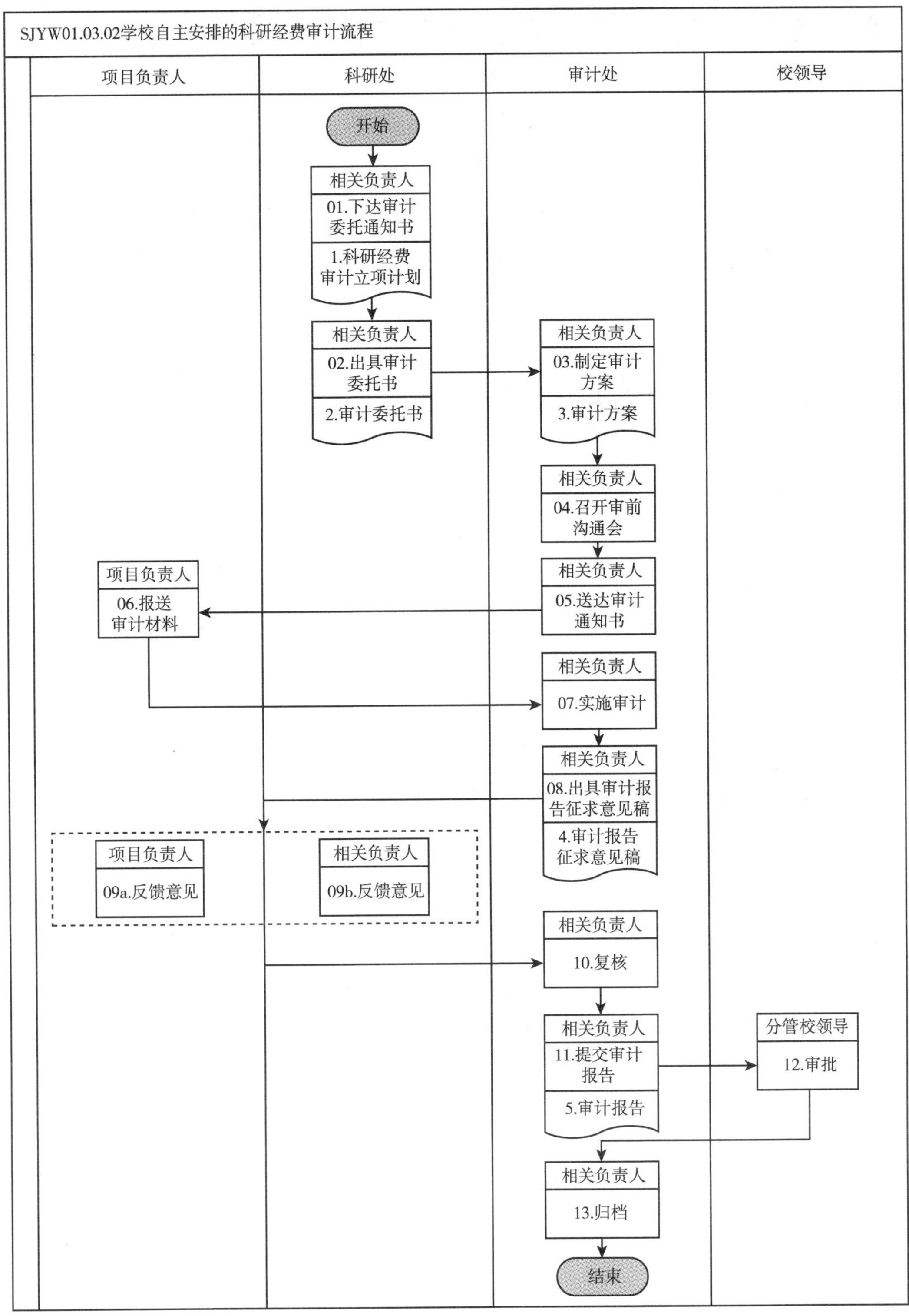

图 11－5　学校自主安排的科研经费审计管理流程

表 11-6　　学校自主安排的科研经费审计管理具体流程说明

序号	步骤说明	输出文档
01	自审的科研经费审计项目由审计部门、科研处、财务处等相关部门共同研究，提出科研经费审计立项计划	科研经费审计立项计划
02	科研处向审计部门出具审计委托书	审计委托书
03	审计部门根据审计委托书，制定审计实施方案，确定审计重点内容及审计时间安排等	审计方案
04	审计部门在实施审计前，组织召开由科研处、财务处、相关单位及项目负责人参加的审前沟通会，告知计划审计项目，明确审计目的、范围和时限，提出审计要求，布置具体审计事宜	
05	审计部门送达审计通知书	
06	项目负责人报送审计资料	
07	审计部门实施审计	
08	审计部门出具审计报告征求意见稿	审计报告征求意见稿
09a	项目负责人反馈意见	
09b	科研处负责人反馈意见	
10	审计部门依据反馈的意见进行复核	
11	审计部门形成审计报告提交审批	审计报告
12	分管校领导审批	
13	审计部门对科研项目审计资料进行整理、归档	

3. 按规定必须委托社会中介机构实施的科研经费审计管理流程。按规定必须委托社会中介机构实施的科研经费审计管理流程包括签订委托审计合同、提交征求意见稿、复核意见、确认意见、出具正式审计报告等多个环节。流程如图 11-6 所示，具体流程说明见表 11-7。

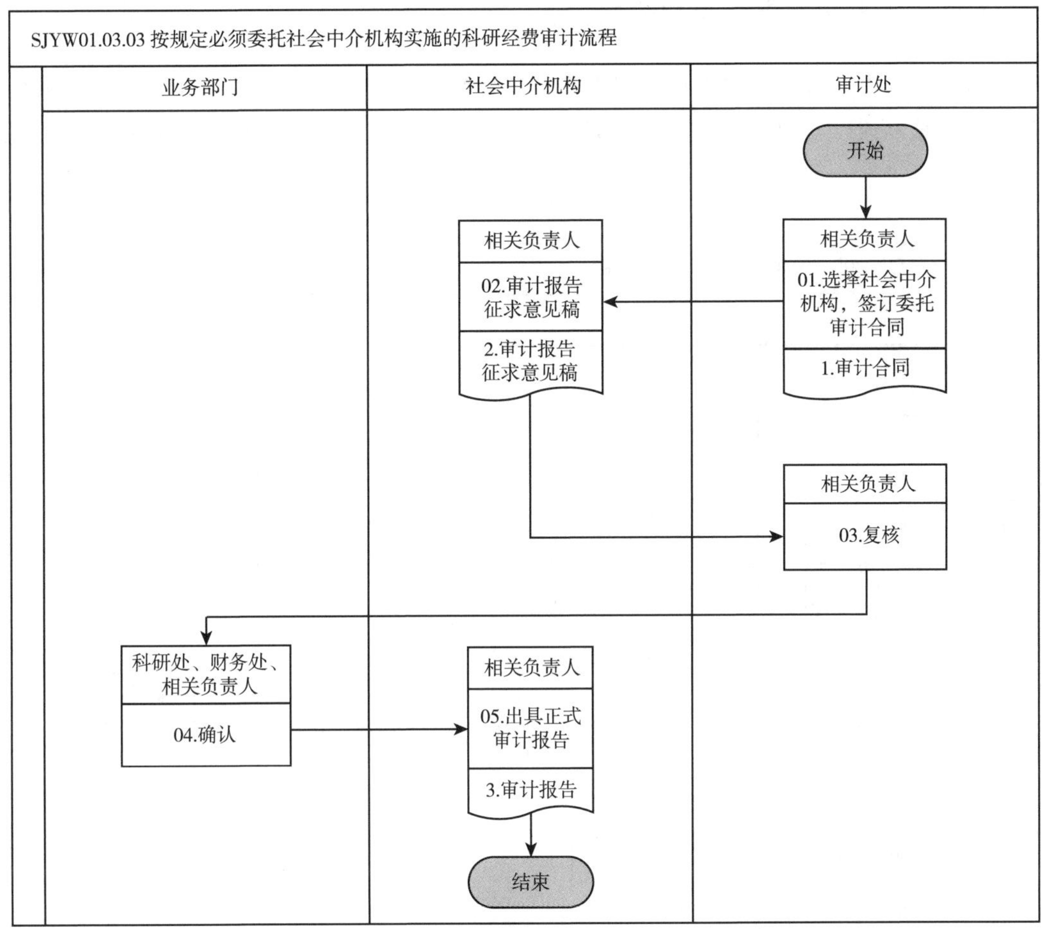

图 11－6　按规定必须委托社会中介机构实施的科研经费审计管理流程

表 11－7　按规定必须委托社会中介机构实施的科研经费审计管理具体流程说明

序号	步骤说明	输出文档
01	审计部门选择社会中介机构，签订委托审计合同	审计合同
02	社会中介机构提交审计报告征求意见稿征求意见	审计报告征求意见稿
03	审计处指定专人负责对提交审计报告征求意见稿进行复核	
04	经科研处、财务处及项目负责人确认	
05	社会中介机构出具正式审计报告	审计报告

（四）内部控制审计管理流程

内部控制审计管理流程包括编制工作计划审核、审议、审批、组成审计小组、实施审计、审核报告、通知整改等多个环节。流程如图 11－7 所示，具体流程说明见表 11－8。

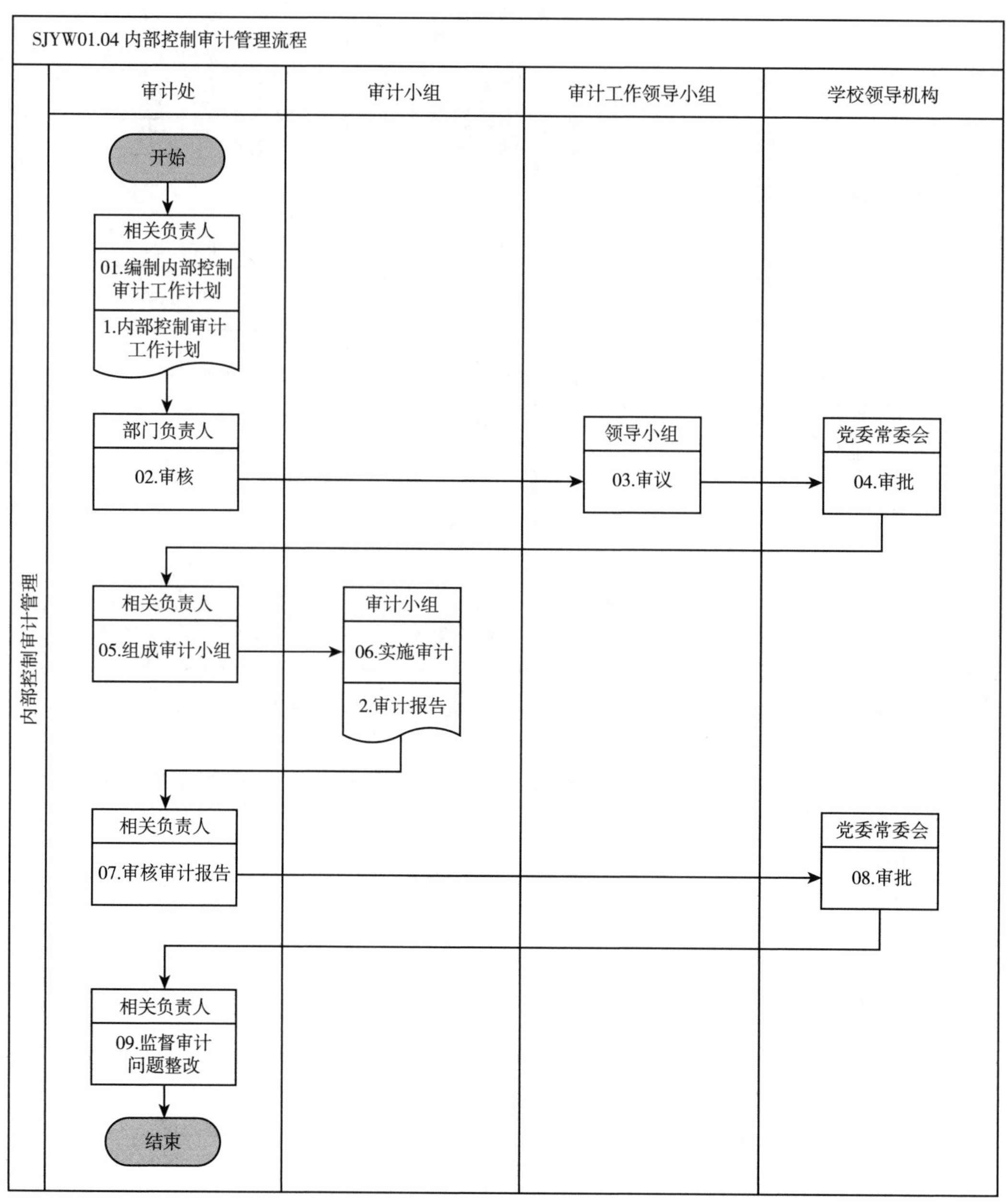

图 11－7　内部控制审计管理流程

表 11 -8　　　　　　　　内部控制审计管理具体流程说明

序号	步骤说明	输出文档
01	审计处相关负责人编制内部控制审计工作计划	内部控制审计工作计划
02	审计处负责人审核	
03	审计工作领导小组审议	
04	校党委常委会审批	
05	审计处组成审计小组	
06	审计小组实施审计	审计报告
07	审计处相关负责人审核内部控制审计报告	
08	校党委常委会审批	
09	审计处相关负责人通知被审计单位、部门在规定时限内进行整改，监督审计报告整改情况	

（五）委托审计管理流程

委托审计管理流程包括确定审计方式、编制招标文件，选取招标代理机构、组织招投标、实施审计工作、编制审计报告等多个环节。流程如图 11 -8 所示，具体流程说明见表 11 -9。

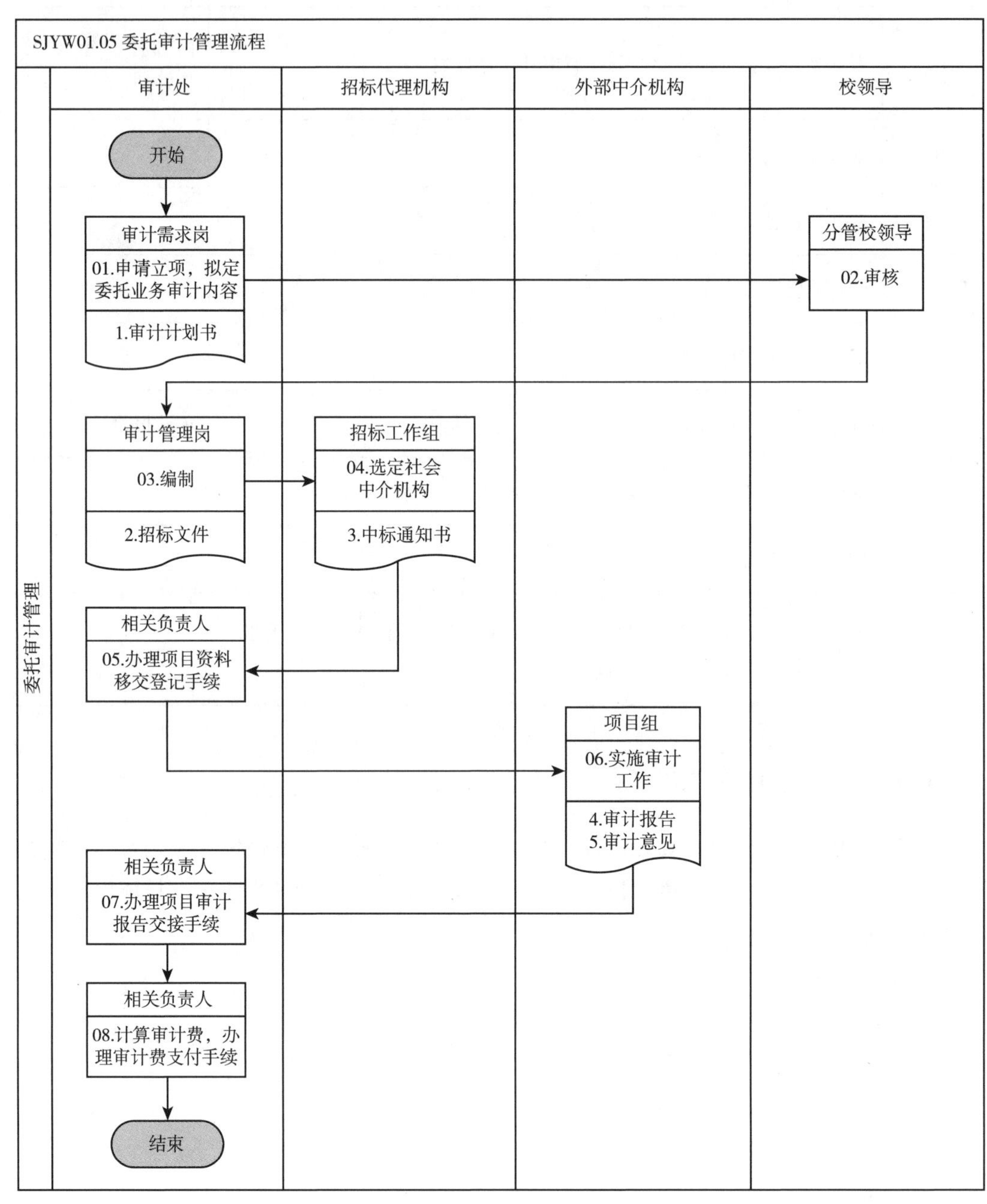

图 11－8　委托审计管理流程

表 11 -9　　委托审计管理具体流程说明

序号	步骤说明	输出文档
01	审计需求岗确定审计方式，申请立项，提交分管校领导审核	审计计划书
02	主管审计校领导批准	
03	审计管理岗编制招标文件，按照学校采购与招标管理中心规定的《地方高校招标代理机构选定暂行办法》执行，选取招标代理机构	招标文件
04	招标代理机构招标工作组组织招投标，根据审计项目情况选定社会中介机构	中标通知书
05	审计处指定专人办理项目资料移交登记手续	
06	审计项目组实施审计工作，编制审计报告，审计意见	审计报告 审计意见
07	社会中介机构与审计处办理项目审计报告交接手续	
08	审计处根据委托审计合同计算审计费，办理审计费支付手续	

第十二章

内部控制风险评估

第一节　内部控制风险评估原则及目标

一、内部控制风险评估原则

（一）全面性原则

评估覆盖地方高校的各个部门和业务领域，包括单位层面和业务层面的风险。评估尽可能全面，确保所有重要的风险得到识别和评估。

（二）独立性原则

评估由独立的、专业的评估团队进行，以保证评估的客观性和中立性。评估团队与被评估对象保持独立，并避免利益冲突的情况。

（三）综合性原则

评估综合考虑风险的多个方面，包括风险的概率、影响程度、优先级等。评估结果是基于综合分析和综合判断的，而不是基于单一指标或单一视角的。

（四）风险导向原则

评估以风险为导向，即关注可能对地方高校目标和利益产生负面影响的风险。评估的重点放在那些对大学运营和发展具有重要影响的风险上。

（五）可操作性原则

评估结果具有可操作性，即能够为地方高校提供明确的风险管理建议和改进建议。

评估重点关注那些能够采取具体措施进行风险控制和管理的方面，以帮助大学有效应对风险。

（六）持续性原则

风险评估应是一个持续进行的过程，而不是一次性的活动。评估应定期进行，以跟踪风险的变化和演变趋势，及时调整和优化控制策略。

二、内部控制风险评估目标

（一）总体目标

内部控制风险评估总体目标是全面识别、评估和管理大学内部各项活动和业务中的潜在风险，以确保大学的运营活动符合法律法规和内部规章制度的要求，保护大学的财产、资源和声誉。

（二）具体目标

1. 识别潜在风险。目标是全面识别大学内部各项活动和业务中存在的潜在风险。这包括财务风险（如资金管理、财务报表准确性等）、运营风险（如招生管理、课程设置等）、法律合规风险（如劳动法、知识产权等）以及信息安全风险（如数据泄露、网络攻击等）等方面的风险。

2. 评估风险严重程度。目标是评估已识别风险的概率和影响程度，确定各项风险的严重程度。通过定性和定量分析，综合考虑风险的可能性和影响范围，确定风险的优先级和重要程度。

3. 提供风险管理建议。目标是针对已识别的风险，提供相应的风险管理建议和改进建议。根据评估结果，提出具体的控制措施和管理策略，建议大学在风险管理方面的重点工作和优先考虑的领域。

4. 完善内部控制体系。目标是提出完善内部控制体系的建议，以确保地方高校的内部控制机制更加健全有效。这包括规范各项业务流程、明确责任分工、加强内部沟通与协作、持续提升人员的风险意识和管理能力等方面的建议。

通过以上具体目标的实施，地方高校能够全面了解、评估和管理内部的各类风险，进一步提升内部控制水平，确保大学的正常运营和可持续发展。

第二节　内部控制风险评估步骤及范围

一、风险评估步骤

（一）确定评估范围

明确评估的范围和目标，确定需要评估的业务领域、部门或流程。

（二）识别风险

对评估范围内的各个方面进行风险识别，收集相关数据和信息，包括内部文件、报告、统计数据、员工反馈等。

（三）评估风险严重程度

对已识别的风险进行评估，包括风险概率和影响程度的评估。通过定性和定量分析来实现，使用评估工具和技术，以便确定各项风险的优先级和重要程度。

（四）提出改进建议

根据评估结果，提出改进和加强内部控制的具体建议。这些建议针对性地解决已识别的风险和控制缺陷，包括制定新的控制策略、优化流程等。

（五）编制评估报告

将评估结果和改进建议整理成评估报告，明确记录风险评估的过程和结果。报告包括识别的风险、评估的结果、改进建议等内容。

二、风险评估范围

（一）单位层面风险评估

1. 内部控制工作的组织情况，包括：是否确定内部控制职能部门或牵头部门；是否建立单位各部门在内部控制中的沟通协调和联动机制。

2. 内部控制机制的建设情况，包括：经济活动的决策、执行、监督是否实现有效分离；权责是否对等；是否建立健全议事决策机制、岗位责任制、内部监督等机制。

3. 内部管理制度的完善情况，包括：内部管理制度是否健全；执行是否有效。

4. 内部控制关键岗位工作人员的管理情况，包括：是否建立工作人员的培训、评价、轮岗等机制；工作人员是否具备相应的资格和能力。

5. 内部控制信息系统情况，包括：是否充分运用现代科学技术手段加强内部控制；是否对信息系统建设实施归口管理；是否将经济活动及其内部控制流程嵌入单位信息系统。

（二）业务层面风险评估

1. 预算管理情况，包括：在预算编制过程中单位内部各部门间沟通协调是否充分，预算编制与资产配置是否相结合、与具体工作是否相对应；是否按照批复的额度和开支范围执行预算，进度是否合理，是否存在无预算、超预算支出等问题；决算编报是否真实、完整、准确、及时。

2. 收支管理情况，包括：收入是否实现归口管理，是否按照规定及时向财会部门提供收入的有关凭据，是否按照规定保管和使用印章和票据等；发生支出事项时是否按照规定审核各类凭据的真实性、合法性，是否存在使用虚假票据套取资金的情形。

3. 采购管理情况，包括：是否按照预算和计划组织政府采购业务；是否按照规定组织政府采购活动和执行验收程序；是否按照规定保存政府采购业务相关档案。

4. 资产管理情况，包括：是否实现资产归口管理并明确使用责任；是否定期对资产进行清查盘点，对账实不符的情况及时进行处理；是否按照规定处置资产。

5. 建设项目管理情况，包括：是否按照概算投资；是否严格履行审核审批程序；是否建立有效的招投标控制机制；是否存在截留、挤占、挪用、套取建设项目资金的情形；是否按照规定保存建设项目相关档案并及时办理移交手续。

6. 合同管理情况，包括：是否实现合同归口管理；是否明确应签订合同的经济活动范围和条件；是否有效监控合同履行情况，是否建立合同纠纷协调机制。

7. 科研管理情况，包括：是否明确纵向科研项目和横向科研项目的立项审核；是否明确校级科研项目的评审和立项；是否明确科研成果的审核、认定及奖励；是否明确科研项目资金的审批。

8. 后勤管理情况，包括：经营服务业务的巡检和评价；维修设备的归档与保管、领用与收回；后勤临时工的招聘及日常考核；水电费的收取及报告。

第三节 内部控制风险评估程序与方法

一、风险评估程序

（一）风险识别

通过风险识别技术，如风险矩阵、风险问卷、流程分析等，识别与业务流程相关的潜在风险。风险识别主要包括三个环节。

1. 识别关键业务流程。确定学校的关键业务流程，这些流程对实现组织目标和保护资产起着重要作用。

2. 识别关键控制点。对于每个关键业务流程，确定关键控制点，这些控制点对于预防、检测和纠正错误、失误至关重要。

3. 识别潜在风险。对每个关键控制点，识别可能的潜在风险。这可能涉及风险识别技术，如风险矩阵、风险问卷、流程分析等。

（二）风险分析

风险分析是指在风险识别的基础上，运用定量和定性方法对风险发生的可能性和对单位目标实现的影响程度进行分析，并对风险进行排序，确定需优先控制的风险，避免风险发生给单位带来损失。风险分析主要包括四个环节。

1. 评估风险的可能性和影响。对已识别的潜在风险进行评估，包括评估风险的可能性和影响程度。这可以使用定性和定量的方法，如风险矩阵或风险评分模型。

2. 评估现有控制措施。评估学校已经实施的现有控制措施，包括设计和操作上的控制措施。确定这些控制措施是否足够有效，能够减轻或防止已识别的风险。

3. 识别控制缺陷和薄弱环节。对已评估的控制措施，识别其中存在的缺陷和薄弱环节，即无法满足控制目标或存在操作上的缺陷。

4. 评估风险的严重性。基于已识别的风险和控制缺陷的程度，评估风险的严重性。确定哪些风险对组织目标和资产的保护构成较大威胁。

（三）风险应对

风险应对建立在深入的风险分析基础上，为风险控制活动提供依据。

单位根据风险的可规避性、可转移性、可缓解性和可接受性四种属性，分别制定风险规避、风险降低、风险转移和风险承受四种应对策略，这些应对策略既可以单独也可综合使用。

1. 风险规避。风险规避是单位对超出风险承受度的风险，通过放弃或停止与该风险相关的经济活动以避免或减轻损失的策略。风险规避一般包括两种：一是不从事产生某种风险的经济活动；二是终止已经开展的某些经济活动。

2. 风险降低。风险降低是单位在权衡成本效益后，准备采取适当的控制措施降低风险发生的概率或减轻风险产生的损失，将风险控制在可承受度之内的策略。风险降低措施又可分为损失预防和损失抑制。损失预防是指降低损失发生的概率，即通过采取措施消除或减少可能导致损失发生的原因；损失抑制是指减轻损失程序，即在事故发生时和发生后采取措施减少损失发生范围，可细分为事前措施和事后措施。

3. 风险转移。风险转移是单位借助他人力量，通过合同、业务分包、购买服务、参保等方式和适当的控制措施，将风险转移给外部单位或个人的风险应对方式。

4. 风险承受。风险承受是单位对风险承受度之内的风险，在权衡成本效益之后，不准备采取控制措施降低风险或减轻损失的策略。

二、风险评估方法

（一）头脑风暴法

风险评估工作小组从各科室选出人员组成讨论小组，充分发挥集体的智慧，经过自由、宽松的讨论，将有价值的信息汇总、整理起来，从而正确、全面地评价各风险要素的管控状态及排序。

（二）流程分析法

把风险按经济活动业务过程的内在逻辑联系绘制成流程图，针对流程中的关键环节和薄弱环节评价风险管控状态及排序。

（三）损失事件数据法

利用本年度及过往的损失统计记录识别将来可能重复出现的类似损失，评价该风险的管控状态及排序。

（四）风险评分模型

风险评分模型是一种定量评估风险的工具，它通过对不同风险因素进行加权和计算，为每个风险分配一个评分，以衡量其相对重要性和优先级。风险评分模型的流程如下：

1. 确定风险因素。确定与特定风险相关的各种因素。这些因素可以包括风险的可能性、影响程度、预防控制措施的有效性、检测控制措施的有效性、风险的事件频率等。

2. 加权因素。对每个风险因素进行加权，以反映其在整体风险中的相对重要性。加权可以基于专家判断、历史数据、统计分析等。

3. 评分计算。对于每个风险，将加权后的因素得分相加，得到该风险的总评分。评分可以使用数值范围、等级或其他度量方式表示。

4. 风险排序。根据风险评分，对不同风险进行排序，确定其相对优先级。高评分的风险通常被认为是组织需要重点关注和处理的风险。

根据风险发生的概率大小将风险发生的可能性进行分级，可分为“极高”“高”

“中”“低”“极低”五个级别。对每一可能性级别进行定性或定量描述，并由高到低赋予相应的分值。具体见表12－1。

表12－1　　　　　　　　　**风险发生可能性评估标准**

可能性	定性描述	定量描述	赋予分值
极低	一般情况下不会发生	发生概率为10%以下	0.1～1.0
低	极少情况下才发生	发生概率为10%～30%	1.1～2.0
中	某些情况下发生	发生概率为30%～70%	2.1～3.0
高	较多情况下发生	发生概率为70%～90%	3.1～4.0
极高	常常会发生	发生概率为90%以上	4.1～5.0

根据风险发生后给单位带来的损失程度高低对风险的影响程度进行分级，也可以划分为五个级次，分别为“极低”“低”“中等”“高”“极高”，依次对应相应的区间分值。考虑财务损失时采用定量的方法，以造成的损失金额大小为参照指标，确定风险影响程度的级别；考虑日常管理与法律法规的遵循时采用定性的方法，确定风险影响程度的级别。具体的划分标准见表12－2。

表12－2　　　　　　　　　**风险影响程度评估标准**

<table>
<tr><th rowspan="2">评估方法</th><th rowspan="2">评估标准</th><th>极低</th><th>低</th><th>中等</th><th>高</th><th>极高</th></tr>
<tr><th>0.1～1.0</th><th>1.1～2.0</th><th>2.1～3.0</th><th>3.1～4.0</th><th>4.1～5.0</th></tr>
<tr><td>定量方法</td><td>财务方面的损失金额</td><td>轻微的财务损失，小于1万元</td><td>较低的财务损失，1万～5万元</td><td>中等的财务损失，损失在5万～10万元</td><td>重大的财务损失，损失在10万～100万元</td><td>极大的财务损失，大于100万元</td></tr>
<tr><td rowspan="2">定性方法</td><td>日常管理方面</td><td>对单位日常管理或单位控制目标有轻微的影响，情况立刻得到控制</td><td>对单位日常管理或单位的控制目标有轻度的影响，情况经过主责部门内部协调后得到控制</td><td>对单位日常管理或单位的控制目标有中度的影响，情况经过部门之间协调后得到控制</td><td>对单位日常管理或单位的控制目标有较大的影响，情况经过单位领导协调或干预后得到控制</td><td>对单位日常管理或单位的控制目标有重大影响，情况失控，给单位带来重大影响</td></tr>
<tr><td>法律法规遵循方面</td><td>可能存在轻微的违反法规的问题</td><td>违反法规，被相关部门要求整改</td><td>违反法规，可能伴随着款项收缴、罚款或诉讼的损失</td><td>违反法规，导致监管部门、司法机构的调查或诉讼；伴随着一定的罚款或诉讼的损失</td><td>严重违反法规，导致监管部门、司法机构的调查或重大的诉讼；伴随着较大的罚款或诉讼的损失</td></tr>
</table>

（五）风险矩阵法

风险矩阵是一种常用的工具，用于对风险进行定性和定量评估。它通过将风险的可能性和影响程度进行划分，并将其映射到不同的风险等级或级别来帮助组织识别和优先处理高风险事项。在风险矩阵中，通常将可能性和影响程度划分为几个级别，如低、中和高。可能性可以表示事件发生的概率，影响程度可以表示事件对组织的影响程度。根据具体的风险评估方法和组织的需求，可能会使用更多或更少的级别。

根据风险事件的可能性和影响程度，将其映射到相应的风险等级。这些风险等级可以根据组织的偏好和目标进行定义，如“风险可接受”“中风险”“高风险”。根据风险的等级，组织可以制定相应的风险应对策略和措施，以减轻或控制风险的影响。

风险矩阵的使用可以帮助组织对风险进行分类和优先排序，使其能够集中资源和注意力处理高风险事项。此外，风险矩阵还可以用于与利益相关者沟通风险状况，提供直观和易于理解的风险评估结果。然而，风险矩阵的具体设计和使用应根据组织的特定需求进行定制。

图 12－1 是一个常见的风险矩阵示例。

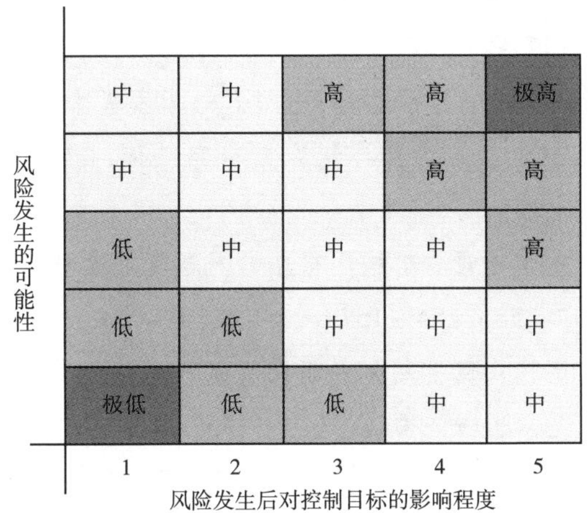

图 12－1　风险矩阵

主要参考文献

[1] 韩东海. 高校内部控制建设现状、问题与对策探析——以河北省 H 大学为例 [J]. 会计之友, 2015 (15): 115 - 117.

[2] 何海栋. 高校内部控制及其构建 [J]. 中北大学学报 (社会科学版), 2005 (3): 83 - 84 + 87.

[3] 胡碧霞. 高校政府采购内部控制存在的问题及对策 [J]. 当代会计, 2016 (7): 51 - 52.

[4] 黄寿华. 新时代地方高校内部控制体系建设路径研究 [J]. 中国总会计师, 2021 (1): 180 - 181.

[5] 李敏. 内部控制视角下高校预算管理研究 [J]. 东南大学学报 (哲学社会科学版), 2017, 19 (S2): 142 - 145.

[6] 李守江. 高校内部控制体系设计研究 [J]. 中国集体经济, 2014 (21): 62 - 63.

[7] 李书丽. 高校建设项目内部控制体系研究 [J]. 系统科学学报, 2019 (3): 51 - 55.

[8] 李忠渝. 高校基本建设内部控制存在的问题及对策研究 [J]. 西南农业大学学报 (社会科学版), 2007 (5): 154 - 157.

[9] 廖青, 黄明. 高校内部控制体系建设研究——基于厦门大学内部控制建设实际经验 [J]. 教育财会研究, 2019, 30 (2): 49 - 55.

[10] 刘向伟, 王艳丽. 高校货币资金内部控制实证研究——以新疆为例 [J]. 中央财经大学学报, 2012 (1): 86 - 91.

[11] 刘永泽等. 行政事业单位内部控制制度设计操作指南 [M]. 大连: 东北财经大学出版社, 2013.

[12] 陆文斌, 颜端阳, 吴杰. 高校内部控制评价体系构建问题探讨 [J]. 会计之友, 2014 (9): 82 - 85.

[13] 马尚敏, 李卫中. 高校科研经费管理内部控制审计重点研究——基于 COSO 内部控制框架 [J]. 中国内部审计, 2015 (11): 22 - 25.

[14] 齐天华, 林丽. 黑龙江省属高校内部控制现状调查与分析 [J]. 黑龙江高教

研究，2014（11）：54－57.

［15］乔春华．高校内部控制研究［M］．苏州：苏州大学出版社，2014.

［16］邵积荣．高校经济活动内部控制研究［M］．广州：羊城晚报出版社，2017.

［17］晚常青．我国高校内部控制存在的问题及对策［J］．财会研究，2011（22）：67－69.

［18］王卫星，程莹．我国高校内部控制的现状及建议——基于江苏高校的调查研究［J］．常州大学学报（社会科学版），2016（2）：34－40.

［19］吴益兵．内部控制审计［M］．大连：东北财经大学出版社，2012.

［20］徐淑霞．高校内部控制建设的问题及改革研究［J］．会计之友，2018（14）：126－128.

［21］徐奕舒，王春晖．内部控制视角下高校收费票据管理探析［J］．会计之友，2014（19）：114－116.

［22］许艳玲．高校内部控制存在的问题及对策研究［J］．经济研究导刊，2012（21）：103－104.

［23］杨蓉．高校内部控制评价体系构建探讨［J］．财会通讯，2013（25）：31－33.

［24］袁海燕．高校内部财务控制现状剖析［J］．西南民族学院学报（哲学社会科学版），2002（6）：139－142.

［25］张兆许．浅谈高校内部控制流程再造——基于采购与付款业务、合同管理［J］．财会通讯，2012（11）：85－86.

［26］赵涓，周阳．美国公立高校内部控制的主要特点及其借鉴意义［J］．北京交通大学学报（社会科学版），2014（3）.

［27］赵明．地方高校内部控制体系建设的思考和建议——以上海U大学实践为例［J］．会计师，2020（7）：48－51.

［28］周小婷．地方高校内部控制体系优化研究［J］．财会研究，2017（3）：78－80.

［29］周艳．我国高校收支业务内部控制问题研究［J］．会计之友，2015（22）：114－116.